U0505134

青年学术丛书·政治

YOUTH ACADEMIC SERIES-POLITICS

德国与欧洲一体化

张才圣 著

人民出版社

责任编辑:张　旭
封面设计:肖　辉

图书在版编目(CIP)数据

德国与欧洲一体化/张才圣 著. -北京:人民出版社,2011.9
(青年学术丛书)
ISBN 978－7－01－010173－6

Ⅰ.①德…　Ⅱ.①张…　Ⅲ.①-德国-关系-欧洲一体化-研究
　Ⅳ.①D751.6②D85

中国版本图书馆 CIP 数据核字(2011)第 163543 号

德国与欧洲一体化
DEGUO YU OUZHOU YITIHUA

张才圣　著

人民出版社 出版发行
(100706　北京朝阳门内大街166号)

北京凌奇印刷有限责任公司印刷　新华书店经销
2011年9月第1版　2011年9月北京第1次印刷
开本:710毫米×1000毫米 1/16　印张:20
字数:340千字

ISBN 978－7－01－010173－6　定价:42.00元

邮购地址 100706　北京朝阳门内大街166号
人民东方图书销售中心　电话 (010)65250042　65289539

目　录

序 言

第二次世界大战后，欧洲最伟大的成就就是告别了互相杀戮和冲突的历史，逐步向欧洲统一的目标迈进，欧洲联盟是迄今世界范围内区域合作的最佳典范。

尽管在欧洲历史上不断有欧洲联合的思想，一些有远见的政治家并为此作过不懈地努力，但在二战之前欧洲一直没有走上联合之路。为什么欧洲联合之前一直没有实现，而在二次大战后实现了，使多少代欧洲人的梦想变成了现实呢？

当然，这首先与二战后整个欧洲的政治格局，即美、苏冷战的形势有关。战后西方世界普遍认为，西欧只有联合起来才能对付苏联的西进威胁，保障资本主义制度，所以冷战导致美国决心复兴西欧。其次，也是最为重要的一点，就是与解决"德国问题"有关。美国复兴西欧，重点是复兴西德，这是从外部来讲；从西德自身来讲，也强烈要求恢复经济、重建家园，恢复主权；对法国来说，它害怕德国的复兴对法国重新构成威胁。此时所谓的"德国问题"，即复兴德国、恢复德国的主权、实现德法和解、防止德国再次成为欧洲战争策源地，保障欧洲永远和平，不再发生战争。

如何解决"德国问题"，防止德国在复仇主义情绪下重新走上战争之路？人们期望的是通过欧洲联合来实现。只有通过欧洲联合，建立一种超国家的一体化机制，对包括德国在内的各国行为加以限制，才能实现欧洲的长久和平和相互合作。所以，才有了"舒曼计划"的提出，才有了《煤钢联营条约》，才有了西欧煤钢生产经营一体化，才有了1957年的《罗马条约》，才有了欧洲经济共同体，才有了早期欧洲一体化。

在德国统一与欧洲联合的问题上，联邦德国始终没有放弃德国的统一。联邦德国成立后的主要外交政策就是追求在欧洲统一中实现德国的重新统一。联

德国与欧洲一体化

邦德国认为，国家的分裂主要是冷战的原因，要想德国重新统一，必须壮大欧洲联合的力量，最终迫使苏联妥协，达到德国统一的目的。也就是说，没有欧洲的统一也就没有德国的重新统一。因此，二战后德国积极参与、推动战后西欧一体化进程。再者，德国的欧洲政策既符合西方阵营冷战的需要，也满足了西欧国家的利益要求，因为欧洲一体化机制是寻求一种新的国家间合作与区域治理模式的过程，有利于"德国问题"的解决，还可以一劳永逸地消除德国威胁等问题。所以，二战后便开始了波澜壮阔的欧洲一体化运动，两德也在这一过程中实现了统一。德国统一后，为防止以法国为首的邻国对德国统一后再次强大的担忧，统一后的德国积极推进欧洲在政治上的联合。在20世纪90年代，随着《欧洲联盟条约》签订，欧洲一体化进程获得了质的突破，欧洲也不断实现了大统一。

才圣博士的这本学术专著从二战后再次出现的"德国问题"入手，剖析和论证了欧洲一体化进程是从解决"德国问题"开始起步的，分析和探讨了战后欧洲一体化运动，由建立欧洲煤钢共同体到《欧洲联盟条约》的签订的发展演变过程，以及德国在这一过程中所处的地位和所发挥的重要作用。通览全书，不难发现有如下学术特色：

首先，从二战后战败、分裂的德国的视角研究欧洲一体化问题，具有一定的开拓性。二战结束后，由于被美、苏、英、法四国分区占领，战后的德国既无主权也无行政权。在随后美苏掀起的冷战国际大气候中，德国在原来统一的版图上被分裂为两个不同社会制度的国家。联邦德国为了获得国家主权、行政权以及重新实现国家统一等目的，实行了独特的欧洲政策，积极主动地实现德法和解，推动西欧一体化。在西欧大国中，只有德国才是欧洲一体化坚定的推动者。联邦德国也深知，只有通过欧洲一体化的方式，才能消除邻国对德国威胁欧洲安全的担忧，才能在欧洲联合中获得平等的国家主权，才能在一个统一的欧洲中保证自身的国家利益，才能在欧洲统一中实现德国重新统一，在统一之后得到欧洲各国的信任和尊重。战败的德国、统一的德国在欧洲一体化过程中起着重要的作用。这一历史事实是客观的存在，但未得到学者们的重视和深入研究。尽管在实施欧盟一中国高等教育合作项目以来，学术界研究欧洲联合问题出版了不少学术成果，但欧洲为什么在二战后走上了联合的道路，德国在欧洲联合过程中起了什么作用，国内外学术界系统研究战后德国与欧洲一体化之间关系的成果较少。才圣这本专著为我们研究欧洲一体化的历史展示了一个全新的视角，弥补了这方面研究的不足。

其次，对战后德国与欧洲一体化的成因进行了系统分析和充分探索。本书在对德国与欧洲一体化作系统研究时，是将该问题置于战后冷战的国际关系大背景中进行考察的，分析早期欧洲一体化与联邦德国的关系、联邦德国与法国等邻国的关系，以及与美英之间的关系。既有宏观视野的考察，也有微观细致的分析，并通过这些分析来透视德国在欧洲一体化过程中所起的作用。本书认为，德国在欧洲一体化过程中的作用，是由当时的欧洲及世界局势所造就的，有出于德国自身处境的考虑。没有战后的形势，就没有战后的"德国问题"；没有解决"德国问题"的需要，就没有二战后西欧的联合。因此，也可以说，没有德国也就没有欧洲一体化，也没有大欧洲的统一。

第三，通过科学的分析和客观的论证，本书提出了一些很有启迪性的新观点，如二战后德国分裂与统一都有利于欧洲一体化进程。学术界很少看到这样的提法，而这却是历史事实，要予以证实。二战后德国是欧洲冷战中心，是东西方争霸的"前沿阵地"，德国的分裂极大地削弱了西欧对抗东方阵营的力量。由于德国的重要地理位置等因素，迫使美国及西欧必须联合西德，壮大力量共同应对来自东方阵营的威胁。要扶植西德只有走西欧联合的道路。所以，德国的分裂有助于欧洲早期一体化的起步。在20世纪80年代末，民主德国政府宣布开放两德边界以便人民自由往来，联邦德国迅速抓住这一机会，重新提出了德国统一问题。但一开始，这一要求遭到了其西方盟友的抵触甚至是反对。在此情况下，德国为了实现重新统一，迫切需要推进欧洲政治一体化进程，这样既可消除邻国对德国统一的疑虑，还可以减少他们对德国的恐惧心理。为此，德国再三强调，两德统一将在欧洲一体化进程中实现，德国统一后将积极推动欧洲的政治联合。德国没有食言，统一后为欧洲政治联合竭尽全力，终于签订了经济联盟和政治联盟的《欧洲联盟条约》，并极力主张欧盟东扩，最终实现了欧洲的大统一。此外，本书还在其他一些问题上，多有建树和新见。

我在2000年主持欧盟—中国高等教育合作项目"阿登纳德法和解思想与早期欧洲一体化"的研究过程中，深感二战后盟国解决"德国问题"对早期欧洲一体化启动的重要作用。解决"德国问题"的核心主要是德法关系，二战后德法和解的过程，也就是早期欧洲一体化起步的历史。这一课题的研究，使我认识到，解决"德国问题"导致了欧洲一体化，德国是欧洲一体化的积极推动者。由此我得出结论：德国是欧洲历史上战争、动乱的根源，德国也是欧洲和平、统一的使者。为此我提出，希望我的学生认真研究一下德国与欧洲一体化的历史。才圣欣然接受了这一任务，将此课题作为自己的博士论文，这种勇于开拓进取的精神使我欣慰。他不仅为人诚恳朴实、刻苦善思，有很好的学术潜能和文字功底，而且勇于探索、创新。他英语、德语都很好，为研究此课题提供了重要的条件。本书的出版有助于推进德国问题和现代国际关系史的研究，不仅有较高的学术价值，也有重要的现实意义。我愿意推荐此书。希望才圣再接再厉，在学术道路上取得更大的成绩。

吴友法

2011 年 8 月于武汉大学

导　论

一、研究的意义

有关欧洲一体化①②的理论渊源深远，思想基础雄厚。可是，也有人说过：
"欧洲的形成和解体都是围绕着德国进行的"③。由此可见，德国在欧洲一体
化进程中的重要地位。在欧洲历史上，欧洲人曾以各种方式进行过一体化尝
试，其中战争是常见的手段。从查理曼帝国、哈布斯堡王朝、拿破仑到希特
勒都想通过战争的手段来实现欧洲统一，但他们都以失败而告终。纵观欧洲
一体化的历史发展进程，欧洲一直是在分与合的争斗演变之中，真正走向一
体化道路，是在二战后才取得突破性进展，并取得了丰硕的成果，欧洲统一
进程终于以一体化的方式在现实中开始艰难起步。欧洲一体化是当今世界上
实现得最完美、最成功的区域一体化，其成功的实现是多种原因、多种力量
造成的必然结果。正是因为欧洲一体化成功的诸多原因，所以现在几乎涵盖
人文社会科学中每一学科的众多学者都在研究它。从 20 世纪 50 年代建立的

---

①　第二次世界大战后所谓的欧洲一体化进程，实质上指的是西欧一体化进程。在冷战结束后，欧
洲一体化进程才真正成为全欧范围内一体化运动，这一进程标志性事件是 2004 年 5 月 1 日，大部分前
东欧社会主义国家正式加入欧洲联盟。

②　"一体化"，陈乐民先生是这样解释的："一体化"就是统一的过程，把分散的部分合成一体的
过程。全面的"一体化"，应该是经济的、政治的、军事的、社会的、行政机构的"一体化"。到全面
"一体化"实现之日，也就是"统一"大业完成之时了。参见陈乐民：《"欧洲观念"的历史哲学》，北
京：东方出版社 1988 年版，第 250 页。另外江苏南京大学洪邮生教授对"一体化"概念与含义也作了
解释，笔者基本赞同他的观点。参见洪邮生：《英国对西欧一体化的起源和演变（1945—1960）》，南京
大学出版社 2001 年版，前言，第 1 页。

③　转引自陈乐民：《战后西欧国际关系（1945—1984）》，北京：中国社会科学出版社 1987 年
版，第 25 页。

德国与欧洲一体化

欧洲煤钢共同体①到现在已经产生巨大影响的欧洲联盟，这是人类历史上第一个以国家联盟为基础的区域一体化国际组织，无疑是一次成功的探索和历史的进步，其重要的理论意义和国际意义，以及这一模式的典型示范性所显示的现实价值，已越来越为世人所认识。

欧洲一体化进程在区域联合方面取得了骄人成就，特别是二战后的几十年来，研究欧洲一体化引起了学者们的极大兴趣，研究成果也不断出现，出版的书籍可谓是汗牛充栋，同时也出现了许多专门从事研究欧洲一体化的专家和专门的研究机构。欧洲在走向一体化的进程中，法德两国被称为启动一体化前进的"发动机"。另外，法、德、英三国在一体化进程中也被称为一体化的"三驾马车"，从这些美誉当中可以看出德国在欧洲一体化进程中所扮演的重要角色。但是，从目前国内外研究欧洲一体化的成果来看，多数研究者把关注的目光投向法国和英国等其他方面。法国和英国在欧洲一体化进程中，的确起到了非常重要的作用，没有它们的积极推动欧洲一体化进程，"联盟大厦"的建立也会成为无源之水，无本之木。从历史学角度来看，国内外还没有研究者把德国单独作为研究对象与欧洲一体化关系进行系统的研究。究其原因，也许是二战后德国战败国身份，使其在欧洲一体化的道路上不愿过于锋芒毕露。同时，法国也想充当欧洲领导者，在欧洲一体化的进程中往往扮演着急先锋的角色。被称为"欧洲之父"的舒曼先生为开创欧洲一体化建立煤钢共同体立下了汗马功劳，可是"阿登纳的积极态度，为欧洲煤钢共同体的建立最终建成起了极大地推动"②。北京大学国际关系学院连玉如教授也有评价："法国的舒曼是有功绩的，他倡导建立欧洲煤钢联营为西欧联合卓有成效地进一步发展奠定了基础，但从宏观上来看，他的实际作用比阿登纳要逊色得多"③。正如有学者云："甚至在20世纪50年代和60年代初期，因为德国是法国战略的一个被动

---

① 欧洲煤钢共同体（European Coal and Steel Community）在许多著作和论文中，经常会出现各式翻译，如：译成"欧洲煤钢联营"或者"欧洲煤钢集团"等。《世界历史词典中》中解释"欧洲共同体"（European Community）是"欧洲经济共同体、欧洲煤钢联营、欧洲原子能联营的总称"。笔者认为"European Coal and Steel Community"无论从语义上还是从共同体的功能结构上看译成"欧洲煤钢共同体"较为合适，就此问题曾与中国社会科学院蔡曼华教授探讨过，她支持笔者的观点，武汉大学严双伍教授也认为译成"欧洲煤钢共同体"比较恰当。

② Weidenfeld, Werner, Konrad Adenauer und Europa, Bonn1976. s. 324 – 325.

③ 连玉如：《新世界政治与德国外交政策"新德国问题探索"》，北京：北京大学出版社 2003 年版，第 178 页。

的工具，也不能说欧洲共同体刻下了法国的烙印，例如，如果我们仔细地观察共同农业政策（Common Agricultural Policy）的构成就能看到，在共同体关键领域是具有德国伟大计划的印痕而没有法国的影子"①。这些学者、专家对德国在欧洲一体化所起的作用高度评价，说明了德国在欧洲联合中起到了主要的作用。因此，扩大德国与欧洲一体化之间关系的研究是十分必要的。但目前的研究成果却显得过于薄弱。关于这方面的研究成果只是像一粒粒珍珠一样散落在众多的著作与论文之中，还没有系统的研究成果出现，这不能不说是德国史领域中的一大憾事。所以，深化和扩大这方面的研究是有理论意义和现实价值的。

第二次世界大战后的欧洲一体化进程已经完全改变了战后欧洲的凋敝破败面貌，重现了昔日的繁华，远离了战争，在欧洲实现了和平，并且使欧洲已经发展成为国际社会中一支重要的政治经济力量。二战后，德国也通过积极推进欧洲一体化进程，不仅赢得了国家主权，达到了实现国家繁荣富强的目的，最终还赢得了国家的重新统一。可是，统一后的德国随着实力的增强，在欧洲又引起了诸多国家的不安，特别是德国重新统一对欧洲一体化的影响。不过有学者认为："在 20 世纪 90 年代后期，德国对一体化的一般规则仍然与统一前是相一致的。联邦德国仍然牢固地根植于欧洲，它抬高多边主义和'文化自制'没有减弱"②。在重新统一后的德国与未来欧洲一体化之间的关系，已经有不少的学者也进行了研究，也提供了预测。所以，加强德国与欧洲一体化的研究也有较强的现实意义。

20 世纪以来，随着经济全球化的迅猛发展，区域一体化也在发生着巨大的变化。欧洲联盟是区域一体化程度最高的组织，德国在欧洲一体化当中起着越来越重要的作用。二战后德国沦为一个既没有主权也没有行政权的国家，但在二战后的国际环境变化等诸多因素作用下，德国抛弃了普鲁士军国主义传统重新融入欧洲，积极推进欧洲一体化进程，使欧洲联盟成为当今多极世界中不可忽视的重要的一极力量，德国功不可没。遗憾的是，二战后，在关于欧洲一

---

① Hendriks Gisela & Morgan Annette, *The Franco-German Axis in European Integration*, Edward Elgar, 2001. p. 5

② Anderson Jeffrey, *German Unification and the Union of Europe*: *The Domestic Politics of Integration Policy*, Cambridge University Press, p. 206

体化的研究中，对德国与欧洲一体化的研究关注得并不是很充分。笔者将二战后德国分裂、重新统一的历程与欧洲一体化联系起来进行系统研究，不仅在一定程度上拓宽了欧洲一体化的研究领域，也加强了德国史、国际关系史等领域的研究。同时，也加深了对德国现代史发展进程及其规律的认识，具有重要的学术价值。我们说"学以致用"，研究二战后德国发展史，研究德国与欧洲一体化之间的关系，应该服务于我们中国的发展，从德国的发展中吸取经验教训，对实现中华民族在 21 世纪的伟大复兴具有一定的现实意义。

二、国内外研究概况及其评价

（一）国外研究状况

欧洲走向联合的思想源远流长，恩格斯说过："（欧洲人）为反对共同的外部敌人而通过基督教联合起来了。"[①] 但是，欧洲真正走上联合的道路是在二战结束后以一体化的方式进行的。在 20 世纪 50 年代初建立了欧洲煤钢共同体，意味着欧洲一体化迈出了关键的第一步。对欧洲一体化的研究在西方也随之开始，且已经获得了丰硕的成果，出版有关欧洲一体化的著作可以说是汗牛充栋，关于欧洲一体化的资料称得上是浩如烟海，涉及的研究领域几乎包含了整个人文社会科学的方方面面，以至形成了欧洲联盟经济学、欧洲联盟法学等专门的学科分支。

尽管欧洲一体化的研究成果极为丰富，但是其中绝大部分属于政治学、经济学、法学等类别。撇开一些综合性的研究成果，历史学在欧洲一体化研究成果中所占的比重则少之又少。如果再从欧洲一体化的历史学研究成果中挑出关于德国史的研究成果，那结果就可想而知了。从收集的资料来看，纵观欧洲一体化发展史，可以说在 20 世纪 70 年代之前西方对欧洲一体化的历史研究还是比较薄弱的，这也许是当时欧洲一体化的历史相对较短，英国等国家还没有加入欧洲一体化进程，一体化在欧洲未发挥巨大的作用和引起巨大的反响等原因，以至于还没有引起国际社会和学者的足够重视所导致的，再说很多对一体

---

① 《马克思恩格斯全集》，北京：人民出版社 1962 年版，第 546 页。

化进程产生巨大影响的关键人物此时正在创造着一体化辉煌的历史。因此，在20世纪70年代以前的西方研究成果现在只能在一些专著中找到一些章节，或者说只能在一些当事人的回忆录才能见到，也可以说此时的欧洲一体化研究成果还是比较零散的。如：联邦德国第一位总理康拉德·阿登纳著的《阿登纳回忆录》（四卷中译本，上海人民出版社1976年版），再加上阿登纳的秘书安纳丽丝·波萍迦女士著的《回忆阿登纳》（中译本，上海人民出版社1976年版），形成了一套完整的阿登纳时代的历史。这5本回忆录详细地介绍了阿登纳时代各个阶段政治、外交政策等方面的内容，含有大量的德国对欧洲一体化的态度及政策的史料，是研究战后阿登纳时代德国与欧洲一体化关系的重要参考资料。另外，还有斯巴克的《未结束的战斗》（Paul Henri Spaak, *The Continuing Battle*, London, 1971）和让·莫内的《回忆录》（*Jean Monnet*, *Memoirs*, *Garden City*, New York: Doubleday Company, INC, 1978），这两本回忆录也是研究欧洲一体化的重要参考资料。斯巴克是《罗马条约》重要的策划者之一，在欧洲防务共同体遭受挫折的情况下，欧洲一体化进程重新启动，斯巴克功不可没。关键是斯巴克的《回忆录》为我们研究欧洲一体化提供了重要史料依据。"欧洲之父"——让·莫内的《回忆录》也记录了缔造欧洲煤钢共同体的艰难历程，欧洲统一进程由此也迈出了坚实的第一步。他的《回忆录》为我们提供了战后法国为解决"德国问题"所采取新的政策和方式的史料，从中可以看出法国放弃了一战后对德国政策的打压模式，实现德法和解从而也为欧洲一体化顺利推进奠定了良好的基础。

在20世纪70年代后，欧洲一体化扩大了，实力也越来越雄厚，在欧洲以及在世界舞台上产生越来越大的影响，随着欧洲一体化的壮大，进入20世纪80年代，关于对它的研究状况也有了很大的改观，呈现出几个显著的特点：

1. 从不同的角度对欧洲一体化进行的研究成果开始大量出现。如：凯文·费泽斯通（Kevin Featherstone）的《社会主义政党与欧洲一体化：比较史》（*Socialist Parties and European Integration*: *a comparative history*, Manchester University Press, 1988）。这是从政党的角度来研究欧洲一体化的，为研究欧洲一体化提供了一个新的视角。

2. 欧洲一体化的历史研究也发生了很大的变化，很多关于一体化历史资料收集工作也同时展开。如：瓦尔特·莱普金斯（Walter Lipgens）主编的

德国与欧洲一体化

《欧洲一体化历史文献集（1939—1950）》（*Documents on the History of European Integration* 1939－1950，Berlin；New York，1985－1991），就为史学工作者提供了有关这段时期翔实丰富的研究史料。法国学者法布里斯·拉哈著，彭姝祎等译的《欧洲一体化史 1945—2004》（北京：中国社会科学出版社 2005 年版），这部历史学著作简直就是为中国人研究欧洲一体化而撰写的，它简要地介绍和解释了 1945 年以来欧洲一体化的发展史，回答了导致欧洲统一的一体化进程取决于哪些因素。

3. 在所有的欧洲一体化的史学研究中，有一个突出的特点就是国别史的研究在欧洲一体化的研究中没有占很大的份额，就是有一些现有的研究成果还往往局限在某一个方面，没有进行系统的研究。如：洛伊·金克斯（Roy Jenkins）主编的《英国与欧洲经济共同体》（*Britain and EEC*，The Macmillan Press LTD，1983）。它是从英国的角度来研究与欧后经济共同体之间关系的一本论文集。魏纳·J. 菲尔德（Werner J. Feld）著的《西德与欧洲共同体：正在改变的利益和竞争的政策目标》（*West Germany and the European Community*：*Changing Interests and Competing Policy Objectives*，Praeger，1981），其重点在西德与欧洲共同体的关系上，对战后西德与欧洲一体化的进程及在其中扮演的角色分析不够全面，分析得也比较简单。

4. 研究欧洲一体化的国别史增多。如，M. 坎普斯（M. Camps）著的《英国与欧洲共同体 1955—1963》（*Britain and European Community*，1955－1963，London，1964）。她在收集了大量史料的基础上，对 1955—1963 年英国与欧洲经济共同体作了较为深入地研究，迄今为止这部著作仍被作为研究这一时期英国与欧洲一体化关系的权威性著作。再加上大卫·戈兰德（David Gowland）和阿瑟·特纳（Arthur Turner）合编的《英国与欧洲一体化 1945—1998：文件史集》（*Britain and European Integration* 1945－1998：*A documentary history*，London and New York，2000），虽然书的内容不是很多，却是一部比较完整介绍英国与欧洲一体化之间关系的史料。从美国的角度来研究欧洲一体化的著作及论文更是不少，如，戈尔·吕德斯塔德（Geir Lundestad）著的《一体化帝国：美国与欧洲一体化 1945—1997》（"*Empire*" *by Integration*：*The United States and European Integration*，1945－1997，Oxford University Press，1998）。该著作系统地论述了美国自战后至 20 世纪 90 年代末与欧洲一体化之间的关系。

甚至连北欧小国——爱尔兰与欧洲一体化之间的关系也有学者专门研究。如：默克尔·赫尔蒙兹（Michael Holmes）编写的《爱尔兰与欧洲联盟：和谐、扩大与欧洲的未来》（*Ireland and the European Union：nice，enlargement and the future of Europe*，Manchester University Press，2005）。对从国别史的角度来研究欧洲一体化成果增多，既丰富了欧洲一体化的内涵，又揭示了欧洲一体化不同的成因。

5. 与法国一起被誉为欧洲一体化"发动机"的德国，其与欧洲一体化的关系的研究成果相对而言实在是太少，就笔者目前所收集的资料，至今只有几部著作。如：杰弗瑞·安德狲（Jeffrey Anderson）所著的《德国统一与欧洲的联盟：一体化政策的国内政治》（*German Unification and Union of Europe：The Domestic Politics of Integration Policy*，Cambridge University Press，1999）。这部研究成果是德国重新统一后随着其实力、利益的改变，"新德国"在欧洲联盟中的作用的具体分析。再还有巴巴拉·利泊特（Barbara Lippert）等著的《德国统一与欧洲共同体一体化：德国和英国的前景》（*German Unification and EC Integration：German and British Perspectives*，Pinter Publishers London，1993）。该著作研究表明，德国统一之后，欧洲一体化所带来的利益有所改变，但是对推进一体化的决心与态度依然如故，英国对此表示怀疑。另外是西蒙·勃鲁莫（Simon Bulmer）和威廉·帕特逊（William Paterson）合著的《联邦德国与欧洲共同体》（*The Federal Republic of Germany and the European Community*，Allen & Unwin，1987），该著作从联邦德国的利益集团、大众舆论、政党等多方面来分析与欧洲共同体之间的关系，从这一点上看，该著作并不是一部研究欧洲一体化的德国史著作。总之，还没有一本完整、系统的研究德国与欧洲一体化的专著。当然有关欧洲一体化的研究成果浩如烟海，笔者在收集资料的过程中难免挂一漏万。不过，总的说来，在欧洲一体化的国别史研究中，德国史是比较薄弱的环节，同时这也给笔者的研究工作带来了不少的困难和巨大的压力。

（二）国内研究状况

从时间上看，中国对欧洲一体化的研究与西方相比更是滞后。因为新中国成立后实行的向苏联"一边倒"的外交政策导致对欧洲一体化进程关注不多。

德国与欧洲一体化

1951 年 3 月 21 日，也就是在《欧洲煤钢共同体条约》正式签署前的一个月，中国的"《人民日报》出现了'德意志民主共和国外交部新闻处处长斥《舒曼计划》非法'的消息，这应该是中国对欧洲一体化进程的最早报道"。[①] 在战后冷战的国际环境下，中国研究欧洲一体化更是无从谈起。直到 20 世纪 80 年代中国改革开放以后，国内才开始慢慢地关注欧洲一体化研究，那是欧洲煤钢共同体成立三十多年后的事情了。

上海复旦大学部分教师编写的《西欧共同市场》（上海人民出版社 1973 年版），是中国国内比较早的关于欧洲一体化研究的成果。虽然在 20 世纪 80 年代以后疏于对欧洲一体化的研究情况在中国有所改观，但与西方国家相比还是很滞后的。如果再论及在中国历史学界对欧洲一体化的研究那更是滞后了，直到 20 世纪 90 年代中期，仍然没有一部中国学者撰写的关于欧洲一体化的历史学著作，这种局面在 20 世纪 90 年代后期发生了彻底的改变。1997 年，在欧洲联盟的资助下，"欧盟—中国高等教育合作项目"开始启动，这是自 1949 年新中国成立以来外方资助基金最多的人文社会科学项目。[②] 另外，随着中国实力的增强、国际环境改变等因素，中欧之间的关系越来越密切，同时也推动了中国内地学者对欧洲、对欧洲一体化的研究，这些研究呈现了几大特点：

1. 除译著外，高质量的研究成果不断出现。译著首推法国学者皮埃尔·热贝尔。他的著作《欧洲统一的理想与现实》（丁一凡译，中国社会科学出版社 1989 年版）。该书从欧洲文明等欧洲观念着手，详细地介绍了一战后到 1983 年止的欧洲一体化的历程，史料之丰富，文字之优美，论述之透彻，可以说是研究欧洲一体化必读的参考资料之一。中国学者的研究成果也层出不穷。如：北京大学郭华榕、徐天新主编的《欧洲的分与合》（京华出版社 1999 年版）。该书系统地研究了欧洲的历史，探讨了欧洲各国历史的共性和个性，不但分析了二战后西欧的一体化，而且还探讨了东欧的一体化进程，以及对欧洲一体化未来的展望。山东大学胡瑾等学者合著的《欧洲早期一体化思想与

---

① 胡瑾等：《欧洲早期一体化思想与实践研究（1945—1967）》，山东：山东人民出版社 2000 年版，第 189 页。

② "中欧高等教育合作项目"主要内容参见严双伍：《第二次世界大战与战后欧洲一体化起源研究》，武汉：武汉大学出版社 2004 年版，第 10 页。

实践研究（1945—1967）》（山东人民出版社 2000 年版）。该书对二战后欧洲走上一体化的道路的基本过程进行了系统的论述，其后胡瑾继续与宋全成等合著的《欧洲当代一体化思想与实践研究 1968—1999》（山东人民出版社 2002 年版），刚好形成一部姊妹篇，虽然第二部著作不如第一部著作富有条理性和哲理性，但毕竟成为一套完整的二战后欧洲一体化发展史。还有中国人民大学李世安、刘丽云等著的《欧洲一体化史》（河北人民出版社 2003 年版），是中国内地出现的第一部欧洲一体化史学丛书。该著作从欧洲一体化的历史渊源开始论述，自一战经二战到现在的欧洲联盟，通过史论结合考察欧洲一体化的起源和发展进程，既论述了欧洲一体化的发展史，也揭示了二战后欧洲一体化发生的动因。

2. 研究领域不断拓展。有的学者从政党政治的角度来研究欧洲一体化，如：陶涛著的《西欧社会党与欧洲一体化研究》（北京大学出版社 2001 年版），林勋健主编的《政党与欧洲一体化》（当代世界出版社 2000 年版），李景治，张小劲等著的《政党视角下的欧洲一体化》（法律出版社 2003 年版）；还有研究者从民族学的角度来研究，如：路文勇著的《对民族特性与欧洲同一性关系的诠释》（中国社会科学院博士论文，2002），等等。其中历史学中的国别史研究也开始进入欧洲一体化领域的研究，对加强密切中欧关系也起到了一定的积极作用。如：张福财著的《战后美国对欧洲一体化政策》（中国人民大学博士论文，2002），赵怀普著的《英国与欧洲一体化》（世界知识出版社 2004 年版），洪邮生著的《英国对西欧一体化政策的起源和演变 1945—1960》（南京大学出版社 2001 年版），张士昌著的《拿破仑帝国与欧洲一体化进程》（安徽人民出版社 2006 年版），潘德昌著的《战后日本对欧洲一体化的政策》（中国人民大学博士论文，2003）。从国别史的角度来研究欧洲一体化，即拓宽了研究领域，也丰富了研究成果，更揭示了欧洲一体化的动因。

3. 近些年中国内地学者对欧洲一体化的研究获得很大的进步，但是历史学在欧洲一体化的研究中仍然是相对滞后的。如前文说过，在国别史中对欧洲·一体化的研究就比较薄弱，从德国史的角度对欧洲一体化进行的研究更显不足。迄今为止笔者还没有搜索到一部完整的专著，也还没有发现研究者把这个问题作为博士论文的选题，但与之相关的专著或者博士论文却不是少数，如：吴友法等著的《当代德国——命运多舛的世界新秀》（贵州人民出版社 2001

德国与欧洲一体化

年版），简要地分析了二战后联邦德国与欧洲一体化之间的关系及欧洲走上一体化道路的原因；连玉如著的《新世界政治与德国外交政策——"新德国问题探索"》（北京大学出版社 2003 年版），这本书主要是从政治、外交上分析自二战后联邦德国历史以及对重新统一后德国外交政策预测，虽然也包含有联邦德国对欧洲一体化的政策，但不是该书的主要内容。

第一章 酝酿：西德对战后
欧洲一体化的准备

　　本章主要论述二战后东西方阵营在解决德国问题上分歧不断、势不两立的情况。美国为了实现其冷战目的，复兴西占区，壮大西方力量，揭开了战后波澜壮阔的欧洲一体化运动的序幕。第一节介绍战后东西方势力在德国问题上的较量，双方互不妥协，彼此只能分区占领德国，德国问题再现欧洲。第二节重点探讨西占区的复兴与西欧早期一体化间的关系。德国复兴也决定了西欧的复兴，没有德国的复兴，复兴西欧毫无希望。在战后西欧一贫如洗的情况下，西欧单个国家是不能实现复兴的。所以，西欧只能联合起来，使欧洲一体化初露端倪。第三节分析德国战后各政治势力不同的欧洲政策，这对欧洲一体化影响巨大。不过，德国基督教民主联盟赢得了政权，为欧洲一体化顺利前进奠定前提。第四节介绍了西欧大国对欧洲一体化的不同态度，说明德国从开始起就是推动欧洲一体化运动前进的坚强力量。

第一节 德国问题再现欧洲

　　雅尔塔体系形成之时，苏、美、英三国还保持着战时伙伴关系，美苏双方都还存战后继续维持合作的主导意向。"罗斯福及其顾问们所设想的战后安排时，英国将重新担当地中海和中东的警察的角色，法国将成为在西欧起主导作用的大陆国家，而俄国则将对东欧拥有霸权，四大国将在欧洲共同对德国保持警戒，在世界则将在新成立的联合国中起指导国际政策的作用"。[①] 随着战后

---

① Cyril E. Black, Rebirth: *A History of Europe Since World War II*, Colorado: Westview Press, p.52.

德国与欧洲一体化

欧洲局势的进一步发展，美、苏、英三国之间的关系由战时合作向战后对抗方向发展，欧洲中心——德国成为东西方竞技的主战场和争夺的主要对象。

二战结束后，如何处置德国，自然成为战胜国的头等大事。其实，早在战争后期，特别是在 1943 年以后，随着德国法西斯行将覆灭之际，盟国开始考虑战后对德政策。1943 年 1 月的卡萨布兰卡会议（Casablanca Conference）上，美国总统罗斯福（Roosevelt）为战后惩罚德国政策定下了基调，即德国要"无条件投降"。[1] 两个月后，英国外交大臣艾登（Eden）在访问美国的过程中，美、苏、英三国就德国问题达成一致意见，那就是德国"应该被肢解或者至少非中央集权化"[2]。11 月底在德黑兰会议（Teheran Summit Conference）上，美、英、苏三国更是一致同意要严惩德国，商定要消灭德国武装力量的计划，罗斯福甚至"提出要把德国分为五个部分"，[3] 丘吉尔（Churchill）"表示支持罗斯福计划"，斯大林（Stalin）"也说他乐见分裂德国的计划"[4]。在会上，丘吉尔还更进一步提出"普鲁士是万恶之源"之说，要求彻底铲除普鲁士。斯大林提出变动苏联、波兰和德国领土的要求，要求把所谓的寇松线[5]作为苏联与波兰分界线，波兰领土西移，失去的领土将从德国补偿，美英亦同意。德黑兰会议后，罗斯福和丘吉尔在 1944 年 9 月仍然比较赞成美国财政部长亨利·摩根索（Henry Morgenthau）提出的惩罚德国计划，即"摩根索计划"（Morgenthau Plan）。它对德国问题的解决办法就是彻底摧毁德国的工业生产能力，把鲁尔区等德国主要工业区从德国割裂出来，置于国际机构的控制之下。一句话，就是要把德国重新变为农业国。他们认为这样一来，就可以一劳永逸地消除德国侵略的威胁。苏联更是对德国法西斯的侵略恨之入骨，惩罚德国的态度始终是明确的，那就是完全摧毁德国，尽可能多地获得德国的赔偿，以弥补大战中的损失。

---

[1] Peter H. M erkl, *The Origin of the West German Republic*, New York Oxford University Press, 1963, p. 4.

[2] 同上。

[3] 即东普鲁士、汉诺威和德国西北部地区，萨克森和莱比锡地区，里森、达姆施塔特、卡塞尔和莱茵以南地区，巴伐利亚、巴登和符腾堡地区。另外两块地区是基尔运河地区、不来梅、汉堡和卢卑克，另外形成一种自由贸易区，置于国际共管之下；鲁尔和萨尔交付国际托管。

[4] W. R. SMYSER, *From Yalta to Berlin: The Cold War Struggle over Germany*, St. Martin's Press New York 1999, p. 9.

[5] 寇松线（Curzon Linie）是第一次世界大战后于 1919 年 12 月划定的苏俄与波兰之间的分界线，由当时英国外交大臣寇松提出而获得承认。

在法西斯轴心国疯狂的进攻紧迫形势下结成的反法西斯同盟是无法避免其内部矛盾和利益冲突的，毕竟它们之间在政治经济制度、思想意识形态等方面迥然不同；就是同属资本主义国家的美、英、法之间也因为历史传统和国家利益等方面不同也存在着不少的矛盾冲突，这就造成盟国之间对德国政策在原则一致的基础上，存在着各自不同的构想和战略利益考虑，但此时"它们不想在细节上争论，因为战争还在残酷地进行之中"①。德黑兰会议上关于分割德国问题，美、苏、英并没有达成一致意见，因为处罚德国使盟国陷入两难选择："一方面，因为战争要惩罚德国，特别是要惩罚希特勒和纳粹；另一方面，又要避免德国跌入政治极端主义的绝望境地"②。这就为以后对德政策出现分歧埋下了伏笔。

德黑兰会议上，盟国之间关于如何处罚德国虽然没有达成一致意见，但也没有出现较大的分歧，可是到了1945年的雅尔塔会议（Yalta Conference）上它们之间的分歧就已经明朗化了，其原因是纳粹德国彻底失败终成定局，盟国此时已经从战略和军事问题进入讨论战争之后的政治发展情况了。"苏联武装力量在欧洲已占优势，到1944年夏天已经进入波兰。但是斯大林没有命令部队直接攻入德国，相反他命令红军占领东欧"，③ 为其日后控制东欧打下基础。面对苏联在战争中发展起来的强大武装力量，"此时在西方没有一人严肃地考虑过与苏联进行一战"④，将其逐出东欧。雅尔塔会议是在苏联红军占领东欧既成事实形势下召开的，这时"丘吉尔已经对斯大林的野心有所疑虑，到雅尔塔会议的时候就转而主张温和了"⑤。斯大林也对盟国战时合作关系产生了深深的怀疑，例如会议期间的1945年2月8日，在斯大林举行的晚宴上，罗斯福说他感到宴会的气氛如同家庭团聚一样。斯大林则一语道破天机，这是因为盟国之间有了共同的敌人，此时保持三国间的团结是比较容易的。战争结束后，不同的利害关系就可能导致盟国的分裂，当然这种分裂会突出地表现在对德不同的政策上。正如斯大林所预料，雅尔塔会议上，"罗斯福不再重复以前分割德国的

---

① W. R. Smyser, *From Yalta to Berlin*: *The Cold War Struggle over Germany*, New York: St. Martin's Press, 1999, p. 9.

② Ibid. p. 10.

③ 同上。

④ John W. Young, *Cold War Europe 1945 - 1989*: *A political history*, Edward Arnold, p. 2.

⑤ D. W. Urwin, *Western Europe Since 1945*: *A Short Political History*, Longman, 1981, p. 86.

建议，丘吉尔也只说他原则上支持分割德国，不再提及以前的意见。他已经相信西方需要一个统一的德国来平衡苏联在欧洲的影响，斯大林则公开地反对分割德国"[1]。盟国对德政策由支持到维持统一的转变，说明西方与苏联都希望战后独占德国。于是，盟国对德政策分歧开始出现，德国问题初露端倪。

会议批准了欧洲咨询委员会关于德国无条件投降和处罚德国的总原则："消灭德国的军国主义和纳粹主义，保证德国从此永远不能破坏世界和平"[2]。盟国开始提出要消灭德国军国主义和纳粹主义，不再提"消灭德国"，美、苏、英三国在大会上争过来吵过去之后，最后各方同意，在分割德国问题上暂时保留权利，三方之间仍然没有达成具体分割德国的意见，关于分割德国问题交给新成立的"德国分割委员会"去继续协商，仅在德国无条件投降书中加进"分割德国"的词语。雅尔塔会议确定了关于分区占领德国及赔偿的原则，关于波兰疆界及临时政府组成的协议，以及《被解放的欧洲宣言》和关于苏联对日作战的秘密协定，其实质是按照东西战场战争推进的程度，即按照东西方大国的实力，把欧洲分为东西两大势力范围，从而奠定了欧洲的基本秩序——雅尔塔体系的基础。雅尔塔体系分裂了德国和欧洲，从此以后"被战火摧毁了德国、幻灭了的欧洲，匍匐在华盛顿和莫斯科直接或者间接的影响之下"[3]。这对战后的国际关系、对战后欧洲走上一体化的道路产生了深刻影响。

在雅尔塔会议上盟国之间并没有达成分裂德国和欧洲的正式文件，也没有划分彼此势力范围，甚至还签署了《被解放的欧洲宣言》，重申《大西洋宪章》中的国家独立及主权原则。可是，雅尔塔会议有两大重要内容对以后的国际关系产生了巨大的影响。在雅尔塔会议之前，"罗斯福告诉丘吉尔，在结束军事行动不超过两年的时间内，美国部队将不会驻扎在德国。如此迅速的撤退把英国和法国作为孤独与重要的力量留在欧洲大陆"[4]，引起了英国的恐慌。

---

① W. R. Smyser, *From Yalta to Berlin: The Cold War Struggle over Germany*, New York: St. Martin's Press, 1999, p. 14.

② Günther Doeker & Jens A. Brückner, *The Federal Republic of Germany and the German Democratic Republic in International Relations*, Volume I: confrontation and co-operation, Oceana Publications, Dobbs Ferry, NY, 1979, p. 16.

③ Cyril E. Black, *Rebirth: A History of Europe Since World War II*, Colorado: Westview Press, p. 48.

④ W. R. Smyser, *From Yalta to Berlin: The Cold War Struggle over Germany*, New York: St. Martin's Press, 1999, p. 14.

"对于英国来说，欧陆力量的平衡是生死攸关的事，对美国而言，这件事是重要的，但不是致命的重要"①。英国对德国政策还是继续奉行其传统的欧洲均势外交方针，它既要削弱强大的竞争对手——德国，又不想战后美苏染指欧洲，以确保自己在欧洲的霸主地位。所以，在雅尔塔会议上，英国竭尽全力把法国拉进战胜国行列，使法国成为未来分区占领德国的重要一员。约翰·W.杨说过："法国被授予德国占领区权力主要是因为英国的争取，英国相信，在未来控制德国问题上法国将会起到主导作用，特别是美国部队预计 1947 年撤出欧洲后。"② 英国已经把法国作为在欧陆平衡苏联的不可或缺的重要工具。第一，法国加入战胜国行列，这对德国的未来产生了重要的作用；第二，关于苏联对战后要求德国赔偿问题。苏联由于尽全力抗击纳粹德国的侵略，为赢得战争的胜利立下了汗马功劳，损失异常惨重。它希望战后能从德国获得高额战争赔偿来帮助苏联战后重建。它坚持德国赔偿总额为 200 亿美元，其中 50%给苏联。如果这样，德国的工业设备将会被拆除作为赔偿运走。除此以外，德国还要花 10 年的时间来履行赔偿义务。然而，"在美英眼里，它们担心这样的政策将会拖垮德国，那么为了德国人的生存，美英将不得不提供援助，一般说来，欧洲经济的正常发展也会受到损害。"③ 美英认为苏联应该获得赔偿，只是它们不能接受苏联如此高的要价，美英也不愿意犯一战后对德国高额赔偿所导致的错误。经过反复磋商，苏联 200 亿美元的要求只是作为将来讨论的数字，而不能作为已经同意的数据。"关于赔偿要求，在雅尔塔会议的最后讨论中，斯大林已经变得相当恼怒。"同时，"苏联在东欧的行动也使丘吉尔相当震惊，他意识到莫斯科将会控制住这个地区"。④ 雅尔塔会议已经播下了冷战的种子，盟国之间的矛盾就像火山爆发之前聚集的熔岩一样，时机一旦成熟，这座用矛盾堆积起来的火山就要爆发。

　　雅尔塔会议后的几个月里，美国总统罗斯福于 1945 年 4 月去世了。新总统杜鲁门改变了罗斯福战后大国间合作的思想。他说："当联合起来进行的战

---

　　① Ernst H. Van Der Beugel, *From Marshall Aid to Atlantic Partnership*: *European Integration as a Concern of American Foreign Policy*, Elsevier Publishing Company, 1966, p. 15.

　　② John W. Young, *Cold War Europe 1945－89*: *A political history*, Edward Arnold, p. 4.

　　③ 同上。

　　④ W. R. Smyser, *From Yalta to Berlin*: *The Cold War Struggle over Germany*, New York: St. Martin's Press, 1999, p. 15.

争，越是临近最后关头，就越要考虑政治因素"，并说"由于德国军事力量行将被摧毁，结成联盟关系的唯一依据马上就要消失，苏联和西方盟国的关系已发生了'根本性变化'"。[1] 1945 年 4 月，苏联军队与美国军队在战场上越来越接近了。苏联红军从东到南控制了维也纳，美国军队也打到了莱比锡并进入捷克境内。4 月 19 日，苏联军队包围了德国首都柏林，这一天美苏军队在托尔高胜利会师，德国被切成两半，预示着盟国之间的矛盾将会越来越激化。为了对付苏联这个"致命的威胁"，美英两国开始考虑，与其把德国分割成几块，不如把德国控制在自己的手里作为对付苏联的基地。于是，美英两国不再要求肢解德国了。杜鲁门说："我们的目的是要使德国被看成一个国家，最后由一个政府管理。"[2] 苏联也因为盟国之间没有解决好波兰边界和战后赔偿等问题，二战中损失和遭受的苦难最为巨大（仅人口就损失 2000 万）。它希望战后从德国获得高额赔偿来帮助其国内重建，可是德国工业发达的西部地区在西方占领区的范围内，苏联要想战后能从德国得到大量的赔偿，也反对分裂德国。战后英法的衰落，加上苏联已经控制住东欧的既成事实，苏联在欧洲的政治上占有巨大的优势，如果德国保持统一苏联将会对整个德国的事务发挥更大的影响。所以，"1945 年 5 月 9 日，斯大林公开表示不倾向肢解或者摧毁德国"[3]，也改变了苏联对德国的政策，拒绝在雅尔塔会议上商定的战后可能肢解德国的设想。

战后，盟国在如何处理德国问题的分歧和矛盾更加激化，显然不能就各种处置德国的方案达成一致意见，但在分区占领德国的问题上却取得共识，这是"谁也不想把已经到嘴边的肥肉吐出来"。在各种矛盾的相互妥协下，英国获得德国西北部地区，美国则分得德国南部并加上不来梅港口等，划给法国的是与自己国境毗连的一小块地区以及当时就已经存在争议的萨尔地区，苏联则获得德国东部。"事实上，这已经决定了德国的分裂，因为每个占领国都按照自己的意愿在自己占领区内为所欲为，它们都能否决或适用整个德国的任何政策"。[4] 结果，"在军事占领区出现了四种截然不同的政治实体，在占领区每个

① 转引自陈乐民：《战西欧国际关系（1945—1984）》，北京：中国社会科学出版社 1987 年版，第 21 页
② ［美］哈里·杜鲁门著，李石译，《杜鲁门回忆录》第一卷，北京：生活·读书·新知三联书店 1974 年版，第223—224 页。
③ John L. Snell, *Wartime Origins of the West Dilemma over Germany*, New Orleans, 1959, pp. 181-84.
④ W. R. Smyser, *From Yalta to Berlin: The Cold War Struggle over Germany*, New York: St. Martin's Press, 1999, p. 11.

强权都追求能反映自己价值的政策，德国东部经济'苏联化'，在美国占领区正在培育资本主义，而英国占领区内鼓励社会民主改革"。① 分区占领德国的决定虽不是一项永久分割德国的计划，但它实际上在德国划分了各自的势力范围，为战后德国的分裂已经投下了难以抹去的阴影，德国成为东西方势力较量的主战场。东西方矛盾加剧，战胜国在有关德国问题上没有达成任何正式协定，占领区之间不同的发展政策加深了德国的分裂。这样，"德国问题成为欧洲冷战的中心问题"。② 对冷战双方来说，"'德国问题'已经成为怎样使两个德国的经济和政治产生力量的时候了"③。也就是说，双方怎样复兴分裂的德国取决于怎样有利于自己的冷战，德国成为冷战的工具。可是，德国人自己该怎么办？怎样在东西方较量中维护自己的国家利益和实现国家统一，正是德国对这一问题的诉求，和东西方冷战一起，勾画出了战后波澜壮阔的欧洲一体化运动。

第二节　德国分裂与西欧早期一体化

二战后，德国被分裂为东占区和西占区，德国分裂是东西方冷战的必然结果。冷战双方都希望牢牢地控制住彼此的占领区，以图实现自己的战略思想。因此，西方阵营开始复兴西占区。德国地理位置和工业潜力对西欧复兴和联合意义重大，复兴西占区对复兴整个西欧，使西欧走上一体化道路影响深远。对西占区的德国人来说，他们不能接受国家永远被分裂的状况，但凭西德自己的实力很难实现德国重新统一。德国基督教民主联盟主张向西方一边倒的外交政策，在欧洲一体化中对实现德国统一、对西欧早期一体化产生了深远的影响。

一、德国分裂

德国无条件投降标志二战欧洲战场战争结束，战胜国分区占领了德国及其首都柏林，德国一分为三，即东占区、西占区和柏林。1945 年 6 月 5 日，在战胜国签订《鉴于德国失败和接管最高政府权力的声明》的时候，并没有反

---

① John W. Young, *Cold War Europe 1945 – 1989: A political history*, Edward Arnold, p. 4.

② Renata Fritsch-Bournazel, *Confronting the German Question: Germans on the East-West Divide*, Befg Oxford/New York/Hamburg, 1988, p. 12.

③ Lawrence L. Whetten, *Germany East and West-Conflicts, Collaboration, and Confrontation*, New York University, 1980, [xiii].

德国与欧洲一体化

对德国作为一个整体继续存在下去。战后盟国设立的管制委员会是德国最高政权机关，但各国之间只有在获得一致意见的时候，才会涉及对全德国事务共同负责，这就意味着每个占领国对它认为不利的政策都拥有事实上的一票否决权，为以后解决德国问题造成了巨大的困难。

战后，苏联对欧洲的要求主要有两点：首先，要求索取赔偿，苏联受战争的浩劫损失惨重，西部地区遭到大规模破坏，它想从德国取得巨额赔偿来完成战后重建工作；第二，保障战后苏联的安全。为了自身的安全，苏联要求东欧（特别是波兰）和东南欧的一些国家必须保持与之友好关系，不能重蹈以前的覆辙。斯大林"使用军事力量在东欧建立亲苏政权已经很明显"①，造成了战后控制东欧的既成事实；这对英国在东南欧传统的势力范围造成严重威胁，引起英国极度恐慌。现在对它来说，抵抗"共产主义的扩张以及在各地对自由的威胁成为当今压倒一切的问题"②。于是，丘吉尔要求召开战胜国首脑大会来安排战后的国际秩序，美国正好也有如此的需要。此时，欧战结束但亚洲仍在酣战之中，美国为了减少人员伤亡需要苏联尽快出兵中国东北对日本实行最后一击。所以，对苏联在欧洲之举不像英国反映那么激烈且还有所容忍，仅"对苏联同英美两国关系的恶化极为关切"③，也需要召开会议以协商彼此之间的利益。再说，苏联希望从德国得到更多的赔偿，控制东欧的局面也只有通过大国首脑会议取得承认才行。在不同的目的驱使下，1945年7月在德国的波茨坦举行了苏、美、英第三次会晤，也是盟国之间的最后一次首脑会议。

令人惊奇的是，波茨坦会议并没有提到分割德国，相反却规定"盟国管制委员会对整个德国负责，并准备建立整个德国中央行政机构，德国应被视作为统一的经济整体，非军事化，非纳粹化、民主化和非集权化的政治原则适用于整个德国"④，暴露了东西方大国都想独吞德国的企图。在四个占领区各自为政的情况下，雅尔塔会议上没有解决的问题变得更为复杂。在各个占领区，

① John W. Young, *Cold War Europe 1945－1989: A political history*, Edward Arnold, p. 2.

② flemming D. F., *The Cold War and its Origins*, New York, 1960, p. 5.

③ ［美］哈里·杜鲁门著，李石译：《杜鲁门回忆录》第一卷，北京：生活·读书·新知三联书店1974年版，第181、182页。

④ Günther Doeker & Jens A. Brückner, *The Federal Republic of Germany and the German Democratic Republic in International Relations*, Volume Ⅰ: confrontation and co-operation, Oceana Publications, Dobbs Ferry, NY, 1979, pp. 41－48.

军事长官都拥有最高的权威，他们只对自己的政府负责，而他们的国家对于在德国应该做什么的问题上，又常常同其他盟国的看法大相径庭。"在无法达成一致的时候，有关的问题便从管制委员会撤回，这种做法更加强了占领区变成独立'国家'的趋势。"① 德国被分裂的命运已不可避免。

在波茨坦会议上，盟国之间相互也作了一些妥协，对苏联要求赔偿等要求作了部分原则上的满足，但盟国分区占领德国后，东西方之间在对德国的政策上的分歧和对抗就公开暴露出来了。

波茨坦会议之后，"当西方盟国越来越明白苏联的力量已经扩展到德国崩溃后留下的真空，东西方之间的分歧逐渐加大"②。美英已经同意，在西方占领区内拆卸的工业设备的 10% 作为赔偿交给苏联，但随着战后苏联开始从德国索取战争赔偿，美英担心此举将会拖垮德国经济。如果这样，美英将不得不养活德国人，另外，对欧洲经济的健康发展也会造成伤害。1946 年 5 月，美国占领区长官克莱（Clay）要求停止从该占领区向苏联提供赔偿，同时美英也拒绝苏联共同管制位于英国占领区内的德国工业中心鲁尔。美英这一政策引起苏联的强烈抗议，无奈之下只能妥协。7 月，苏联降低德国赔偿的要求，号召建立一个中央集权的、统一的德国。9 月，美国国务卿贝尔纳斯（Byrnes）在斯图加特（Stuttgart）发表演说，"鼓吹在联邦、自由和复苏经济的基础上建立统一的德国，同样重要的是，他允诺美国的军队继续驻扎在欧洲直到和平得以保证"③，改变了罗斯福在欧战结束后美国军队迅速撤离的初衷。总统杜鲁门认为，前总统罗斯福通过大国之间合作的形式来维护战后世界秩序和和平的理想，已经不能适应当前国际形势的发展，因此美国的对外政策必须调整，特别是对苏联的政策。1945 年 4 月 20 日，杜鲁门在对苏外交政策研究会上说："我不怕俄国人，我准备采取坚定的态度。"④ 4 月 23 日他公开对苏联发出警告："如果雅尔塔协定的一个方面不被遵守"，那么"整个雅尔塔协定将不再为大家所遵守"。⑤ 此时杜鲁门还不敢公开与苏联决裂。有的学者认为杜鲁门

① D. W. Urwin, *Western Europe since 1945: A Short Political History*, Longman 1981, p. 91.

② Peter H. Merkl, *The Origin of the West German Republic*, Oxford University Press, 1963, p. 8.

③ John W. Young, *Cold War Europe 1945 - 1989: A political history*, Edward Arnold, p. 4.

④ ［美］哈里·杜鲁门著，李石译：《杜鲁门回忆录》第一卷，北京：生活·读书·新知三联书店 1974 年版，第 61 页。

⑤ Ibid. 第 68—71 页。

德国与欧洲一体化

"无经验，还很固执，似乎开始对苏联采取强硬立场"①。说杜鲁门既无经验又很固执都不很客观，为什么杜鲁门此时不想与苏联完全闹翻？因为美国迫切需要苏联在远东参加对日作战。大战结束后，杜鲁门即对苏联开始采取强硬政策。1946年1月，他说："已厌倦笼络苏联人"②，认为苏联是美国战后称霸世界的严重障碍和主要对手。这就不可避免地使美苏关系由战时合作转向战后对抗，对抗的中心点便是德国。

战后西欧国家都一贫如洗，共产主义在欧洲的兴起，并且以欧洲大国法国和意大利共产党势力为大，引起了美国等西方国家的严重不安，担心整个欧洲落入以苏联为首的东方阵营。1946年初，美国让驻苏联的代办乔治·凯南就苏联国内外政策动向写一个分析性的报告。乔治·凯南认为，"扩张主义是苏联政权的内在本质，因此出现了遏制政策，在所有的事情中最要做的是无论如何阻止俄国人的扩张，对西方来说是极为重要的。"③ 2月，乔治·凯南向美国发回长达8000字的电报，提出一整套遏制苏联的理论和策略。3月5日，丘吉尔在美国总统杜鲁门的陪同下，在美国的富尔顿发表历史上有名的"铁幕演说"，声称"从波罗的海的什切青到亚得里亚海边的里雅斯特，一幅横贯欧洲大陆的铁幕已经降落下来"。在这条线的后面是"莫斯科日益增强的高压控制"，号召西方国家共同对付苏联的扩张。此后，欧洲铁幕徐徐降下，东西方对抗愈加明显，矛盾冲突日益激烈。

盟国分区占领了德国，更形象地说，"当时的德国是一张空白支票，盟国可以在上面任意填写它们愿意付出的价钱"④。东西方紧张局势不断加剧，对德国的争夺日趋激烈，"欧洲大陆被分成两个军事阵营，丘吉尔富有标志性的铁幕演说把欧洲最终分裂。如果（欧洲——著者注）一体化将要发生，那么它有两个不同的发展趋势：一个在美国保护之下发展一体化，另一个则在苏联

---

① John W. Young, *Cold War Europe 1945 – 1989：A political history*, Edward Arnold, p. 2.

② ［美］哈里·杜鲁门著，李石译：《杜鲁门回忆录》第一卷，北京：生活·读书·新知三联书店1974年版，第519页。

③ David Reynolds, *The Origins of the Cold War in Europe：International perspectives*, Yale University Press, 1994, p. 23.

④ D. W. Urwin, *Western Europe Since 1945：A Short Political History*, Longman, 1981, p. 82.

的支持下"[①]。德国被分裂成为西德和东德，西德加入西方阵营与以苏联为首的东方阵营实行激烈的对抗政策，给战后欧洲历史带来了巨大的影响。当然，也有意想不到的收获，在激烈的冷战对抗中，欧洲从此走上了一体化的联合道路。

欧洲出现了集团化发展趋势是东西方冷战的结果。早在二战结束时期，丘吉尔已经明确地说过，苏联将是西方的主要对手，"西方对战后德国的政策，是同整个形势的发展分不开的。一般论者把丘吉尔1946年3月富尔敦讲话作为英美对苏联持对抗态度的起点"[②]。美国形成和制定的遏制苏联的政策，主要形成于1946年，在1947年开始具体化。"杜鲁门主义"的出台则是美国政府把冷战作为其国策的起点，表明美国要在全世界范围内"遏制"和反对共产主义，"最重要是履行在西欧的义务"。然而，"更重要的是，别忘了杜鲁门主义是在美国和西欧之间表达一种牢固的政治关系"[③]。于是，美国决定复兴西欧和德国对抗苏联，"马歇尔计划"迅速出笼，可以说它是"杜鲁门主义"的继续。如果说"杜鲁门主义"是一个政治纲领，那么"马歇尔计划"则是经济纲领，通过复兴西欧来实现美国对西方盟国控制。"马歇尔计划"推动了西方结成以美国为首的、针对苏联的西方联盟的一个关键性的步骤，战时的盟友苏联则成为敌人。这样"美国被锁进了长久的欧洲事务中，在欧洲事务里面，美国对西欧走向更进一步的联合和一体化发挥了决定性的作用。"[④] 可是，"毕竟马歇尔计划分裂了欧洲"[⑤]，东西方冷战对欧洲一体化产生了巨大影响。

美国为了遏制苏联实现自己的全球战略计划，首先采取拉拢和控制西欧的政策，因为"英法遭受重创，德国被打翻在地，权力真空已在美苏之间徐徐张开"[⑥]，美国担心西欧在美苏对抗中发生不利于美国的变化，只有给困难中

① Derek W. Urvin, *The Community of Europe: A History of European Integration since 1945*, Longman London and New York, 1991, p. 10.

② 陈乐民：《战西欧国际关系（1945—1984）》，北京：中国社会科学出版社1987年版，第37页。

③ Derek W. Urwin, *The Community of Europe: A History of European Integration since 1945*, Longman London and New York, 1991, p. 15

④ Ibid. p. 13

⑤ Hans A. Schmitt, *The Path to European Union: From the Marshall Plan to the Common Market*, Louisina State University Press, 1962, p. 22.

⑥ Derek W. Urwin, The Community of Europe: A History of European Integration since 1945, Longman London and New York, 1991, p. 14

的西欧经济注入新鲜的血液，迅速填补战后在西欧出现的权力真空，才能达到控制西欧的目的。

冷战直接影响到美国对德国的政策。1946年5月3日，美国宣布将停止美国占领区对战胜国的赔偿，使苏联从西方占领区获得赔偿希望落空，引发了美苏之间在对德国政策上的第一次冲突，也是美苏"冷战"的开始。从此，美国把立场转向于统一西方三个占领区，以波茨坦会议规定保持德国经济统一为借口，复兴西德的经济。对美国在德国问题上的行动，苏联很快也作出了反应。1946年7月10日，苏联在巴黎外长会议上发表了对德国政策的声明。强调要保持德国"政治统一"，即首先要建立全德的中央政府。"从此以后，美国的立场是稳步转向于统一西方三个占领区，承认德国的分裂"，使西部德国成为一致对抗苏联的一支重要力量。克莱说德国政治重建将分为三个阶段进行："第一阶段是西方各个占领区内建立起各自的政治生活；第二阶段是美英双战区的建立；第三阶段是西德政府的建立，三个占领区合而为一。"[1] 此时，"西方想把美英法占领的部分德国带入一个建立在政治上和军事上的自由世界之中"[2]，最后成立一个西部独立的德国。事实也是如此，1949年，在德意志土地上成立了两个德意志国家。对欧洲人来说，他们"不得不面临德国分裂的事实，这一事实也是造成欧洲政治分裂的主要因素"[3]。"两个德国成为冷战的焦点，欧洲分裂的中心"[4] 和两个超级大国争霸的主战场。德国怎样才能实现重新统一？欧洲如何联合才能摆脱美苏争霸的主战场命运？这一议题摆在德国和欧洲人的面前。

二、西占区的复兴与西欧早期一体化

欧战结束时，虽然冷战并未形成，但以德国易北河一线为界东西欧分裂初显端倪。以苏联为首的东方阵营占领易北河一线的东部，以美国为首的西方阵

---

① 转引自丁建弘等主编：《战后德国的分裂与统一》，北京：人民出版社1996年版，第61页。

② Werner J. Feld, *West Germany and the European Community: Changing Interest and Competing Policy Objectives*, Praeger, 1981, p. 28.

③ Renata Fritsch-Bournazel, *Confronting the German Question: Germans on the East-West Divide*, Befg Oxford/New York/Hamburg, 1988, p. 13.

④ Gisela Hendriks & Annette Morgan, *The Franco-German Axis in European Integration*, Edward Elgar, 2001, p. 35.

营则占领以西地区。随后，两个超级大国在德国、波兰等战后秩序安排问题上的矛盾日益尖锐，它们迅速地调整自己的外交政策。从此，欧洲在美苏两大强国的对抗下走上了集团化的道路，也是欧洲一体化的道路。东欧也是如此。东欧的集团化道路只能说是不成功的一体化。1989 年东欧发生剧变，执政的共产党或工人党纷纷丧失了执政党的地位。1991 年 4 月和 7 月，东欧联合的标志性组织——华沙条约组织解体和经互会解散，意味着东欧一体化政策的失败。

欧战还未真正结束，苏联便加强了对东欧的控制。从 1945 年起，苏联还与东欧的波兰、罗马尼亚、匈牙利等国签订了针对德国的双边互助条约，东欧有集团化的趋势，引起了西方集团的警觉。它们把苏联在东欧的行动都看作是共产主义意识形态扩张与西方阵营在欧洲利益上的争夺。在处理德国等战后关键问题时，东西方阵营矛盾不断激化，导致冷战爆发。反抗以苏联为首的所谓"共产主义"势力的扩张，是美国扶持西欧复兴西德的主要理由之一。战后以美国为首的西方国家很快完成了从防止德国法西斯势力再次兴起到对苏联实行的遏制政策的战略转变，"冷战也帮助了德国人"[1]。这种评价有些道理，可冷战也造成了德国的分裂。为了实现德国国家统一和民族统一，西德从此走上了欧洲一体化的道路。在冷战的背景下，西欧被以美国为首的西方阵营纳入冷战轨道，在美国的庇护下走上了联合自强，即欧洲一体化道路。

正在此时，战后西欧第一强国——英国向美国发出了需要帮助的呼声。1947 年 2 月 21 日，英国通知美国政府，在 3 月 21 日之后英国再也无法给予希腊和土耳其以必要的经济和军事援助。如果那样，希腊和土耳其将会落入苏联之手，希望美国能援助东南欧国家，以防止苏联在该地区的扩张，这正好与美国全球称霸的战略思想不谋而合。"杜鲁门主义"迅速出笼，标志着美国对外政策已经彻底摆脱了其传统的孤立主义，开始由局部扩张演变为向全球扩张，"美国孤立主义政策开始给现实主义让步"[2]，现实主义就是称霸全球。"杜鲁门主义"宣称希腊、土耳其的危机将会给欧洲自由国家带来灾难性的影响，也将危害着美国的利益。战后衰败的西欧实力难以与苏联相抗衡，不利于对抗

---

① W. R. Smyser, *From Yalta to Berlin-The Cold War Struggle over Germany*, St. Martin's Press New York, 1999, p. 402.

② Roger Morgan, *The United States and West Germany 1945 – 1973: A Study in Alliance Politics*, Oxford University Press, 1974, p. 13.

苏联的扩张。于是，美国决定复兴西欧对抗苏联，德国成为复兴的重点。因为，"只要德国这具腐尸所散发的臭气传到欧洲的其他国家，将会阻止特别是丹麦、荷兰、法国和瑞士的复兴"。美国战后对德国政策的中心是："战后德国的重建符合欧洲作为一个整体的利益。"① 但是，1947年的冬天，欧洲的经济形势远比所预想更加恶化，恶劣的气候严重影响了西欧的复兴。煤矿业几乎完全破产，食品的供给量相当低，欧洲人民生活在饥寒交迫之中，这种情况尤以德国突出。欧洲是美国全球战略的重点地区，严峻的经济情况引起了欧洲社会的动乱。在西欧主要国家中的工人运动蓬勃发展，法国首届内阁中居然有4名共产党人部长。美国认为欧洲正处在苏联控制的边缘。为了改变这种危险的局面，复兴西欧是稳定资本主义世界动乱的关键，从政治上、经济上控制西欧，还能遏制苏联的扩张。在杜鲁门的授意下，"马歇尔计划"出台。

"马歇尔计划"出台，标志着美国企图在政治上、经济上控制欧洲的宏伟蓝图正式出笼，立刻在欧洲引起了强烈的反响。"'马歇尔计划'"美其名曰是"欧洲复兴计划"，名义上苏联等东欧国家也在援助的范围之内。1947年6月27日，苏联参加"马歇尔计划"会议，但无法接受美国提出的条件，于7月2日退出会议，并要求东欧国家也不能参加该计划。因此，"马歇尔计划"也只能称为"西欧复兴计划"，并成为美国联合西欧公开反苏的一项重要政策。更重要的是，"'马歇尔计划'迫使欧洲（指西欧国家——著者注）在处理它们问题时一起合作，也鼓励德国作为欧陆整体经济联合一部分得到复兴。"② 这对德国经济的复兴、对欧洲一体化产生了深远的影响。"美国和英国的政策使西德成为对抗苏联共产主义的一个重要堡垒，所以，一个对抗苏联红军的前线国家必须要安全地系在西方"③，使德国成为美国与苏联对抗争霸全球的桥头堡。同时，"马歇尔计划"有一个基本的事实是，"更进一步地把西欧和美国联系在一起，这样做也将培养它们之间的更加合作"④。"马歇尔计划"直接导致了1948年的欧洲经济合作组织（OEEC）的建立，"这仅仅是西方众多组织

---

① Jeffry M. Diefendorf（ed.），*American Policy and the Reconstruction of West Germany*，1945 - 1955，Cambridge University Press，p. 11.

② John W. Young，*Cold War Europe 1945 - 1989：A political history*，Edward Arnold，p. 7.

③ Ibid. p. 56.

④ Derek W. Urwin，*The Community of Europe：A History of European Integration since 1945*，Longman London and New York，1991，p. 16.

中的一个，其代表着在冷战的环境中西方正逐步走向一体"①。在冷战大环境下，西欧逐步走上了联合自强的道路。

解决德国问题，寻求一条既允许德国复兴，又要防止它复兴之后再度威胁欧洲和平与安全的道路是战后西欧国家和西方集团主要关注的问题之一，也是战后西欧联合运动的主要动力之一。控制德国是美国复兴西欧的另一目的，只有用欧洲一体化的方式把德国拴在欧洲才能符合美国的安全利益和全球战略思想。首先，从国际关系角度来说，欧洲历来是西方大国为争夺世界霸权而角逐的中心地带。地缘政治学家麦金德说过："谁统治欧洲，谁就能主宰心脏地带；谁统治心脏地带，谁就能主宰世界岛；谁统治世界岛，谁就能统治全世界"。② 冷战再度使欧洲成为东西方极力争夺的对象。"由于苏联的利益和立场表现出对西方敌对的姿态，1945 年以后西方联盟基本的考虑是防止掌控西德与西欧的权力落入苏联之手。"③ 美国要想赢得世界霸权，就必须牢牢地控制住欧洲，德国地理位置的重要性在美国争霸全球的战略中更具特殊的地位。从19 世纪 70 年代以来的欧洲历史来看，要想控制欧洲就必须控制住德国，"谁控制了德国，谁就能控制欧洲的力量平衡。"④ 以美国为首的西方国家决不会放弃对德国的控制。杜鲁门说过，"没有德国，欧洲的防御不过是大西洋岸边的一场后卫战。有了德国，就能够有一个纵深的防御，有足够的力量来对付来自东方的侵略。"⑤ 在冷战的背景下，"德国成为遏制苏联扩张的关键因素"⑥。于是，美国对德政策从惩罚开始向扶持转变，美国要想在冷战中击败苏联赢得世界霸权必须复兴西欧，使之成为抵抗所谓的"共产主义"侵略的前沿阵地。再者，从美国国内来看也有复兴西欧的要求。经过第二次世界大战后，美国人民呼吁和平并要求尽快从欧洲撤军。美国政府面对战后士兵退伍高潮的到来，

---

① Roger Morgan, *The United States and West Germany 1945 – 1973：A Study in Alliance Politics*, Oxford University Press, 1974, p. 10.

② ［英］哈·麦金德著，林尔蔚译：《历史的地理枢纽》，北京：商务印书馆 1985 年版，第 13 页。

③ Clemens Wurm, *Western Europe and Germany：The Beginnings of European Integration 1945 – 1960*, Berg Publishers, 1995, p. 137.

④ 吴友法：《冒险、失败与崛起：二十世纪德国史》，武汉：武汉大学出版社 1992 年版，第288 页。

⑤ ［美］哈里·杜鲁门著，李石译：《杜鲁门回忆录》第一卷，北京：生活·读书·新知三联书店 1974 年版，第 300 页。

⑥ Gebhard Schweigler, *West German Foreign Policy：The Domestic Setting*, Praeger, 1984, p. 7.

德国与欧洲一体化

倍感兵源不足，"美国长期以来就希望通过欧洲一体化进程来减少其直接承担在欧洲的政治及军事义务，并且也能够减少在欧洲驻军的数量甚至有朝一日能完全撤出欧洲"[①]。美国要联合西欧反对苏联的压力，克莱等都把恢复德国的经济力量视为不可避免。1946 年贝尔纳斯在斯图加特的讲话，"标志着以前存有阻止支持德国希望维持与苏联战时同盟关系思想的人的转变"[②]。第三，美国经济的发展也需要欧洲广阔的市场。苏联牢牢地控制了东欧，加上其二战期间发展起来的强大实力，美国不可能与之通过战争手段来争夺东欧。第四，法西斯德国对欧洲和世界造成了巨大的伤害，防止德国军国主义复活一直是悬在各国头上的达摩克利斯之剑，只有把德国控制在西方阵营，走欧洲一体化的道路，才能防止德国军国主义的复活。所以，在国内外两方面的需求之下，美国决定复兴西欧，特别是复兴德国，建立一个强大的西方阵营与苏联进行对抗以图获得最后的胜利。从 1947 年起，美国便致力于分裂德国的活动，"杜鲁门主义"和"马歇尔计划"的出台是美国对德国政策发生重大转折的标志。

德国被占领期间，美国对德国政策大体上经历了两个不同阶段。战后美国与苏联一道主张严厉惩罚德国，由于双方在 1946 年在德国问题发生的诸多矛盾，德国统一问题不可避免地遭到失败。于是，1946 年 12 月 2 日英美签署两占领区合并的协议。从 1947 年起，美国便致力于分裂德国的活动，把德国问题纳入整个冷战的范畴之内。杜鲁门决定采取前总统胡佛的建议，即建立一个西德国家，进而稳定西欧的局势，并使之成为对抗苏联共产主义扩张的前沿阵地，德国被分裂已在所难免。美国决定变肢解德国为复兴西德的计划。1947 年 6 月 5 日，马歇尔在哈佛大学毕业典礼上发表演说，提出"欧洲复兴计划"，即"马歇尔计划"，并且说欧洲复兴是欧洲人的事情，但是欧洲必须作为一个整体来发展，美国则尽力支持欧洲复兴。除此之外，"1947 年 7 月，美国下达'联合参谋总部 1197 号指令'，要求使德国尽快地达到经济自给。指令指出，一个有秩序和繁荣的欧洲，需要一个稳定和富饶的德国做出贡献"。美国完全推翻了盟国之间 1945 年签订的旨在严厉剥夺和削弱德国的"联合参

---

① Clemens Wurm, *Western Europe and Germany: The Beginnings of European Integration 1945 - 1960*, Berg Publishers, 1995, p. 3.

② Roger Morgan, *The United States and West Germany 1945 - 1973: A Study in Alliance Politics*, Oxford University Press, 1974, p. 14.

谋总部的 1167 号指令"①，美国就走上了全面复兴德国的道路。

在复兴西欧的过程中，德国始终占有十分重要的地位。1948 年，在海牙大会上就已经陈述，"只有把德国联合在一个建立统一的或者联邦的欧洲基础之内，才能在经济上和政治上找到一个解决德国问题的方法"②，这对西欧早期一体化的进程影响十分巨大。美国人艾奇逊（Acheson）说："欧洲和亚洲的彻底复兴，在很大的程度上取决于德国和日本的复兴"③，这也意味着没有德国的复兴就没有欧洲的复兴，没有德国参与欧洲一体化进程，欧洲一体化事业也不能获得成功。在执行"马歇尔计划"的过程中，美国虽然始终把争取欧洲统一作为其对欧洲政策的核心内容，但是如何处理好欧洲的事务，德国还得作出努力与让步。在西欧早期一体化进程中除东欧阵营反对之外，在西方阵营的内部矛盾也不断发生，其中最主要是法国反对复兴德国的计划。

法国坚持肢解德国的主张，强烈反对复兴德国。在短短 70 年的时间内，就有 3 次（1870、1914 和 1940 年）被近邻德国彻底打垮，它再也不能容忍被德国彻底击垮和被占领的奇耻大辱。为了彻底消除德国的威胁，法国采取了与第一次世界大战后对德相似的政策，还吸取一战后对德国惩治不力的教训。戴高乐临时政府奉行了对德国更为强硬的政策，除了在领土上肢解德国外，还想尽一切办法来摧毁德国的工业，"如果法国在下一代遭到德国的第三次进攻，也许它就将永远屈服"④。战后初期在法国政坛上起主导作用的是戴高乐将军，他的外交政策主要内容是：法国要在世界上起大国作用，特别是要在欧洲大陆起支配作用。作为这一传统大国政策的两个中心环节是，一是要与苏联结盟，二是要对德国实行强硬政策。根据戴高乐的观点，"法国与苏联结盟最符合事物的自然秩序，既可以对付德国的威胁，又可以遏制美、英霸权的企图"⑤。

---

① 方连庆等：《战后国际关系史（1945—1995）》（上），北京：北京大学出版社 1999 年版，第 19 页。

② Werner J. Feld, *West Germany and the European Community*: *Changing Interest and Competing Policy Objectives*, Praeger, 1981. p. 29.

③ ［联邦德国］康拉德·阿登纳：《阿登纳回忆录（1945—1953）》（一），上海：上海人民出版社 1976 年版，第 120 页。

④ John Gillingham, "Coal, steel, and the rebirth of Europe, 1945 - 1955", *The Germans and French from Ruhr conflict to economic community*, Cambridge：Cambridge University Press, 1991, p. 152.

⑤ Francois Bondy & Manfred Abelein, *Deutschland und Frankreich*, Econ Verlag GmbH, Duesseldorf und Wien 1973, s. 105.

德国与欧洲一体化

1944 年 12 月 9 日缔结的《法苏同盟条约》便是这一政策的体现，特别是在战后初期在对德政策上的态度远比苏、美、英严厉。可是，法国战后经济和政治力量弱小，难以在战后国际舞台上产生重大的影响，它只有通过破坏性的行为才能引起别人的注意。1945 年，在盟国管制委员会和它附属机构的法国代表否决了重新在德国建立中央行政的一切措施，这样就"瘫痪了盟国管制委员会的工作"。9 月 22 日，法国克尔茨（Louis-Marie Koeltz）将军"拒绝了美国在德国建立交通署的建议"；11 月 23 日"否决了建立德国铁路交通署的设想"；12 月 17 日，"拒绝英美在其两占领区之间德国人自由交流的提议"。克宁（Koenig）将军也于 10 月 26 日"拒绝允许在全德国建立贸易联盟联合会，认为贸易联盟联合会是政治机构理应当在非集权的范畴之内。"[①]

但是，法国战后经济危机不断爆发，没有美国"马歇尔计划"的援助它是根本生存不下去的。"马歇尔计划的援助这时被看作是点燃世界经济的新力量，并且德国即将在这个战略中发挥关键的作用。"[②] 掌管"马歇尔计划"援助的分配和使用的经济合作组织先后与一系列的受援国签订了多边和双边协定，逐步削减了国家之间的关税壁垒，取消了一些贸易限额，并成立西欧支付同盟，以促进西欧贸易和支付自由化，这些都有利于西欧经济一体化的形成与发展。

法国对德国推行的强硬政策却没有实力作为基础，战后法国国内政局动荡，政治、经济等陷入危机，国内不稳定导致戴高乐将军辞职；在国外，美苏两个超级大国主宰世界政治大局，法国要想在两大国之间玩弄政治平衡的"跷跷板"游戏，想按照自己的计划推行对德国强硬政策也是行不通的。在国内外两方面的困难决定下，法国开始向西方阵营靠拢，对德政策开始服从于美国的全球战略安排，当时的法国外长皮杜尔后来说："在东西方之间谨慎行事的政策不仅已经变得不现实，而且还将导致在依仗美国支持而重新建设起来的、现代化的西德面前法国的软弱和孤立"，法国开始改变对德政策上的强硬

---

① F. Roy Willis, *France, Germany, and the New Europe 1945 - 1963*, California: Stanford University Press, Stanford, 1965, p. 17.

② Clemens Wurm, Western Europe and Germany: *The Beginnings of European Integration 1945 - 1960*, Berg Publishers, 1995, p. 28.

立场和方法①，在取得与西方对德政策一致的前提下，通过欧洲一体化的方式来控制德国，"一个重建的西德是经济上振兴欧洲和抗衡苏联集团的坚强堡垒的必要条件。马歇尔计划在适当的位置作了安排这是很清楚地：援助德国占领区是欧洲经济合作委员会（Committee for European Economic Cooperation-CEEC）1947年报告的核心内容。从战略上，如果存在一个独立且中立的西德欧洲还能抗衡东方的威胁，这是令人难以置信的。也许西德期望未来德国的统一还会和苏联建立联盟"。② 同时，西方阵营为了安抚法国对德国的恐惧心理，对其一些特殊要求也作了相应的满足，例如，1947年3、4月期间召开的四国外长莫斯科会议上，法苏1944年签订的同盟条约破产的同时，美英却以同意法国对德国萨尔区实行经济合并的要求换取法国对德国顽固立场上的让步，这次外长会议也是法国对德政策的转折点。1947年6月14日，法国总统欧里奥尔说法国人准备参加"马歇尔计划"，也谈到了欧洲联合起来的必要性。1947年底，法国再也不提肢解德国的要求，外长皮杜尔私下对美国国务卿马歇尔表示，法国准备与美英讨论占领区合并问题。

1948年6月7日，美英法等6国在伦敦会议上达成对德国协议，准备成立西德政府，并"同意采取欧洲经济一体化措施"③，正式分裂德国。9月，法国同意将其占领区与美英占领区合并，为成立联邦德国奠定了基础。因为，"通过原材料和制造商品的交换，整个欧洲经济与德国经济联系在一起的，没有德国的复兴，整个欧洲的生产力也不能得到复兴"④，"西德经济上将成为新西欧的一部分，只要德国保持分裂的状态，不可避免的是，三战区未来政治上仍然是拴在西欧之内"⑤。表明了美英法等西方大国完全改变了战后严惩德国的政策，转而全面复兴西德。西方阵营清楚德国在冷战中的重要性，"西德工业潜力是欧洲整体经济复兴的前提条件，一个建立在民主体制上的西德在反苏

---

① Gilbert Ziebura, *Die deutsch-franzoesischen Beziehungen seit 1945-Mythen und Realitaeten*, Verlag Guenther Neske Pfullingen 1970, s. 44.

② Klaus Larres, *Uneasy Allies: British-German Relations and European Integration since 1945*, Oxford University Press, 2000, pp. 33 – 34.

③ Peter H. Merkl, *The Origin of the Weat German Republic*, New York Oxford University Press, 1963, p. 19.

④ Ernst H. Van Der Beugel, *From Marshall Aid to Atlantic Partnership-European Integration as a Concern of American Foreign Policy*, Elsevier Publishing Company, 1966, p. 39.

⑤ Ibid. p. 74.

前线中也许还是一个盟友"。① 更重要的是，经济一体化被视为产生一定政治一体化的一种手段。莫内也表示，"事实上，任何实质上的经济一体化将会产生相当程度上的政治联盟，这是很明显的。"② 西占区的合并，在经济上融入西方阵营，这对复兴德国和欧洲产生了重要的影响，从此以后，德国便开始走上欧洲一体化道路。

第三节　德国政治派别间的欧洲政策之争

1945 年美国人和苏联人在德国托尔高胜利会师就意味着德国与欧洲昔日的辉煌一去不再复返了。此时，"英国已精疲力竭，也且囊中如洗；德国不存在了；法国几乎不能生存下去；不能指望战败的意大利；还有其他的小国家那也不太重要。"③ 欧洲所有的国家纷纷跌入二、三流国家之列，号称"日不落"的英国早在一战后就已经见到落日的余晖，而"人为刀俎，我为鱼肉"是战后德国的真实写照。

德国国内满目疮痍，许多城市一片废墟，随处可见大堆大堆的颓垣残壁和碎砖破瓦，由于希特勒实施的"焦土政策"④ 和盟国的轰炸，首都柏林被称之为"死亡城市"。柏林的瓦砾，按当时计算，即使每天用 10 列 50 节车皮的火车运输，也需要 16 年才能运完。工业总生产能力的 50% 以上被战火所摧毁，经济陷入全面崩溃。1946 年，整个德国的工业生产只及战前的 33%，国民生产总值也倒退到 1938 年的 40% 的水平。债台高筑，战争结束时其债务已高达7000 亿马克。加上盟国在波茨坦初步达成的严惩德国的协定，计划在战后德国执行非纳粹化、非军事化、非工业化和民主化的"四 D"⑤ 政策，战后的德

---

　　① Peter H. Merkl, *The Origin of the Weat German Republic*, New York Oxford University Press, 1963, p. 19.

　　② Max Beloff, *The United States and the Unity of Europe*, Faber and Faber 24 Russell Square London, 1963, p. 30.

　　③ Joseph M. Jones, *The Fifteen Weeks*, New York, 1955, p. 41.

　　④ 纳粹德国军备和战时生产部长阿施·佩尔谈到希特勒的焦土指令，称该指令要求摧毁"帝国境内一切军事、运输、通讯、工业和供应设备，以及全部资源。"参见阿·施佩尔：《第三帝国的内幕》，生活·读书·新知三联书店 1982 年版，第 487 页。

　　⑤ 指的是非纳粹化、非军事化、非工业化和民主化，这四个词英语中都以字母"D"开头，故称"四 D"计划。

国几乎将要遭到灭顶之灾。"战败的德国已经成为一个遍地废墟的国家，一个缺乏粮食和原料的国家，一个没有有效的交通网络和货币的国家，一个分裂的国家，一个社会混乱、前途未卜的国家。"① 除了经济、社会等陷入混乱的局面之外，德国在战后初期既无主权也无行政权，丧失了作为一个独立国家的基本条件。如果没有别国的帮助，休想重新站起来立于世界民族之林，冷战给德国提供了重新站起来的机会。德国的欧洲政策也就是选择与谁结为盟友的问题，这将对德国的未来和欧洲一体化带来巨大的影响。

战后德国生活在东西方冷战的阴影之中，冷战阵营互相对峙，阵线泾渭分明。从战后国际形势来分析，德国的外交不外乎有三种选择：第一，倒向以苏联为首的东方阵营；第二，倒向以美国为首的西方阵营；第三，为了德国的统一，在东西方之间实现中立。

在西占区的政治生活中有三大代表性的政治力量，代表人物分别是：康拉德·阿登纳（Konrad Adenauer）、库特·舒马赫（Kurt Schumacher）和雅各布·凯泽尔（Jakob Kaiser），阿登纳和舒马赫分别是德国基督教民主联盟（Christian Democratic Union-CDU）和德国社会民主党（Social Democratic Party-SPD）的主席。凯泽尔是德国著名政治活动家，曾参与苏占区的德国基督教民主联盟，代表着该党派左翼人士的观点。三大政治力量各有自己不同的对外政策，这决定着德国未来的发展方向，也决定着早期欧洲一体化命运。

德国社会民主党是魏玛共和国时期最强大的政党组织，只是"德国的分裂已经削弱了这个政党"②。库特·舒马赫是二战后德国社会民主党的主席，他出身于西普鲁士资产阶级，是反对纳粹最坚决的人物之一。该党获得工人阶级的支持，希望利用战后德国反资本主义的理想在德国实行计划经济和社会改革。舒马赫领导下的社会民主党坚决反对投靠东方的政策，把苏联在东欧的扩张视为最大的威胁，为德国投靠西方的外交政策辩护。舒马赫的主要外交目标是：恢复德国1937年的疆界，倡导发展德国的社会民主事业，加入一个以社会主义的原则建立起来的欧洲集团，这个欧洲集团由英国来领导，这正好与英国对欧洲一体化政策相驳。另外，战后初期，社会主义运动在西欧也风靡一

---

① 朱正圻等：《联邦德国的发展道路——社会市场经济的实践》，北京：中国社会科学出版社1988年版，第26页。

② John W. Young, *Cold War Europe 1945 – 1989: A political history*, Edward Arnold, p. 58.

德国与欧洲一体化

时，美国出于全球战略考虑是不允许欧洲有这种发展趋势的。舒马赫一再坚持改革德国的社会结构也与西方国家造成意识形态上的冲突，招致西方阵营的恶感。其对外政策得不到西方国家的支持，发展前景很黯淡。在德国西部和南部的很多社会民主党成员中，他们最初主张战后德国的外交政策是倒向以苏联为首的东方阵营。事实上，倒向东方阵营对德国是最不可能的。因为联邦德国是在美、英、法三国占领区合并的基础之上建立起来的，西方三大国变肢解为扶植德国的政策就是要把它建立成为对抗苏联的桥头堡，是绝对不会让其滑向东方阵营的。在德国成立初期，国家权力仍然控制在西方大国之手，德国不可能挣脱西方的控制滑向苏联。

要求中立化思想在德国成立之初确实很有市场，以凯泽尔为首的一批人中主张中立，要求走第三条道路，或者要求德国成为沟通东西方之间的"桥梁"，使德国成为东西双方之间的"平衡器"，其实质就是要求德国中立化。凯泽尔极力反对阻碍德国统一的法国，认为欧洲一体化毫无意义，鼓吹欧洲可以在东西方之间发挥"第三种力量"的作用，这是凯泽尔一厢情愿的幻想。美苏出于争霸全球的战略考虑是不会容许德国充当"第三种力量的角色"的。再说，战后德国的衰败及分裂，也根本不具备担当这种角色的实力。实质上，新生的联邦德国是一个国际社会中的畸形儿。虽然有类似如宪法权威的《基本法》，可是在《基本法》之上还有美、英、法三国之间达成的《占领法规》，此法规在联邦德国成立的第二天就已经生效。根据《占领法规》，美、英、法三国保留管制德国的外交、国防和对外贸易等权利，联邦德国还不是一个完整意义上的国家，"德国政府仅仅只有有限的、临时的在内政和外交上的权力"①。

在战后德国有三大不容忽视的事实：第一，冷战决定了东西方爆发的尖锐的冲突，决定了德国不可能在欧洲扮演中立主义的角色；第二，无论是舒马赫的民族主义还是凯泽尔的中立主义都没有考虑到德国战败的事实，以及在战后的贫困状况，德国要想复兴就必须要接受他国的援助；第三，舒马赫和凯泽尔也没有意识到即使在西方阵营内，他们对战后德国的外交政策也是不一样的，仅法国就对德国的未来的发展起到了巨大的阻碍作用。应该说，恢复德国在国际社会中的正常地位成为战后德国的主要目标，也就是说，抓住一切机会复兴

---

① Wolfram F. Hanrieder, *Germany*, *America*, *Europe*: *Forty Years of German Foreign Policy*, Yale University Press, 1989, p. 5.

德国并实现德国的完全统一。对德国而言，复兴德国对内就是恢复德国经济，建立民主制度；对外就是摆脱德国的被占领状态，提高德国地位，获得平等的国家主权。最主要的目标就是恢复德国统一。但美苏"都不支持建立一个统一的真正能自由地处理自己外部事务的德国，那样在东西方矛盾冲突中它将成为一个潜在的平衡力量。"① 这种结果是冷战双方所不愿意看到的。所以，无论是倒向东方阵营的外交政策还是凯泽尔的中立政策在二战后特定的历史条件下都是不现实的。因为他们的欧洲政策不是基于战后德国现实的基础上考虑的。

　　以上分析了中立主义的凯泽尔和民族主义的舒马赫战后德国的外交政策不符合德国现实的情况，那剩下还有一个在战后新兴的政治势力，就是德国基督教民主联盟，党主席是阿登纳。他是以73岁的高龄当选为联邦德国总理，并连任四届，等到他退下总理职务时已是87岁的老翁了，之后他继续担任基民盟党主席直到去世。他非凡的经历给战后德国的重建及壮大产生了巨大而深刻的影响。如果说舒马赫德国政策是民族主义，凯泽尔是中立主义的话，那么阿登纳由于积极推进欧洲一体化政策，可以说他一定是欧洲主义者了。与舒马赫和凯泽尔的欧洲政策大不一样的是，阿登纳的外交政策是建立在德国现实基础上的。冷战是阿登纳面对的国际大背景，欧洲和德国分裂以及贫困是他面临的现实。在如何实现德国外交目标的途径上，他坚决主张向西方一边倒的外交政策，"对德国来说，一体化是脱离外部控制重新获得主权和获得国际承认的一种方式。"② 近期主要外交目标是使德国能够获得国家安全和赢得主权，在国际社会中能够得到广泛的承认，最终目标是实现德国重新统一。他是从两个方面来考虑德国统一的问题的："其一，美国和苏联掌管着德国统一的钥匙；其二，随着时间的推移，冷战双方的力量平衡将向有利于西方转移，因此在实力基础上谈判，会使苏联按照西方的要求来解决德国问题。"③ 历史已经证实，阿登纳立足德国现实的外交政策是正确的，同时也对欧洲一体化带来了深远的影响。

　　阿登纳向西方一边倒的外交思想必然反对德国中立化。战后中立化思想在

① Wolfram F. Hanrieder, *Germany, America, Europe: Forty Years of German Foreign Policy*, Yale University Press, 1989, p. 143.

② Clemens Wurm, *Western Europe and Germany: The Beginnings of European Integration 1945 - 1960*, Berg Publishers, 1995, p. 5.

③ Wolfram F. Hanrieder, *West German Foreign Policy 1949 - 1979*, Colorado: Westview Press/ Boulder, p. 18.

德国与欧洲一体化

德国很有市场，势力也很强大，认为中立化可以获得德国的统一，阿登纳不赞同这种观点。他认为，"苏联在占领期间的全部行径只能使人得出这样的结论：它的目的从一开始就是想把德国、随后再把西欧的其余部分弄到手"，[①]中立化只能使德国落入苏联之手。二战后欧洲衰落，没有一个国家能与苏联相抗衡，德国更不用说，唯一能与苏联相抗衡的只有美国，西方只有团结在美国的周围才能把冷战"铁幕"推回去。所以，阿登纳认为德国的外交政策是"始终如一地、毫不动摇地明确表示皈依西方国家"[②]。依靠美国，皈依西方的外交政策，德国可以在近期获得三大外交目标：第一，复兴德国。面对欧洲贫困，德国要想依靠自己的力量重新复兴毫无希望。只有美国具有强大的经济实力，能够帮助德国的经济复兴，1947 年美国推行的"马歇尔计划"就是例证。第二，保护德国安全。苏联实力的增长以及在东欧的扩张给德国国家安全造成了严重威胁，只有依靠美国的保护才能保证德国的安全。第三，还可以迫使英法改变过分惩罚德国的政策，特别是法国的对德政策。战后西欧等国对德国实行强硬的惩罚政策，严防德国复兴及获得国家主权。德国利用美国对英法两国施加压力，使它们不得不服从美国冷战的需要而作出对有利于德国的妥协。所以，"在所有的事务中，联邦德国与西方一体化是最重要的，即使他的反对者一直认为这样会加重德国的分裂。"[③]

虽然阿登纳向西方一边倒的外交政策初期主要是依靠美国，但其外交政策最终目标是欧洲一体化和德国重新统一，并不希望永远求助美国，并且还对美国抱着戒备的心理，这种对美国的担心在其政治生涯后期表现得尤为突出。他说过，"我们不能永远指望美国。美国人曾给予欧洲以许多慷慨的援助，但是，它们一作出反应，或好或坏，都嫌快了些。美国人还是一个很年轻的民族，所以从长远的观点来看，人们还不能确切地知道美国将抱怎样的态度"。"在这种情况下，我们必须作最坏的打算，必须设法使欧洲摆脱对美国的依

---

① ［联邦德国］康拉德·阿登纳著，上海外国语学院等译：《阿登纳回忆录（1945—1953）》（一），上海：上海人民出版社 1976 年版，第 140 页。

② 同上书，第 99 页。

③ Marion Dönhoff, *Foe into Friend-The Makers of the New Germany from Konrad Adenauer to Helmut Schmidt*, Weidenfeld and Nicolson London, 1982, p. 33.

赖"。① 所以，阿登纳向西方一边倒的外交政策的出发点是依靠美国的帮助，落脚点却是欧洲的联合，即欧洲一体化政策。他还说过："以自己毕生精力和全部作用为实现欧洲的统一事业而奋斗。"②

舒马赫和凯泽尔都强烈要求实现德国统一，在严峻的冷战形势下，这种要求是不能实现的，相反，还会使德国陷入更加孤立的状态。假若他们成为德国领导人，德国和欧洲一体化的命运将会是什么样子呢？因此，阿登纳的"欧洲政策是德国经济、政治成功复兴的最基本的前提条件"③。他初期的外交政策有三大原则："第一，通过逐步走向西欧统一的方式，坚决地把西德捆在西方民主范畴之内；第二，在西方阵营内为重新获得平等的权利；第三，从美国、英国和法国为德国的领土安全获得保证。"④ 具体来说，阿登纳的欧洲一体化政策可以概括为四大内容：（1）解决德国问题只能以欧洲一体化的方式。冷战导致了德国分裂，德国要实现重新统一，必须妥善处理好两个方面的问题：一个是以苏联为首的东方阵营问题，另一个是以美国为首的西方阵营问题。阿登纳认为，暂时放弃德国不能马上获得的统一先促成欧洲统一，然后再在一个统一的欧洲中实现德国重新统一。他知道，德国统一没有苏联的让步是不可能的，只有建立一个统一的强大的欧洲才可能迫使苏联对德国统一作出让步。因此，解决德国问题必须建立一个欧洲合众国。如前所述，阿登纳认为严惩、肢解德国，这不是解决德国问题好的办法，不但影响欧洲经济的复兴，而且还会使德国再次成为欧洲动乱的根源，解决德国问题只能以欧洲一体化的方式来解决。（2）美国的支持是欧洲一体化重要的依靠力量。苏联迅速崛起实力增强，控制东欧等扩张主义行为引起阿登纳的担忧。在欧洲没有一个国家实力能与苏联相抗衡。因此，欧洲只有在美国的帮助下，联合起来才能抵抗苏联的威胁。在目前的情况下，美国巨大的军事和经济力量是保护欧洲安全的重要保证。（3）欧洲的未来在于欧洲联合。苏联的威胁一直是阿登纳的心头之患，他认为，苏联不仅仅只想获得德国，而是要控制整个欧洲，对二战后欧洲的衰

---

① ［联邦德国］康拉德·阿登纳著，上海外国语学院等译：《阿登纳回忆录（1945—1953）》，（三），上海：上海人民出版社1976年版，第504页。

② Ibid. 第234页。

③ Wolfram F. Hanrieder, *West German Foreign Policy 1949 - 1979*, Colorado：Westview Press/ Boulder, p. 17.

④ Stephen A. Kocs, *Autonomy or Power?* Praeger, 1995, p. 16.

落深感痛切。他认为，要摆脱这种局面，欧洲只有联合起来。"来自东方的经常不断的威胁"是欧洲一体化"最急迫的原因"，"欧洲的希望在于欧洲联盟，在于联合的欧洲"。①（4）德法和解是欧洲一体化的基石。德法在历史上的争斗是欧洲动乱的主要原因之一，欧洲要想复兴，德法之间和睦相处是至关重要的。另外，战后美国虽然是德国安全的重要保证，但从长远来看，美国与欧洲利益是不相一致的。如果未来美苏之间实现缓和，美国还会撤出欧洲，但德法等欧洲国家还得一起生活下去。所以，德法和解是欧洲一体化的关键。阿登纳也说过，"我是一个德国人，但是我也是，并且一直是一个欧洲人，我总是意识到自己是一个欧洲人。因此，我向来就致力于同法国取得谅解"②，并把对法国实现和解作为他的外交重点。

通过对战后德国各种政治势力的欧洲政策之争分析，可以看出，只有阿登纳的欧洲政策是立足现实的，这对德国和欧洲的未来产生了深远的影响。1949年9月15日，阿登纳以一票的优势当选为联邦德国首任总理，预示着"阿登纳将会在以后的欧洲一体化中发挥关键的作用"③。

第四节　欧洲大国对一体化的态度

战后，西欧各国所处的国际环境不同，故对欧洲一体化的态度也不相似。英国自诩为世界大国自绝于欧洲之外，幻想在世界上发挥大国作用。虽然法国有欧洲联合的意图，但欧洲历史遗产留给它的是对德国的恐惧，置德国于死地是它的真实想法，这不利于西欧早期一体化。而德国是欧洲一体化坚定的推动者。因为，它只有在欧洲一体化中才能获得主权，才能在一个强大的欧洲中，实现德国重新统一等外交目标。于是，欧洲一体化就在德国的积极参与下，慢慢地发展起来了。

一、西欧早期一体化的旁观者——英国

第二次世界大战的后果是欧洲完全丧失了其占据数百年的世界政治经济中

① Werner Weidenfeld, *Konrad Adenauer und Europa*, Europa Union Verlag GmbH, Bonn 1976, s. 303.
② Ibid. s. 297.
③ Walter Hallstein, *United Europe: Challenge and Opportunity*, Oxford University Press, 1962, p. 8.

心的优越地位，在美苏主导的雅尔塔体系下，欧洲国家都已经衰落，并普遍陷入经济凋敝、政治危机、社会动乱等诸多困难之中。"欧洲在世界上的位置已经急剧地改变了，部分原因在于欧洲自己，部分是美国和苏联两个大陆国家崛起所造成的。"[1] 20 世纪在欧洲爆发的两次世界大战是欧洲在世界地位急剧衰落的主要原因之一。战后美苏迅速崛起，欧洲从此以后不得不生活在美苏两强的夹缝中，欧洲的未来引起了欧洲人的思考。"面对严酷的现实，西欧国家为了争取经济好转，对付'共产主义威胁'，稳固自己的统治，探索着西欧联合自强的道路。在这方面，英国发挥了带头作用，首先举起了联合的旗帜。"[2]

战后初期，欧洲的联邦主义者把欧洲联合的希望寄托在英国身上，认为欧洲的联合将在英国的领导下建立起来，普遍认为英国支持欧洲联合事业。证据之一是 1940 年法国沦陷之前，英国首相丘吉尔就提出了建立英法联盟的主张。不过事后丘吉尔承认，他建议成立的英法联盟是一个战略计划，"也许能够劝说大战中摇摆不定的法国政府继续是反法西斯德国的交战国"[3]。尽管英法联盟的主张也许只是一种策略，但毕竟显现了欧洲走向联合的迹象。

把实现欧洲一体化的希望寄托在英国身上，这是一个幻想。二战间，英国很少关注西欧联合事务，丘吉尔本人对战后的欧洲联合也无具体的意见和措施。在战时，尽管丘吉尔也有缔结西欧联盟的想法，这是担心美国在战后奉行孤立主义而退出欧洲，英国难以承担起遏制住德国的重任，故而想建立以安全和军事为目的西欧联盟，以此驳斥美苏的怀疑，即"英国是否具有愿望和能力来充分发挥其作用和作出与其他两个世界大国同样重要的贡献"[4]。如果建立了西欧联盟就可以向美苏表明，英国还是世界上的大国。可是，英国又担心此举将会激起苏联的反对，加上英法领导人互有成见，西欧联盟的计划只好被束之高阁了。只是到了丘吉尔突然下台成为英国的反对党领袖之后，他才把关注的目光投向西欧。1946 年，他在瑞士发表的激情澎湃的《欧洲的悲剧》演

---

① Walter Hallstein, *United Europe*: *Challenge and Opportunity*, Oxford University Press, 1962, p. 5.

② 方连庆等:《战后国际关系史（1945—1995）》（上），北京：北京大学出版社 1999 年版，第 57 页。

③ Derek W. Urwin, *The Community of Europe*: *A History of European Integration since 1945*, Longman London and New York, 1991, p. 11.

④ Brivvati, Brian& Jones, H（eds.）, *From Reconstruction to Integration*: *Britain and Europe since 1945*, Leicester University Press, 1993, p. 60.

讲，呼吁德法之间实现和解，作为建立"欧洲合众国"的第一步，但"明显不包括大英帝国"① 在内。不过，这次演讲给欧洲联合主义者以极大的信心和支持。在激动人心的《欧洲的悲剧》演讲中，丘吉尔丝毫没有表达出英国加入欧洲联合的意图，英国仍然只是"欧洲合众国"的"朋友和赞助者"，超然于"欧洲合众国"之外。在一战后英国已经开始走下坡路了，但"日不落"的殖民强国的强势并没有发生改变。在丘吉尔眼里，英国仍然是一个在五大洲都有"势力范围"的不列颠帝国，他不能让这样的帝国同欧洲其他国家同等地属于一个"欧洲合众国"。总之，英国的意图可以总结为一句话：英国是世界的大国，不是欧洲的大国。"战争中的胜利，稳定的宪法制度、帝国和英镑区。英国的优势释放出来的能量辐射远远超越它的本土。随后的英国政府经常尽力地维持业已建立起来的强大印象和安逸的优势地位。与欧陆国家发挥一体化功能完全是不可能的。"②

英国想保持世界大国的地位，是其游离于欧洲合众国之外的主要原因。战争带给英国的影响是两方面的：一方面，战争使其遭到了严重的削弱，导致其国际地位无可争辩的衰落；另一方面，战争又给英国提供了历史性的机遇，它是欧洲少数几个战胜国之一。另外，由于美英的历史、文化和民族等方面的原因，在欧洲是美国天然的"第一盟友"。尽管战后英国困难重重，但仍然是欧洲的乃至世界上的强国之一，仍然是美国驰骋于国际舞台上得力的助手。可是，英国无视自己衰落的现实和世界力量对比变化的新情况，提出了旨在谋求继续保持其世界大国地位的"三环外交"思想。"与英联邦联系在一起的具有世界义务的大英帝国不愿意与任何欧洲组织保持紧密地联系，因为这些欧洲组织也许会限制其行动的自由，英国着力维持战争中成长起来的与美国的特殊关系。"③ "对战后英国工党政府来说明白不过的是：继续保持英国作为具有领导性的强国地位需要美国的支持。"④ 所以，英国的"三环外交"政策是把与美

---

① Hans A. Schmitt, *The Path to European Union: From the Marshall Plan to the Common Market*, Louisina State University Press, 1962, p. 33.

② Klaus Larres (ed.), *Uneasy Allies: British-German Relations and European Integration since 1945*, Oxford University Press, 2000, p. 30.

③ Anne Winlson, *Carnegie Endowment for International Peace*, Columbia University Press, 1953, p. 58.

④ Klaus Larres & Elizabeth Meehan, Uneasy Allies: British-German Relations and European Integration since 1945, Oxford University Press, 2000, p. 30.

国和英联邦的关系置于欧洲大陆国家之前。丘吉尔的一句名言："我们同欧洲在一起，但不是其组成部分。我们对它感兴趣，同其联系交往，但是不能被并入或者被同化。"[①] 英国此时还没有从"大英帝国"过去的辉煌中挣脱出来，仍幻想在二战后能像19世纪那样凌驾和超越欧陆之外去影响和干预欧洲事务。

在1945年至1949年英国对欧洲的政策呈现出两个比较清晰的阶段：1945—1947年的初期，英国试图联合西欧各国建立起西欧联盟，作为"第三种力量"。所谓"第三种力量"是指，西欧和英联邦联合在一起构成"介于美国和苏联之间的一个稳定的集团"[②]。以英国为盟主的西欧联盟可以达到与战后两个超级大国美苏平起平坐的地位，实现英国的大国目标。1947年以后，随着冷战的兴起，英国被绑上美国的"冷战战车"。因为冷战，美国急需联合西欧对抗苏联，此时，欧洲联合的主要推动力由英国逐渐到美国。

丘吉尔之后上台的艾德礼工党政府，外交大臣贝文（Bevin）掌握了英国的外交政策，是工党政府中的一个关键人物。他极力保持英国大国地位的外交思想与丘吉尔几乎同出一辙，都是要实现其世界大国的目的。在战后西欧衰弱的情况下，贝文的西欧联盟意图与丘吉尔主政其间的西欧联盟计划是有所不同的。丘吉尔时期的西欧联盟设想，是从军事安全的角度来考虑的，贝文的设想主要是从经济角度考虑，主张英国同西欧国家建立包括经济和政治合作在内的全面合作。随着国际形势的变化，贝文认识到："统一的欧洲不仅是英国的反苏堡垒，同时在处理与美国关系中也是英国的后盾。依靠不列颠王国的实力和统一欧洲的支持，英国可以和美国平等地出现在世界舞台上。"[③] 他希望通过加强与西欧国家的经济和政治合作以提高英国的国家地位。从英国外交部的一份题为《欧洲胜利日之后的估量》的备忘录中，就可以看出英国建立西欧联盟的意图："作为三大国中最弱的一个，英国在继续保持其英联邦首领地位的同时，还必须使自己成为西欧国家的领袖，以促使我们的两个大伙伴平等地对待我们。"[④] 为了维持在国际上没有实力作为基础的大国地位，英国设想通过

---

① Derek W. Urwin, *The Community of Europe: A History of European Integration since 1945*, Longman London and New York, 1991, p. 31.

② Geoffrey Warner, *The Foreign Policy of the British Labour Governments, 1945 - 1951*, Leicester: University of Leicester Press, 1984, p. 66.

③ B. T. 特鲁汉诺夫斯基：《丘吉尔的一生》，北京：人民出版社1982年版，第402页。

④ 转引自赵怀普：《英国与欧洲一体化》，北京：世界知识出版社2004年版，第48页。

战后与西欧各国的合作来获得，即建立西欧联盟的方式，盟主当然是英国，其他邻国接受其领导。

可是，英国设想的西欧联盟是通过西欧国家政府之间的合作来实施的，而不是通过让渡部分国家主权实现一体化的方式。它的目标是，首先建立英法同盟是其西欧联盟计划的第一步，在此基础上再延伸到西欧其他国家。战后在西欧只有法国还是政治意义上的大国，如果英法同盟不能建立，对西欧联合的影响将是致命的。在建立英法同盟的过程中，两国之间的矛盾不时显现，德国问题成为双方矛盾的焦点。法国战后主要的外交目标就是全力削弱德国，英国担心过于惩罚德国将会影响欧洲力量的平衡。1946 年法国社会党勃鲁姆上台，英法执政党教义理念基本相同，勃鲁姆在外交上倾向西欧联盟。"随着时间的推移，英国将接受法国的大部分立场。"① 英国在萨尔问题上向法国作出了让步，将萨尔地区的经济纳入法国的轨道，英法结盟的时机成熟。1947 年 3 月 4 日，英法签订具有军事意义上《敦刻尔克条约》条约。该条约主要是针对德国的，对英国而言就具有双重目的，既防止德国也对付苏联。随着冷战局势的日趋紧张，英国加紧了建立西欧联盟的计划，1948 年 3 月 17 日，英、法、比、荷、卢五国签订了《布鲁塞尔条约》，这是一个以军事同盟为核心，也包括各国在政治、经济和文化上的全面合作。总的说来，《布鲁塞尔条约》在欧洲联合上是《敦刻尔克条约》的进步。后者是建立在双边意义上的军事联合，而前者是在多国、多边的、包括经济等方面的合作。这些条约对于英国在欧洲联合上并无实质上的意义。由于冷战的出现，美国对欧政策的改变，不可避免地与英国的欧洲政策产生矛盾冲突。

美国为了实现世界霸权目的，一改在德国和欧洲问题上的立场。美国强烈地意识到，西欧的联合对欧洲经济复兴与发展是不可缺少的。一方面，欧洲是美国传统的贸易伙伴，欧洲经济能否复兴是美国生死攸关的问题；另一方面，欧洲的安全是美国保持其传统贸易市场的前提条件，没有欧洲的安全，就没有美国的利益所在。美国一改其对欧洲一体化的超然态度，强烈地支持欧洲一体化，支持欧洲的复兴遏制苏联的扩张，这与英国支持政府间合作的欧洲政策发生冲突。当英法签订《敦刻尔克条约》双边军事防务协定时，美国对此并未

---

① Stuart Croft, *The End of Superpower: British Foreign Office Conceptions of a Changing World*, 1945 – 1951, Aldershot, 1994, p. 78.

表示支持。只有当英国放弃英法双边协定，按照美国的欧洲一体化意愿，签订多边协定的《布鲁塞尔条约》时，美国才表示支持，英国只是美国实现其全球霸权战略中的一种工具。美国利用英国极力维持英美特殊关系的心理，把英国作为沟通美国与欧洲之间的一座桥梁。英国"与美国一道，担负起自由世界的领导人"① 的憧憬毫无实现的可能。

冷战，东西方矛盾的激烈碰撞。西方第一盟主美国为了实现其全球战略计划，全面复兴德国，促进包括英国在内的西欧经济联合，大力支持欧洲一体化，希望建立在美国领导下的经济上复兴、军事上强大和政治上稳定的统一欧洲。在建立西欧联合问题上，美国始终把英国作为欧洲的一成员，"在战后最初的几年里，美国也把英国看作是欧洲的领导者"②，例如：1948 年在运用"马歇尔计划"援助德国西占区的重建工作和 1949 年创立北约组织等，英国发挥了欧洲大国的作用。在 20 世纪 50 年代，"美国日益支持超国家主义，反对西欧政府间合作模式，支持德法建立欧洲煤钢共同体和欧洲经济共同体"③，这对英国的欧洲政策是一个沉重的打击。"马歇尔计划"实施以后，"美国越来越把英国基本上作为西欧经济集团的一部分来看待，并把英国作为一个地区大国而不是一个世界大国来对待"④，这必然会导致英国建立西欧联盟的"第三种力量"的破产。

但是，英国一直把自己看作是世界大国，不甘心成为欧洲的普通一员，"实际上，丘吉尔在富尔敦发表演说的同一年，英国就不再是美国的平等伙伴了"，"英国的经济和财政处境如此力不从心，已完全无法避免把那时还肩负着的一些责任转交给美国：美国取代了英国"。⑤ 英国的实力衰落难以推动欧洲一体化大潮，势必也会导致英国外交政策的转向，即英国必须在欧洲主义和大西洋主义中作出选择。如前文所述，英国的西欧联盟计划是建立在美国的支

---

① Klaus Larres & Elizabeth Meehan, *Uneasy Allies: British-German Relations and European Integration since 1945*, Oxford University Press, 2000, p. 30.

② 同上。

③ Ibid. p. 31.

④ Stuart Croft, *The End of Superpower: British Foreign Office Conceptions of a Changing World, 1945 – 1951*, Aldershot, 1994, pp. 114 – 118.

⑤ Alfred Grosser, *The Western Alliance: European-American Relations Since 1945*, New York: The Seabury Press, 1980, p. 43.

持之下的，战后经济的长期低迷，它对美国的依赖更是加强。再加上苏联1948年镇压捷克斯洛伐克事件和武力封锁柏林等事件，使战后东西方矛盾冲突达到高潮，终使英国的外交政策倒向大西洋主义，追随美国而去。"与欧洲大陆国家政府功能之间的一体化是完全不可能的，大英帝国（1951年得出的结论），不能严肃地考虑加入欧洲一体化……我们不能使我们的政治和经济体系屈从于超国家机构"[1]，这种虚幻的想法使英国丧失了领导欧洲的机会。鉴于此，英国反对建立超国家主义一体化的欧洲，显然在某种意义上就断送了西欧一体化的前程。所以，战后英国工党政府的对欧洲政策，遭到了人们的质疑和批评，外交部长贝文被人评价为"狂热反苏、刻意亲美、排斥欧洲思想"[2]。

英国战后反对加入欧洲一体化进程影响是相当严重的，北欧国家在参加欧洲一体化问题上，为英国"马首是瞻"，它们不愿意承担没有英国在内的欧洲一体化的义务。对于法国和比利时等低地国家来说，它们把英国加入欧洲一体化看作是防止德国军国主义复活和对付苏联扩张主义威胁的保障。可是，它们对英国领导欧洲联合的期望只是一种幻想。用丘吉尔的演讲来证明英国对欧洲的态度："我们不只属于一个洲，而是属于所有的洲。不属于一个半球，而是属于两个半球；正好像既属于新世界，也属于旧世界。英帝国是一个起领导作用的欧洲大国。它也是一个庞大和上升的美洲大国。它也是一个澳亚大国，也是最大的亚洲国家之一，它在非洲国家中起着领导作用……"[3] 英国是一个在五大洲都有势力范围的战后大国，是被称作为"日不落"大不列颠"帝国"，英国不能自我矮化，自我贬低，更不能让这样的伟大帝国同欧洲其他的国家同等属一个等级。这样规模的"世界大国"，它怎么可能把自己禁锢在一个狭小的西欧之内呢？最终，英国不能成为欧洲一体化运动的领导者。

二、西欧早期一体化的踯躅者——法国

1944年，"法国人民已经被失败和占领搞得一贫如洗，还要面对营养不良、严格的食物配给和通货膨胀的威胁。全国铁路能够运行的不到一半，工业

---

① Klaus Larres & Elizabeth Meehan, *Uneasy Allies*：*British-German Relations and European Integration since 1945*, Oxford University Press, 2000, p. 30.

② Sean Greenwood, *Britain and European Cooperation since 1945*, Cambridge US：Blackwell, 1992, pp. 7 - 8.

③ 转引自陈乐民：《"欧洲观念"的历史哲学》，北京：东方出版社1988年版，第223页。

生产只有战前的三分之一，海外贸易也停顿了。"① 很明显，"在战后大部分的岁月里，法国不再是主要大国。"② 1958 年，"以保卫民族主权、光复法兰西国家，并使之不仅得到解放而且得以恢复其过去大国地位的战士自居的戴高乐将军"③ 登上了战后法国的政治舞台，复兴法国，恢复大国地位是他最主要的外交目标。对法国而言，强大近邻德国的存在是法国的心头之患，是造成法国战后一切苦难的罪魁祸首。

德法之间的争斗在历史上带给欧洲一次又一次的劫难，在战后欧洲联合的运动中，如何处理德国问题成为欧洲联合的关键。因为，"对于西欧一体化而言，'德国问题'是一个关键的动因。"④ 英国外交政策转向大西洋主义，欧洲一体化失去了一个领导者。在欧陆只剩下德法两个大国，如果德法不能领导欧洲一体化事业，欧洲联合必定终将一事无成。

战后戴高乐临时政府传承法国历史上解决德国问题旧策略，抱着严惩德国的思维方式提出解决德国问题方案。法国在短短 70 年的时间内曾 3 次被德国彻底打垮，采取了与第一次世界大战后严惩德国的外交政策，并且还汲取一战后对德国惩罚不力的教训，对德国奉行了更为强硬的外交政策。

德国在 20 世纪发动的两次世界大战的累累恶行留给欧洲的只是恐惧感，战争的硝烟虽然已经逝去，但欧洲邻邦仍然心存余悸，担心德国军国主义死灰复燃，再次给它们带来惨绝人寰的巨大灾难。因此，它们耿耿于怀的是在战后如何控制住德国，避免历史上的灾难再次出现。战后法国承袭传统的对德政策，企图用国际力量强制肢解德国，永远削弱德国。与军事安全处置德国的同时，还要从经济上获得德国资源，使法国的经济力量超过德国，这样法国才能得到永远的安全。所以，法国战后对德政策有五大目标：第一，"国际共管德国工业重地——鲁尔"，打断德国工业重新崛起的脊梁；第二，"莱茵兰左岸脱离德国"，希望在德法之间建立起一道天然的边界，阻断德国在陆地上对法

① John W. Young, *Cold War Europe 1945–1989: A political history*, Edward Arnold, p. 80.

② F. Roy Willis, *France, Germany, and the New Europe 1945–1963*, Stanford University Press, California 1965, p. 7.

③ Alfred Grosser, *The Western Alliance: European-American Relations Since 1945*, New York: The Seabury Press, 1980, p. 22.

④ Clemens Wurm, *Western Europe and Germany: The Beginnings of European Integration 1945–1960*, Berg Publishers Oxford/Washington, USA, 1995, p. 5.

国的进攻；第三，德国工业能源要地——"萨尔脱离德国，经济上与法国合并"，消灭德国工业复兴的根基；第四，建战后德国的政治体制为联邦制，"不允许建立中央集权制国家"，剥离中央政府的权力，遏制发动战争者的权力；[1] 第五，要求德国支付大量的战争赔款，拆迁德国工厂设施以利法国的经济复兴。法国解决德国的方案是不利于德国复兴和欧洲一体化建设的。

戴高乐在执行惩罚德国政策的同时，在国际上还寻求共同对付德国的盟友。法国与苏联都是欧陆大国，两国之间没有领土等争端，一向是欧陆大国之间的平衡力量。因此，法国在欧陆盟友最佳选择是苏联，在历史上苏联就是法国的传统盟友。例如，1892 年法俄之间缔结军事同盟，对付德、奥、意三国同盟；1935 年法苏签订条约共同对付纳粹德国。1944 年 11 月，在西方大国对苏联在东欧扩张势头日益警惕时，法国戴高乐作出了一次重大的外交行动。是年 11 月，戴高乐作为临时政府的总理出访苏联，签订《法苏互助同盟条约》。与苏联结为同盟对法国来说目的有二：其一，防止德国未来的侵略，警惕德国军国主义复兴危及欧洲和法国的安全；其二，重振法国的大国地位，在美苏之间保持力量的平衡，"在平等基础上同与美国地位相当的苏联打交道无疑会提高并增强法国在对美关系中的地位"[2]，增强与美英处理战后问题讨价还价的砝码。在二战结束时为了防止德国未来重新崛起以至于再次威胁法国的新的历史转折关头，法国试图与苏联重新结盟来实行"联苏制德"的计划。在冷战的大国际环境下，注定了法国联苏制德的外交政策不会奏效。1954 年 12 月，法国批准重新武装联邦德国的伦敦和巴黎协定，1955 年 5 月 5 日，协定生效，联邦德国加入北约。苏联指责法国违背了《法苏同盟条约》中应该承担的基本义务，同盟条约已经失去存在下去的理由，宣布予以废除。

法国推行的"联苏制德"联盟外交战略，事实上是一个不完整的联盟，法国东联苏联，西没有联英国，当然这与英国的外交方针也有很大的关系。从战后到 1951 年，在西欧，英法关系是西欧最重要的双边关系，也是欧洲联合问题的核心。波茨坦会议结束后不久，英国贝文就主张"在西欧范围内，建

---

[1] F. Roy Willis, *France, Germany, and the New Europe 1945 - 1963*, Stanford University Press, California, 1965, p. 15.

[2] Alfred Grosser, *The Western Alliance: European-American Relations Since 1945*, New York: The Seabury Press, 1980, p. 38.

立广泛的政治和军事合作，英法同盟作为其基础"①。法国是战后欧陆的第一
大国，尽管英国对法国有一些疑虑，但也相信法国战后将会再次成为欧陆大
国，是平衡德国和苏联在欧陆不可或缺的主要的力量。但是，英国政府自持名
不副实的战后大国地位，以为自己单独可以对付美苏两国，并从中可以渔利。
英国政府表示："我们英国是个战胜国，在全世界都负有责任。我们不准备同
欧洲大陆建立什么特殊关系。"② 随着冷战爆发，东西方矛盾冲突高涨，欧洲
的分裂等因素，法国"联苏制德"和英国的"全球大国梦想"都必然遭到失
败。从1946年初戴高乐突然辞职，也说明了法国外交政策已经陷入困境。再
说，战后法国社会动乱、经济凋敝等原因使它只能依靠美国的援助才能恢复经
济实力，才能稳定国内紧张的政治局势，才能在未来重振法国在国际上的大国
地位。战后戴高乐政府的"联苏制德"的外交政策和戴高乐本人对美国轻视
法国的不满等原因不时与美国的全球战略思想发生矛盾冲突。"法国统治集团
内部在如何解决最紧迫的恢复经济问题和与之相联系的外交方针上存在深刻
的矛盾。"因此，"戴高乐辞职的背后孕育着战后法国外交主要是对美政策的
转折性变化。而在德国问题和殖民地问题上，戴高乐下野并不是决定性变化的
标志"③。

　　法国外交政策改变将对战后欧洲一体化进程产生深刻的影响，它的处境很
特别。"它像英国一样要维持它的世界大国的地位，但又不具备所有的能力；
同时它也懂得对组成欧洲并加入进去的必要，于是它的政策便在这两种倾向中
摇摆不定。"④ 欧洲一体化的思想，在法国戴高乐执政时期就已露端倪。1945
年，戴高乐在萨尔演讲时说："法国人和德国人必须把过去的事一笔勾销，要
彼此合作和意识到他们都是欧洲人"，甚至说，"法国人和德国人必须记住，
他们是西欧人"。⑤ 他设想："把靠近莱茵河、阿尔卑斯山和比利牛斯山的国家

---

① Stuart Croft, *The End of Superpower: British Foreign Office Conceptions of a Changing World*, 1945 –
1951, Aldershot, 1994, p. 45.

② 《欧洲第一公民——让·莫内回忆录》，四川：成都出版社1993年版，第321页。

③ 张锡昌、周剑卿：《战后法国外交史》（1944—1992），北京：世界知识出版社1993年版，第
22页。

④ ［法］皮埃尔·热贝尔著，丁一凡译：《欧洲统一的理想与现实》，北京：中国社会科学出版社
1989年版，第62页。

⑤ ［联邦德国］康拉德·阿登纳著，上海外院等译：《阿登纳回忆录（1945—1953）》（一），上
海：上海人民出版社1976年版，第25页。

在政治、经济和战略上联合起来，使这个组织成为世界上三大势力之一；在必要时，使它成为苏联和盎格鲁—撒克逊两大阵营之间的仲裁者。"① 戴高乐初期执政时间不长，在推动欧洲一体化上无重大的建树，但他有关欧洲联合的思想还是对第四共和国很有影响。

1947 年冷战后的国际形势使法国的对外政策慢慢地发生了变化。战后出现的两个超级大国在国际事务中发挥着主导作用，昔日风光无限的欧洲无一例外地衰落，仰美苏鼻息生活。法国认识到，西欧国家只有联合起来才能在国际事务中发挥作用，它也知道仅凭自己的力量难以改变欧洲战后衰弱的现实。它需要从西欧联合中实现法国的大国地位，法国开始在西欧寻找盟国。战后初期，德国虽已一败涂地，但法国仍认为德国是法国在欧陆的主要对手和唯一的潜在威胁，对付德国的潜在威胁仍是法国外交的主要目标。所以，它把结盟的对象选定为英国。1947 年双方签订《敦刻尔克条约》，旨在"防止德国再次变成和平的威胁，并在三项主要条款的每一项中都具体地提到德国。该条约的目的不再是缔结将签约国与苏联拴在一起的一套三角安全条约。相反，这里所包含的是创建一个欧洲安全体系"②。之后签订的《布鲁塞尔条约》，"条约表明了各国间为复兴欧洲经济和保证安全而进行合作的愿望，还包括一个当欧洲出现武装入侵时各国自动互相支援的体系"，"布鲁塞尔条约还仍然是针对德国的，这实际上也就是不点名地针对苏联的"，也"产生了一个国际组织的萌芽：西方联盟"③。遏制德国是法国战后初期对外政策的核心，但法国的这种外交政策不久就发生了变化，此时冷战已经开始出现。

冷战加剧，促使了法国外交政策的改变。"1947—1948 年的冷战是法国对外政策逐步发生了变化。对美国经济和军事援助的需要不再允许法国在两个大国之间保持平衡了，而迫使它逐渐朝西方阵营靠拢。"④ 法国的转变可以从以下几个方面来分析：首先，世界上形成泾渭分明东西方阵营，在非敌即友的国际氛围之下，法国的外交回旋余地日益缩小，很难在美苏之间玩弄平衡政策。

---

① ［法］戴高乐著：《战争回忆录》第三卷（上），北京：世界知识出版社，第 555 页。

② Alfred Grosser, *The Western Alliance*：*European-American Relations Since 1945*, New York：The Seabury Press, 1980, p. 84.

③ ［法］皮埃尔·热贝尔著，丁一凡译：《欧洲统一的理想与现实》，北京：中国社会科学出版社 1989 年版，第 76 页。

④ 同上书，第 63 页。

在美英的压力之下，法国开始改变对德国政策上的强硬立场，向美英对德政策靠拢。其次，法国战后经济困难，素有"欧洲病夫"之称。国家的复兴、经济的恢复没有美国的帮助是不可想象的事，法国从"马歇尔计划"中获得的援助就占该计划的20%，对法国的重振经济有极大的帮助。对美国经济和军事的援助的迫切需要也不允许法国在东西方之间搞平衡关系了，必然也会导致政治上追随美国，迫使法国的外交政策向西方阵营靠拢看齐。正是从这时候起，法国逐渐放弃在美苏之间搞平衡的战略，转向联美制苏，导致了"联苏制德"的外交政策的终结，也决定了法国对德强硬政策的破产。第三，美国为了实现其全球战略，与苏联的对抗日益激烈，欧洲是美苏争霸全球的关键地区。美国加紧复兴西欧，组织抗苏的统一战线。由于德国在欧洲的重要性，美苏谁也不可能放弃对德国的争夺。苏联战后的实力强大，美国也不会通过发动"热战"进行对德国的争夺，在此情形下，美国加紧推行扶持联邦德国的政策，而与法国力图肢解削弱德国的政策相左，法国只得让步。1948年6月，美、英、法、比、荷、卢六国在伦敦达成协议，法国放弃肢解德国的计划，还同意法国占领区与美英占区协调经济政策，实行德国货币改革。是年9月，法国最终同意法占区与美英双占区合并成立联邦德国政府。第四，在冷战阵营对立的情况下，决定了法国外交政策的转变，东西方之间的对立代替了历史上欧洲列强逐鹿欧陆的局面。更为重要的是，昔日战场上拼得你死我活的世仇冤家德法两国现在同属一个阵营，有一个共同的敌人苏联，在抵抗"共产主义"威胁下，迫使法国改变对德强硬政策。另外，德法都生活在美苏争霸的夹缝之中，欧洲争斗引起的衰落足以促使欧洲国家的领导人对战后外交政策的重新估量，为欧洲寻找在新的国际体系中的立足点。德法两国在战后冷战的国际背景下产生了共同的利益，世仇冤家成为利益伙伴已经是大势所趋，共同的利益是德法两国能够走向和解的基本点。

法国欧洲一体化政策是同处理德国问题紧紧联系在一起的，虽然法国放弃了肢解德国的最初主张，但不能说法国寻求与德国和解没有冲突，也不能说法国对德国没有戒备心理。相反，在欧洲一体化的进程中，法国对德国的防范心理一直没有减弱，甚至可以说，法国的欧洲一体化政策主要是针对德国的。首先，在英国奉行自绝于欧陆之外，追寻"世界大国"目标后，法国知道欧洲联合只能在德法和解的基础上进行，法国外交部长曾经说过"没有德国，一个统一的欧洲是不可能的"①。没有德法和解，就没有欧洲一体化，更不用说欧洲的统一。其次，战后在美苏的压力下，德国的复兴已是必然，这是法国所不能阻挡的。法国对德国深深的恐惧心理又使法国在推动欧洲一体化时心存疑虑。因此，法国欧洲联合政策是和它的对德政策是紧紧地拴在一起的，希望通过欧洲一体化达到其束缚德国、控制德国的目的。1948年3月，法国外长皮杜尔在国民议会上宣称："一个联合起来的欧洲可以保证更完善的防卫，也可以给德国带上一个紧箍。"② 于是，欧洲一体化便成为1945年法国没能付诸实施的肢解德国政策的替代品。法国企图建立一个足以能遏制德国的欧洲一体化国际机构，在这个机构之内，德法两国的利益既能融合在一起，又能有效地限制德国，标志着战后法国对德政策的又一重大的转折。

在欧洲一体化的初期，如果说英国是欧洲联合的旁观者，甚至还可以说是一体化进程的阻碍者，那么法国则是欧洲一体化组织的"半心半意"的伙伴，只有德国才是欧洲一体化坚定的支持者。战后德国也有自己的一套完整的欧洲一体化政策。在战后一贫如洗的欧洲，"经济重建的工作要优先欧洲联盟的计划，这是不可避免的"③，正是欧洲重建的过程中产生了欧洲一体化的浪潮。

三、欧洲一体化忠实的推动者——德国

中国学者连玉如教授说，"所谓德国的欧洲政策，从历史发展角度看，应该称为'西德的西欧一体化政策'"④。在二战刚结束，欧美苏大国正在为如何处罚德国一事正发生激烈争吵时，阿登纳就已经预示到了东西方之间围绕德国问题的争执将会导致欧洲的分裂。1945年10月31日，阿登纳写信给前杜伊斯堡市长魏兹先生就已经指出："东欧——俄国的范围——西欧截然分开，这是一个事实。西欧为首的大国是英国和法国。没有被俄国占领的德国部分，是西

① Anne Winlson, *Carnegie Endowment for International Peace*, Columbia University Press, 1953, p. 56.

② ［法］皮埃尔·热贝尔著，丁一凡译：《欧洲统一的理想与现实》，北京：中国社会科学出版社1989年版，第63页。

③ Derek W. Urwin, *The Community of Europe: A History of European Integration since 1945*, Longman London and New York, 1991, p. 11.

④ 连玉如：《新世界政治与德国外交政策——"新德国问题"探索》，北京：北京大学出版社2003年版，第155页。

欧的一个组成部分。如果这个部分衰退了，那么对整个西欧，也对英国和法国带来的后果将是十分严重的"。① 他认为，俄国泛斯拉夫主义的扩张传统与共产主义的思想意识相结合，使它具有强烈的扩张欲望，苏联的扩张政策是不变的，那就是先占领东欧，再占领德国，然后占领全欧洲。对苏联的敌视和怀疑也是阿登纳欧洲一体化思想的出发点。在"来自东方的经常不断的威胁"之下，这种威胁只有受到强力的阻止才会停止下来，这种强力就是团结在以美国为首的西方阵营周围，积极推行欧洲一体化政策，壮大西欧联合的力量，把苏联的"铁幕"退回去。阿登纳深深地担心来自苏联和东德直接的威胁，只要存在冷战，"两大阵营的紧张对抗，在平等的基础上有助于加速联邦德国与其中的一个阵营的联合"②。为了防止西欧国家落入苏联之手，阿登纳强烈呼吁西欧国家联合起来，建立欧洲合众国，共同抵抗苏联扩张主义的威胁。他认为，苏联的威胁是欧洲一体化最为急迫的原因，"欧洲的希望在于欧洲联盟，在于联合的欧洲"③。也只有一个联合起来的欧洲，才能提供"对德国西部邻国最可靠、最保险和最持久的安全保证"④。阿登纳对战后欧洲联合的认识与英法等其他的西欧国家的认识是不一样的，法国等西欧国家欧洲一体化政策最主要目的是想通过一体化的组织来控制住德国，不让其再次成为欧洲战争策源地，以免再次威胁欧洲国家自身安全。

再次，阿登纳一体化的思想也是从德国自身的利益来考虑的，重新统一也是阿登纳推进欧洲一体化的另一个出发点。战后德国分裂是德国自己无法改变的事实，重新统一又是历届政府孜孜不倦追求的目标，仅仅凭战后德国自己的力量难以获得重新统一。阿登纳对东方阵营的外交政策是"实力政策"，即通过西方阵营强大的实力作为其外交基础。阿登纳把"德国紧紧地与其他西方民主国家联系在一起，他相信：如果西方保持强大，非法的东德政权最终必将

① ［联邦德国］康拉德·阿登纳著，上海外院等译：《阿登纳回忆录（1945—1953)》（一），上海：上海人民出版社1976年版，第31页。

② Wolfram F. Hanrieder, *West German Foreign Policy 1949-1979*, Colorado: Westview Press/ Boulder, 1980, p. 96.

③ Werner Weidenfeld, *Konrad Adenauer und Europa*, Bonn: Eueopa Union Verlag GmbH, 1976, s. 340

④ ［联邦德国］康拉德·阿登纳著，上海外院等译：《阿登纳回忆录（1945—1953)》（一），上海：上海人民出版社1976年版，第33页。

垮台"①。最终，迫使苏联在德国统一的问题上作出让步，实现德国完全统一，这种实力只能来自于欧洲一体化。阿登纳认为，在欧洲一体化进程中也是推进德国重新统一进程，两者之间的关系是一致的；换句话说，欧洲统一就能完成德国统一。所以，阿登纳关于德国重新统一的基本理论是，"只有通过实力基础才可以获得，而只有与6国（德国、法国、比利时、卢森堡、荷兰和意大利——著者注）经济、政治和军事最大限度的一体化才可以获得这种实力基础，除此以外，一般而言也要与西方合作"②。从阿登纳的表述中，他把欧洲的联合放在大西洋联合的位置之前，可见德国是二战后欧洲一体化坚定的支持者，与英国冷眼旁观和法国半心半意的立场完全不同。阿登纳对欧洲一体化政策作了很好的注解："苏联所持的态度证实了我的这一信念，即德国的重新统一只能在通盘解决欧洲的道路上才能实现"，"重新统一的问题不能看成为民族问题，而应看成为整个欧洲的问题"，"如果一体化成功了，那么无论在关于安全问题或重新统一问题的谈判中，我们就能把一个统一的欧洲的砝码作为一种新的重要因素投到天平盘上去"。③

从另一个角度来分析，德国的欧洲一体化政策也有其内在原因。20世纪德国发动的两次世界大战，这种令世人所不齿的行径，遭到欧洲和世界爱好和平人士的唾弃，德国法西斯的暴行也引起了人们对德国的恐惧和担心。"人们表示出担心，德国将会再次发展成为军事主义国家。"④ 有位法国人说过："他是如此的喜欢德国，所以他宁愿有两个德国。"⑤ 从这位法国人表述中，可以看出其对德国的恐惧和厌恶之心。阿登纳深知，要想获得重新统一，就必须消除西欧各国对德国不安全感和不信任心理，达到西欧国家对德国重新统一的理解和支持。他清楚，如果德国一味地要求重新统一，势必会引起欧洲国家的警觉，这种不顾欧洲国家安全要求和恐惧德国的心理的行为将会引起严重的后

---

① John W. Young, *Cold War Europe 1945 – 1989: A political history*, Edward Arnold, p. 61.

② Werner J. Feld, *West Germany and the European Community: Changing Interests and Competing Policy Objectives*, Praeger, 1981, p. 38.

③ ［联邦德国］康拉德·阿登纳著，上海外院等译：《阿登纳回忆录（1955—1959）》（三），上海：上海人民出版社1976年版，第289—291页。

④ Werner J. Feld, *West Germany and the European Community: Changing Interests and Competing Policy Objectives*, Praeger, 1981, p. 41.

⑤ Peter H. Merkl, *German Unification in the European Context*, The Pennsylvania State University Press, 1993, p. 4.

果，那必将使德国走向孤立。如果发生这种情况，德国正好会落入苏联的怀抱，这是阿登纳极力避免的事情。所以，阿登纳在谈及重新统一的问题时，总是与欧洲的统一紧紧联系在一起，"德国的道路必须通向欧洲"，换句话说，也就是德国在未来建设发展中将建立"欧洲的德国"而不是建立"德国的欧洲"。积极推动欧洲一体化进程，把德国重新融入欧洲，取信于欧洲各国，把欧洲国家对德国统一恐惧降到最小值，这是阿登纳所考虑的。

虽然丘吉尔在《欧洲的悲剧》的演讲中，号召"联合起来"建立"欧洲合众国"！激动人心的演说给欧洲联邦主义者带来欧洲联合的无限憧憬，的确在欧洲也掀起了要求欧洲联合的新高潮。丘吉尔所鼓吹建立的合众国，英国本身是超然于欧洲大陆之外，"英国和苏联，当然更不包括美国，都不在这个联合的欧洲之内"。① 英国仍然无视战后更衰落的事实，把自己与苏联和美国并列在一起，满足其虚幻的大国地位，连丘吉尔本人也用"with"（"与"——著者注）一词不用"of"（"属于"——著者注）来表达英国与欧洲大陆之间的关系。英国的欧洲联合思想内涵与德国欧洲一体化的意图完全不一致，表明德国在战后欧洲一体化的事业中发挥了中流砥柱的作用。

德国的欧洲合众国的思想核心是德法和解与联合。战后初期法国顽固地坚持肢解德国以解心头之恨。所以，德国要想获得法国谅解，甚至与之联合是何等之艰难！战后西欧两个最有分量的国家就是英国和法国，不仅两国的综合国力在欧洲属于大国行列，而且从政治意义上两国都是二战的战胜国。但在德国的眼里，英国和法国的地位是不一样的，阿登纳对此早就作出了判断。"在欧洲事务中，尤其是对欧洲安全方面的考虑，由于对威胁的感受不同，英国的想法从来就不和我们一样。此乃英国人的天性。如果局势发展到极其危急的地步，当然英国人是会来参加共同战斗的，但是到了这个时候，英国的想法和做出的反应也不会和大陆欧洲人一个样，这是我们胸中有数的。"阿登纳对英国紧紧追随美国的外交政策也表示了心中的不满，"每当美国人和欧洲人的想法不一样的时候，英国人的想法，总不像欧洲人，而是像美国人"。② 虽然阿登

① 陈乐民主编：《西方外交思想史》北京：中国社会科学出版社1995年版，第248页。
② ［联邦德国］康拉德·阿登纳著，上海外院等译：《阿登纳回忆录（1959—1963）》（四），上海：上海人民出版社1976年版，第226—227页。

德国与欧洲一体化

纳也有把英国纳入欧洲一体化进程中的意愿，"如果英国也决定参加经济一体化，那么，我们将向大家期望的西欧国家联盟的这一最终目标靠近一大步"①。但是，英国在战后初期对自绝于欧洲之外的政策令德国深深地失望，因此德国决定，即使没有英国参与欧洲一体化进程，德国和法国照样能干。

尽管法国对德国心存强烈的戒备心理和防范意识，但德国对法国的看法就很不一样。德国向法国一再示好频投橄榄枝，极力争取德法和解。前文说过，没有德国参与就不会有欧洲一体化。同样，没有法国加入，欧洲一体化也会一事无成，德国清楚这种道理。早在一战结束后，为了保障战后持久的和平，阿登纳就有过要把德国、法国和比利时的工业一体化的设想，努力争取德法两国之间抛弃历史互相争斗的方式，走欧洲联合———一体化的道路。他说过："我是一个德国人，但是我也是，并且一直是一个欧洲人，我总是意识到自己是一个欧洲人。因此，我向来就致力于同法国取得谅解。没有这种谅解，就不可能有一个欧洲"②，积极参加战后早期欧洲联合运动。1948 年 5 月 7 日，欧洲运动的各个组织第一次举行聚会，史称"海牙大会"，丘吉尔任大会的主席。他号召欧洲各国"忘记过去的仇恨，丢开民族的怨恨心和复仇心"，"战胜国的光荣使命，就是拉着德国人的手，把他们带回欧洲大家庭"。③ "欧洲运动的目的在于研究由欧洲联合所提出的政治、经济和技术问题，提出解决问题的建议，向舆论界传递信息，使人们更加觉悟到欧洲的存在，并使他们更加忠于欧洲，支持统一的政策并成为一个使这项事业的拥护者们可以用来施加他们影响的工具。"④ 这次大会是表明在西欧所有的国家中有一股强大的支持欧洲统一运动的力量，向各国政府施加一定的舆论压力。德国代表团是由德国基督教民主联盟主席阿登纳率领参加海牙会议的。1949 年建立的欧洲委员会（Council of Europe），德国还不是成员国，只是在 1950 年才成为欧洲委员会的联系国，对此德国政府当然不满意，直到 1951 年德国才是成员国，并在欧洲委员会最重要的机构——咨询大会（Consultative Assembly）获得 18 个代表席位，与欧

---

① ［联邦德国］康拉德·阿登纳著，上海外院等译：《阿登纳回忆录（1959—1963）》，（四），上海：上海人民出版社 1976 年版，第 32 页。

② 同上书，第 33 页。

③ 丘吉尔：《欧洲联合起来》，北京：商务印书馆 1977 年版，第 146—147 页。

④ ［法］皮埃尔·热贝尔著，丁一凡译：《欧洲统一的理想与现实》，北京：中国社会科学出版社 1989 年版，第 55 页。

洲大国——英国、法国和意大利获得平等的地位，力求在欧洲联合中发挥重要的作用。

从阿登纳战后走上德国政坛起，始终把欧洲一体化政策、实现德法和解作为德国的重要外交政策，在他的《回忆录》中我们也能看出他为实现德法和解表现出的坚强意志和决心。他说："我一直把始终不渝地争取和法国建立友好睦邻关系，看成是德国外交政策最重要的目标之一。必须不顾一切困难、挫折和失望坚持这个目标。必须做出不断的努力甚至牺牲，因为法德之间如不建立友好关系，欧洲的联合是难以想象的，因为不这样西方就不能达到为与东方进行谈判所迫切需要的那种团结一致。跟法国取得谅解乃至是西方团结的基本前提。"① 为了能获得与法国的和解，阿登纳不惜对法国作出巨大的让步和妥协，在处理德法之间的矛盾的焦点——萨尔问题时表现得尤为突出，对欧洲一体化进程产生了深远的影响，可以说没有德国的努力与让步，西欧早期一体化也会夭折，欧洲一体化更不会发展和壮大。

阿登纳深知德法关系对欧洲一体化进程的重要性，他进一步得出德法合作是欧洲一体化基石的结论。战后苏联严重威胁德国的国家安全，德国人生活在苏联的威胁阴影之下，而英国孤悬在大西洋之上，且又自绝于欧陆国家的联合之外，美国不是欧洲国家，西欧其他小国势单力薄，根本不是强大的苏联的对手，从多方面因素考虑，阿登纳指出："欧洲的联合是绝对迫切需要的。没有政治上的一致，欧洲各国人民将会沦为超级大国的附庸"；"德意志联邦共和国决心为创建一个统一的欧洲作出一切可能的贡献。我们认为，法、德两国之间的良好关系就是任何一种欧洲联合的核心内容"。② 他致力于德法之间和解，经过不懈的努力终于获得了丰硕的成果，德法之间的和解在阿登纳和法国的总统戴高乐期间达到了高潮，为欧洲一体化的壮大产生了深远的影响。

小　结

二战后，战胜国在如何处置德国问题上分歧不断，矛盾日益恶化，最终只

---

① ［联邦德国］康拉德·阿登纳著，上海外院等译：《阿登纳回忆录（1953—1955）》（二），上海：上海人民出版社 1976 年版，第 424 页。

② 同上书，第 1—3 页。

德国与欧洲一体化

能以分区占领德国的方式取得暂时妥协。每个占领国都按照自己的意愿,在自己的占领区内为所欲为,只为自己的政府负责。所以,占领区之间不同的政策为德国的分裂埋下了伏笔。随着东西方战后矛盾进一步恶化,一般论者把丘吉尔1946年3月在美国富尔敦发表的"铁幕演说"视为东西方"冷战"的起点。美国为了"遏制"苏联实现全球霸权战略,担心一个虚弱的西欧在美苏对抗中发生不利于美国的变化,因为一个衰落的西欧很容易发生"共产主义"运动,有倒向苏联的危险。于是,美国决定采取拉拢和控制西欧的政策,对抗苏联。德国自然成为美国拉拢和控制的中心。

冷战直接影响了美国和西方对德国的政策,完成了由肢解到复兴德国的转变。近现代史上,德国一直是带动西欧经济前进的火车头。甚至也可以说,没有德国复兴,西欧也没有复兴的希望。如果"德国仍然是一贫如洗,对整个西欧,包括英法,后果将是难以想象的"①。美、英、法三国决定合并彼此的占领区,美国实施包括西德在内的援助西欧计划,即"马歇尔计划",重新点燃复兴西欧和德国火炬。于是,西欧开始慢慢走向联合发展之路。

战后英国无视其已经衰落的事实,依靠"三环外交"政策自诩为"世界大国",不愿意与欧陆二、三流国家"沦落"在一起,从丘吉尔一系列的演讲中可以看出英国对欧洲联合的真实意图。在欧洲一体化史上,英国被看作是欧洲联合运动道路上的绊脚石。所以,对英国支持欧洲一体化运动不能抱有太多的希望。与英国不同的是,战后肢解德国、削弱德国是法国主要的外交目标。由于冷战原因,在不能阻止复兴德国的情况下,法国逐渐改变对德政策,被迫采用超国家主义一体化的新手段来控制德国。可以说,法国是出于控制德国的需要,被迫走上欧洲一体化道路的。在西欧大国中,只有德国才是欧洲一体化的积极推动者。

更重要的是,德国已经为欧洲一体化做好了准备工作。德国基督教民主联盟击败社会民主党登上执政舞台,把欧洲一体化作为德国重要外交政策之一,为欧洲联合创造了前提条件。联盟党主席阿登纳认为,联邦德国是冷战产生的结果,以中立来换取重新统一既不可能也不现实。他决定推行全力倒向西方的外交政策。主要的外交目标是恢复国家主权、发展经济和实现国家

---

① David De Giustino, *A Reader in European Integration*, Longman London and New York, 1996, p. 55.

统一。"创建一体化西欧和在大西洋框架下对加速西德的政治复兴有决定性的影响。"① 另外，通过壮大欧洲联合力量，最终达到以"西"统"东"的目的，实现国家统一。"联邦德国从一个比较大的欧洲框架中获得经济繁荣和政治上的合法地位，反过来也是如此，欧洲也可以从德国在欧陆承担的义务而增加自己的力量。"② 因此，阿登纳的欧洲政策是德国经济和政治复兴的最基本的前提条件。在德国大力支持和参与下，欧洲一体化运动开始慢慢地兴盛起来。

---

① Wolfram F. Hanrieder, *West German Foreign Policy*：*1949 – 1979*, Westview Press/ Boulder, Colorado, 1980, p. 17.

② Jeffrey Anderson, *German Unification and the Union of Europe—The Domestic Politics of Integration Policy*, Cambridge University Press, 1999, p. 1.

第二章　启动：德国欧洲一体化政策的实施

本章主要论述德国在推动欧洲一体化中所发挥的作用，尤其是在欧洲一体化的关键时期。分析德国在实现德法和解、创建煤钢共同体等过程中的立场，推动欧洲一体化时作出的让步等。第一节分析德国为了实现欧洲联合的外交目的，在解决鲁尔问题上不惜让步，积极实现德法和解，为其推动欧洲一体化找到良好的伙伴。第二节介绍在德国复兴形势已不可逆转的情况下，法国为了消除未来德国可能的再次威胁，提出解决德国问题的"舒曼计划"。德国迅速行动起来，通过支持、让步等方式为筹建欧洲煤钢共同体作出了巨大的努力和牺牲。第三节论述德国希望在欧洲经济一体化的同时，也希望欧洲政治一体化获得进展。最后，由于法国否决了《欧洲防务共同体条约》，欧洲政治联合惨遭厄运。不过，在建立西欧联盟的框架内，也为德法进一步和解提供了条件。第四节分析德国再次重启欧洲一体化进程的原因以及欧洲联合获得突破性进展所取得的成果。总之，在本章中，既论述了德国在欧洲一体化进程中所发挥的作用，介绍了欧洲一体化取得的成绩。更重要的是，德国通过欧洲一体化的方式逐步摆脱战败国的身份，逐步成为一个主权独立的国家。

第一节　德国欧洲一体化政策的第一步——德法和解

战后初期，德国一败涂地，且一分为三，但法国仍然认为德国是其在欧陆的主要对手和潜在威胁。为此，法国战后便考虑要彻底地消除它这个东方近邻的威胁，戴高乐临时政府强烈坚持肢解德国是这一政策的体现。通过"马歇尔计划"的实施，组建欧洲经济合作组织，西欧国家获得了经济合作的一些经验，酝酿了德法和解的氛围。可是，鲁尔问题和萨尔问题是横亘在德法和解中的两座大山。如果鲁尔问题和萨尔问题不能妥善解决，德法和解终将不能实现，欧洲一体化事业更无从谈起。德国从自身所处的现实地位出发，积极主动采取行动，终于实现了德法之间的和解，从而为欧洲一体化作出了巨大的贡献。在冷战的影响及美国的压力下，法国的对德强硬政策逐渐也发生了转变。没有德国主动的让步，德法和解是不能实现的。在德国的积极促动下，德法和解终于迈出决定性的一步，标志着欧洲一体化进程也迈出了坚实的第一步。

一、德国寻求推动欧洲一体化的伙伴

二战后，东西方爆发的冷战和由此而产生的对立与对抗，使欧洲和世界都遭到了分裂，德国也难逃如此厄运，1949 年在德意志领土上成立了两个德意志国家，即 1949 年 9 月 20 日成立的德意志联邦共和国和 10 月 7 日成立的德意志民主共和国。德国是欧洲的心脏，其地理位置和经济政治的重要性一直是影响欧洲稳定的重要因素。战后欧洲的重建和重组也都是围绕德国问题展开的。

在欧洲重建的过程中，1946 年，英国首相丘吉尔在瑞士的苏黎世发表的《欧洲的悲剧》演说，吹响了欧洲联合的号角。"英国的丘吉尔是有远见的，他是二战以后公开倡导欧洲联合与德法和解的第一人，他 1946 年 9 月的'苏黎世演说'被当作战后西欧联合运动的起点，但他在实践中并无多大建树；法国的舒曼是有功绩的，他倡导建立欧洲煤钢联营为西欧联合卓有成效地进一步发展奠定了基础，但从宏观上来看，他的实际作用比阿登纳要逊色得多。"[①]从 1950 年开始，英国在欧洲联合的作用逐渐被边缘化，终于丧失了领导欧洲的机会。对此，格拉德文·杰布（Gladwyn Jebb）作了评价："到 1954 年，英国失去了两个在任何真正意义上与它的欧洲邻居联合起来的重大机会；第一个是拒绝接受欧洲煤钢共同体；第二个是它对欧洲防务共同体的不合作的态度。"[②] 当英国最终选择拒绝参加、一旁观望的欧洲政策时，另外两个欧洲大国——德、法的欧洲政策对欧洲一体化的成功与否就显得尤为重要了。阿登纳

---

① 连玉如：《新世界政治与德国外交政策 "新德国问题探索"》，北京：北京大学出版社 2003 年版，第 178 页。

② Lord Gladwyn, *The European Idea*, Praeger, 1966, p. 50.

说过："无论是作为我党的主席，还是以后作为联邦总理，我都以自己的毕生精力和全部作用为实现欧洲的统一事业而奋斗。"① 表明了德国推进欧洲一体化的坚定决心。要实现欧洲联合，德法之间必须要实现和解，没有德法和解就没有欧洲一体化，战后德法和解与欧洲一体化进程几乎同时起步，德国开始在德法和解和欧洲一体化中扮演非常重要的角色。

　　战后德国政治家和德国人民的心态是复杂的。战后初期，德国既无行政权也无主权来执行自己的外交政策。第二次世界大战破坏了德国外交权利的基础，希特勒第三帝国也从法律上、道义上和心灵上捣毁了德国外交政策的根基。尽管 1949 年成立了联邦德国，但它还不是一个主权独立的国家，战胜国控制着德国的内政和外交。因此，阿登纳确定了德国初期的三大外交目标：第一，保持德国和西方三大国的友好关系，其中对美国的友好关系最为重要；第二，积极推行欧洲一体化进程，在这方面德国必须加强与法国的友好合作；第三，处理好与东方集团的关系。总之，"联邦德国最基本的外交目标就是获得主权，在此基础上来赢得德国外交的法律和政治基础"②。随着冷战局势的不断恶化，阿登纳清楚，在东西方冷战敌对的局势下，德国重新统一的希望遥遥无期，它要想在东西方冷战的夹缝中生存，阻止苏联的势力向德国发展，并且使德国获得完全的主权，只有走德法和解、靠拢美国与西方集团结成经济、军事同盟的道路。也只有走西欧一体化的道路，为德国的重新统一打下坚实的基础，才能为德国的重新统一奠定希望。

　　尽管阿登纳推行向西方一边倒的外交政策，但从近期的目标上，是以美国为重，只有美国才能保证德国的安全，才有实力对抗苏联的入侵；从长远的目标上，他把德国的外交重点放在法国身上，只有推进欧洲一体化进程、壮大欧洲联合的力量，才能在一个强大的欧洲中实现德国统一。阿登纳深知，没有法国参与欧洲一体化，欧洲统一的伟大事业将会一事无成。萨槟·李（Sabine Lee）对此也作了很好的阐释："阿登纳的外交政策的标底是西方一体化，德法和解，其次是在冷战的背景下能够获得美国的军事和经济支持。"③ 格瑞菲

---

① ［联邦德国］康拉德·阿登纳著，上海外院等译：《阿登纳回忆录（1945—1953）》（一），上海：上海人民出版社 1976 年版，第 234 页。

② Wolfram F. Hanrieder, *Germany*, *America*, *Europe*: *Forty Years of German Foreign Policy*, Yale University Press, 1989, p. 5.

③ Sabine Lee, *Victory in Europe? Britain and Germany since 1945*, Longman Pearson Education, 2001, p. 49.

兹（William E. Griffith）也赞同说："阿登纳和解政策集中在法国的身上。"①
早在1919年，阿登纳在一次演说中就认为：必须把法国对安全的需要，作为
一个政治上和心理上的事实予以考虑。德国外交政策部分原因是以阿登纳的信
仰来指导实施的，它极端敌视"共产主义"意识形态。他认为，"德国的命运
只有与法国的命运紧密相连，德国才能生存"②。为了实现德法和解，阿登纳
向法国频投和平橄榄枝。

其实，阿登纳把法国作为欧洲一体化政策的主要伙伴的态度是有改变的。
在如何实现欧洲一体化的思考中，阿登纳认为法国是欧洲一体化的必要条件，
同时英国的重要性也不能忽视。早期，他把英国和法国在欧洲一体化的进程看
作是同等重要的伙伴，他说，"按照我（指阿登纳——著者注）的想法，只有
建立在英法的领导之下欧洲合众国才是（欧洲安全问题）的建设性的方案"③。
但英国全球大国一厢情愿的理想是它独立于欧洲大陆之外的主要原因，使阿登
纳联合英法共同建设欧洲的希望遭到破灭。他对英国的欧洲一体化不作为很失
望。1951年在阿登纳出访英国时说："我有点失望，英国也是欧洲的一部
分。"④ 尽管阿登纳在二战后一直在寻求英国加入欧洲一体化进程，但他已经
不能冒英国改变其外交政策靠近欧陆的风险，因此，在欧陆留给阿登纳的既是
德国的世仇冤家，也是德国欧洲一体化事业的天然伙伴——法国。阿登纳深
知：德法两国关系是决定欧洲一体化的成败得失的最重要因素。于是，"西部
德国人开始转向法国"⑤。

德国为欧洲一体化做好了准备，即把法国作为推动欧洲一体化的伙伴。
1948年10月，德国加入欧洲经济合作组织；1950年3月，它又被接纳为欧洲
委员会的联系国。德法同在西方阵营之内，共同对抗苏联的扩张威胁，可德法
之间的矛盾并没有因为这些而完全消除。阿登纳看出了德法关系对欧洲联合的

---

① William E. Griffith, *The Ostpolitic of the Federal Republic of Germany*, The MIT Press, Cambridge, Massachusetts, and London, England, p. 46.

② Patrick McCarthy（ed.）, *France-Germany, 1983 - 1993: The Struggle Cooperate*, New York: St. Martin's Press, 1993, p. 2.

③ Sabine Lee, *Victory in Europe? Britain and Germany since 1945*, Longman Pearson Education, 2001, p. 48.

④ 同上。

⑤ A. Baring（ed.）, *Germany's New Position in Europe: Problems and Perspectives*, Oxford University Press, 1994, p. 118.

重要性，认为"德法问题实际上是有关欧洲命运的关键问题之一"①。把德法两国间的和解看作是实现欧洲一体化政策的最关键的一步，"我（阿登纳——著者注）向来致力于同法国取得谅解。没有这种谅解就不可能有一个欧洲"②，"德意志联邦共和国决心为创建一个统一的欧洲作出一切可能的贡献，法德之间的良好关系是任何一种欧洲联合的核心内容"③。可是，德法和解的主动权不在德国的手里，而是在法国的手里。此时国际关系的变化，为法国改变战后强硬的对德政策提供了机遇。

美苏的对抗、冷战的加剧，法国外交回旋的余地越来越小，担任东西方调停人的愿望由于冷战也势必会落空。1947 年 3 月的莫斯科外长会议上，法国重申陈旧的对德政策，苏联则要求战胜国对鲁尔实行永久的管制，反对法国对萨尔区的要求。但"莫洛托夫拒绝法国的要求，把法国推进了西方的怀抱"④。另外，苏联对鲁尔的政策与法国的鲁尔政策相似，对萨尔区的政策与法国不同。苏联和法国的鲁尔政策招致美英的一致反对。不过，美英同意法国的萨尔政策，以此来拉拢法国，诱使其外交政策向西方转变。除此之外，美、英、法三国又于 4 月 21 日，签订由美英向法国提供德国原煤的协定，缓解了法国严重缺煤的困境，法国开始站在英美的一方对苏联实行冷战。1948 年春的柏林危机和苏联镇压捷克斯洛伐克起义等事件，加深了法国人对苏联的恐惧。于是，法国政府宁愿一个强大的德国待在西方联盟之内也不愿意其徘徊在西方联盟之外，以便能更好地控制德国，拉巴洛（Rapallo）的阴影经常在法国人脑海中浮现。倘若德国停留在西方阵营之外，甚至与苏联结盟，对法国的安全是一个严重的威胁。这样，法国对德国政策的改变为未来德法和解提供了可能。形势的严峻性加快了以美国为首的西方势力建立联邦德国的步伐，它们感到必须尽快建立一个强大的新德国，使之成为抵抗苏联的前沿阵地，导致了西方阵营对德政策的急剧改变。

1948 年 1 月 22 日，英国外交大臣贝文在下议院发表声明，要求英、法和

---

① ［联邦德国］康拉德·阿登纳著，上海外院等译：《阿登纳回忆录（1945—1953）》（一），上海：上海人民出版社 1976 年版，第 307 页。

② 同上书，第 33 页。

③ 同上书，第 3 页。

④ F. Roy Willis, *France, Germany, and the New Europe* 1945 – 1963, Stanford, California: Stanford University Press, 1965. p. 19.

低地国家经济联盟进行密切合作。2月底，根据美英的倡议，美、英、法和低地三国齐赴英国伦敦共商德国大事。伦敦会议是西方各国在德国问题上协商立场的会议。6月7日，六国就今后德国的发展及其政治生活的设想公布了具体建议，史称"伦敦建议"。"伦敦建议"的基本内容主要有三个方面：（1）在1948年9月1日召开三占区的制宪大会，起草德国宪法，预备成立德国政府；（2）鲁尔的煤和钢由美、英、法和低地三国及在筹划成立的西德7国共管；签订关于管理鲁尔的法规；（3）在结束对德国的军事占领后，西方盟国将继续占领鲁尔区和莱茵兰。其中最重要的就是要建立西德政府。"伦敦建议"的发表不仅促发了苏联的反击，最终酿成了第一次柏林危机，而且也完成了西方国家在西占区建立西德国家在经济上和政治上的准备工作。

二、德国解决鲁尔问题的努力

战后初期，法国政府推行强硬的对德政策，领土上肢解德国，政治上打压德国，经济上摧毁德国，以报70年内3次被德国彻底打垮险些招致灭顶之灾的奇耻大辱。可是，法国只是一个被解放的战胜国，国力虚弱不堪，它要追求的外交目标之一，就是要赢得盟国对于它鲁尔政策的认可。为了实现其一箭双雕的宏伟蓝图，也形成了自己较为详细的鲁尔政策。"西欧特别是法国，迫切需要鲁尔地区丰富的煤炭资源，鲁尔区既是一种保证，同时也是一种工具。从保证方面来说，失去鲁尔，德国不会复兴，不会重新威胁、进攻、征服法国。从工具方面来说，鲁尔的煤炭资源不但保证了欧洲的复兴，而且在帮助法国成为工业强国方面，鲁尔起到至关重要的作用。只有依赖鲁尔的生产能力，法国才会强大。"[1] 法国对鲁尔政策不是要彻底摧毁它的工业生产，而是要使鲁尔成为法国复兴的力量，防止德国专享鲁尔丰富的资源。法国反对美国旨在使德国非工业化的"摩根索计划"，那样，将会"使德国人民陷入经济上的混乱之中，在欧洲大陆中部制造一个充满动乱的中心"。[2]

直到1946年，法国还是延续戴高乐精心设计的对德政策，即"从未来的

---

① Haim Shamir（ed.），*France and Germany in an Age of Crisis 1900 – 1960*，Studies in memory of Charles Bloch, E. J. Brill, leiden, The Netherlands, 1990, p. 68.

② John Gillingham, *Coal, steel, and the Rebirth of Europe, 1945 – 1955*, The Germans and French from Ruhr conflict to economic community, Cambridge University Press, 1991, p. 153.

德国或者是德国州中分离出莱茵兰，鲁尔国际化，萨尔的经济与法国合并，捣毁德国的中央集权体制"①。法国要想彻底捣毁德国，防止其未来对法国的再次威胁，就必须处理好德国发动战争的兵工厂——鲁尔问题。在历史上，鲁尔是德国的重工业基地。"不仅是德国煤矿开采业的中心，也是德国钢铁业的中心。"② 对德国发展起到了相当大的作用。1870 年，德国工业生产占世界工业总产量的 13.2%，超过法国（10%），仅次于英国（32%），成为欧陆强国。1871 年德国统一后，经济出现突飞猛进。1913 年达到顶点，超过英国，在世界上仅次于美国，跃居世界第二位，成为世界上第二大强国。德国工业之所以迅速发展，是由于以储量丰富的鲁尔、萨尔煤矿作为其基础的煤钢工业。在以煤钢为战争资源的 20 世纪，德国的鲁尔成为两次世界大战的兵工厂，也是二战前世界上最大的军事工业区之一，战争期间鲁尔一直为德国对外发动侵略战争服务。为此，近代史上法国一直通过各种努力来解决鲁尔对法国的威胁问题。一战后的 1923 年 1 月，法国以德国赔款问题为借口，出兵占领鲁尔就是想一劳永逸地消除德国军事潜能，这也是一战后最严重的国际危机。在英国等国家的反对下，法国鲁尔军事冒险遭到失败，鲁尔问题没有得到彻底解决。二战后，鲁尔问题再次成为德法和解主要矛盾之一。

二战后，法国的鲁尔政策比一战后的鲁尔政策更有深层次的考虑。一方面，法国企图摧毁德国的钢铁军事工业基地，使德国失去发动侵略战争的根基；另一方面，控制德国鲁尔工业区，对法国战后经济复兴也有相当重要的意义。战后德国虽然战败招致分裂，法国即使是战胜国且在战后还拥有大量的殖民地，但从经济上说，法国比德国处于更不利的地位。法国著名的历史学家，阿尔弗雷德·格罗塞（Alfred Grosser）说过："德国生产力受到的破坏并不像表面上看起来那么彻底，而法国和英国资源的消耗却比人们设想的更加枯竭。甚至在 1946 年，当德国还明显地处在苦难之中的时候，它的生产就已经开始回升。而其实是个典型的农业国家的法国，却不得不早在 1945 年 12 月就重新实行起面包的配给"③，这引起法国恐德情绪的再次爆发。从国际政治意义上

---

① F. Roy Willis, *France, Germany, and the New Europe 1945 - 1963*, Stanford, California: Stanford University Press, 1965, p. 14.

② E. J. Passant, *A Short History of Germany 1815 -1945*, Cambridge: Cambridge University Press, 1959, p. 106.

③ Alfred Grosser, *The Western Alliance: European-American Relations Since 1945*, The Seabury Press, 1980. pp. 34 - 35.

讲，战后初期德国既无主权也无行政权，战胜国掌管了德国的一切权力。盟国不希望德国出现无政府状态。如果这样，德国将会出现盟国无法控制的内乱。因此，以美国为首的盟国在惩罚德国的同时，为了保持德国内部稳定也对德国进行大量的援助，"逐步拨给美国占领区以及随后拨给英、美'联区'支配的款项达到了二十亿美元左右"①。美国的援助原则上是向美国的借款，德国经济复兴之后是要偿还的。"但事实上，随着政治形势的进一步发展，它们实际变成了无条件的资助。"② 有人甚至说，"人们振兴了德国，却没有振兴欧洲"③。与美国援助德国相比较，法国战后的命运就不一样了。法国是一个农业大国，工业不发达。因此，对国内工业一直实行保护主义。另外，战后法国加入"布雷顿森林体系"导致物价大大高于国外，更对不景气的工业带来了相当大的压力。1946 年法国只能得到大约 1.25 亿美元的外汇预支，但是法国还要筹措数 10 亿美元来弥补外贸赤字，法国政府只能以贬值货币来刺激外贸出口。对法国工业复兴来说，缺乏的是煤炭资源，缺乏煤炭资源对战后法国的工业困境无疑是雪上加霜。1947 年的严冬加剧了法国对煤炭的需求。在欧洲近邻，战后西欧唯一的大国——英国，在 1947 年经济也面临崩溃的边缘。它既缺煤也缺粮缺电，1947 年的春天又遭遇洪水灾害，全国工厂一半停工，已经自身难保。所以，法国也就不能从英国获得能源进口。对法国来说，工业能够获得无需以美元购买的外国能源，就是德国鲁尔、萨尔丰富的煤矿了。因此，控制住德国鲁尔和萨尔地区成为法国重要的对德政策。

法国控制鲁尔还有一箭双雕的目的：第一，能够保证从鲁尔获得稳定、充足的煤炭资源，来发展其工业生产。第二，从国家安全的角度考虑，法国是绝不能让德国单独控制鲁尔的钢铁工业，避免其东山再起以至再次威胁法国的国家安全。在战后多种因素作用下，鲁尔问题是"法国在 1945 年以后解决德国问题的所有努力中最主要的问题"④。鲁尔问题是否能妥善解决，决定了德法和解是否能够顺利实现。德法能否实现和解，也决定了欧洲一体化的命运。阿登纳说过："鲁尔法规如何实施，是检验成立欧洲政治和经济联盟的设想能否

---

① Alfred Grosser, *The Western Alliance*: *European-American Relations Since 1945*, The Seabury Press, 1980. p. 35.

② 同上。

③ ［法］皮埃尔·热贝尔著，丁一凡译：《欧洲统一的理想与现实》，第 88 页。

④ Raymond Poidevin, *Frankreich und die Ruhrfrage*, 1945–1948, Historische Zeitschrift 228, 1979, s. 317.

实现的试金石。"① 可见，鲁尔问题能否妥善解决，既决定了德法之间能否取得和解，也决定了欧洲一体化的前途和命运。

战争刚结束，法国便迫不及待地实施它的鲁尔政策。1945 年 9 月，法国向美国提出必须将鲁尔从德国分离出去的建议，美国"指责法国不该有以为控制了德国鲁尔就可以保证法国安全的虚幻的想法，因为在核武器时代，煤钢的重要性要大打折扣"②，遭到美国的否决。鲁尔位于英国占领区之内，在划分占领区时，英国占领工业发达的鲁尔就是看中其工业潜力，也想从战后德国的赔偿中分得一杯羹，对法国影响德国的煤钢企图，怀有很大的戒备心理。因此，法国的鲁尔政策也没有获得英国的支持。1946 年 7 月，在关于合并占领区的巴黎外长会议上，法国仍然坚持鲁尔必须国际化，独立于德国之外的要求，再次遭到美国反对。1946 年 9 月 6 日，美国国务卿贝尔纳斯在斯图加特发表演说，"凡是对无可争议的属于德国的地区所提出的任何要求，美国都将不予支持；凡不是出自当地居民自己的要求而想脱离德国的地区，美国也不予以支持。据美国所知，鲁尔区和莱茵州的居民仍然希望与德国的其余地区联合在一起，美国将不违背这一愿望"③，间接地否决了法国的要求。但是，法国认为鲁尔的价值意义重大，是德国未来可能复兴的资本，因此想尽一切办法来控制德国的鲁尔和萨尔，控制住鲁尔和萨尔就意味着控制住了德国的经济命脉，也就控制了整个德国。法国在鲁尔问题上，态度强硬。

法国竭力控制鲁尔的政策，德国是不能容忍的。1948 年 12 月 28 日，在伦敦会议上通过的鲁尔法规，是对德国重要的经济领域进行管制的法规。随即，阿登纳以英占区基督教民主联盟主席的身份发表声明称，"鲁尔法规会对德国，但是也会对欧洲，特别是对西欧产生严重的后果。对德国人民来说，鲁尔法规露骨地表明，我们完完全全地丧失了主权"④。可是，德国反对西方国家鲁尔政策是没有实力作为基础的。苏联对德国的直接威胁，加速了德国与西

① ［联邦德国］康拉德·阿登纳著：《阿登纳回忆录（1945—1953）》（一），上海：上海人民出版社 1976 年版，第 179 页。
② John Gillingham, *Coal, steel, and the Rebirth of Europe, 1945 - 1955*, The Germans and French from Ruhr conflict to economic community, Cambridge University Press, 1991, p. 155.
③ ［联邦德国］康拉德·阿登纳著，上海外院等译：《阿登纳回忆录（1945—1953）》（一），上海：上海人民出版社 1976 年版，第 105 页。
④ 同上书，第 179 页。

方阵营联合的进程。只要存在冷战状态，"两大阵营之间的紧张局势，加速了联邦德国在平等的基础上与其中的一个阵营一体化进程"①。德国认为合作比对抗更能使德国更快地摆脱限制和惩罚，更容易使德国恢复主权。于是，阿登纳对战后法国的严惩德国的政策，一方面能容忍法国针对德国的苛刻行为，另一方面他又有自己的长远的打算，以退为进而又不失去自己的原则立场，这个长远的打算就是实现上述的德国三大外交目标。德法关系的好坏预示着欧洲的未来，而鲁尔、萨尔问题又决定着德法关系，故鲁尔问题处理得好坏决定着德法是否能够和解，也决定着欧洲一体化的成败。德国要想恢复其主权国家的外交目的，必须妥善处理好鲁尔问题，在这点上，德国作出了巨大的让步，对欧洲一体化进程也产生了深远的影响。

1948 年 7 月初，西方三国军事长官在法兰克福召集西占区 11 个州的总理开会，交给各州总理 3 个文件（即所谓的"法兰克福文件"），授权各州在规定条件下开始建立新德国。7 月 7 日，西占区各州总理在科布伦茨讨论关于建立西德的"法兰克福文件"。为了保持德国的统一，他们一致要求改制订宪法为基本法，鲁尔国际管制不列入占领法规等要求。1948 年 6 月的伦敦会议，西方阵营没有解决鲁尔问题，但在制定基本法和占领法规的时候又不能回避这个关键的问题，因此在 11 月 11 日再次召开伦敦会议加以协商解决鲁尔问题。会议的前一天，美英以军政府的名义发表第 75 号法令，即鲁尔区的煤钢重组法令，指示"煤和钢铁工业的最终所有权将交由自由选举的德国政府决定"②。这使得第二次伦敦会议一开始就引起激烈的争吵，法国指责美国发表的第 75 号法令是制造既成事实。为防止德国称霸欧洲，法国认为，鲁尔区的工业再也不能为德国军国主义再度效劳，解决鲁尔问题最好的办法就是不能让德国主持管理鲁尔，应将鲁尔的产权与经营管理权国际化。更重要的是，法国人还宣称，如果不妥善解决鲁尔问题，法国将不批准德国人呈报的基本法草案，这将影响西德政府的建立，伦敦会议一时陷入僵局。而此时，柏林危机处于正酣之际，美英在与苏联的较量中亟需法国的支持，两国决定对法国让步，美、英、

① Alfred Grosser, *Germany in Our Time: A Political History of the Postwar Years*, trans. Paul Stephenson (New York: Praeger, 1971), p. 305.

② John Gillingham, *Coal, steel, and the Rebirth of Europe, 1945 – 1955*, The Germans and French from Ruhr conflict to economic community, Cambridge University Press, 1991, p. 162.

法三国外长最终达成协议，同意设立鲁尔国际管制机构。12 月 19 日，英、美、法和低地三国在伦敦就鲁尔问题举行最后一次会议，发表了鲁尔公报，宣布设立鲁尔国际管制机构。管制机构的主要职能是根据德国和欧洲国家的需要，分配鲁尔的煤钢，促进欧洲的复兴。1949 年 4 月 28 日，六国在伦敦签订协定，正式成立鲁尔国际管制机构。

《鲁尔法规》签订之后，德国社会民主党和部分工业界的领导人物掀起了一场反对《鲁尔法规》和反对联邦政府参加鲁尔国际管制机构的风暴，阿登纳开始也坚决反对鲁尔国际管制机构，称之为"剥削德国的既定制度"。但是，德国作为既无主权也无行政权的战败国是无法阻止鲁尔国际管制机构的建立的。1949 年的秋天，阿登纳清楚地论述了他的外交政策要实现的几个目标，其中最重要的两个是："第一，德法和解作为迈向欧洲一体化的第一步；第二，停止拆除德国工业的政策"[①]，没有德法和解就没有欧洲一体化，而德法和解的主要障碍现在是鲁尔问题。与德国社会民主党的鲁尔政策不同的地方是，阿登纳把鲁尔问题与德国拆除问题和恢复德国主权问题联系在一起。他决定，"西德应该在欧洲中恢复平等地位。他意识到只有通过事先让步与和解才能迅速地实现这一目标"[②]。拆除计划是二战结束时既定的对德政策。阿登纳认为，拆除德国工业设施将严重影响德国经济复兴，同时影响欧洲复兴，不利于联合西欧的力量来抗衡苏联。

在战后冷战的情况下，阿登纳全心全意地加速推进欧洲一体化进程，在获得自己最大利益的前提下不惜对法国和西方作出让步甚至是牺牲。阿登纳向西方表明，不能简单地把拆除问题作为经济问题和赔偿问题来看待，而应该作为安全问题来对待。他抱着与其让鲁尔听人摆布不如参加进去的想法，最终答应加入鲁尔国际管制机构。1949 年，在德国内阁会议上，阿登纳表示，同意《鲁尔法规》在外交上有利于德国。他从以下几个方面来考虑：第一，如果德国拒绝加入鲁尔国际管制机构，将会恶化与西方盟国关系，在外交上将得不到西方盟国的支持，对德国的安全将会产生意想不到的后果；第二，鲁尔区的工业复兴

---

① Clemens Wurm, *Western Europe and Germany: The Beginning of European Integration 1945 – 1960*, Berg Publishers Oxford/Washington, USA, p. 65.

② William E. Griffith, *The Ostpolitic of the Federal Republic of Germany*, The MIT Press, Cambridge, Massachusetts, and London, England, p. 46.

德国与欧洲一体化

迫切需要美国的贷款，如果德国作梗建立鲁尔国际管制机构，那么肯定是无法得到美元的援助，势必会影响欧洲的复兴。阿登纳的鲁尔政策得到了经济部长艾哈德的支持。艾哈德认为，鲁尔区位于英国占领区内，英国在鲁尔问题上具有相当优越的地位。如果德国参加鲁尔国际管制机构，英国对鲁尔经济的控制将会转入鲁尔国际管制机构之手。假若在鲁尔国际管制机构中有德国人的身影，那么就有可能平衡占统治地位的英国人的影响，对德国是有利的。最后，内阁成员多数一致认为，通过德国加入鲁尔国际管制机构，就有一定的机会对执行的政策施加有利于德国的影响。阿登纳虽然准备加入鲁尔国际管制机构，但在外交上丝毫没有流露出准备参加鲁尔国际管制机构的意图，总是在盟国面前喋喋不休地要求削减拆除项目，企图获得更多的利益份额。阿登纳为何把加入鲁尔国际管制机构与拆除计划联系在一起？首先，1948 年 8 月，因为法占区的拆除工厂的行为，在符腾堡（Württemberg）引发了罢工事件，导致 8 月 6 日和 26 日符腾堡州政府和巴登州（Baden）政府相继辞职。阿登纳担心盟国的拆除会产生像昔日《凡尔赛条约》一样的后果，将会激起德国民族主义的爆发；再者，阿登纳是把德国复兴和欧洲联合联系在一起的，"一个重建起来的西德是经济上振兴欧洲和抵抗苏联集团的前沿阵地的前提条件"①。艾奇逊（Acheson）说过："欧洲和亚洲的彻底复兴，在很大的程度上取决于德国和日本的复兴"②，没有德国的复兴就没有欧洲的复兴。会使德国和西欧在与东方阵营较量中处于不利的地位。对德国而言，这种不利的影响会更加严重。如果没有一个复兴的欧洲，"在安全和防务政策方面，西方一体化总是发挥可以依靠的作用"③。所以，阿登纳始终是从政治意义上考虑加入鲁尔国际管制机构的，以此来推动欧洲一体化，壮大西欧力量，以图在冷战中为德国获得最大的利益。

阿登纳知道美国是愿意帮助德国重建的，美国也乐意满足德国削减拆除计划的要求，现在矛盾的关键是在法国身上。一方面，德国希望美国对法国施加一定的压力，迫使其改变对德的苛刻政策；另一方面，德国也有对法国作出让

---

① Klaus Larres & Elizabeth Meehan, *Uneasy Allies：British-German Relations and European Integration since 1945*, Oxford University Press, p. 33.

② ［联邦德国］康拉德·阿登纳：《阿登纳回忆录（1945—1953）》（一），上海：上海人民出版社 1976 年版，第 120 页。

③ Clemens Wurm, *Western Europe and Germany：The Beginning of European Integration 1945 - 1960*, Berg Publishers Oxford/Washington, USA, 1995, p. 62.

步的意图，明确表明理解法国对安全的考虑。权衡之下，德国决定借美国之手迫使法国在鲁尔问题上作出让步。麦克洛伊（John J. McCloy）于 1949 年 4 月 15 日接替克莱担任美国驻德国高级专员。上台之后，柏林危机使他感到苏联威胁的存在，复兴德国抗衡苏联势在必行，不满法国过多地限制德国，他认为美国必须促使法国改变其对德政策。他说："对德国控制的继续只是一种自欺欺人的做法，我们认为这种控制的有效期是 18 个月到 24 个月，在这期间，我们打算尽力支持德国的自由分子，以便我们的控制结束后，他们有最大限度的自由"①。他反对法国继续控制鲁尔，因为这不利于德国的复兴，也不利于美国的利益。美国人早就说过其在欧洲实施的政策，既不是欧洲的政策，也不是德国的政策，而是美国的政策。另外，美国的欧洲一体化政策是有双重遏制目的的，既要壮大欧洲遏制苏联的扩张，又要在一体化的框架内遏制德国，免除再次对他国的威胁。换句话说，就是要让德国经济不受限制地复兴，同时还要对它施加控制。为了解决德国问题，"唯一的办法就是在一个强大的欧洲框架内控制德国的工业力量"②。迫使欧洲走向一体化政策，得到了美国大众和政府的支持，"从心理上和意识形态上，一个经济上健康的欧洲将是对抗苏联宣传的足够强大的力量，甚至也许强大到可以把东欧吸进西方阵营"③。于是，美国决定对法国施加压力，迫使其改变对德政策。1949 年 10 月 30 日，艾奇逊给法国外长舒曼发出一封信说："没有哪个国家像法国这样（在解决德国问题上）有如此重大的利害关系……现在是法国采取行动、发挥领导作用的时候了，以将德国迅速地、决定性地纳入西欧一体化进程……因为害怕共产主义和苏联，德国人从心理上和政治上都成熟到能采取措施，以实现和西欧真正的一体化。除非我们能充分利用这个有利时机，否则我们可能与一个和苏联站在一起的德国"④。美国的压力事实上早已产生了效果，法国在"1947 年双占区当局的压力之下

① John Gillingham, *Coal, steel, and the Rebirth of Europe, 1945 - 1955*, The Germans and French from Ruhr conflict to economic community, Cambridge University Press, 1991, p. 173.
② Clemens Wurm, *Western Europe and Germany: The Beginning of European Integration 1945 - 1960*, USA Berg Publishers Oxford/Washington, 1995, p. 117.
③ 同上。
④ Ibid. p. 126.

德国与欧洲一体化

默认了德国一个比较高的工业发展水平，并且拆除工厂的数目也已经减少"[①]。1950 年 5 月，美、英、法三国外长关于《鲁尔法规》和德国未来等问题计划在伦敦举行外长会议，法国担心"在会上美国会要求再次放松对德国工业生产的限制"[②]。法国为了化被动为主动，决定对德国采取主动行动。

再从德国来看，社会民主党等完全拒绝鲁尔国际管理机构，可它们没有想到德国是无法拒绝设立鲁尔国际管制机构的。阿登纳始终把设立鲁尔国际管制机构与推进欧洲一体化捆绑在一起的。他说，"鲁尔的地位只有在实现了欧洲联邦的情况下才是可以接受的，它应该成为欧洲联邦的起点。只有当这种地位扩大到邻国工业的时候，基督教民主党才可能予以接受"[③]，把设立鲁尔国际管制机构视为欧洲一体化的起点。另外，战后建立的德国第一大州北莱茵—维斯特伐利亚州总理阿诺尔德提出，成立一个以合作社原则为基础的国际法联合会来代替鲁尔国际管制机构。当然这个联合会不仅包括德国鲁尔，还包括法国、卢森堡和其他国家的重工业基地，这可能会导致西欧经济一体化，得到了阿登纳的支持。他说："这个组织甚至可以成为在煤钢领域进行广泛国际合作的萌芽，我（指阿登纳——著者注）认为它将很有利于法国和联邦德国的谅解"。[④] 麦克洛伊也极力宣扬把鲁尔国际管制机构的权限扩大到其他工业区的设想，以此对法国施加压力。

为了使西欧迅速地走上联合的道路，1949 年末到 1950 年春，德国接二连三地抛出各项寻求德法和解的建议。1949 年 11 月 3 日，阿登纳利用接见《时代》周刊记者的机会，表达了德国寻求德法和解的愿望，以消除法国恐德的心理。他说："处在欧洲今天的阶段，'世仇夙怨'已经完全不合时宜。因此我决心要以德法关系作为我的政策的一个基点。身为联邦总理，必须既是正直的德国人，也是正直的欧洲人。"[⑤] 对战后法国来说，唯一敌人就是德国。削弱德国，防止德国东山再起是法国对外政策的一个中心内容。从德国方面来

---

① F. Roy Willis, *France, Germany, and the New Europe* 1945 - 1963, Stand, California: Stanford University Press, 1965, p. 37.

② Wendy Asbeek Brusse, *Tariffs, Trade and European Integration*, 1947 - 1957: from Study group to Common Market, London, Macmillian, 1997, p. 65.

③ ［法］皮埃尔·热贝尔著，丁一凡译：《欧洲统一的理想与现实》，第 91 页。

④ 同上。

⑤ ［联邦德国］康拉德·阿登纳著，上海外院等译：《阿登纳回忆录（1945—1953）》（一），上海：上海人民出版社 1976 年版，第 287 页。

看，德国是战败国，德法结仇最深，法国对德国的一举一动最为敏感。联邦德国要改变形象，修好西欧国家，消除法国对德国的恐惧心理，只有走欧洲一体化道路才能取信西欧近邻。1950 年 3 月 7 日，阿登纳提出建立德法联盟的建议。他指出："法国和德国之间建立一个完整的联盟，并把它视为消除萨尔以及其他问题上的分歧的一种手段。这种联盟将成为欧洲合众国的奠基石"，并认为"这是达到欧洲统一的唯一可能性"。① 虽然阿登纳的建议遭到法国政府的否决，但说明了德国政府已经为战后欧洲一体化的第一步——"舒曼计划"做好了准备工作。由于美英的支持，阿登纳的努力终见成效。1949 年 11 月 24 日，在盟国高级专员委员会签订的"彼得斯贝格议定书"中，修改《占领法规》，给予德国加入国际组织特别是欧洲机构的权利，标志西方盟国第一次正式承认了德国的平等地位。在经济上对德国作了进一步让步，减轻对德国工业生产所施加的限制，停止对大部分工业设备的拆除赔偿，希望德国与美国签订关于接受"马歇尔计划"所援助的双边条约。作为妥协，德国表示申请加入鲁尔国际管制机构，并与军事安全署密切合作。

在德国作了巨大让步的情况下，消除了欧洲一体化进程中一大障碍，即鲁尔问题，奠定了德法和解的前提条件。对德国来说，对法国作出实质性的让步，是要相当大的勇气的。因为德国加入鲁尔国际管制机构正符合法国的期望，即通过提供鲁尔的煤炭保证法国的经济安全；另外，德国答应与军事安全署合作则是满足法国的国家安全的要求。可见，德国已经张开了欧洲一体化的弓，等着法国提出在欧洲一体化史上具有里程碑意义"舒曼计划"这支箭。"舒曼计划"提出之后，立即得到阿登纳的衷心拥护，他说："舒曼的计划与我长期以来一直倡议把欧洲主要的工业一体化的想法是一致的"②。阿登纳知道，只有通过德法和解、欧洲联合，德国才能逐步地摆脱被占领状态，恢复主权成为一个正常国家。但是，他也明白，德国是战败国，就算提出的任何建议也只是舆论行动，只有法国政府才具备提出欧洲联合实施方案的主动权。德国在等待着来自法国的新的欧洲一体化建议。

---

① ［联邦德国］康拉德·阿登纳著，上海外院等译：《阿登纳回忆录（1945—1953）》（一），上海：上海人民出版社 1976 年版，第 354 页。

② Wolfram F. Hanrieder, *Germany*, *America*, *Europe*: *Forty Years of German Foreign Policy*, Yale University Press, 1989, p. 96.

第二节　德国与欧洲煤钢共同体

在战后初期，虽然德国为实现欧洲一体化提出了各种方案，但由于其恶劣的历史遗产使它不能在欧洲一体化初期发挥很大的作用。另外，出于对德国复兴的恐惧，法国决定采取措施控制住德国，以免再次遭到它的威胁。"舒曼计划"便是这一思想的产物。"舒曼计划"赢得了德国的热情欢迎，并把它视为欧洲一体化的开端。随后，德国在创建欧洲煤钢共同体中作出了巨大的牺牲，为欧洲一体化起步立下了汗马功劳。

一、法国约束德国的宏伟计划——"舒曼计划"

1950 年 5 月 9 日上午，法国外长舒曼派专人致信德国总理阿登纳，提出一项法国政府的建议。信的主要内容是：法国建议把西欧的煤炭和钢铁资源汇集在一起，由西欧各国和一个超国家的管理机构联合经营。阿登纳看后非常高兴，热情地接受了法国政府的建议，他认为"这个计划与他自己的欧陆新秩序的理念几乎完全一致"[1]，并"欣然接受罗伯特·舒曼 1950 年 5 月提出的意见，对欧洲煤钢共同体得以建立至关重要"[2]。也可以说，"舒曼计划"的公开只有在取得德国同意之后才成行，也说明了德国在欧洲一体化关键时刻所发挥的重要作用。

5 月 9 日下午 6 时，舒曼在法国外交部举行记者招待会，宣读了一份具有历史意义的简短声明说：现在"不是在讲那些连篇累牍的空话的时候，而是要有一个行动，一个大胆的行动，一个建设性的行动"，"自德国无条件投降到今天已经五年了，今天法国决定在欧洲建设方面，在与德国建立伙伴关系方面，采取第一个决定性的行动，其结果将使欧洲形势发生根本性的变化"。"法国采取行动的主要目的是为了和平，而为了确保和平，必须首先是欧洲成为一个整体"。[3] 接着，舒曼公布了法国政府的正式计划，"成立一个其他欧洲

---

① Marion Dönhoff, *Foe into Friend-The Makers of the New Germany from Konrad Adenauer to Helmut Schmidt*, Weidenfeld and Nicolson London, 1982, p. 47.

② Simon Bulmer & William Paterson, *The Federal Republic of Germany and the European Community*, Allen & Unwin, 1987, p. 125.

③ F. Roy Willis, *France, Germany, and the New Europe 1945 - 1963*, Stand, California：Stanford University Press, 1965, p. 80.

国家都能参加的组织，它把法德的全部煤钢生产置于它的高级联营机构的管制之下"。声明论证道："煤钢生产的联合经营将直接保证经济发展的共同基础是欧洲联邦的最初形态"；"以这种方式建立起来的生产联营将清晰地表明，法德之间的任何战争不仅不可想象，而且实际上也不可能"。①"舒曼计划"的发表立即产生了轰动性的效应，有人认为它"是西欧经济合作中的里程碑"②，也有人说是"欧洲历史上划时代"③的大事。

　　的确如此，"舒曼计划"是欧洲一体化史上的一件大事。虽然美国由于冷战的需要在战后的欧洲实施了诸如"马歇尔计划"等一系列政策对欧洲的联合也起到了一定的作用，但是"美国政策的制定者们对他们一体化努力在欧洲所产生微薄的结果也很失望"④。"杜鲁门政府曾暗自希望由于自己的推动力，从长远看一体化进程也许能导致一个强大的，甚至是一个超国家的欧洲组织产生，但这些最初的希望在马歇尔演讲两年后就完全落空了"⑤。从经济层面上，用来掌管、安排美国援助欧洲的资金在 1948 年 8 月成立的欧洲经济合作组织（OEEC, Organisation for European Economic Cooperation）没有发挥应有的效能；政治上，1949 年 5 月成立的欧洲委员会（Council of Europe）不过是为了欧洲利益事务争吵的场所；在军事层面，从 1948 年 3 月的布鲁塞尔条约组织到 1949 年 4 月的北大西洋条约组织（NATO）既不限制成员国的主权，更不是美国政府所乐见的超国家机构，看来美国等外部力量对推动欧洲联合所产生的效果确实有限，推动欧洲一体化前进的动力主要还是来自欧洲内部，"舒曼计划"在欧洲迈向一体化的道路上跨出了坚实的第一步。

　　为什么法国突然提出震惊世界的"舒曼计划"呢？首先，经济利益是法国主要考虑的。战后欧洲国家都认为钢铁工业是经济复兴的支柱，大力发展钢铁工业在欧洲是普遍现象。1950 年，德国的粗钢产量就已经超过法国。德国

---

　　①　洪邮生：《英国对西欧一体化政策的起源和演变（1945—1960）》，南京：南京大学出版社 2001年版，第 72 页。

　　②　W. Jr. Dibold, *The Schuman Plan: A Study in Economic Cooperation 1950 - 1959*, New York, 1959, p. 14.

　　③　H. A. Schmitt, *The Path to European Union: From Marshall Plan to Common Market*, Baton Rouge: Louisiana State University Press, 1962, p. 49.

　　④　Clemens Wurm, *Western Europe and Germany: The Beginning of European Integration 1945 - 1960*, USA: Berg Publishers Oxford/Washington, 1995, p. 121.

　　⑤　Ibid. pp. 120 - 121.

由于工业的急速发展，煤炭的消费量也急剧攀升，已经威胁到对法国的煤炭出口。更令法国担忧的是，"只有德国避免了在法国和其他欧洲国家出现的钢供过于求的困境"[1]。法国认为，德国可能会要求法国限制其钢铁的生产以此来获得德国的煤炭供应；德国也有可能从美国进口廉价的煤炭而降低其煤炭的生产，如果这样势必会影响对法国的煤炭出口。到1950年，"形势已经很清楚，如果德国人将能承担起在世界上的作用帮助西方对抗苏联，那么西德的工业必须发展，并且也要复兴德国的钢铁生产"[2]，这更引起法国的担忧。总之，德法之间的煤钢问题一时成为各种矛盾的焦点。其次，针对德国积极寻求与法国的谅解的态势，法国也作出了积极地反应。在"舒曼计划"公布之前，法国对实现法德和解也表示出兴趣。"没有德国的欧洲一体化只是一个神话"，"有了德国，（欧洲一体化）才会前途无量"。[3] 1949年11月12—16日，法国国民议会讨论对德关系，明确表示要通过欧洲一体化的方式来解决德国问题，"建立赋予有效权力的欧洲机构，通过它来使得欧洲各国和德国的关系能够正常化起来，并要求把鲁尔国际化，以作为欧洲安全的必要保证和创立一个统一欧洲的必要条件"[4]。第三，英法关系的改变。战后初期法国为了平衡欧陆的力量，寻求盟友对抗德国把目光投向了英国。1947年3月签订的《布鲁塞尔条约》中，虽然包含了签约国之间经济合作的条款。可英国认为，"我们英国是个战胜国，在全世界都负有重任。我们不准备同欧洲大陆建立什么特殊的关系"。冷战爆发之后，英国的国际地位日渐衰弱，艾德礼政府转向大西洋主义，"英国政府不愿同法国建立可能导致法英密切结盟的那种关系，即使是在最微小的方面也是如此"[5]。1948年法国政府再次提出以英法合作为基础的西欧复兴计划，遭到艾德礼政府的拒绝。英国拒绝与法国合作对欧洲一体化进程产生了巨大的影响，法国曾把英国视为重建战后欧洲秩序的一个理想的伙伴，但英国的

---

① Wendy Asbeek Brusse, *Tariffs*, *Trade and European Integration*, 1947 – 1957 : from Study group to Common Market, London, Macmillian, 1997, p. 64.

② John Pinder, *European Community*: *The Building of a Union*, Oxford University Press, 1995, p. 3.

③ John Gillingham, *Coal*, *steel*, *and the Rebirth of Europe*, 1945 – 1955, The Germans and French from Ruhr conflict to economic community, Cambridge University Press, 1991, p. 170.

④ 吴友法：《冒险、失败与崛起：二十世纪德国史》，武汉：武汉大学出版社1992年版，第340页。

⑤ ［法］让·莫内著，孙慧双译：《欧洲之父：莫内回忆录》，北京：国际文化出版公司1989年版，第82页。

拒绝令法国失望，并促使法国把寻求伙伴的目光转向德国。英国拒绝为建立一个英法轴心基础上的战后欧洲的设想敲响了"丧钟"①。第四，来自美国的压力。联邦德国成立后，经济突飞猛进，美国预见不久的将来，德国就会再次成为经济巨人，担心如果德国还像二战后那样与欧洲其他国家分离，那么谁还能保证德国还会把自己的命运与西方世界拴在一起？美国政府找到了一劳永逸地解决德国问题的办法，那就是"将建立一个强大的欧洲政治组织，这个组织将赋予真正的超国家权力"，"它将能遏制德国，同样也能遏制苏联，使德国脱离西方的义务情况不能发生"。② 美国开始改变它的欧洲政策，不再把英国视为欧洲一体化不可或缺的因素，积极支持法国在欧洲一体化中扮演重要的角色。1949 年 10 月 30 日，艾奇逊给法国外长舒曼发出一封信，呼吁法国"行动得更快一些，抢在德国极右势力兴起之前采取行动"③。这些都迫使法国不得不尽快开始行动，提出将德国纳入西欧的一体化，化被动为主动，争取有利于法国的形势，促使了"舒曼计划"的提出。第五，这与"舒曼计划"的设计者让·莫内和罗贝尔·舒曼的个人经历也有很大的关系。他们两人都是欧洲联邦主义者，俩人一直在考虑采取什么办法来处理德国问题。1945 年夏，莫内明确地指出，"欧洲各国如果只在民族独立的基础上重建各国的政府，强权政治和经济保护主义就会重新抬头，欧洲便无和平可言"④。舒曼出生于法德兵家必争之地——洛林，这一地区的归属随着战争的结局不同，多次变更。舒曼经常面对法德的争斗，渴望法德能够和好。他不同意战后置德国于死地的对德政策，认为应该设法让德国重新有活力，但又不能对欧洲邻邦构成威胁。所以说，"舒曼计划"主要是针对德国而采取的决定。中国学者陈乐民也作出评价，"第二次世界大战后，法国的欧洲联邦主义者让·莫内、提出欧洲煤钢共同体计划的罗贝尔·舒曼（因得名'舒曼计划'）、提出'欧洲防务集团'计划的勒内·普利文（因得名'普利文计划'）等等，则更是首先考虑对德政

---

①　Robert Woodhouse, *British Policy Towards France*, 1945 – 1951, Basingstoke and London: Macmillian, 1995, p. 130.

②　Clemens Wurm, *Western Europe and Germany*: *The Beginning of European Integration 1945 – 1960*, Berg Publishers Oxford/Washington, USA, 1995, pp. 121 – 122.

③　Ibid. p. 126.

④　陈乐民主编：《西方外交思想史》，北京：中国社会科学出版社 1995 年版，第 254—255 页。

策，然后才走向'欧洲联合'的构想的。"① "舒曼计划"也有双重的政治目的：首先，以解决法德关系来促进欧洲联合；其次，通过欧洲的联合来"拴住"德国，把德国纳入欧洲范畴之中。一句话，"舒曼计划"旗帜上写的是"欧洲联邦"，政治目的是要"套住"德国。

阿登纳一直在为建立欧洲一体化政策忙碌着。1950年3月7日，阿登纳提出要建立德法两国联盟。3月21日，他进一步指出："历史上关税联盟和关税议会是德国统一的开始。因此，法德联盟也可以从关税和经济着手，是两国逐步结合。"② 阿登纳认为，可以通过这些办法来消除法国对其安全的忧虑，还能遏制德国民族主义的抬头。这时，"舒曼计划"突然出台，善于捕捉良机的阿登纳立即悟出"舒曼计划"的重大的历史意义。当天他在记者招待会上说，"'舒曼计划'完全符合我长久以来所主张的关于欧洲基础工业联营的设想。我立即通知罗贝尔·舒曼，我由衷地赞同他的建议。"③ 他也认为，"舒曼计划"是"法国及其外交部长舒曼对德国和欧洲问题所采取的一项宽宏大量的步骤"，"使德法关系的一个非常重大的发展"，④ "为今后消除法德之间的一切争端创造了一个真正的前提"。⑤ 英国对"舒曼计划"的态度消极，拒绝参加建立欧洲煤钢共同体的谈判。"阿登纳的积极态度，为欧洲煤钢联营的最终建成起了极大的推动作用。"⑥ 从阿登纳的角度来看，"舒曼计划""提供了把德国人还在鲁尔专署的一些限制中解放出来，并且还可获得与法国一样的平等的地位"⑦。

为什么德国能如此迅速地接受"舒曼计划"？阿登纳有以下几种考虑：最直接的原因是"舒曼计划"能够使德国获得主权和平等地位。1955年之前，对德国来说，最重要的是要获得主权的法律地位。阿登纳认为，通过一体化的方式来重新获得主权，因为"对德国而言，放弃它还没有的权力要比它的邻居放弃它们拥有的权力要容易得多"，"欧洲煤钢共同体是承认德国为一个平

---

① 陈乐民：《"欧洲观念"的历史哲学》，北京：东方出版社1988年版，第238页。

② ［联邦国］康拉德·阿登纳著，上海外院等译：《阿登纳回忆录（1945—1953）》（一），上海：上海人民出版社1976年版，第357页。

③ 同上书，第374页。

④ 同上书，第377页。

⑤ 同上书，第378页。

⑥ Werner Weidenfeld, *Konrad Adenauer und Europa*, Bonn: Europa Union Verlag GmbH, 1976, s. 324–325.

⑦ Roger Morgan, *West European Politics since 1945: The Shaping of the European Community*, B. T. Batsford Ltd London, 1972, p. 61

等伙伴的第一个国际组织"。① 德国主权的恢复可以通过它与西方民族大家庭
的一体化方式来获得，"舒曼计划"所倡议建立的煤钢共同体市场，德国加入
该组织是低风险、高回报的一笔大买卖。第二，战后德国的工业还被盟国所控
制，德国赞同"舒曼计划"绝不是德国的民族利益受到损害。相反，德国加
入欧洲煤钢共同体导致鲁尔国际管制机构的解体，这样就中止了盟国对德国重
工业的控制。第三，为解决萨尔问题也埋下了伏笔。1950 年 3 月 7 日和 21 日，
阿登纳两次利用接见美国记者时说："有了'舒曼计划'，萨尔问题将在很大
程度上失去意义。"② 法国一直在把萨尔作为德国赔偿的一部分，也是德法矛
盾的焦点之一。"舒曼计划"融合了德法的煤钢资源，随着德国加入煤钢共同
体，那么德国可以在最终的赔偿问题上发挥一定程度的作用。第四，"舒曼计
划"提出之后，随之展开建立欧洲煤钢共同体的谈判，德国基本上开始拥有
作为主权国家的谈判地位。德国重新回到国际社会中，并逐渐摆脱由于是战败
国而被孤立的地位。最后，"舒曼计划"及其后建立的欧洲煤钢共同体，标志
着解除对德国煤钢出口的限制，这对战后德国经济快速发展急需国际市场大有
裨益。更重要的是，法国直言不讳地向德国表示"舒曼计划"在政治上有拴
住德国的用意，可阿登纳支持"舒曼计划"则是拿过来"为我所用"。换句话
说，就是阿登纳是把西欧联合放在世界舞台上来看待"舒曼计划"的，把它
看作是实现欧洲一体化的起点。他说："我们的目标必须是在联合起来的欧洲
建立一个第三种力量，这种力量虽然远不如这两大强国那样强大，但是它在经
济上和政治上确实如此有力，如果潜在的分歧发展成为严重的紧张局势。在面
临这种威胁时，为了和平，它可以在天平上投入自己的砝码。我认为，这就是
人们在执行欧洲政策时必须注视和追求的目标。"③阿登纳热心地赞同"舒曼计
划"，是因为该计划与"他自己在西欧大陆的新秩序完全一致"④。这个所谓的

① Gisela Hendriks, *Germany and European Integration：The Common Agricultural Policy：an Area of Conflict*, Berg New York/ Oxford, 1991. p11.

② ［联邦德国］康拉德·阿登纳著，上海外院等译：《阿登纳回忆录（1945—1953）》（一），上海：上海人民出版社 1976 年版，第 384 页。

③ ［联邦德国］康拉德·阿登纳著，上海外院等译：《阿登纳回忆录（1945—1953）》（一），上海：上海人民出版社 1976 年版，第 375—376 页。

④ Marion Dönhoff, *Foe into Friend：The Makers of the New Germany from Konrad Adenauer to Helmut Schmidt*, Weidenfeld and Nicolson London, p. 47.

"新秩序"就是欧洲一体化了。

二、德国推动欧洲煤钢共同体的建立

"舒曼计划"突然被提出,尽管很快获得比利时、荷兰等国的支持,但创建欧洲煤钢共同体却不是一帆风顺的,主要矛盾还是西方阵营对德政策问题。从1950年6月20日开始,法国、德国、意大利、荷兰、比利时和卢森堡六国开始在巴黎就建立欧洲煤钢共同体等问题进行谈判。谈判范围是在"舒曼计划"的框架下进行的,虽然参加煤钢谈判是德国在外交会议上代表自己的第一次机会,但"德国人将不得不在背后努力来达到他们(欧洲一体化)的目的"①。德国把建立欧洲煤钢共同体视为欧洲一体化进程中的一个驿站,在通往这个驿站的过程中,可以获得许多潜在的政治奖励。如,"第一,与西方邻居保持紧密关系在国际上可以获得坚定的靠山;第二,在煤钢领域重新获得(或者说是不完整的)主权;第三,这也建立了一个潜在的安全共同体;第四,还为德国工业品找到了一个重要的销售市场"②。同时,也在实现欧洲一体化这个德国终极目标中,实现德国完全主权,达到最终重新统一的目的。

法国"舒曼计划"的目的在于不得不放松对德国经济限制的新形势下,力求把德国的军事工业基础置于西欧联合的控制之下,避免其对欧洲造成新的威胁。莫内设计出具有超国家权力的机构来管理、调节欧洲的两大战略资源——煤和钢。具有超国家权力的高级管理机构,采取多数表决机制,其行政权掌管在高级机构主席手里。再加上权力较小的法院和议会,负责成员国的上诉和咨询事宜,这两个机构对高级管理机构的权力构成不了牵制,集中突出了高级管理机构的超国家性质。舒曼说:"我们坚决认为,政府间简单的合作(就像英国在那时所要求的那样)是不充分的,我们必须在具体实在的基础上创立利益共同体,它取消了某些国家的优越地位,而服务于共同的利益。"③莫内和舒曼都是坚定的欧洲联邦主义者,在遏制德国军事工业的同时,还要向

① Douglas Brinkley & Clifford Hackett, *Jean Monnet: The Path to European Unity*, Macmillan, 1991, p. 144.

② Carl F. Lankowski, *Germany and the European Community-Beyond Hegemony and Containment?* Macmillan, 1993, p. 77.

③ Ernst B. Haas, *The Uniting of Europe: Political, Social and Economical Forces 1950 – 1957*, London: Stevens and Sons Limited, 1958, p. 244.

欧洲统一的道路上有所突破。在谈判之初，莫内说道："只有从我们的套路中彻底排除各自的民族情感，才能找到共同的道路。我们聚到这里来，只有首先改变我们自己的习惯，才能改变全体欧洲人的精神状态"①。莫内对欧洲经济合作组织和欧洲委员会在推动欧洲联合方面的不佳业绩深感厌恶，他"要创立一个全新的、大胆的、真正的欧洲工业部门，它将是迈向更紧密的欧洲经济一体化伟大事业的第一步"②。在谈判的第二天，莫内还第一次正式提出了建立"欧洲共同体"的想法。

莫内和舒曼设计的"舒曼计划"，是欧洲迈向实质性联合的第一步，该计划出台的关键原因是法国想一劳永逸地解决德国问题，以维护法国民族利益为最高宗旨；反之，各国也是如此，可以预见在建立欧洲煤钢共同体的谈判中矛盾开始爆发。针对法国加强高级机构的要求，德国准备了一套和莫内计划有别的方案，希望适当弱化高级机构的权限，认为高级机构的权限过大，将会影响到德国鲁尔区的战后重建工作，还会影响到德国传统的经营方式。在工资和税收政策等问题上，各国的矛盾突出。法国要求工资和税收平均化，实质上是要提高德国煤钢产品的成本，降低德国的竞争力，德国、荷兰等表示反对。德荷等要求减少征税数额，因为德荷的工业较之其他国家发达，如果平均税收，德荷无疑将是最大的出资者。这意味着，工业发达的国家（如德国），由于其生产成本低，加入欧洲煤钢共同体之后，它们的煤矿将不得不要为工业高成本的国家（如法国）的煤矿结构调整作出贡献，还因为降低焦炭的价格，间接地补贴法国等国家的钢铁工业，这种情况以比利时为甚。比利时国小力弱，煤矿经营也不善，生产效力低下。由于战后比利时政府恢复生产采用政府补贴的手段，刺激工业生产，导致生产成本最高，根本无法与德国等工业发达的国家相竞争。如果德国等国家不对比利时的要求作出妥协，可以预见，比利时可能因为被迫竞争而退出巴黎的谈判。在关系到欧洲一体化建设的关键之时，法国为一己之私，支持比利时的平均政策。权衡利弊，德国被迫作出妥协。德国与比利时签订了"赫希—瑞克计划"（Hirsch - Vinck）。该计划规定：德国在未来5

① ［法］让·莫内著，孙慧双译：《欧洲之父：莫内回忆录》，北京：国际文化出版公司1989年版，第133页。

② John Gillingham, *Coal, steel, and the Rebirth of Europe*, 1945 - 1955, The Germans and French from Ruhr conflict to economic community, Cambridge University Press, 1991, p. 369.

年内为了补贴工资和新的投资向比利时提供30亿比利时法郎的资助。"很显然,该计划是不平等的,它要求饥饿的德国人去资助享有欧洲最高工资水平的比利时煤矿企业,降低了鲁尔取得的利润,同时也增加了德国钢铁生产的成本,无疑违背了《巴黎条约》公平竞争的理念。当然,这一让步也表现了德国不计小失,放眼长远的真正的伙伴精神。在德国作出让步之后,六国政府终于同意,对生产征税的最高限额为1.5%。"①

一波未平一波又起。法国"舒曼计划"一个最重要的目的就是控制德国军事工业基地——鲁尔。鲁尔地区旧的托拉斯,在过去曾经构成了德意志帝国的强大军事力量,法国担心不清除鲁尔区传统的托拉斯生产模式,那么德国军国主义就有死灰复燃的可能。消除鲁尔区的潜在威胁就必须打碎鲁尔传统的工业模式,已成为法国的共识。莫内说:"倘若鲁尔的工业巨头们为了本身的利益,经营本国和邻国工业秩序的煤炭这一资源,任何形式的平衡在欧洲都再也无法形成;如果鲁尔的焦炭大亨们以定量供应的方式重新控制住我们的高炉,便将重新形成奴役和冲突的策源地,法国也就无安全可言了。卡特尔组织将会顺水推舟,把人民抛向贫困的深渊。"② 工业非卡特尔化在德国遭到了强烈的反对,工业界反对是显然的,工会组织也是如此,它们更希望通过工业国有化的方式和共同管理对工业实行民主监督。1950年6月25日朝鲜战争爆发以后,复兴德国的钢铁生产更显得最为重要,德国对其工业非卡特尔化更有所保留。对法国人来说,德国的潜在威胁近在咫尺,法苏之间还隔着一个德国,苏联对法国未来的威胁仿佛是遥远的事。所以,法国决不能接受一个比法国企业强大得多的德国钢铁企业参加的煤钢共同体,实现德国鲁尔工业非卡特尔化是其安全问题关键所在。

朝鲜战争爆发后,对德国而言,解决鲁尔矛盾不仅有法国的压力而且还有来自美国的巨大压力。一方面,美国驻德国的高级专员麦克洛伊与莫内私人关系甚笃;另一方面,更主要的是东北亚的一场战争加快了美国重新武装德国的计划改变了麦克洛伊早期的对德政策。在麦克洛伊接替克莱之时,他相信对鲁

---

① Wendy Asbeek Brusse, *Tariffs, Trade and European Integration*, 1947 - 1957: from Study group to Common Market, London, Macmillian, 1997, p. 72.
② [法]让·莫内著,孙慧双译:《欧洲之父:莫内回忆录》,北京:国际文化出版公司1989年版,第167页。

尔的控制是欧洲一体化的关键所在，他也是德国重工业欧洲化的鼓吹者。几乎与"舒曼计划"提出的同时，麦克洛伊要求美国政府对法国施加压力，认为对德国苛刻的政策会重复 20 世纪 20 年代《凡尔赛条约》犯下的错误。在他看来，一个遭到不良对待的德国必然会靠近东方。也就是说，朝鲜战争改变了美国的对德政策，美国为了重新武装德国必须对法国作出让步，共同迫使德国就范。情急之下，莫内作出了两项关键性的决定：第一，德国重新武装已不可避免，莫内锻造出"普利文计划"，以消除德国重新武装后的威胁；第二，迫使鲁尔问题得到解决。莫内要求，只有煤钢共同体开始运转之后，防务共同体才能生效，这就给德国通过重新武装获得平等的国家主权带来了一定的困难。鲁尔工业非卡特尔化涉及三个基本问题：第一，鲁尔钢铁公司的生产规模；第二，它们控制煤矿的权限大小；最后，煤炭市场集中的程度如何，这些问题在德法之间关于鲁尔工业非卡特尔时，谈判双方产生尖锐的对立。

鉴于德国反对非卡特尔立场，1950 年 9 月 28 日，莫内起草公报宣称：盟国管制委员会有权批准或者拒绝所有未来生产者的协定和融合协定，以此条件对德国施加压力。为了获得平等的地位和获得国家主权，德国被迫对美法等国家的压力作出让步，同意非卡特尔化。所以，"德国同意非卡特尔化挽救了舒曼计划，没有德国的同意，法国也许会拴上欧洲一体化的大门，莫内也许会被驳斥，并且欧洲联合的努力会在悲惨的失败中结束"[1]。英国和美国高级委员会的委员们为了德国工业非集中化制定出一个确定的司法基础，在 1950 年 4 月 13 日以多数表决的方式通过了 27 号法令（Law 27）。法国的弗朗索瓦·庞赛（Français-Poncet）以法令前言把康采恩的所有权留给德国政府为借口表示反对，推迟对该法令的表决，直到 5 月 16 日，官方才正式通过。德国一家杂志 6 月 5 日刊出评论文章说："27 号法令没有限制盟国管理机构的权力，相反还进一步扩大，这是令人遗憾的事"[2]，27 号法令在德国掀起了抗议的浪潮。9 月，盟国又公布三条补充的规定：（1）立即分解鲁尔 6 个最大的康采恩；（2）打断煤钢企业之间的联系；（3）组建不少于 54 个单独的采矿公司，给本来就很紧张局势火上浇油，遭到了阿登纳强烈的反对。阿登纳认为"这些法令已经足可以

---

① Douglas Brinkley & Clifford Hackett, *Jean Monnet: The Path to European Unity*, Macmillan, 1991, p. 147.

② F. Roy Willis, *France, Germany, and the New Europe 1945 - 1963*, Stand, California: Stanford University Press, 1965, p. 118.

严峻到威胁德国退出'舒曼计划'"①。10 月 1 日，新任命的德国内政部部长罗伯特·勒赫（Robert Lehr）警告法国："按照他的观点，占领制度已经结束。鲁尔不再接受别人的控制而且还必须扩张其实力"②。9 月 28 日，德国的公报宣称，煤钢共同体的前提条件是：德国"不要非卡特尔化，也不要舒曼计划"③ 的要求，事情就是这么简单。德国经济部长艾哈德（Erhard）建议退出谈判。关于鲁尔区工业非卡特尔化的矛盾一时走入了死胡同。

莫内为了争取美国对"舒曼计划"的支持，开始紧急行动起来。12 月 18日，法美之间达成关于非卡特尔的协议。协议内容是：（1）27 号法令不仅要求非集中化，而且禁止任何形式的集中；（2）解散托拉斯；（3）英国掌控的德国煤炭出售机构（DKV-Deutsche Kohle Verkaufsgesellschaft）必须解散；（4）只有在少数情况下保持煤钢企业之间的联系。莫内给舒曼发出一封信，他写道："麦克洛伊和勃温（Bowie）将与德国人谈判中采取措施"④。美国人急需重新武装德国，对德国人的拖延政策表示不满，这正好符合法国的需求，与美国人一道逼德国屈服。

美国认为"舒曼计划"是最好的，也许还是把德国拴在欧洲的唯一机会。1951 年 1 月，勃温和艾哈德恢复谈判，并且取得一些进展，但收获不大。德国人威胁退出"舒曼计划"的谈判，遭到麦克洛伊的谴责。1951 年 2 月 12日，麦克洛伊写信给阿登纳，说道："任何寻求额外的让步不仅将会遭到失败……而且还会导致已经达成的妥协也面临失败的危险"⑤。在美法的压力之下，阿登纳别无他法，只好接受美法提出的非卡特尔方案。1951 年 3 月 20 日，巴黎谈判结束。各方终于达成一致意见："德国煤炭出售机构将于 1952 年 10月 1 日被分割，过渡期间由盟国当局控制，建立 27 个钢铁公司，其中任何一个的规模都不超过其余 5 国的钢厂规模；只有 11 家钢铁企业获准拥有煤矿，但其煤矿不得提供超过其消耗量的 75%。"⑥ "按照法国的估算，这将减少钢铁

① Douglas Brinkley & Clifford Hackett, *Jean Monnet: The Path to European Unity*, Macmillan, 1991, p. 147.

② Ibid. p. 148.

③ Ibid. p. 147.

④ Ibid. p. 148.

⑤ Ibid. p. 149.

⑥ John Gillingham, *Coal, steel, and the Rebirth of Europe, 1945 – 1955*, The Germans and French from Ruhr conflict to economic community, Cambridge University Press, 1991, p. 106.

工业的控制由战前的 56% 到现在的 15%。"① 尽管鲁尔的生产商驳斥这个协定，但阿登纳拒绝支持他们。阿登纳认为，《巴黎条约》是通向获得主权道路上的一个驿站，这个驿站是他们聚集力量重新前进的一个歇脚之所。1951 年 4 月 18 日，阿登纳作为兼任外交部长的身份第一次离开国土，去巴黎签订准备建立欧洲煤钢共同体的《巴黎条约》。

可以说，是德国的让步挽救了"舒曼计划"。虽然德国经济部长艾哈德以自由市场的名义抵制欧洲煤钢共同体，但对阿登纳来说，"欧洲煤钢共同体是欧洲联邦的长久基础，一个联合的欧洲甚至还是第三种力量的萌芽。欧洲煤钢共同体也是联邦德国扩展自己主权的一种方式"。② 1951 年 4 月 18 日在巴黎签订了有效期为 50 年的《欧洲煤钢共同体条约》，这个条约与"舒曼计划"的基本点是一致的。1952 年 8 月 10 日，欧洲煤钢共同体高级机构在卢森堡正式成立，宣布条约随即生效。1953 年 2 月 10 日和 5 月 10 日，欧洲煤炭、废铁、铁矿共同体市场和钢铁产品共同市场相继成立。"1952 年建立的欧洲煤钢共同体已经创立了煤钢领域内的共同市场，这在部门一体化的第一手的经验最终导致了欧洲经济共同体和欧洲原子能共同体的建立。"③ 意味着，在欧洲一体化的道路上迈出了坚实的一步。

1953 年 3 月 28 日，莫内在欧洲委员会说："我们的共同体不是煤钢生产者的联盟，它是欧洲的起点"④。阿登纳接受"舒曼计划"时有好几个目的："首先，部门一体化似乎是一个好的开始，可以在谈判桌前把德国作为一个平等的伙伴开拓出一种新型的德法双边关系模式；其次，可以消除盟国控制鲁尔区；第三，它似乎也是一个合适的工具把西欧的经济问题与美国的利益联系起来抵抗苏联在欧洲的扩张主义，最后，'舒曼计划'也是一体化的新的方式，它允诺提供比欧洲委员会更能有效的欧洲一体化办法。"⑤ 遗憾的是，作为战

① Douglas Brinkley & Clifford Hackett, *Jean Monnet: The Path to European Unity*, Macmillan, 1991, p. 150.

② Patrick McCarthy（ed.）, *France-Germany*, 1983 – 1993, New York: The Struggle Cooperate, St. Martin's Press, 1993, p. 7.

③ Leon N. Lindberg, *The Political Dynamics of European Economic Integration*, Stanford University Press, 1963, p. 1.

④ F. Roy Willis, *France, Germany, and the New Europe 1945 – 1963*, Stand ford, California: Stanford University Press, 1965, p . 85.

⑤ Clemens Wurm, *Western Europe and Germany: The Beginnings of European Integration 1945 – 1960*, USA: Berg Publishers Oxford/Washington, 1995, p. 65.

后西欧第一大强国，"英国政府反对欧陆国家联盟，它担心，这个联盟将会损害英国的出口利益和挑战英国领导欧洲的诉求"①。英国没有加入领导欧洲一体化进程，仍然游离在欧洲一体化大门之外。

第三节　德国欧洲政治一体化政策的初次尝试

二战后，德国不太热衷于重新武装问题，20 世纪 50 年代初期的朝鲜战争逐渐改变了德国的这一立场。它把重新武装过程看作是获得平等国家主权、提高国际地位的一种手段。更重要的是，它还可以推动欧洲政治一体化进程。但是，法国否决了有关德国重新武装的《欧洲防务共同体条约》，欧洲政治联合的初次尝试遭到失败。随后，虽然通过扩大布鲁塞尔条约组织方式，实现了德国的重新武装，但欧洲政治一体化遭受挫折。不过，在建立的西欧联盟中，为实现德法进一步和解也创造了条件。同时，也说明在欧洲联合中，在所谓的"高政治"领域很难获得突破性进展。

一、朝鲜战争——德国对重新武装政策的改变

1949 年 4 月 4 日，北约的成立标志着在欧洲已经形成两个敌对的冷战阵营，在亚洲也是如此。1950 年 6 月 25 日，正当西欧在关于建立欧洲煤钢共同体谈判之时，在距西欧遥远的东北亚爆发了震惊世界的战争，这场局部战争虽然距离德国十分遥远，与德国也无地缘政治牵连，可这场战争给德国带来相当大的恐惧心理。因为：第一，德国的形势同朝鲜有类似之处。德国也一分为二，德国东部也处在苏联等共产主义势力的影响之下，担心"莫斯科像在朝鲜一样，对德国也许会发起进攻"；②"唯一的事情就是反共产主义在联邦德国深深地扎下了根"③。第二，从军事的角度来看，西德是完全没有防务力量的，只能依赖西方阵营的帮助和支持，在没有自己武装的情况下，保卫国家安全是一句空话，重新武装保护自己的安全开始摆在德国人的面前。

---

① Clemens Wurm, *Western Europe and Germany：The Beginnings of European Integration 1945 – 1960*, USA：Berg Publishers Oxford/Washington, 1995, p. 122.

② W. R. Smyser, *Restive Partners：Washington and Bonn Diverge*, Westview Press, 1990, p. 15.

③ Marion Dönhoff, *Foe into Friend：The Makers of the New Germany from Konrad Adenauer to Helmut Schmidt*, Weidenfeld and Nicolson London, p . 17.

　　开始，德国对于重新武装并不热心。阿登纳不只一次向盟国保证，德国不愿意重新武装，保护德国安全是盟国的事。1949 年 12 月 3 日，关于德国重新武装问题，阿登纳与美国《克利夫兰实话报》代表作了交谈。阿登纳从历史上发生的战争给德国带来的巨大损失为理由，明确反对德国重新武装。不过，他也表示，如果欧洲联邦要求德国对欧洲的防务必须作出贡献的话，那么德国也有可能像英国、法国一样参与欧洲的防务。也就是说，阿登纳认为，德国只准备在欧洲联邦军队的体制内作出贡献。他对德国参加欧洲防务立下了前提条件，"必须完全像对待其他欧洲人那样对待德国，如果我们将承担同样的义务，同时也因该享受同样的权利"①。可以看出，阿登纳是把德国重新武装与获得平等地位和国家主权联系在一起的。

　　战后东西方之间冷战的爆发和加剧，促使德国对重新武装立场有所改变。苏联在东德已经存在一支训练有素军队。东德对外宣称，这支准军事力量是为了国内治安而设置的，并且还美其名曰为"人民警察力量"。阿登纳认为，西方"应该允许西德有进行自卫的机会，而争取西德人民实心实意地支持西方民主制最可靠的途径便是让他们平等分享一份保卫西欧的责任"②。"苏联的代理人在朝鲜的进攻也许预示着这场战争在西欧也会发生，并且阻止战争在西欧的发生，西德重新武装是必要的"③。德国开始逐步转变对重新武装的态度。

　　盟国之间关于在德国实行非军事化政策早已被苏联在东德的行动破坏得一干二净。"朝鲜战争并不是在亚洲的一个偏僻角落进行的孤立的战争，它是共产主义阵营和西方阵营之间的第一次公开的冲突"④。这场战争不可避免地要对德国政府的政策和内部事务发生影响。德国知道，美国政府的欧洲政策一开始是军事援助而不是经济援助，这就意味着美国政府的援助欧洲的"马歇尔

　　① Patrick McCarthy （ ed. ）, *France-Germany*, *1983 - 1993*, New York: The Struggle Cooperate, St. Martin's Press 1993, p. 8.

　　② Derek. W. Urwin, *Western Europe Since 1945*: *A Short Political History*, Longman London and New York, 1981, p. 148.

　　③ William E. Griffith, *The Ostpolitic of the Federal Republic of Germany*, The MIT Press, Cambridge, Massachusetts, and London, England, p. 54.

　　④ Derek. W. Urwin, *Western Europe Since 1945* : *A Short Political History*, Longman London and New York, 1981, p. 146.

计划"发生质的改变。朝鲜战争爆发后，阿登纳认识到重新武装将会对德国产生深远的影响。在通往重新武装的道路上，德国可以争取到充分的主权。所以，"朝鲜战争给阿登纳提供了促使欧洲统一和恢复德国主权地位的又一次机会"①。

朝鲜战争的爆发和随后德国重新武装，西方列强逐步取消了对德国关键工业的控制。"1955 年的《工业管制协定》的签订，作为该条约的附属品是恢复西德的主权，表明官方已经取消了对德国的经济控制。"② 在 20 世纪 50 年代，盟国逐步地取消了对德国经济的管制是十分重要的，这些限制打破了自战后以来制约德国经济发展的瓶颈。事情应该一分为二看，在战后西欧极端贫困的条件下，盟国对德国经济的管制其实是有利于其宏观经济的。在德国经济部长艾哈德的领导下，德国经济迅速恢复蓬勃发展，呈现出一片欣欣向荣的景象。盟国的管制德国经济"帮助遏制通货膨胀的发生使德国的外贸出口在国际市场上具有较强的竞争力"③。50 年代后，盟国对德国经济管制的取消此时又有利于其经济的发展。西欧已经度过了战后的艰难险境。在"马歇尔计划"的援助下，欧洲经济普遍开始好转，经济发达的德国更是如虎添翼。"1952 年与1954 年之间，德国出口量和国民生产总值（GNP，Gross National Product）持续快速上升，1954 年底，联邦德国的黄金和外汇储量已超过 25 亿美元。"④

1950 年 6 月底，阿登纳正式向高级专员提出建立一支联邦警察的建议，当盟国不能介入战斗时，这支防务力量将投入战斗。"在东亚的事件，不仅从经济合作到双边安全关系方面改变了美国在欧洲的政策，而且还突然、急剧地提高了西德的地位。"⑤ 德国凭借它的工业和人力资源变成了一张重要的王牌。其实，德国并不十分需要"舒曼计划"来恢复它的地位，然而阿登纳的欧洲一体化的意志不会消失，他是从更高的角度来看待欧洲一体化的。

---

① Roger Morgan, *The United States and West Germany 1945 – 1973：A Study in Alliance Politics*, Oxford University Press London, 1974, p. 34.

② Wolfram F. Hanrieder, *Germany, America, Europe：Forty Years of German Foreign Policy*, Yale University Press, 1989, p. 236.

③ Ibid. p. 237.

④ 同上。

⑤ Douglas Brinkley & Clifford Hackett, *Jean Monnet：The Path to European Unity*, Macmillan, 1991, p. 146.

二、德国重新武装与西欧早期一体化

二战结束时，美国的政治野心与其实力同步膨胀起来。"杜鲁门主义"、"马歇尔计划"相继出笼，标志着美国对外政策已彻底摆脱了孤立主义的影响，开始由局部扩张转变为全球扩张。同时，苏联也成为欧洲第一强国，进逼西欧之势已不可挡。"战争结束时俄国将在欧洲占统治地位，在击溃德国以后没有一个国家能够同俄国强大的军事势力相抗衡。"① 苏联战后实力的增强，也滋长了大国沙文主义和民族利己主义，采取了向周边地区扩张势力范围的政策，呈现出进攻的态势。夹美苏两强之间的欧洲，无论是战胜国还是战败国都成为一片废墟，欧洲不再是世界权力中心。

在雅尔塔会议和波茨坦会议上确定了德国在战后一定要实现"非军事化"，使之不再成为世界和平与安全的威胁。对西欧国家来说，战后恐惧德国军国主义复活如悬于头顶的达摩克利斯之剑，完全出于防范德国军国主义复活的目的，1947 年 3 月 4 日英法签订《敦刻尔克条约》。可是正当英法签订针对德国的同盟条约的时候，"西方战略的注意力已经开始东移了"②。因为"冷战"在欧洲已经爆发。欧洲的地理位置尤为重要，地缘政治家麦金德说过："谁统治欧洲，谁就能主宰心脏地带；谁统治心脏地带，谁就能主宰世界岛；谁统治世界岛，谁就能主宰全世界"③，这就导致了美苏对欧洲的争夺。美英扶植德国以制约苏联的方针已经公开化。1947 年 3 月四国外长莫斯科会议上，有关德国问题纷争不断，此时法国也知道其分割肢解德国的要求已不可能实现。在美英的压力之下，法国从此收起其在德国问题上的独特立场，站在美英一方。"法国在德国问题上向美英靠拢，实际上意味着法国从此抛弃了在美英间玩弄平衡的政策而转向美国"④，四国外长会议以失败而告终。

如果说《敦刻尔克条约》是针对德国的，那么《布鲁塞尔条约》就是西方战略转移——针对苏联的转折点，"北大西洋公约组织"则是这种转变的完成。1946 年 3 月 13 日，捷克共产党在苏联的援助下，获得了对政府的控制权，

---

① ［美］罗伯特·S. 舍伍德著，福建师大外语系编译室译：《罗斯福与霍普金斯》，北京：商务印书馆 1979 年版，第 748 页。

② 陈乐民：《战后西欧国际关系 1945—1984》，北京：中国社会科学出版社 1987 年版，第 91 页。

③ ［英］哈·麦金德，林尔蔚译：《历史的地理枢纽》，北京：商务印书馆 1985 年版，第 13 页。

④ 张锡昌、周剑卿：《战后法国外交史（1944—1992）》，北京：世界知识出版社 1993 年版，第 47 页。

德国与欧洲一体化

布拉格事变使西欧各国政府处于震惊之中。1947年9月欧洲共产党和工人党情报局成立。面对苏联日益形成的压力，西欧普遍需有联合起来组织军事政治集团的意愿，担心苏联对西欧的入侵或在苏联的资助下的西欧共产党势力夺取政权。1948年3月17日，英、法、比、荷、卢五国外长签订了《布鲁塞尔条约》，"现在真正的需要是抵抗苏联，而不是德国"①。美国虽然没有参加该条约组织，但"实际上美国是积极推动的，是个没有签字的成员国"②。1948年4月，苏联开始关闭一些公路，以阻止西方盟国通过苏占区到达柏林，造成了震惊世界的"柏林危机"。西欧虽然庆幸《布鲁塞尔条约》的适时签订，但也知道，在苏联的实力面前，这还远远不够③，于是，它们寻求扩大联盟范围把美国也包括进来。1949年4月，北大西洋公约组织成立，实质上代替布鲁塞尔条约组织，成为欧洲防卫的重要工具。

随着北大西洋公约组织和德意志联邦共和国的成立，重新武装西德问题便提上了美国对欧政策日程。美国总统杜鲁门说过："没有德国，欧洲的防御不过是大西洋岸边的一场后卫战。有了德国，就能够有一个纵深的防御，有足够的力量来对付来自东方的侵略。"④ 其实，重新武装德国，美国早有打算。"在情况许可时，应邀请德国或德国的三个西占区、奥地利或奥地利的三个西占区和西班牙参加五国（布鲁塞尔）条约与北大西洋区域防务协定。"⑤ 所以，"不管人们承认与否，德国重新武装已经包含在大西洋联盟的胚胎之中。"⑥ 英国同样也有此计划，"在朝鲜战争爆发的一个月之前，英国就已经确定，德国最终必须成为北约的一部分，"也就是说把德国重新武装看作是"对苏联威胁最可靠的反对者，也是防止德国与苏联结盟的最佳方式"⑦。但是，二战刚结束不久，人们对德国法西斯的蹂躏记忆犹新，重新武装德国自然遭到欧洲各国的

---

① Derek W. Urwin, *Western Europe Since 1945 —A short political history*, London and New York: Longman, 1981, p. 115.

② 陈乐民：《战后西欧国际关系（1945—1984）》，北京：中国社会科学出版社1987年版，第43页。

③ David de Giasiino, *A Reader in European Integration*, Longman, 1996, p. 26.

④ ［美］哈里·杜鲁门著，李石译，《杜鲁门回忆录》，北京：生活·读书·新知三联书店出版1974年版，第300页。

⑤ 胡瑾等：《欧洲早期一体化思想与实践研究》，济南：山东人民出版社2000年版，第139页。

⑥ Alfred Grosser, *The Western Alliance European-American Relations Since 1945*, New York: The Seabury Press, 1980, p. 89.

⑦ Sabine Lee, *Victory in Europe? Britain and Germany Since 1945*, Longman, 2001, p. 54.

反对。舒曼明确指出："德国还没有一项和约，它没有，并且未来也不能有军队。法国和它的盟友不能想象：德国作为一个有能力保卫自己和为其他国家防务作出贡献的国家而加入大西洋联盟"[1]。即使在美国的高压之下，法国也仅承认"德国应能对西欧的防御框架有所贡献"[2]。法国人担心"由于英国没有参加，法国又将部队部署于殖民地，这样，欧洲防务集团就会被德国人和美国人所左右。法国的利益因此将遭到歧视，法国将会处于一个次要国家的地位"[3]。针对法国的态度，阿登纳讲了这样的一段话："我认为，德国参加欧洲防务的先决条件，就是德国与其他欧洲国家同样享有完全平等的地位。同样的义务以同样的权利为前提。我觉得，重新武装对于我国人民在世界上的政治地位将产生深远的影响。在通往重新武装的道路上，联邦德国就可以争取到充分的主权。这是有关我们政治前途的重要问题。西方盟国，特别是法国，必须解答这个问题，到底哪种威胁性大：是来自苏联方面咄咄逼人的危险性大呢？还是德国加入欧洲防务共同体的危险性大"[4]。

正当双方僵持不下的时候，有两起事件把重新武装德国这一僵局彻底打破。第一，1949 年 8 月，苏联原子弹爆炸成功，打破了美国的核垄断，使美国和西方深感震惊。"美国催促西欧加紧实现一体化，使西德尽快重新武装起来。"[5] 第二，1950 年 6 月 25 日朝鲜战争爆发更是使重新武装联邦德国的问题变得极为急切。阿登纳"坚信斯大林对西德所拟定的做法同在朝鲜一样"[6]。"德国的形势同朝鲜的形势有类似之处"。[7] 西欧国家忧心忡忡，毕竟保卫西欧的《北大西洋公约》还只是一纸空文。"1950 年 6 月随着朝鲜战争的爆发，开始是美国人其次是英国人意识到一个强大的德国是他们最根本的利益所在。"[8]

---

[1] Alfred Grosser, *The Western Alliance European-American Relations Since 1945*, New York：The Seabury Press，1980，p. 90.

[2] 胡瑾等：《欧洲早期一体化思想与实践研究》，济南：山东人民出版社 2000 年版，第 141 页。

[3] ［英］阿伦斯克德、克利斯库克著：《战后英国政治史》，北京：世界知识出版社 1985 年版，第 96 页。

[4] ［联邦德国］康拉德·阿登纳著，上海外国语学院等译：《阿登纳回忆录（1945—1953）》（一），上海：上海人民出版社 1976 年版，第 393—394 页。

[5] 何春超：《国际关系史（1945—1980）》，北京：法律出版社 2002 年版，第 161 页。

[6] ［联邦德国］康拉德·阿登纳著，上海外国语学院等译：《阿登纳回忆录（1945—1953）》（一），上海：上海人民出版社 1976 年版，第 398 页。

[7] 同上书，第 395 页。

[8] Marion Dönhoff, *Foe into Friend：The Makers of the New Germany from Konrad Adenauer to Helmut Schmidt*, Weidenfeld and Nicolson London，p．47.

美国得出结论："如果一旦同苏联在欧陆发生军事对抗，以北约组织的形式表现出来的大西洋联盟的现有力量是十分不足的。而且，美国认为没有理由必须让美国单独弥补这方面的缺陷"。"美国就坚持认为，加强北约组织最明显的办法是允许西德重新武装。美国政府不断坚持这个主张，它要求将西德连同其军事力量拉入西方的防御同盟"。① 因此，必须尽快把西欧组织起来，尽快把联邦德国重新武装起来。

阿登纳也对重新武装德国发生了改变，一改过去对重新武装淡然的态度。可是，德国人饱受战争的摧残，在德国国内"德国人反对重新武装甚至比法国人还要厉害"②，德国社会民主党担心重新武装会导致德国分裂，公然表示反对并诱使西德民众放弃武装计划已达到全德国人民的团结。就是阿登纳联合政府中的自由民主党对重新武装也持保留意见。重新武装问题在德国遭到巨大的舆论压力，但是，阿登纳拒绝了一切反对重新武装的讨论，支持德国重新武装。阿登纳认为：德国重新武装可以大大地提高德国与占领当局的政治平衡，还可以实现自己的外交目标。因为朝鲜战争导致德国重新武装不可避免，那么德国在恢复武装的过程中可以与盟国讨价还价以此来实现自己的外交目标。阿登纳此时要实现的外交目标有三：第一，通过西欧一体化的进程把德国牢牢地拴在西方民主社会；第二，在西方国家中为德国获得平等的权利；第三，能获得西方阵营对德国安全的保证，"德国未来为西方军事防务作出的贡献对实现每个目标是至关重要的"③。另外，阿登纳还把建立欧洲防务共同体看成是除了制定舒曼计划之外的又一个确保德法和解和确保欧洲持久安宁的重要因素。最后，阿登纳和舒曼达成一致意见，除非萨尔居民自己表示态度，德国和法国对萨尔的命运都不能作出最后的决定。

1950 年美国提出了所谓的"一揽子"计划，原则是用增加美国的防御义务换取联邦德国的立刻军事化。英国勉强同意美国的计划，而法国却断不能如此。法国虽然采取了与德国和解的政策并加强了与其在经济领域的合作，但阻

---

① Derek W. Urwin, *Western Europe Since 1945: A short political history*, London and New York: Longman, 1981, p. 148.

② W. R. Smyser, *From Yalta to Berlin: The Cold War Struggle Over Germany*, New York: St. Martin's Press, 1999, p. 111.

③ Stephen A. Kocs, *Autonomy or Power? The Franco-German Relationship and Europe's Strategic Choices*, Praeger, estport, Connecticut London, 1995, p. 16.

止德国的重新武装从而保持法国的政治与军事优势一直是它的基本立场。然而，法国却面临着两难选择：接受西德重新武装不符合自己的利益，但又渴望得到美国"一揽子"计划中所提供的援助。法国既担心重新武装联邦德国威胁自身的安全，又担心如加以反对，美国可能会撇开它，直接出面武装联邦德国，那将对法国更为不利。美国称"要在1951年秋天看见穿上军装的联邦德国人"①。它要求并不是成立一支自主的联邦德国军队，它建议在欧洲组织一支在北约框架内的一体化军队。

法国在当时的情况下，再也无法固执己见。"法国此时已放弃肢解和压制德国的对德政策，转向了通过法德和解和欧洲一体化联合来解决德国问题，保证和平与安全的方针。为了争取主动，法国决心把联邦德国重新武装这一不可避免的事情引向符合法国利益和促进欧洲一体化事业的道路。"②莫内认为法国必须找到一个大胆的解决办法，一方面使美国得到满足，另一方面也要使重新武装德国成为可能，但又不至于威胁自己的利益。即，应该采取"孤注一掷"的政策，马上把"更广泛的舒曼计划"延伸到军队，重新武装联邦德国，并将其纳入欧洲一体化的道路。"成立军事共同体能加快欧洲一体化的进程，使它从一开始就朝着政治一体化迈出了决定性的一步。"③但是，这次他们已经触及到了国家主权问题的核心，"现在，欧洲联邦将一定成为直接的目标"④。是年10月24日，法国总理普利文提出了关于建立一个欧洲防务集团和欧洲军的计划，被称之为普利文计划。从表面上，"普利文计划"是按照欧洲煤钢共同体的方式创建的，从而逐步实现欧洲的联合，似乎是前进了一大步。但是，它们的基本意义确是大不相同的。因为"欧洲煤钢共同体是有六个平等的伙伴组成的。欧洲防务共同体则是作为防止德国在军事方面取得平等地位的一种手段提出和设计的。"⑤如同舒曼计划一样，普利文计划也是通

---

① ［法］皮埃尔·热尔贝著，丁一凡等译：《欧洲统一的历史与现实》，北京：中国社会科学出版社1989年版，第126页。

② 萧汉森、黄正柏：《德国的分裂、统一与国际关系》，武汉：华中师范大学出版社1998年版，第307页。

③ ［法］皮埃尔·热尔贝著，丁一凡等译：《欧洲统一的历史与现实》，北京：中国社会科学出版社1989年版，第128页。

④ John Pinder, *European Community：The Building of a Union*, Oxford University Press, 1995, p. 4.

⑤ Derek W. Urwin, *Western Europe Since 1945：A short political history*, London and New York：Longman, 1981, p. 150.

过设立由法国领导的共同力量来压制德国。尽管德国可以重新武装，但他却必须被包含在由法国占支配地位的政治和军事组织里面。很明显，"普里文计划从一开始就似乎是一个将德国重新武装减少到最低限度的孤注一掷的权宜之计"①。

"普利文计划"是一个将"舒曼计划"运用于军事领域的计划，"欧洲军"是一支高度一体化的军队。它规定：反对重建单独的德国国家军队，参照"舒曼计划"精神来解决德国的军事贡献问题，建立一支统一指挥、统一组织、统一装备、统一财政，有超国家的高级机构统一领导混合编制的欧洲军队，无需建立单独的德国军队，达到所谓的"武装德国人而不武装德国"的目的，还可以从新的方面促进欧洲一体化事业的发展。参加"普利文计划"的北约欧洲成员国继续维持它们对未参加欧洲军的国家军队的控制，而西德没有这样的权力，旨在防止联邦德国军事力量将来能够独立行动而构成对法国的军事威胁。"'普利文计划'还将欧洲军的建立与欧洲煤钢共同体条约的签订联系在一起。它指出，只有在欧洲煤钢联营条约签订后，才可以研究'普利文计划'"②，是为了防止德国因重新武装而要价太高破坏欧洲一体化事业的进程。"普利文计划"是将德国重新武装的框架从北约转移到一体化的欧洲，这与美国在北大西洋公约组织范围内组建"欧洲军"意图大不一样。总之，法国认为联邦德国必须在欧洲一体化的框架中来解决德国复兴与欧洲安全之间的矛盾。"欧洲防务共同体的计划，由于诸多原因不能切实可行且从没有把它转换成合理的计划，然而却成为关于德国重新武装的谈判基础"③。

美英一方面对法国政府终于接受重新武装联邦德国的原则很满意，另一方面"普利文计划"又被美英看作是一个法国拖延联邦德国重新武装的手段。因为"普利文计划"规定"舒曼计划"必须先签订，再建立欧洲政治机构；最后联邦德国才能参加"欧洲军"。对美国来说，这就不能达到迅速加强北约防御目的。对英国而言，既不能在短期内从美国援欧"一揽子"计划中得到

---

① Patrick McCarthy （ed.）, *France-Germany*, 1983 - 1993, New Youk：The Struggle Cooperate, St. Martin's Press, 1993, p. 8.

② 洪邮生：《英国对西欧一体化政策的起源和演变（1945—1960）》，南京：南京大学出版社 2001 年版，第 134 页。

③ Stephen A. Kocs, *Autonomy or Power？ The Franco—German Relationship and Europe's Strategic Choices*, Praeger, estport, Connecticut London, 1995, p. 16.

好处，又背离了英国一直坚持在大西洋体系范围内解决重新武装联邦德国的问题，美英开始都对法国的"普利文计划"反应冷淡。法国则始终坚持"普利文计划"，强调欧洲特性又坚持一体化原则，决不妥协。为了打破僵局，迅速重新武装西德，美国在 10 月底，提出了一个折中计划——"斯普福特计划"。其主要内容是：在对联邦德国重新武装的最终框架决定之前，美国的欧洲防务计划先行付诸实施，包括招募和训练联邦德国的军队，"普利文计划"继续谈判。英国对"斯普福特计划"重新武装联邦德国感到很满意，既能迅速建立欧洲联合部队，又能使美国兑现它的承诺。"斯普福特计划"却遭到联邦德国的反对，它认为该计划含有歧视联邦德国的条款，阿登纳总理要求停止一切对联邦德国的歧视行动，美国迅速武装西德的希望落空。美国感到，一意孤行地重新武装联邦德国，在西欧各国存在不同程度的阻力，"普利文计划"出自法国人之手，不失为一种解决办法，对"普利文计划"的态度也发生了变化，重新武装联邦德国的目光又转到"普利文计划"上。

1951 年 1 月 15 日在巴黎开始了建立"欧洲防务集团"的谈判。7 月会议提交一个将北约欧洲各国的武装置于一个超国家组织管辖之下的方案，该组织与欧洲煤钢联营相仿。[1] 美国对正在巴黎谈判成立"欧洲防务共同体"表现出很大的兴趣，为什么美国现在转而支持"普利文计划"呢？这是因为：1951年 7 月 10 日朝鲜战争停火会议已经在朝鲜开始举行，东西方军事对抗的压力得到缓解，重新武装联邦德国的问题也显得不那么紧迫了。"普利文计划"中拟成立的"欧洲防务集团"，不但将保证欧洲更能在防务上合作，而且"通过一体化的途径导致法德和解为西德的重新武装提供了一个解决的办法，最终使西德完全融入西方世界，这两点——西欧防务自立和法德和解——均符合美国在欧洲的长期安全目标"。"到1951 年年中前后，美国的关注重点成了为推动建立一支欧洲军而寻找切实可行的办法。在这个意义上可以说，在很大程度上西德重新武装的目的已从最初的单纯加强西欧军事力量转变为将西德带入大陆一体化运动之中，显而易见，后者的意义更为深远。"[2] 艾森豪威尔也是这样认为的："欧洲军尤其是在政治上的好处是可以带来欧洲的统一，他认为统一

---

① F. S. Northedge, *Descent from Power: British Foreign Policy, 1945–1973*, London, 1974, p. 161.

② 洪邮生：《英国对西欧一体化政策的起源和演变（1945—1960）》，南京：南京大学出版社 2001年版，第 141 页。

是解决欧洲一切困难的办法，而美国在这一点上应该负责任，美国国会希望在欧洲实现联邦，他认为欧洲军是朝着这个方向迈出的决定性一步。"① 重新武装联邦德国的目的，在1951年之后已经发生了质的转变，即单纯以东西军事对抗目的武装联邦德国转向推进西欧一体化进程，这对西欧早期一体化的作用和意义更为深远。

从1951年2月15日，在巴黎举行的创建"欧洲防务集团"会议正式开始，阿登纳利用谈判的机会向西方盟国要求德国应该被当作一个主权国家来对待，英法的态度相对温和，基本上同意德国的要求，相反美国很犹豫，美国认为在自己控制的德国部署部队要比在一个主权独立的国家容易得多。1951年11月20日，阿登纳飞赴巴黎，同美、英、法三国外长举行会晤，准备关于德国的"一般性条约"签字仪式，11月22日草签了该条约。阿登纳在会议上说："联邦政府郑重声明加入西方世界。外长会议的决定使联邦共和国成为欧洲安全的一种强大因素和吸引苏占区的一个巨大力量。苏俄将认识到，它想用冷战手段阻挠德国参加西方一体化是不会成功的。"② 1952年2月，正当欧洲防务共同体谈判进行之时，德法两国之间矛盾又起，德法之间因为萨尔问题矛盾再起，几乎影响到谈判的成功举行。

在关于建立欧洲煤钢共同体的谈判之时，没有解决萨尔问题。法国认为萨尔的现有地位是合法的，德国明确反对，最终双方都同意，"萨尔地位的最终确认要由对德和约或者一项起到合约作用的条约缔结时才能做出最后的解决"③。最后六国一致认为，萨尔的煤和钢铁生产都要纳入舒曼计划。关于萨尔问题，条约规定："本条约适用于缔约国的欧洲地区，它同样也适用于其外交事务由一个缔约国掌管的欧洲地区；本条约附有德意志联邦共和国政府和法兰西共和国政府之间就萨尔问题互换的信件"④。德国对萨尔区最终归属态度

① ［法］皮埃尔·热尔贝著，丁一凡等译：《欧洲统一的历史与现实》，北京：中国社会科学出版社1989年版，第131页。

② ［联邦德国］康拉德·阿登纳著，上海外国语学院等译：《阿登纳回忆录（1945—1953）》（一），上海：上海人民出版社1976年版，第590页。

③ W. Neunkirch, *Modellfall Saar, Die Saar Zwischen Deutschland und Frankreich 1945–1957*, Bonn: Kollen Verlag, 1956, s. 25.

④ ［联邦德国］康拉德·阿登纳著，上海外国语学院等译：《阿登纳回忆录（1945—1953）》（一），上海：上海人民出版社1976年版，第491页。

是明确的，阿登纳为了有关建立欧洲煤钢共同体的巴黎谈判能够获得成功，在萨尔问题上对法国作了妥协。互换信件表明德国不承认萨尔现状就是萨尔的最终地位，但是，"它为德法政府之间在将来解决萨尔的地位问题上创造了法律依据，互换信件构成了欧洲煤钢联营条约的一个不可缺少的部分"①。根据德法之间达成的妥协，双方都不能在萨尔问题上擅自行动，一切均以双方互换信件内容为基础，并一致认为萨尔的最终的地位要通过和约来解决。

尽管德法双方在萨尔问题上已经达成默契，可是在 1952 年 1 月 25 日，法国政府任命原法国驻萨尔布吕肯高级专员格朗瓦尔为驻在那里的大使，引起德国强烈不满，阿登纳请法国外长舒曼作出解释。舒曼解释说，尽管格朗瓦尔拥有大使衔，但是仍保持以前法国驻萨尔区高级专员所形式的相同职能，这不能令德国满意。阿登纳表示，如果法国不能对德国给出令人满意的解释，德国将拒绝参加欧洲防务共同体的投票。另外，联邦议院原定于 2 月 7—8 日辩论参加防务共同体也成疑问。美国对法国此时在萨尔区的行动大为恼火，德国则进一步请求美国在萨尔问题上对法国施加压力。麦克洛伊在 1 月 30 日发出对法国不满的信号，他说："这是某些坚持反欧立场的法国人士对欧洲计划和特别是对欧洲防务集团射出的一枪"，"他们怀着妒忌的心理注视着这种欧洲政策，并且经常寻找机会来破坏这种政策……"② 麦克洛伊一方面在谴责法国，另一方面向德国建议不要推迟在联邦议院中关于重新武装的辩论。在 1952 年 5 月 27 日，法国、联邦德国、意大利、比利时、荷兰、卢森堡六国签订了《欧洲防务集团条约》。该条约规定：要把各成员国的防务部队一体化置在一个符合联合国宪章的超国家的欧洲组织下，成为走向统一欧洲道路上的一个新的主要阶段，这个超国家的欧洲组织就是"欧洲防务集团"。《欧洲防务集团条约》签订了，还需要各缔约国国会批准才能生效。除法、意两国外，其他各国议会均迅速批准了该条约。意大利要等到法国批准以后才能批准。所以，法国对条约的批准就决定了"欧洲防务集团"的命运。

为了使法国批准条约，美国不断向法国施加压力。1953 年 12 月，国务卿杜勒斯公开向法国发出警告，如果条约失败，美国将对其欧洲政策作出"痛

---

① ［联邦德国］康拉德·阿登纳著，上海外国语学院等译，《阿登纳回忆录（1945—1953）》（一），上海：上海人民出版社 1976 年版，第 496 页。

② 同上书，第 596 页。

苦的重新估价"①。这就意味着，如果法国否定条约，美国就要把法国排除在西欧防务之外，而把联邦德国当作它的主要盟国。同年底，美国又规定 1953 年对欧洲的军事援助的一半只给"欧洲防务集团"或其成员国。虽然美英对法国施加了巨大的压力，但是法国对《欧洲防务集团条约》批评不断，如："欧洲防务共同体将'把法国军队劈为两半，'一半是被纳入欧洲军的法国本土上的军队，另一半是法国的海外军队"，"欧洲防务共同体对限制重新武装联邦德国不会有效，同时它对搞垮法国军队却会很有效"。② 此时的法国处境极为艰难，国际上已经出现缓和的趋势，助长了法国人对于与苏联达成谅解而无须采取武装联邦德国的希望，英国也不加入防务集团，法国将难以在防务集团中控制德国；法军又陷在印度支那。其实，法国"民族意识也在复苏，条约的超国家性质有损于法国的民族意识，法国民心不能忍受将军队完全交由超国家的共同体来指挥，他们希望有自己的军队来捍卫法兰西民族利益。这种民族情绪应该说是对军队一体化的最根本的否定"③。在此情况下，《欧洲防务集团条约》遭到夭折已不可避免。1954 年 8 月，法国国民议会否决了该条约，是"对欧洲统一的理想和超国家制度的打击"④。阿登纳把法国否决条约的那一天称作"欧洲不幸的日子"。9 月，阿登纳与比利时外交部长斯帕克（Henri Spaak）等谈话，被一个记者扈赫（Lothar Ruehl）偶然听到的谈话内容，也说明了阿登纳对欧洲和德国的未来表示了深深的担忧。原话是这样的："当我不在位之时，不知道德国的命运将会怎样，除非我们首先能够成功地建立起欧洲……一定要耗去我毕生的精力。当我逝去之后，那将太晚了。天哪！如果我的继任者留在一条没有清楚路标的道路上，或者他们将不向欧洲方向前进，我不知道我的后者将会干什么。"⑤ 法国否决防务共同体条约实质上是"他们担心在没有英国参加的情况下，德国人会控制这个共同体"⑥。甚至到最后一刻，

---

① Douglas Brinkley, *Dean Acheson: The Cold War 1953 – 1971*, Yale University Press, 1992, p. 31.

② ［法］皮埃尔·热尔贝著，丁一凡等译：《欧洲统一的历史与现实》，北京：中国社会科学出版社 1989 年版，第 146 页。

③ 郭华榕、徐天新：《欧洲的分与合》，北京：京华出版社 1999 年版，第 350 页。

④ Paul-Henri Spaak, *The Continuing Battle*, London, 1971, p. 178.

⑤ Marion Dönhoff, *Foe into Friend: The Makers of the New Germany from Konrad Adenauer to Helmut Schmidt*, Weidenfeld and Nicolson London, p. 30.

⑥ John Pinder, *European Community: The Building of a Union*, Oxford University Press, 1995, p. 7.

阿登纳还在恳求各伙伴国家不要在德国复活德军参谋部，寻求适当的办法，以期维持欧洲一体化的势头。

法国否决防务共同体条约无疑是对美国的欧洲政策浇了一盆冷水，美、法关系顿时紧张起来。杜勒斯9月的西欧之行，故意绕开了法国巴黎。英、法马上意识到否决条约可能带来的负面效应。美国可能在大西洋组织范围内寻找其他的解决办法来重新武装联邦德国，德国也可能放弃西欧一体化的主张，完全倒向美国，而成为美国的特殊盟友。也可能德国将采取中立主义或者倒向苏联，那么欧洲一体化成果也许将毁于一旦。"到1952年，西方盟国和德国总理决定不允许任何阻碍和延缓把联邦德国一体化西方联盟的计划。"[1] 英法等国积极寻找方案替代《欧洲防务集团条约》，重新武装联邦德国。法国由于自己否决了自己提出的条约，自然再也不能带头提出什么方案了，美国也束手无策，"这看起来似乎是美国在欧洲一体化政策的终结"[2]。那么英国就提出了所谓的"艾登计划"。

"艾登计划"主要内容是尽快结束对联邦德国的占领状态；修改《布鲁塞尔条约》，邀请联邦德国参加布鲁塞尔条约组织，该组织更名为"西欧联盟"；以平等一员的身份接纳联邦德国参加北大西洋公约组织，联邦德国可以有一支受控于西欧联盟的军队；英美保证将长期在欧洲驻军，以消除法国对武装后联邦德国的恐惧等。"艾登计划"大大超过了美国最初的设想，也与美国的对欧一体化政策相一致。杜勒斯曾告诉艾登，西欧一体化对美国人民具有强大的吸引力。美国一直把欧洲一体化当作解决西欧所面临的最紧迫的问题——经济复苏和法德和解——的最佳途径，他们不懈地推动西欧国家走联合之路。例如，美国支持"舒曼计划"和"普利文计划"，以借助一体化机制，消弭法德世仇宿怨，最终达到西方团结，以其对抗东方。"艾登计划"是以政府间合作的形式建立的一个松散的政治同盟，不具有超国家机构的性质。但是"用西欧联盟的方式把联邦德国重新武装起来，又把它捆绑在西欧阵营内与其宿敌法国同在一个共同防务体系内，其作用是显而易见的，它既壮大了西方阵营的防御力量，又避免法德两国军事冲突"[3]，达到了美国重新武装联邦德国的目的。

---

① Wolfram F. Hanrieder, *Germany, America, Europe: Forty Years of German Foreign Policy*, Yale University Press, 1989, p. 154.

② Clemens Wurm, *Western Europe and Germany: The Beginnings of European Integration 1945 – 1960*, Berg Publishers Oxford/Washington, USA, 1995, p. 129.

③ 郭华榕、徐天新：《欧洲的分与合》，北京：京华出版社1999年版，第352页。

德国与欧洲一体化

1954年10月23日，原欧洲防务集团条约六国和美、英、加三国签署了建立在"艾登计划"基础上的《巴黎协定》。西欧联盟的总目标是"促进欧洲的团结，鼓励其逐步一体化"①。虽然如此，但根据《巴黎协定》，西欧联盟是北大西洋公约组织防务的一个组成部分，这是北约与西欧联盟并存的双重结构，必然使西欧联盟的作用非常有限。但是美国既实现了重新武装联邦德国的最终目的，也实现了将联邦德国捆绑在欧洲的初衷，更加强它在西欧对苏冷战实力。法国国民议会对批准《巴黎协定》进行了激烈的争论，英美在此时对法国软硬兼施。"拒绝巴黎协定并不意味着不重新武装西德。问题不在于是否重新武装西德，而在于以什么方式重新武装西德。"② 美国强调：如果法国不妥协，美国可能与联邦德国一起单独干。为使法国消除对联邦德国武装的疑虑，美英又表明，保证在欧洲大陆长期驻军，同时联邦德国也保证不制造"ABC"（原子、生化、化学武器）武器。法国在各国的高压之下，1955年3月，终于批准了该条约。

重新武装联邦德国在20世纪50年代上半期这一困扰法国外交与内政的问题，终以法国忍痛吞下苦果而告一段落，这也是西欧在早期一体化进程中的一个重大的挫折。《巴黎协定》从整体上看，在超国家性质上比《欧洲防务集团条约》有所减弱。实际上，《巴黎协定》保留了欧洲防务共同体条约的基本内容，但是超国家成分有所减弱，通过西欧联盟的渠道把德国有限地武装起来加入北约，这就明确了美英对西欧防务的义务，从而也减轻了法国对德国的担忧。

我们也应该看到，《巴黎协定》还是包含着相当程度的军事一体化成分，有些一体化成分比《欧洲防务集团条约》还有所加强，如："欧洲盟军最高指挥部的权力也加强了，特别在部署驻军，它们的一体化和它们的后勤组织上的权力加强了"③，并不是对一体化的全部否定。对欧洲一体化进程而言，在重新武装联邦德国的过程中，最大的收获是法德双边关系彻底的改变。两国自此以后同为北约和西欧联盟成员国，从过去互相是世仇冤家的敌对国变成了盟国，法德化敌为友，"在政治上初步实现了法德和解"，"重新武装西德问题在北大西洋公约范围内获得解决，法德和解的一大障碍得以消除"，④ 这正是西

---

① 李世安、刘丽云：《欧洲一体化史》，石家庄：河北人民出版社2003年版，第66页。

② 何春超：《国际关系史（1945—1980）》，北京：法律出版社2002年版，第169页。

③ ［法］皮埃尔·热尔贝著，丁一凡等译：《欧洲统一的历史与现实》，北京：中国社会科学出版社1989年版，第158页。

④ 张锡昌、周剑卿：《战后法国外交史（1944—1992）》，北京：世界知识出版社1993年版，第66—67页。

欧早期一体化进程中必不可少的前提条件，法德和解是欧洲一体化的基石。"倘使德法两国之间不能实现和解，欧洲的联合就有困难，并且将会在萌芽状态就被扼杀"①。阿登纳说过，"德法谅解即使不是欧洲政治经济统一的一把钥匙，也是欧洲政治经济统一的一个开端"②。法德在和解的氛围下，作为《巴黎协定》一部分，德法之间也达成了关于解决萨尔问题的原则协定，最终采纳了萨尔完全回归联邦德国的方案，又解决了法德和解中的另一个大障碍，为西欧早期一体化的顺利进行奠定了坚实的基础。重新武装联邦德国的过程一波三折，虽然建立的西欧联盟一体化程度与本来的军事一体化目标有所减弱。不可否认的是，这是西欧在早期一体化进程中所遭受的一次重大打击，但是德法两国却在西欧联盟中实现了初步的和解，这正是欧洲走向一体化的基础和前提条件。正所谓是："失之东隅，收之桑榆"。

　　与欧洲煤钢联营几乎同时启动的欧洲防务共同体的尝试所遭受的挫折，西欧国家也从中吸取了经验和教训，那就是在共同安全与防务政策等所谓的"高政治"领域，在战后的环境中难以取得实质性的突破，同时煤钢联营也使西欧尝到了一体化的甜头，使它们重新认识到西欧联合只能从经济领域着手，循序渐进。在西欧军事一体化遭受挫折之后，"在欧洲建设的道路上进入一个新阶段的时刻已经来临"，"欧洲建设首先应该在经济领域内实现"。③ 欧洲一体化进入了"重新启动"阶段。在法德两国已取得基本和解的前提下，1957年3月，西欧签署了关于建立欧洲共同市场和欧洲原子能共同体的《罗马条约》，标志着西欧在早期一体化道路上迈出了坚实的一步。

第四节　德国启航"墨西拿之舟"

　　战后随着苏联实力的恢复和扩展，冷战双方被迫实现暂时的缓和。在德国问题上，到1955年，虽然美苏都没有放弃德国统一的口号，但双方都知道德

---

① ［联邦德国］安纳丽丝·波萍迦著，上海外国语学院等译：《回忆阿登纳》，上海：上海人民出版社1976年版，第217页。

② ［联邦德国］康拉德·阿登纳著，上海外国语学院等译：《阿登纳回忆录（1945—1953）》（一），上海：上海人民出版社1976年版，第294页。

③ 萧汉森、黄正柏：《德国的分裂、统一与国际关系》，武汉：华中师范大学出版社1998年版，第345页。

德国与欧洲一体化

国统一的希望越来越渺茫，仅希望满足维持德国分裂的现状，这对德国来说是不能容忍的。可是，德国是无法凭自己的力量来实现统一，它认为只有壮大欧洲联合力量，在一个统一的欧洲实现德国统一。可是，由于法国否决《欧洲防务共同体条约》后，欧洲一体化陷入低潮。德国决定把几乎停滞的欧洲一体化车轮重新运转起来，妥善处理德法矛盾的焦点——萨尔问题，为重启欧洲一体化进程创造了良好的条件。此时，在苏伊士运河危机中，美国出卖盟友的行为，也是欧洲一体化重新启动的外部原因。在内外原因作用下，欧洲一体化终于迈出了前进中的关键的一步。

一、冷战对峙——德国实力外交政策遭挫

德国分裂后，美苏双方表面上都支持德国重新统一，但谁也不想通过武力来实现这一目的，特别是苏联实力增强之后。1959 年美国国务卿杜勒斯曾对时任西柏林市长的维利·勃兰特道出了美国的心声：美苏之间困难重重，可在一件事上并无分歧，即"决不让一个武装的重新统一的德国，建立一个徘徊在与东西方之间的无人地带"①。阿登纳也决不认为，成立两个德意志国家就是德国问题的最终解决方案，相反重新统一是他的主要外交目标之一。可是，德国怎样才能获得重新统一？1957 年苏联卫星上天，洲际导弹发射成功等一系列行动对整个西方阵营产生了重要的影响。西方国家"对于美国保护的可靠性产生了疑虑，阿登纳也不例外"②。1956—1957 年，在东西方裁军谈判中，美英不断对苏联作出让步的姿态令阿登纳不安。实际上双方都把靠近自己的一部分德国纳入自己的冷战轨道，反而使德国分裂进一步固定化了，德国统一看来更是遥远的事。苏联日益强大，美国的退让等原因迫使阿登纳在他的执政后期使完全依靠美国来保证自己的安全的外交政策开始发生改变。阿登纳坚决奉行向西方"一边倒"的外交政策，积极推进欧洲一体化进程。在欧洲联合中壮大德国力量，最后迫使苏联让步，达到以"西"统"东"的目的。他说：只要欧洲不统一，"就不能期望苏联作出重大让步"，"没有一个强大统一的欧

---

① ［联邦德国］维利·勃兰特著，张连根等译：《会见与思考》，北京：商务印书馆 1979 年版，第 137 页。

② 萧汉森、黄正柏：《德国的分裂、统一与国际关系》，武汉：华中师范大学出版社 1998 年版，第 333 页。

洲。而要在自由中实现德国统一，这是谁也不能自圆其说的"。① 面对德国统一陷入困境，再加上法国否决《共同防务条约》后欧洲一体化进程陷入的低迷状态，阿登纳必须采取措施加强欧洲联合。

阿登纳并不满足于欧洲煤钢共同体所取得的成就，他希望整个西欧能够继续在其他经济和政治领域实现一体化。政治上，"1953 年后，阿登纳较小的外交目标就是保护德国以前所获得的成果，防止波茨坦噩梦重现"②。德国加入北约等欧洲组织就意味着恢复行使主权了，然而德国也清楚，恢复主权之路是靠德国坚定不移的欧洲一体化政策来获得的；要巩固已经取得的主权，并要继续加强其欧洲一体化政策，同样要靠西欧联合来解决德国问题。经济上，西欧一体化也是德国谋求巩固和发展的根本政策，"对许多欧洲人来说，进一步一体化是维持民族国家战后经济重建动力的唯一可行途径"③。本来建立欧洲防务共同体可以使欧洲政治一体化进程向前跨出一大步，法国否决使欧洲一体化遭受挫折，这种局面对于德国平等主权的地位的巩固和加强是极其不利的。更为重要的是，斯大林去世后的 1953 年，"美国已经采取了一项新的军事政策，在加重核威慑作用的同时也接受了冷战会无限期延长的可能。美国人担心军备竞赛也许会拖垮经济，他们认为：主要依靠核武器的政策是一个较便宜的政策"④。在苏联，掌握权柄的赫鲁晓夫大力推进东西方缓和，冷战已出现缓和的迹象。到 1955 年，冷战双方虽然都没有放弃德国统一的口号，但双方也都知道德国统一的希望越来越渺茫，美苏双方都把希望德国统一的一切美丽托词统统丢到九霄云外去了。

法国否决欧洲防务共同体条约，欧洲军方案被搁置一边，随之欧洲一体化运动也陷入低潮。但是，"建立欧洲防务共同体的失败和欧洲煤钢共同体存在的问题并没有给一体化进程带来持久的负面的影响"⑤。一方面，欧洲人已经

---

① ［联邦德国］康拉德·阿登纳著，上海外国语学院等译：《阿登纳回忆录（1945—1953）》（一），上海：上海人民出版社 1976 年版，第 614—615 页。

② William E. Griffith, *The Ostpolitic of the Federal Republic of Germany*, The MIT Press, Cambridge, Massachusetts, and London, England, p. 62.

③ Sean Greenwood, *Britain and European Cooperation Since 1945*, Blackwell, Oxford UK & Cambridge USA, 1992, p. 62.

④ Max Beloff, *The United States and the Unity of Europe*, Faber and Faber 24 Russell Square London, 1963, p. 88.

⑤ Werner J. Feld, *West Germany and the European Community：Changing Interests and Competing Policy Objectives*, Praeger, 1981, p. 36.

德国与欧洲一体化

从煤钢共同体的成功中品尝到了一体化的好处。钢的出口贸易额为原贸易额的157%，钢产量增产65%，促进了采煤工业的现代化，保证了煤炭、矿石的可靠供应，6国在经济上受益匪浅，促成欧洲联合的各种主客观因素并没有消失。再者，战后西欧联合发展使欧洲观念、欧洲共荣共辱的思想深入民心，欧洲联邦主义力量几个月后又恢复了它的积极性，他们把目标又转向对国家主权直接威胁少一点的经济领域。第三，这也是欧洲经济发展的需要。20世纪50年代中期，西欧经济已经摆脱了战后萧条的状态，经济开始迅速发展，这种趋势必然会导致生产和资本集中，垄断加强。为了降低生产成本，也必然要采用先进的科学技术。第四，战后的民族解放运动风起云涌，殖民地纷纷独立，欧洲主要资本主义国家的殖民地几乎丧失殆尽，而经济的高涨迫使欧洲国家积极开拓内部市场，还要与美国等发达国家争夺国际市场。在国际竞争日益激烈的情况下，单凭欧洲某一个国家实力难以与美国等工业大国相竞争，这就要求西欧国家加强联合，积极推进欧洲一体化进程，这时莫内再一次发挥了他的"欧洲之父"的作用。

莫内既是坚定的欧洲联邦主义者，又是一位现实主义者，更具有深远的政治眼光，他积极地推行欧洲联合政策有其深刻的根源：第一，20世纪50年代中期，在欧洲，苏联积极推行缓和政策。对苏联的行动，莫内认为："首先要把我们自己组织起来，我认为这是唯一明智的立场。我们无需过多地去考虑他人的企图或作出可能的反应，想期待自古以来就不属同一范畴的人们都接受我们的全部安排，只是幻想。"① 可以看出莫内对苏联的缓和政策表示深深的怀疑。第二，还是要妥善地解决德国问题。欧洲防务共同体失败后签订的《巴黎协定》给予了德国全部的主权，为其加入北约打开了方便之门，德国重新崛起已不可避免，引起莫内深切的担忧。第三，战后欧洲经济的迅速复兴，在工业水平较高、出口能力较强的德国等其他国家要求消除一切关税壁垒，建立全面的共同市场的思想也在酝酿之中。可是，法国工业发展落后于德国等西欧国家，一向对其经济实施贸易保护主义，故对德国提议建立共同市场不感兴趣。但法国对20世纪50年代刚刚兴起、预示着前景无限美好的原子能工业倍感关注，对建立原子能共同体异常热心。在莫内看来，利用原子能是一个希望

---

① ［法］让·莫内著，孙慧双译：《欧洲之父：莫内回忆录》，北京：国际文化出版公司1989年版，第225页。

与恐惧并存的机会。法国暗想凭借其在核工业方面的优势地位，可以在这个未来的共同体机构中起到支配作用，还可以束缚住德国核工业的发展，消除德国对法国的潜在威胁。莫内感到必须重启欧洲一体化，恢复其活力，再次把德国拴在一个统一的欧洲之中。莫内"非常幸运"的是，在重启欧洲一体化的动荡不安的混乱时刻，阿登纳"并不想为他的国家争得更加广泛的行动自由。……他还准备不惜一切代价，将把德国和法国这两个西欧国家结成西欧大陆联邦。"① 这正是莫内重新启动欧洲一体化的关键所在，莫内抓住德国对推动欧洲一体化的渴望，充分利用西欧国家对建立共同市场的热情，再次推进欧洲一体化的进程，欧洲历史揭开了新的一页。

在 1955 年春，各种要求经济进一步一体化的思潮在西欧开始泛滥，莫内提出延展煤钢共同体的权限便是例证。他想把高级管理机构的权限扩大到运输、电力和原子能和平利用等方面。莫内的一体化主张在德国引起了强烈的反响，例如，经济部长艾哈德不仅公开地，而且还在与总理阿登纳的私人信件中表示了强烈地反对。他的反对意见"起源于他的自由市场理念，导致他强烈地反对管制市场经济和超国家管理机制，然而，他也承认加速西方联盟的合作也有政治上的必要性"②。艾哈德建议民族国家之间在进行贸易自由化和货币政策上合作，赞赏在欧洲经济合作组织和关贸总协定（GATT）范围内政府之间合作所取得的成果。除此之外，德国的权力集团，如电力企业，也反对扩大煤钢共同体的权限职能，他们认为，"增加能源费用对德国总体经济不利"③。如果欧洲一体化照此发展下去，欧洲联合将会遭到失败的危险。面对德国国内反对欧洲进一步一体化的主张，阿登纳进行了猛烈的反击。国务秘书哈尔斯坦（Walter Hallstein）代表总理阿登纳给艾哈德发出一封信以表明自己对欧洲一体化的原则立场。在信中，"他欢迎莫内关于建立运输和原子能一体化的想法"，公开表示"在共同体之内愿意超国家机构作为培育政治一体化的方式"。④ 从中可以看出，阿登纳并不仅仅满足欧洲经济一体化，而是把此作为

---

① ［法］让·莫内著，孙慧双译：《欧洲之父：莫内回忆录》，北京：国际文化出版公司1989年版，第226页。

② Martin P. C. Schaad, *Bullying Bonn: Anglo-German Diplomacy on European Integration*, 1955–1961, Macmillan Press Ltd, 2000, p. 14.

③ 同上。

④ 同上。

实现政治一体化的一种手段。

国际关系的变化更加强了阿登纳推进欧洲一体化的决心。20世纪50年代，特别是西德加入北约、东德加入华约后，美苏分别接受了彼此在欧洲的势力范围，分别充当欧洲稳定的担保人，彼此共同维护战后欧洲的现状的局面。"苏联巩固了它在欧洲的统治地位，这种地位1955年之后不再受到威胁，随后的20年里是使这种地位合法化的外交战。美国也成功地实现了它的双重遏制目标，第一，把苏联限制在二战后获得的中欧势力范围之内；第二，尽力与波恩政府合作把其拴在大西洋和西欧框架之内。"[1] 1955年5月中旬，美、苏、英、法等国签订《奥地利国家约》，解决了战后悬而未决的奥地利问题，被看作是东西方关系转暖的迹象。7月，四大国首脑又相会日内瓦，虽然在日内瓦会议上四大国没有达成任何实质性协议，但也没有激烈的争斗行为，一时被誉为东西方缓和的"日内瓦精神"。德国的重新统一是阿登纳处心积虑、奋力以求的外交目标。虽然他没有参加1955年日内瓦会议，但是他一直密切关注会议的进程，东西方的缓和引起阿登纳的担心。阿登纳的担心不是没有根据的，不仅苏联提出要"中立化"德国的主张，就是在西方也有如此的议论，他担心英法两国在德国分裂现状的基础上接受缓和。他对苏联的缓和政策的不信任是根深蒂固的，如前一样，继续把推进西欧统一进程和德法和解置于优先地位，因为"阿登纳把欧洲一体化政策视为德国重新统一的唯一之路"[2]。他深信："只有将联邦德国与一个强大的、统一的西欧紧密的联合在一起，并且和美国一道才能够带来德国的重新统一。"[3] 国际环境的变化给德国实现其欧洲一体化理想带来新的机遇，欧洲的前途决定着德国的前途，欧洲的衰落势必使德国刚取得的平等地位重新失去，德国为了维护自己和欧洲的利益，必须将欧洲一体化运动重新推动起来。

二、德国消除萨尔矛盾——德法再和解

1945年后，德法和解的主要障碍之一是萨尔问题；换句话说，萨尔问题

---

① Wolfram F. Hanrieder, *Germany, America, Europe: Forty Years of German Foreign Policy*, Yale University Press, 1989, p. 143.

② William E. Griffith, *The Ostpolitic of the Federal Republic of Germany*, The MIT Press, Cambridge, p. 62.

③ Ibid. p. 68.

也就是欧洲早期一体化的主要障碍。萨尔区面积只有 2500 多平方公里，人口也不过 90 多万，二战前萨尔就有三次脱离德国直接处于法国统治下的历史，二战后萨尔再次成为德法矛盾的中心。这是因为法国想获得萨尔这个欧洲第二大原煤出口地，很想夺取萨尔丰富的煤炭资源为经济服务，控制住萨尔就意味着彻底剥夺德国的军事工业基础，并且一劳永逸地消除德国的威胁。但是，萨尔是德国领土的一部分，分割萨尔涉及德国国家核心利益问题。所以，萨尔问题能否妥善地解决决定了德法之间是否可以实现和解，这也决定了欧洲一体化能否迈出关键的一步。

萨尔位于法国占领区之内，对法国来说，似乎处理萨尔问题较鲁尔问题相对容易些。战后法国强烈要求肢解德国，要求萨尔区永远脱离德国并入法国是对德主要政策之一。1945 年 1 月 17 日，法国外长皮杜尔说："萨尔的煤矿，按照《凡尔赛条约》的规定是属于法国的财产，必须再次为法国所有并列入法国的关税区和货币区。"[①] 1945 年 7 月 7 日，美国当局把萨尔区移交给法国管理，随即法国于 12 月 23 日宣布没收萨尔区的矿井。配合法国的行动，萨尔区在 1947 年 10 月举行立宪会议的普选，91.5% 的选民赞成萨尔区进行自治。12 月 15 日，萨尔区通过了旨在将萨尔并入法国的宪法，宪法规定，萨尔的最高权力属于法国，管理其对外交关系和防务安全。萨尔区组成了以霍夫曼为总理的政府，并采取一系列靠近法国的政策，如萨尔矿山的开采权交给法国，法国的货币取代德国马克。

与美英战后初期实施肢解德国的政策相一致，1946 年 7 月 11 日，美英两国外长在巴黎外长会议上，同意法国提出的萨尔区脱离德国经济体系的要求。美国国务卿贝尔纳斯说："美国认为，美国不能拒绝法国对萨尔区的要求。法国在七十年中曾三次遭到德国的入侵。萨尔区的经济同法国的经济长期以来都是紧紧地联系在一起的。"[②] 西方三国的萨尔政策引起了德国的深切担忧，阿登纳对此阐明自己的立场，在盟国《波茨坦协定》和以后的屡次声明均明确规定，如果要改变 1937 年的德国边界，只有根据和约才能决定其边界变更与

---

① W. Neunkirch, *Modellfall Saar, Die Saar Zwischen Deutschland und Frankreich 1945 – 1957*, Bonn: Kollen Verlag, 1956, s. 7 – 8.

② ［联邦德国］康拉德·阿登纳著，上海外国语学院等译：《阿登纳回忆录（1945—1953）》（一），上海：上海人民出版社 1976 年版，第 105 页。

否，以此作为对法国要求的否决和回击。如前所述，在 1947 年 3 月四国外长莫斯科会议上，美英满足法国把萨尔区经济纳入法国经济体系的要求以此来拉拢法国对抗苏联，为其控制西欧埋下伏笔，紧接着美国抛出"马歇尔计划"，抛弃战后与苏联合作的政策，重振西欧并把之作为实行冷战的强大力量。

德国问题一直是西欧复兴中的关键问题，法国往往是这个主要矛盾的制造者。美国为了消除复兴西欧道路上法国这个绊脚石，对法国在萨尔区的要求作了一定的让步，以实现其最大的冷战利益。1948 年 2 月 20 日，美、英、法三国签署了一项协定，对法国人把萨尔区经济同法国进行合并既成事实予以法律上的认可。协定规定：从 1948 年 1 月 1 日起，萨尔区和双占区之间进行的贸易将作为对外贸易处理，德国从萨尔区进口货物必须以美元支付，萨尔区俨然是一个依附于法国的独立王国。1948 年春，法国占领区与美英双占区合并，美英对法国的妥协是以法国作出合并占领区为代价的，美英已经做好了成立西德政府的准备工作，"西方大国，特别是美国，把西德的经济和政治的统一看作是挽救西欧经济崩溃和对抗苏联霸权主义的第一步。"[1] 盟国撇开德国与法国签订的一些关于萨尔问题的文件，这些损害德国利益的协定在德国自然不受欢迎，引起了德国的反对，这不利于西方对苏冷战要求。国际环境的变化迫使西方势力逐步改变其对德政策。1948 年春，柏林危机加强了法国对苏联的恐惧。另外，美英对法国的压力迫使其逐渐改变了对德政策。法国开始考虑把德国纳入西方阵营的必要，逐渐开始承认德国的存在，这为实现德法和解提供了一定的前提基础。1948 年 1 月 4 日，皮杜尔表示："德国位于欧洲中部，必须尽快重建"，"我们不能总被过去所束缚，要面向未来"。[2]

其实，法国的萨尔政策在舒曼担任外长之时就已经发生了转变。1948 年 10 月，当阿登纳与舒曼第一次会见时，商谈的主要议题就是萨尔问题。舒曼就已经暗示阿登纳，把萨尔区归还给德国是可能的，法国对萨尔区的要求只是从经济利益上考虑的。1949 年 8 月 14 日，西德举行了大选；9 月 15 日，阿登纳出任总理，德国历史翻开了新的一页。阿登纳本着"萨尔区不应该成为消

---

① William E. Griffith, *The Ostpolitic of the Federal Republic of Germany*, The MIT Press, Cambridge, Massachusetts, and London, England, p. 53.

② John Gillingham, *Coal, steel, and the Rebirth of Europe, 1945-1955, The Germans and French from Ruhr conflict to economic community*, Cambridge University Press, 1991, p. 157.

除对立的障碍"的理念下，不顾国内的强烈反对于 1949 年 10 月 31 日加入欧洲经济合作组织（萨尔在此之前已经是该组织的非正式成员），这是德国在萨尔问题上对法国作出让步的开始。从另一方面来讲，德国开始正式成为西方的经济伙伴，同时还赢得了西方的信任，加强了与西方的沟通与合作。德国于 12 月 15 日开始接受"马歇尔计划"的援助，促进了德国经济的振兴，为欧洲早期一体化作出了巨大的贡献。

美国为了拉拢法国对抗苏联，在萨尔问题上是容忍和支持法国的。1950 年，德国萨尔、鲁尔问题导致了战后德法矛盾的高潮。1950 年 1 月 18 日，美国国务卿艾奇逊发表声明说，美国政府支持萨尔区脱离德国，萨尔区经济并入法国。第二天，阿登纳马上作出反应，迅速利用与美国高级专员麦克洛伊共进早餐的机会向美国阐明德国的萨尔政策。他提出是否可以采用与鲁尔法规相似的办法来解决萨尔问题。阿登纳的想法是，在欧洲一体化的框架内，尽量满足法国在萨尔区的经济利益。同时，也提出了解决萨尔问题的德国原则："清楚地表明，萨尔地区从国际法来讲是属于德国的"，"在萨尔地区建立任何特殊制度，尤其是可能把萨尔地区从政治上脱离德国的做法，都要付诸真正的公民投票"。[①] 麦克洛伊则抱怨说："每当欧洲发展到一个重要阶段时，萨尔问题总是一再冒出来。"[②] 德法间在萨尔问题上矛盾更加突出。

1950 年 1 月初，法国和萨尔区政府开始就签订所谓的"国家条约"进行了非正式谈判。条约内容包括萨尔区实行自治，铁路和矿藏资源租借法国 50 或者 99 年等，这在德国引起不安的情绪。此时，萨尔问题又与德国联邦议院决定德国是否加入欧洲委员会的问题交织在一起。1950 年 3 月 3 日，倾向独立的萨尔区政府与法国签订了《萨尔协定》。《萨尔协定》是由四个协定组成，即"总协定"、"法国和萨尔经济合并实施协定"、"萨尔矿藏开采协定"和"萨尔铁路经营管理协定"。对德国而言，四个协定中尤为前两个协定最为关键。因为后两个协定明确表明：在对德国和约签订之后，这两项协定是否继续有效，将取决于和约的内容。所以，德国认为前两项协定可以理解为将不受未来的和约所约束，那么这就意味着萨尔将会永远分离德国。

---

① ［联邦德国］康拉德·阿登纳著，上海外国语学院等译：《阿登纳回忆录（1945—1953）》（一），上海：上海人民出版社 1976 年版，第 345 页。

② 同上书，第 594 页。

德国与欧洲一体化

《萨尔协定》的签订是对阿登纳建立德法和解与合作和欧洲一体化外交政策的一次严峻挑战，德国人开始怀疑德法和解是德国一厢情愿的事。法国与萨尔区政府签订的协定引起了德国人强烈的愤怒，可能成为民族主义兴起的导火索，还有可能会促使德国的极端民族主义分子去求助苏联。阿登纳说："从心理上讲，《萨尔协定》的签订对我们德国人是十分危险的。而且，它对欧洲问题会产生严重的心理影响。"① 但是，阿登纳坚信德国的利益与西方的利益是一致的，并且西方将会逐步把德国当成一个真正的伙伴，那么此时的德国就不能作出错误的抉择。"首先，这就意味着德国乐意作出对法国实实在在的让步"，"没有这些让步就不能前进"。② 阿登纳开始为萨尔问题的妥善解决采取行动，克服当前德法关系因为萨尔问题而停滞不前和不信任的状态，在解决德法矛盾的焦点——萨尔问题过程中积极推动欧洲一体化进程。如前所述，1950 年 3 月，阿登纳利用接见美国记者金斯伯里·史密斯时提出建立一个欧洲联盟的意图。如果德法两国都在这个未来的联盟内，萨尔等德法之间等矛盾就会迎刃而解。他认为，只有大胆的设想和迅速的行动才能推动欧洲的建设。法国的戴高乐对建立德法联盟的建议表示赞同，虽然他赞同建立联盟的出发点与阿登纳大不相同。

事实上，"1949 年之后，阿登纳将成为欧洲一体化的主要设计者"③，阿登纳处理萨尔问题是其欧洲一体化政策一个好的例证。法国和萨尔区政府的行为引起了德国人的不安，民族主义再次兴起将会扼杀欧洲早期的一体化的萌芽。阿登纳处理萨尔问题的出发点是，"法国反对一个可能太强大的德国对自己安全的合理要求与传统上是德国人的萨尔之间的矛盾，这些矛盾仅仅只能在萨尔欧洲化的基础上才能解决"④，"如果德法关系问题能够在较高的级别上并且用由于两国联盟而产生的果断的眼光加以解决的话，我（指阿登纳——著者注）认为萨尔问题也就能自行解决了"。⑤ 后来，阿登纳在《联邦政府关于萨尔问

---

① ［联邦德国］康拉德·阿登纳著，上海外国语学院等译：《阿登纳回忆录（1945—1953）》（一），上海：上海人民出版社 1976 年版，第 349 页。

② Simon Bulmer & William Paterson, *The Federal Republic of Germany and the European Community*, Allen & Unwin, 1987, p. 125.

③ 同上。

④ 同上。

⑤ ［联邦德国］康拉德·阿登纳著，上海外国语学院等译：《阿登纳回忆录（1945—1953）》（一），上海：上海人民出版社 1976 年版，第 355 页。

题的备忘录》中详细地阐明了这一政策：处理萨尔问题的核心是成立"国际萨尔管理机构"，它是国际鲁尔国际管制机构这一思想的延续。此时德国还没有外交部，阿登纳只能利用一切机会，呼吁西方盟国关注出现的萨尔危机可能会导致德国滑向苏联的危险。这种局面是西方盟国所不能看到，故美英开始向法国施加压力。1950 年 3 月 9 日，英国高级专员在给阿登纳的信中表示："萨尔的最后地位只有通过和约才能确定。从这个意义上讲，这些协定只是临时性的，它只在和约签订以前有效。"① 当晚，法国高级专员的代表匆忙向报界提交一份官方的通告说："所有法国与萨尔在最近签订的这些协议，都将有待于在最后的和约范围内加以认可"②。法国作出一定程度的妥协。

在西方盟国的要求下，德国和萨尔应同时成为欧洲委员会的联系成员。可以想象，德国在接到盟国邀请其加入欧洲委员会时的心情是复杂的。不仅是以阿登纳为代表的执政党不满意，要想得到以舒马赫为代表的反对党同意也是绝对办不到的。这不是政党之间的矛盾问题，而是涉及德国主权和领土完整的国家核心利益问题。可是，加入欧洲委员会对德国来说又是十分必要的：一方面，德国加入欧洲委员会对其恢复主权的象征意义巨大；另一方面，如果萨尔也加入该组织也意味着德国承认萨尔不再是德国的领土。阿登纳的外交政策就是促进欧洲一体化，在欧洲联合中实现德国重新统一等外交目标。欧洲委员会距离建立欧洲联邦还是相当的遥远，但毕竟是朝着这个方向发展。德国作为欧洲的一个大国，如果不参加欧洲委员会，那是对欧洲联合一次沉重的打击。相比之下，萨尔其他民族意义就不得不退居次要了。1950 年 3 月 31 日，阿登纳接受了欧洲委员会的邀请，德国成为欧洲委员会的联系国。6 月 15 日，联邦议院对德国参加欧洲委员会的提案进行表决，且以 220 票对 152 票通过表决，德国社会民主党和共产党投了反对票，萨尔问题并没有得到彻底的解决。阿登纳为了实现欧洲一体化的目标迈出第一步，在萨尔问题上作出暂时的妥协，以后萨尔问题还是欧洲一体化进程中的不可逾越的障碍。

1954 年法国否决煤钢共同体条约后，德国并没有偏离欧洲一体化政策，向外界表示继续支持欧洲一体化进程。西欧通过扩大布鲁塞尔条约的形式解决

---

① ［联邦德国］康拉德·阿登纳著，上海外国语学院等译：《阿登纳回忆录（1945—1953）》（一），上海：上海人民出版社 1976 年版，第 351 页。

② 同上。

了德国重新武装问题，吸收德国和意大利加入西欧联盟，决定吸收德国为北约成员国，还宣布占领德国正式结束，德国获得了完全主权。同时，长期以来关于萨尔问题的一系列谈判工作在 1954 年 10 月达到高潮。谈判的前提条件是：萨尔问题欧洲化。德国要求保证萨尔居民有自由的政治权利，阿登纳同意在西欧联盟内萨尔问题欧洲化，但必须经过全民投票表决。1955 年 10 月 23 日，萨尔居民投票否决了萨尔问题欧洲化方案。之后，赞成萨尔回归德国的政党上台更利于德国解决萨尔问题。1957 年 1 月 1 日，萨尔成为德国的第 11 个州。这样，就妥善解决了德法间存在的主要矛盾，为重启欧洲一体化奠定了良好的前提基础。

三、德国重新启动一体化进程——《罗马条约》的签订

1955 年 5 月 20 日，比利时、荷兰和卢森堡共同议定一份备忘录，主要内容是六国准备实施电力、原子能、运输等部门一体化，并成立全面的关税同盟，备忘录交给煤钢共同体六国外长会议讨论。在墨西拿会议前九天，德国国内就莫内方案和低地国家的备忘录终于达成了妥协，"原则上接受艾哈德的意见，即进一步部门一体化是不可取的，然而，在运输、电力和原子能却是合适的进行一体化部门"①。1955 年 6 月 1—3 日，煤钢共同体六国齐聚墨西拿共商重启欧洲一体化事宜。会议明确宣布：西欧六国政府认为，"在建设欧洲的道路上进入一个新阶段的时刻已经到来。它们主张首先要从经济方面做到这一点。它们认为，通过扩大共同机构，有步骤地联结各国的民族经济，建立一个共同市场和逐步协调它们的社会政策，这对于创造统一的欧洲是必要的"②。英国作为煤钢共同体的联系国，所以六国也同意邀请它参加建设欧洲一体化的讨论。

对重新兴起的一体化浪潮，英国开始不以为然，欧洲防务共同体失败的经历似乎使英国吃了欧洲一体化必定失败的定心丸。当时英国财政大臣麦克米伦（Harold Macmillan）也说："官方的观点似乎是很有信心地认为墨西拿会议将不会有任何的结果。"③ 英国人布特（Butler）甚至嘲笑墨西拿会议是"考古发

---

① Martin P. C. Schaad, *Bullying Bonn: Anglo-German Diplomacy on European Integration, 1955 – 1961*, Macmillan Press Ltd, 2000, p. 15.

② 伍贻康等：《欧洲经济共同体》，北京：人民出版社 1983 年版，第 23 页。

③ Harold Macmillan, *Riding the Storm, 1956 – 1959*, London, 1971, p. 73.

掘出来的怪物"①。不卷入墨西拿进程成为英国的欧洲一体化政策，是意料之
中的事。英国和英联邦之间紧密的经贸关系，使它对建立西欧共同市场不感兴
趣，相反加入西欧共同市场还会对英国经济带来不利影响，加之英国所奉行的
自由贸易政策也与共同市场削减甚至取消关税的政策相背离。但是，英国为了
避免遭到"反对欧洲"的责难，决定还是参加斯巴克委员会。不过在内阁仔
细协商之后，决定派贸易部的一位级别较低的官员参加斯巴克委员会讨论建立
共同市场。随着谈判的进行，形势越来越不利于英国。它对成立关税同盟感到
担心，也逐渐意识到欧陆国家实现一体化的决心。于是，12 月 7 日，英国正
式退出斯巴克委员会，也表明英国在斯巴克委员会中把建立超国家的欧洲一体
化"墨西拿之舟"引入歧途的企图遭到失败。

　　早在 1955 年 11 月，英国开始积极活动采取措施分离西欧六国建立共同市
场等一体化决心。如前所述，在德国国内，存在一股巨大的反对建立共同体市
场势力，加上经济部长艾哈德自由贸易的理念与英国也基本相同。所以，德国
就成为英国实施分化政策的最佳选项。11 月 19 日，英国政府正式照会德国政
府，建议把全部问题统统放在欧洲经济合作组织的框架内进行讨论，事实证
明，了英国拉拢德国击沉"墨西拿之舟"的企图很快便遭到失败。英国忽视
了在德国政府中，是总理阿登纳而不是经济部长艾哈德控制着德国的欧洲政
策，"形势已经明朗，阿登纳对欧洲一体化的政治热情是公开的，并且可能会
否决德国内阁中，对一体化任何反对意见"②。7 月 7 日，举行部长会议，针对
艾哈德对墨西拿计划提出了特别的德国条款，总理阿登纳"明确地陈述欧洲
一体化的政治必要性，并且需要德国提出积极主动地措施"③，进而哈尔斯坦
坚持必要以官方声明的形式来支持诸如超国家机构，以此来让怀疑德国对欧洲
一体化积极态度的国家放心。英国又忽视了美国在欧洲一体化中的作用，美国
出于其对抗苏联的全球战略计划，也支持一个强大的一体化西欧，更希望德国
在这个强大的西欧中发挥作用。政治的需要，也由于日内瓦四国外长的消极结
果，阿登纳高度重视欧洲一体化的政治意义，对英国阻挠、拉拢、破坏一体化

---

　　① 　Martin P. C. Schaad, *Bullying Bonn: Anglo-German Diplomacy on European Integration, 1955 – 1961*,
Macmillan Press Ltd, 2000, p. 17.

　　② 　Ibid. p. 18.

　　③ 　Ibid. p. 19.

很是反感。联邦政府认为，英国设想的在欧洲经济合作组织范围内实现欧洲联合"是不恰当的"，联邦政府将"毫无保留地支持在墨西拿作出的决议"。所以，英国政府的声明"丝毫不能改变联邦政府所持的态度"①。1955 年 12 月 12 日，德国政府对英国 11 月 19 日的照会以正式答复。向英国明确表明："联邦政府并不认为，专家会谈迄今所取得的成果，会与联邦政府和英国政府共同遵循的较为自由的贸易和较为自由的支付制度的目标相矛盾。同时它也不认为，对于这些成果可能会削弱欧洲经济合作组织的担心是有理由的；它倒是认为，这些工作将促进它与英国政府共同遵循的目标"。并明确表示："为实现煤钢联营六国国家的外长在墨西拿所通过的创建共同市场的决议而作出贡献"。②德国对英国阻挠欧陆一体化企图给予了沉重的打击。

1956 年 1 月 19 日，阿登纳给各联邦部长发出指示说："德国对欧洲一体化应采取一种明确而积极的态度"，"如果一体化成功了，那么无论在关于安全问题或重新统一问题的谈判中，我们就能把一个统一的欧洲的砝码作为一种新的重要因素投到天平盘上去"。总之，阿登纳的欧洲一体化政策是："必须坚决地和不折不扣地贯彻墨西拿的决议"，以表达联邦政府支持欧洲一体化的坚强决心。③

欧洲防务共同体失败之后，法国被看作是一体化的大障碍。1956 年 7 月，总理摩勒突然发表了一项声明说："欧洲原子能共同体并不妨碍法国可能单方面作出生产核武器的决定。"④ 摩勒的声明在德国引起巨大的震动，社会民主党主席奥伦豪尔写信给外交部长冯·勃伦塔诺表示反对，施特劳斯和艾哈德对布鲁塞尔的欧洲原子能共同体的谈判要求实行紧急刹车，同时期待着与美国举行双边谈判。在把德国带入共同市场和欧洲原子能共同体的过程中，阿登纳遭到的反对不是政治对手社会民主党，而是以前的合作伙伴自由民主党与德国经济部长艾哈德。然而，"欧洲经济共同体成功的结果是一个具有历史意义的时

---

① ［联邦德国］康拉德·阿登纳著，上海外国语学院等译：《阿登纳回忆录（1955—1959）》，（三），上海：上海人民出版社 1976 年版，第 296 页。

② 同上书，第 296—297 页。

③ 同上书，第 291 页。

④ ［法］让·莫内著，孙慧双译：《欧洲之父：莫内回忆录》，北京：国际文化出版公司 1989 年版，第 253 页。

刻，它的成功是被 1956 年 11 月纳塞尔（Nasser）苏伊士危机所推动。"[1] 这一突发性的国际事件迅速改变了法国的主张，这对欧洲一体化起到了很大的促进作用。斯巴克就说过，"那些起草《罗马条约》的人……认为它在根本上不是从经济上考虑的，而是认为它是通向政治联盟的一个阶段"[2]。欧洲一体化再次启动的序幕已经拉开。

1956 年 7 月 26 日，埃及总统纳赛尔宣布将苏伊士运河收归国有，这一爆炸性的消息在欧洲，尤其在英法引起了巨大的震动。苏伊士运河是英国殖民帝国的大动脉，如果埃及把运河收归国有，那就意味着在关系到英法殖民帝国生死存亡的中东地区，将大英帝国拦腰切断，运河对维护大英帝国的世界大国地位意义重大。而法国认为埃及是阿尔及利亚民族阵线的重要支持者，如果打垮埃及就可赢得阿尔及利亚殖民战争，也可以维系其殖民大国的地位。所以，英法双方决定对埃及不惜一战来实现彼此目的。按照美欧之间亲密的盟友关系，运河之战是可以获得美国援助的，甚至，还可以期望能得到美国的军事援助。令英法震惊的是，运河之战刚爆发，美国却与宿敌苏联保持高度一致，双方立即要求英法等国停火，美国动用金融等手段迫使英国屈服。总统艾森豪威尔甚至指责英法两国对埃及的军事行动是"错误的行动，事先没有以任何方式同美国商量过"[3]。格罗塞对这场战争也作了评述，他说："促使英、法政府屈服的主要原因并不是工党的强烈反对，更不是布尔加宁元帅的最后通牒，而是美国政府对英镑的无情压力。"[4] 在美苏共同威胁下，英法最终屈服。12 月 22 日英法军队全部撤出运河区，美国却乘势而入迅速地填补英法留下的真空地带。英法在运河的军事行动无论是军事上还是外交上都遭到了彻底的失败，直接引起英法两国国内政局的变化，英国艾登和法国摩勒分别于 1957 年 1 月和 5 月倒台，苏伊士运河之战是导致他们垮台的主要原因之一。1956 年 10 月苏联入侵匈牙利，"同时美国反对英法侵略埃及被阿登纳和摩勒（Mollet）视为欧洲

① Clemens Wurm, *Western Europe and Germany: The Beginnings of European Integration 1945 – 1960*, Berg Publishers Oxford/Washington, USA, 1995, p. 69.

② Derek W. Urwin, *The Community of Europe: A History of European Integration since 1945*, Longman London and New York, 1991, p. 76.

③ 陈乐民：《战后西欧国际关系（1945—1984）》，北京：中国社会科学出版社 1987 年版，第 141 页。

④ Alfred Grosser, *The Western Alliance: European-American Relations Since 1945*, Papermac, 1978, p. 144.

迈向进一步联合的理由"①。苏伊士运河危机"在使法国外交政策重新转向起到了工具的作用，为了突破政治孤立的状态，法国重新回到欧洲经济共同体，并且与德国再次成为一个有价值的伙伴。在德国的帮助下，这些决定为这个世纪烙下了模式"。②

德法和解和欧洲统一仍然是阿登纳的基本目标。从近期看，他相信德国的主要伙伴是美国，只有美国才能遏制苏联的军事威胁，但他绝没有最终接受美国对西欧或者德国的控制。除杜勒斯、克莱、麦克洛伊和其他的几个美国人外，"阿登纳不相信美国人的忠诚，如果或者当苏联的敌对形势减轻之后，他一定不会在华盛顿和巴黎之间选择"③。在苏伊士运河危机中，"阿登纳认为打欧洲牌是非常必要的，换句话说，就是要展示西欧的团结统一反对两个超级大国"④。在美国为了一己之私出卖西方盟友利益的同时，德国对陷入外交困境中的法国表示出理解和支持，有人说："1949 年以后法国除德国外没有敌人，1957 年则除了德国外没有朋友。"⑤ "联邦德国明确的重点放在它的西方政策上并产生了一系列的丰硕的成果：首先是德法关系、妥善地解决鲁尔和萨尔问题、敏感的重新武装问题和部分的恢复主权，都巧妙地与一体化努力联系在一起。这又对它朝欧洲一体化做出更广泛的努力创造了前提条件。"⑥ 对德国而言，共同市场带来的变革，虽然不及欧洲防务共同体那么彻底，但是它依然是一项推进欧洲一体化的雄心勃勃的计划，"第一，由于符合欧洲经济合作组织和关贸总协定的要求而使其他国家感到满意；第二，是希望用经济的外衣来掩盖最终的政治目标，从而使得国内的怀疑派和反对派能够接受。"⑦

---

① Roger Morgan, *West European Politics since 1945: The Shaping of the European Community*, B. T. Batsford Ltd London, 1972, p. 146.

② André Szász, *The Road to European Monetary Union*, Macmillan Press, 1999, p. 5.

③ William E. Griffith, *The Ostpolitic of the Federal Republic of Germany*, The MIT Press, Cambridge, Massachusetts, and London, England, p. 47.

④ Clemens Wurm, *Western Europe and Germany: The Beginnings of European Integration 1945 – 1960*, Berg Publishers Oxford/Washington, USA, 1995, p. 129.

⑤ 连玉如：《新世界政治与德国外交政策"新德国问题探索"》，北京：北京大学出版社 2003 年版，第 215 页。

⑥ Gisela Hendriks, *Germany and Europe Integration: The Common Agricultural Policy: an Area of Conflict*, New York/ Oxford, 1991, p. 13.

⑦ Derek. W. Urwin, *Western Europe Since 1945-A Short Political History*, Longman London and New York, 1981, p. 251.

1955 年 6 月 1—3 日，欧洲煤钢共同体成员国在墨西拿举行举行会议，讨论建设原子能共同体和经济共同体问题，决定在能源、运输、原子能进行合作及建立共同市场。在墨西拿会议上，各国尽管分歧严重，但它确立了以后欧洲联合的方向，为欧洲一体化的再次启动吹响了号角。

在原子能工业不发达的年代里，德国是煤钢生产大国，对建立原子能共同体没有太大的兴趣。作为工业发达国家，它很偏爱建立共同市场以利于商品出口。由于德国农业占国民生产总值份额较小，对建立经济共同体将要开放农业市场有所顾忌。法国刚好相反。由于其工业不发达，它需要实行贸易保护主义。可是，法国是一个农业大国，热衷于建立共同农业市场，更对原子能共同体感兴趣。这是因为建立原子能共同体不但可以监督德国核工业（德国禁止拥有核武器），而且还能够掌握具有很大潜能的原子能技术为未来能源发展奠定基础，另外，建立原子能共同体，还可以为法国减轻巨额的研究费用。与法国比较相似的是，意大利经济力量比较薄弱，也热衷于建立共同农业市场，希望通过建立共同市场获得资金和技术上的帮助。低地国家希望建立全面共同市场，进一步扩大西欧国家间的内部贸易。1956 年 9 月后，法国国民议会批准了建立欧洲原子能共同体的计划，同时也批准政府就建立经济共同体问题与其他国家开始谈判，并在建立共同市场问题上附加诸如农业政策等六项条件。更重要的是，法国认为建立原子能共同体是建立经济共同体的前提条件。尽管各国达成了一定的妥协，"但还是不能满足法国所有的要求，这激起了抗议法国的风暴，特别是在德国和荷兰"①。主要矛盾还是集中在德法两个欧洲大国之间。

因为经济等原因，在德国，"经济部长艾哈德强烈地反对《罗马条约》……他在法国公开宣布德国加入纯粹是因为政治原因"②。事实上也是如此，阿登纳主要也是从政治上看待《罗马条约》的。在冷战背景下，美英逐步对苏联作出让步引起了他的警觉，怎样才能维护德国的整体利益。在他看来，就是要达到欧洲的政治统一。在 1956 年 4 月，正当六国关于"斯巴克报告"谈判时，他对经济部长艾哈德说，"对于我们再次参加外交事务来说，欧

---

① Wendy Asbeek Brusse, *Tariffs, Trade and European Integration, 1947 – 1957*, From Study Group to Common Market, Macmillan, 1997, p. 174.

② Ibid. p. 183.

德国与欧洲一体化

洲一体化是必要的。对于欧洲和对于我们自己来说，欧洲一体化也是必要的"①。他认为加速欧洲一体化不但可以把德国从占领状态中解放出来，而且还可以在与西欧伙伴打交道中获得平等地位。另外，阿登纳的"欧洲政策成为重新获得国际尊重的工具，而且还可以免去苏联控制德国的企图"②。墨西拿会议上的德国代表哈尔斯坦也一语道出了德国的目的，他说："在六国同盟中，政治的目的与经济的目的出于同等优先地位。我们不是做买卖的，我们是搞政治的"③。为了实现德国政治目的，阿登纳决定对法国作出经济上的让步。所以，法国将农业纳入欧洲经济共同体的愿望得到实现，把由政府补贴农业的包袱大部分甩给了经济共同体。其实，法国甩掉的负担主要是由德国来承受，因为德国将是经济共同体中最大的出资国。1957 年 3 月 25 日，六国首脑在罗马签订了《关于建立欧洲原子能共同体的条约》和《关于建立欧洲经济共同体的条约》，通称为《罗马条约》。值得注意的是，《罗马条约》与一般的国际条约不同，它没有规定期限，也没有规定退出条约的程序，却包含了欢迎欧洲其他国家加入共同体的条款。这说明欧洲联合运动的倡导者要把《罗马条约》看作是欧洲一体化基础和起点。正如《罗马条约》前言所云，"矢志为欧洲各国人民之间日益紧密的联盟奠定基础"④。《罗马条约》的签订，标志着早期欧洲一体化的实现，是欧洲一体化进程中的一次大踏步的前进。

　　欧洲原子能共同体和经济共同体的诞生对德国来说是意义深远的重大事件。如果说，德国加入北约重新获得主权标志着德国刚刚摆脱西方盟国的管制状态而前途未卜，现在的德国则迅速地走上了复兴的康庄大道。政治上，德国已经是一个主权独立的国家；军事上，德国建立了联邦国防军，取得了防务主权，这更增加了德国在国际上的政治分量；经济上，经济部长艾哈德实施的"社会市场经济"创造了德国战后的经济奇迹；内政上，与法国等国家相比较，德国越来越成为西方最稳定的国家之一。到 20 世纪 50 年代末，德国实际上已经成为同英法并驾齐驱的欧洲大国了，德国在欧洲一体化进程中将会发挥越来越重要的作用。

---

① Clemens Wurm, *Western Europe and Germany*: *The Beginnings of European Integration 1945 – 1960*, Berg Publishers Oxford/Washington, USA, 1995, p. 55
② Ibid. p. 56.
③ 赵怀普：《英国与欧洲一体化》，北京：世界知识出版社 2004 年版，第 101 页。
④ 郭华榕、徐天新：《欧洲的分与合》，北京：京华出版社 1999 年版，第 358 页。

小　结

德国在确立了欧洲一体化作为自己的主要外交政策后，开始积极行动起来。出于其给欧洲带来伤害的、臭名昭著的历史遗产和西欧邻国对其高度的戒备心理，德国很难在欧洲联合之初起到带头作用，它只能在西欧中寻找一体化主要伙伴。在英国自绝于欧洲联合后，法国成为德国欧洲一体化政策的主要伙伴。法国是欧洲政治大国之一，没有其参与欧洲一体化，欧洲联合注定也一事无成。阿登纳说过："法德之间的良好关系是任何一种欧洲联合的核心内容"。[①] 在短短70年内，法国曾3次遭到来自德国的灭顶之灾，德法和解是何等的艰难。战后，德法主要矛盾集中在鲁尔和萨尔问题上。在德国作出工业非卡特尔化等让步的情况下，妥善解决了德法之间在鲁尔问题上的矛盾，为德法和解创造了良好的条件。

由于冷战的需要，法国不能阻止德国的复兴，于是提出了约束德国的计划，即"舒曼计划"。它希望通过建立一个超国家机构，共同管制德法及西欧的煤钢资源，以图一劳永逸地消除德国军事工业的资源。"舒曼计划"建立超国家机构的想法与德国欧洲一体化政策不谋而合，赢得了阿登纳极高的评价。德国为建立欧洲煤钢共同体不惜作出经济上的巨大让步，为欧洲一体化迈出坚实的第一步作出了卓越的贡献。同时，德国也获得了丰厚的政治回报，逐步重新获得了国家主权。

朝鲜战争爆发后，德国重新武装问题突然提到前台。阿登纳把重新武装视为欧洲政治合作的途径。但是，在欧洲合作中所谓的"高政治"领域远比经济领域合作敏感得多，这涉及大幅让渡国家主权问题，法国最终还是否决了《欧洲防务共同体条约》。虽然德国通过"西欧联盟"的方式实现了重新武装，但是欧洲一体化运动陷入低潮，这种形势对德国极为不利。

20世纪50年代中后期，苏联日益强大并发出咄咄逼人的攻势。就在联邦德国加入北约，东德加入华约之后，美苏分别接受了彼此在欧洲的现状，搁置德国统一问题，两者开始出现妥协和合作的意向。另外，在1956年爆发的苏

[①] ［联邦德国］康拉德·阿登纳著，上海外国语学院等译：《阿登纳回忆录（1955—1959）》，（三），上海：上海人民出版社1976年版，第3页。

德国与欧洲一体化

伊士运河危机问题上，美国出卖欧洲盟友、落井下石的行为，使美欧联盟开始出现裂痕，也使德国认识到欧洲的虚弱。欧洲的前途决定了德国的命运，欧洲一味沉沦将会使德国刚刚获得的政治地位也会再次失去。因此，德国必须将欧洲一体化运动重新推动起来。

于是，1955年6月1—3日，欧洲煤钢共同体成员国在墨西拿举行举行会议，讨论建设原子能共同体和经济共同体问题，决定在能源、运输、原子能进行合作及建立共同市场。在墨西拿会议上，各国尽管分歧严重，但它确立以后欧洲联合的方向，为欧洲一体化的再次启动吹响了号角。在德国再次作出经济重大牺牲的情况下，1957年3月25日，煤钢共同体成员国首脑在罗马签订了《关于建立欧洲原子能共同体的条约》和《关于建立欧洲经济共同体的条约》，通称为《罗马条约》。欧洲一体化翻开了新的一页。

总之，由于历史原因，德国在战后特别是20世纪50、60年代的欧洲一体化运动中，表面上是扮演了一个顺从和迁就法国的小伙伴角色。其实，德国在欧洲联合运动中初期仍然发挥了相当重要的作用。正如有的学者评价所说："法国的舒曼是有功绩的，他倡导建立欧洲煤钢联营为西欧联合卓有成效地进一步发展奠定了基础，但从宏观上来看，他的实际作用比阿登纳要逊色得多。"①

---

① 连玉如：《新世界政治与德国外交政策 "新德国问题探索"》，北京：北京大学出版社2003年版，第178页。

第三章　停滞：德国维系欧洲一体化进程的努力

本章主要论述第二次柏林危机后德国所面临的国际新形势，在欧洲一体化陷入低潮的情况下，德国在欧洲一体化中所扮演的角色和发挥的作用，分析德国调整外交政策的原因及推进欧洲联合的动力。第一节分析德国外交陷入困境的原因。为了摆脱困境，德国寻求壮大欧洲联合的途径。可是，在戴高乐执政法国的情况下，欧洲一体化陷入低潮。在柏林危机的国际环境下，德国不能损害德法和解来加速欧洲一体化进程，只能维系欧洲一体化前进的动力。第二节概括德国在建立共同农业政策中所发挥的巨大作用，这也是在欧洲联合陷入低潮时，欧洲一体化取得的主要成就之一。第三节分析在欧洲一体化低潮的大环境下，欧洲一体化没有扩大的原因和德国为扩大欧共体所作的努力。

第一节　德国外交政策的调整

"柏林墙"的建立标志着美苏双方默认了彼此在欧洲和德国的势力范围。对德国来说，这是它外交政策遭受的一次严重的挫折，也导致其调整外交政策，即在不脱离西方阵营的情况下，推进欧洲一体化进程壮大欧洲力量。可是，法国民族主义者戴高乐将军上台后，欧洲一体化运动陷入低潮。在欧洲政治合作方案——富歇计划搁浅后，为了维系欧洲联合的动力，德法和解达到高潮，签订了《爱丽舍条约》，以维系欧洲一体化前进的动力。

一、第二次柏林危机——尘封"德国统一"问题

1958年德国再次成为东西方冷战的前沿阵地，德国前首都柏林成为冷战

的焦点。西方把西柏林看作是"自由世界的橱窗",是在冷战的"铁幕上钻出的一个小洞"。肯尼迪曾说,如果西方离开柏林,那就意味着将要离开德国,将要离开欧洲、非洲。反之,对东方集团来说,柏林的冷战价值也是如此。可以想象柏林在冷战中的地位,也可以预见双方决不放弃柏林的坚强决心。1958年3月,德国议院通过的以核武器武装军队的决议激起了东方势力的恶感。同年10月27日,民主德国领导人乌布利希以西方国家违背《波茨坦协定》,重新武装联邦德国为借口,声称西方再也无权留在柏林,并准备把西柏林收归民主德国的帐下,从而揭开了第二次柏林危机的序幕。11月10日,苏联领导人赫鲁晓夫发表演说指出,现在是《波茨坦协定》签字国放弃柏林占领制度的时候了,西柏林应该成为"非军事化自由市",如果西方三国拒绝接受苏联的建议,那么苏联将单方面与民主德国签订和约,"将把它的柏林职权移交给'德意志民主共和国'"①。11月27日,苏联政府正式向西方三大国政府发出最后通牒,限定在半年之内结束西柏林的占领状态,正式宣布取消柏林的四国共管地位。当晚,赫鲁晓夫在记者招待会上把西柏林比喻为"一个毒瘤",鼓吹把它变成"一个非军事化的自由城市",是一种"无痛的切除手术",并扬言道,如果西方胆敢用武力来保卫西柏林的话,那么苏联的导弹将"自动发射",这完全是苏联向西方下的赤裸裸的战书。12月13日和1959年1月5日,西方三国和德国照会苏联,拒绝接受苏联的最后通牒,持续3年左右的第二次柏林危机正式开始。

就在西方为照会苏联进行集体磋商时,各国的态度有所不同。开始时美国的态度非常强硬,杜勒斯叫嚣,"华盛顿准备采取核战争的手段来保卫柏林";英国最为温和,首相麦克米伦主张解决柏林问题要用"灵活"手段;法国和德国反对任何妥协。面对西方的强硬态度,苏联从原来只有6个月期限"最后通牒"的立场上开始让步,并派苏联部长会议副主席米高扬到美国"休假",既向美国解释苏联的意图又试探美国对柏林问题的真实反应。经过美国国务卿杜勒斯旋风式的访问西欧之后,再经过英国的积极斡旋。3月26日西方三国与德国政府正式照会苏联政府,建议5月11日在日内瓦召开东西方外长会议,并邀请两个德国的代表列席会议。在日内瓦会议上,"波恩对英国提出武装限

① [联邦德国]康拉德·阿登纳著,上海外国语学院等译:《阿登纳回忆录(1955—1959)》,(三),上海:上海人民出版社1976年版,第529页。

制区的建议表示不满，对美国提出建立全德邦联的建议也不满"①，日内瓦四国外长会议最后无果而终。美苏决定在戴维营（Camp David）继续商谈柏林问题。阿登纳担心："波恩将不会被告知会谈的情况，也许它的利益将不会被华盛顿完全考虑。"② 不出他所料，在戴维营会谈中，艾森豪威尔承认在西柏林存在着不正常的形势，这种支持苏联的论调令阿登纳深感震惊，这样"在华盛顿和阿登纳之间的严重误解逐步发展，阿登纳认为美国正在进行危险的单边让步"③，对华盛顿的不信任感进一步加强。1959年4月，杜勒斯的辞职并于一个月后辞世，对阿登纳来说则是标志着战后一直火热的德美关系走向冷却的分水岭。1961年1月，白宫新主人肯尼迪主政美国。阿登纳为了摸清这位年轻的白宫新主人的"脾气"，4月到美国作了一次访问，结果"华盛顿同阿登纳的会谈却未明确地表现出同情和互谅"④。更糟糕的是，阿登纳主要盟友——美国，"已经表现出支持其国内对手——社会民主党人勃兰特（Willy Brandt）的迹象"⑤。阿登纳"保持与美国亲密关系是他外交政策的基础，这种亲密关系随着肯尼迪政府的上台也烟消云散了"⑥。阿登纳对英国那就更不信任了。英国在1959年选举期间，首相麦克米伦（Harold Macmillan）专访莫斯科讨论东西方事务，这一举措使德国人想起1938年英国首相张伯伦（Neville Chamberlain）飞赴慕尼黑（Munich）为世人所不齿的行为。现在，对美国、英国和西方联盟来说不幸的是，阿登纳认为"他真正的朋友和保护者就是戴高乐将军"⑦。预示着德国外交政策将会发生转变。

美苏在1959年戴维营会谈和1961年维也纳会谈表明：分别以美苏为首的西东方冷战阵营开始走向缓和，走向对话，西方阵营内部由原来的"基本一

① William E. Griffith, *The Ostpolitic of the Federal Republic of Germany*, The MIT Press, 1978, p. 87.
② 同上。
③ Ibid. p. 88.
④ Alfred Grosser, *The Western Alliance：European-American Relations Since 1945*, The Macmilllan Press Ltd, p. 194.
⑤ Roger Morgan, *West European Politics since 1945：The Shaping of the European Community*, B. T Batsford Ltd London, 1972, p. 165.
⑥ Klaus Larres and Panikos Panayi, *The Federal Republic of Germany Since 1949：Politics, Society and Economy before and after Unification*, Longman London and New York, 1996, p. 90.
⑦ Roger Morgan, *West European Politics since 1945：The Shaping of the European Community*, B. T Batsford Ltd London, 1972, p. 118.

致"开始走向"分裂"。阿登纳对美英出卖德国国家利益的疑虑在逐步加深，戴高乐将军于 1958 年 6 月重新执政对美国大闹独立性也可以说明这一问题。不可否认，戴高乐是一位坚定的民族主义者，他对欧洲一体化的构想基本上是"邦联式的"，抑或是"政府间合作式的"一体化思想。他的欧洲一体化的观念比较接近英国对欧洲联合的看法，而与莫内或者斯巴克等坚定的欧洲联邦主义者的欧洲观念是大相径庭的，势必将会与德国联邦主义的欧洲观念产生矛盾。

二战后，阿登纳积极推行以德法和解为基石的欧洲一体化政策，在欧洲统一中来实现德国重新统一的外交目标。就在冷战之初，阿登纳就已经表达了不能永远指望美国的想法。但是在苏联的直接威胁下，阿登纳的欧洲政策是建立在东西方对立和欧美利益根本一致的基础上的。现在"柏林墙"的建立尘封了东西方之间的直接对立，也尘封了德国重新统一的机会，东西方已经默认了双方的势力范围。在 20 世纪 50 年代后期甚至是 60 年代早期，"当波恩开始感觉到德国利益不再被美国尊重时，德美外交关系的和谐开始被腐蚀"①。1961 年 8 月 13 日"柏林墙"事件，阿登纳欧洲一体化政策的基础已经开始动摇。"当 1961 年德意志民主共和国政府建立'柏林墙'时，对很多观察家来说清楚不过的是，阿登纳支持军事和政治与西方联盟一体化对重新统一是最捷径的观点将证明是不正确的（至少从近期来说）。"② 在新的情况下，如何处理德法关系和德美关系，如何进一步推动欧洲一体化事业向前发展，是当前阿登纳必须考虑的问题。此时戴高乐重新崛起于法国政坛为阿登纳外交政策的调整提供了机遇。

对阿登纳来说，"柏林墙"的建立是其外交政策的一次严重的挫折，因为他一直坚信：他的欧洲和大西洋政策和实现德国重新统一的努力是并不矛盾的。1961 年 8 月 13 日的这一天已经证明，他的外交政策已经失败。"德国领导人赞同包括军事方面的欧洲合作，从某种程度上说能够平衡德国外交政策中的美国因素，并且还能发挥德国代理人的作用。"③ "和平之墙"建立不久，阿

---

① Wolfram F. Hanrieder, *Germany, America, Europe: Forty Years of German Foreign Policy*, Yale University Press, 1989, p. 157.

② Klaus Larres and Panikos Panayi, *The Federal Republic of Germany Since 1949: Politics, Society and Economy before and after Unification*, Longman London and New York, 1996, p. 90.

③ Stephen A. Kocs, *Autonomy or Power? The Franco-German Relationship and Europe's Strategic Choices*, 1955–1995, Praeger, p. 21.

登纳免去坚信持久冷战、他的忠实朋友、外交部长勃伦塔诺的职务，由格哈德·施罗德接任。意味着在德国重新统一的希望大门砰然关上时，阿登纳开始为德国寻找新的外交政策。

　　从以上分析来看，德国外交政策的改变表面上是因为美英的柏林政策，由于出卖德国利益的嫌疑引起德国不满所致。从更深层次的角度来分析，这是欧美关系的矛盾所造成的结果。1958年西欧六国创立的欧洲经济共同体，自成立之时起便开始蓬勃发展，显示出强大的生命力。马克思说过：经济是基础，政治是上层建筑。欧洲经济共同体的蓬勃发展必然会带来西欧在政治上的变化。英国首相希思曾说过："今天，我们看到在我们对面的欧洲大陆有一个大集团。在规模上只有美国和苏联可以与之比较，而且随着它的经济力量的增长，它的政治影响也必将增长"①，说明了资本主义发展不平衡是它的绝对规律。在西欧实力增长的同时，美国的实力却在下降。欧洲实力的增长使西欧摆脱美国控制而向独立发展的倾向逐步增长，苏伊士运河危机给欧洲的教训只是加剧了这一趋势的发展。

　　可是，法国的戴高乐会成为阿登纳欧洲一体化政策满意的伙伴吗？戴高乐的外交思想中遵循的主要原则就是维护法兰西民族独立和国家主权，争取恢复法国的大国地位。他说过："就我来说，我时常进攻，但从来不伤害一个民族的自尊心，或领导人的尊严。但是，主要的是我们所说的和所做的必须保持独立性。我重新执政以来，这就是我们的规则！"② 在对待世仇冤家——德国问题上，戴高乐对德政策是沿"肢解—和解—合作"三部曲发展的。二战法国迅速地亡国，戴高乐出走英伦的经历使他认为战后德国问题的唯一解决办法就是将它永远肢解，还没有等到戴高乐实施他的肢解德国的政策，他却突然消失于法国政坛。国际关系的变化、冷战的兴起改变了德国的处境，肢解德国已经不符合现实的发展，处于在野位置的戴高乐将军也注意到形势的变化，他的对德政策也随之发生变化。1949年秋，正当"欧洲之父"莫内和舒曼为建立欧洲煤钢共同体而酝酿所谓的"舒曼计划"时，戴高乐已经表示："欧洲的统一，假如可能，而且无论如何都非包括德国人不可"，"将来会不会有个欧洲，

---

①　乔治·哈钦森：《爱德华·希思》，上海：上海人民出版社1987年版，第76—77页。
②　戴高乐：《希望回忆录》，上海：上海人民出版社1973年版，第174页。

就要看在日耳曼和高卢人之间会不会直接达成一个协议"。① 这足以说明戴高乐深知在欧洲联合中德法和解的重要性，也说明他的对德政策中含有双方和解的思想，其实戴高乐对德政策转变与阿登纳推行德法和解外交政策所产生的效果是分不开的，等到戴高乐重新执政便开始积极实行德法合作的外交政策了。

　　自二战后戴高乐辞职到重新上台的十多年的时间里，在欧洲掀起了一股一体化的浪潮。煤钢共同体的建立标志着超国家主义的欧洲一体化进程跨出了第一步，而此时在野的戴高乐却斥责欧洲煤钢共同体是"一堆碎煤烂铁"，认为欧洲一体化的各种设想都是在"歪曲欧洲联合的思想"，是一种"假象"和"借口"，是在欺骗人民。② 这种论点似乎显示戴高乐是欧洲一体化坚定的反对者，其实不然。从关于戴高乐的多种著作中分析表明，他是主张欧洲联合的，只是在欧洲联合的方式上有所不同，他不赞同部分地交出国家主权的超国家联合方式。他认为，如果建立超国家一体化组织，那么法兰西民族的特性就不见了，法兰西的主权也就被剥夺了。他曾说过，"如果西欧的联盟……是我们在外部行动的主要目的的话，我们不希望在它的里面被融化。任何制度，如果包含着要把我们的主权交给超国家的议会的话，那都是同法兰西共和国的权利和义务不相容的"③，戴高乐深怀这种民族国家的情结在重新执政时也没有丝毫的改变。总之，他不是反对欧洲联合，而是反对超国家一体化的欧洲联合的这种方式而已，这与英国反对欧洲一体化政策大不相同。换句话说，戴高乐的欧洲观念就是要建立邦联制的多国家的欧洲，而不是联邦制的一体化欧洲。1958年，他重新崛起在法国政坛后，便开始按照自己的欧洲观念来打造"欧洲合众国"。

　　戴高乐非常清楚重振法国的大国地位梦想与其衰弱的国力形成了鲜明的对比，挑战美英合作霸权的雅尔塔体系非法国一家能为之。法国在"1955—1958年第四共和国时期……便开始从技术上和财政上把德国视为实现法国梦想的依靠了"④。鉴于此，具有强烈民族主义倾向的戴高乐更是考虑借重欧洲联合的力量（特别是德国的力量）来恢复法兰西昔日的伟大与光荣。在

---

　　① 戴高乐：《希望回忆录》，上海：上海人民出版社1973年版，第184页。
　　② 陈乐民主编：《西方外交思想史》，北京：中国社会科学出版社1995年版，第328页。
　　③ 同上。
　　④ Stephen A. Kocs, *Autonomy or Power? The Franco-German Relationship and Europe's Strategic Choices*, 1955–1995, Praeger, p. 21.

柏林危机中，戴高乐采取了比美英更为强硬的立场以此来向德国示好，表示决不在西柏林问题上对苏联作出任何的妥协。法国的强硬政策遭到苏联的厌恶，苏联驻法大使威胁地告诉戴高乐，如果不接受最后通牒，法国将会与苏联有核战争的可能，戴高乐则说道："大使先生，那么我们就同归于尽吧！"① 戴高乐对苏联强硬的立场赢得了阿登纳的极大好感，也为德法和解高潮到来创造了条件。

戴高乐上台之后不久，便开始实施其外交新战略。第一，1958 年 9 月 24日，戴高乐分别向美英发出备忘录，提出改组北约的要求，企图打破美英领导西方联盟的局面，建立美英法三国共同执掌北约新机制。美英没有接受法国的要求，法国希望建立美英法三国共管西方阵营的希望落空，引起戴高乐愤怒，最后退出北约。他还迫使北大西洋理事会和美国军事力量撤出法国。第二，企图建立以法国为领导的西欧联合。他说："只要法国不居于领导地位，欧洲就无法形成"，"应该建立一个西欧集团……然而这一集团自然的和道德的中心，还是法国"。② 戴高乐也知道，要树立法国在欧洲的领导地位必须拉住德国。只有这样，法国既可以利用德国强大的经济实力走西欧联合之路，独立于美英为自己的外交目标服务，还可以在以法国为领导的西欧中控制住德国，以免对法国再次构成威胁。戴高乐"也许是不害怕德国强大经济力量的最后一位法国政治家了"③。

阿登纳对戴高乐那种"对欧洲近乎宗教般狂热的信仰"很着迷，同时又对戴高乐"富有使命般浪漫色彩的民族主义"深感担忧。他知道，没有德法和解，欧洲一体化事业将一事无成，德法和解是阿登纳建立欧洲一体化外交政策的基石之一，并且阿登纳一直在为实现德法和解努力着。只是在欧洲防务共同体条约在法国遭到否决失败后，他才加强与美国的关系，强调欧美联盟的重要意义。对具有狂热的民族主义情绪的戴高乐重新在法国执政，阿登纳开始还是很有担忧的。1958 年 9 月 14 日，他带着没有一丝把握和模糊反感的复杂心理去法国的科隆贝教堂与戴高乐会晤，出乎预料的是，德法双方关于国际形势

---

① 张锡昌、周剑卿：《战后法国外交史（1944—1992）》，北京：世界知识出版社 1993 年版，第181 页。

② ［法］罗歇·马西：《戴高乐与欧洲》，上海：上海人民出版社 1973 年版，第 88—89 页。

③ David P. Calleo and Eric R. Staal（eds.），*Europe's Franco-German Engine*，*Washington D. C.*：*Brookings Institution Press*，1998，p. 108

和欧洲政策几乎取得完全一致。为了营造一种亲密气氛，法国总统戴高乐在其故乡的科隆贝教堂与德国总理阿登纳举行会晤。在戴高乐看来，有三大理由要求法国与德国走上和解之路，并且还要结成一个紧密的联盟：第一，苏联扩张主义已经对法国的安全构成了威胁；第二，大西洋联盟的力量决定于是否有一个繁荣和富强的欧洲联合；第三，实现从大西洋到乌拉尔的欧洲大联合是戴高乐的欧洲政策。要建立这样的一个欧洲大联合，形成比较一致的德法政策是这个大联合的基石。令人惊奇的是，德法首脑会晤在外交立场上基本达成了一致的意见。例如，他们认为："我们不能永远指望美国"，英国"本是一个富翁，他已经丧失了他的全部家产，可是他自己还不知道"，"只有德、法两国之间的友谊才能拯救欧洲，"欧洲"政策就是我们的政策，是不依赖于美国人的政策，在世界政治问题和欧洲问题上表现出来，"因此"建立一个统一的欧洲是绝对必要的"。① 其实，德法和解实质上是"戴高乐担心重回雅尔塔，阿登纳恐惧波茨坦"② 的心理让他们走到一起。阿登纳和戴高乐掀起的德法和解的高潮，恰好符合阿登纳欧洲一体化的外交目的，表明了在第二次柏林危机后德国外交政策的调整，那就是必须推动欧洲一体化，壮大欧洲联合力量，为德国未来统一奠定坚实的基础。

二、德国维系欧洲政治合作的动力——搁浅的"富歇计划"

建立欧洲政治一体化是阿登纳的欧洲政策的一贯主张，而欧洲深入一体化的另一个重要内容就是政治联盟的问题。1951 年 12 月 10 日，他明确指出：舒曼计划和普利文计划是"最为现实、最为迅速地接近一项政治解决目标的途径。……欧洲统一必须以政治形式反映出来"③。政治联盟对阿登纳有两点吸引力：第一，在阿登纳统治后期，他对美国承担在欧洲的义务越来越抱有悲观的态度，担心万一美国削弱在欧洲义务，那么欧洲政治联盟是他可以依靠的一种力量；第二，因为德国没有加入联合国，建议成立中的欧洲政治联盟还可以视为德国向外界发出声音的一种工具。"毫不怀疑是，政治联盟被戴高乐看作

---

① ［联邦德国］康拉德·阿登纳著，上海外国语学院等译：《阿登纳回忆录（1955—1959）》（三），上海：上海人民出版社 1976 年版，第 501—510 页。

② William E. Griffith, *The Ostpolitic of the Federal Republic of Germany*, The MIT Press, 1978, p. 100.

③ Werner Weidenfeld, *Konrad Adenauer und Europa*, Bonn: Europa Union Verlag GmbH, 1976, s. 336.

是有利于法国的，但是，阿登纳支持也是符合德国利益的"①。在支持法国的计划的同时，阿登纳一再坚持不能损害德国与大西洋联盟和欧洲经济共同体之间的关系。此时，保护德国安全主要还是依靠美国的力量。

1959 年戴高乐第一次去罗马便提出六国外长会议要定期化，同时成立一个常设秘书处，"这特别获得了意大利和西德强有力的支持"②，因为"德国总理感到必须转向法国来消除德国的外交孤立状态"③。11 月，六国同意他们的外长每 3 个月会晤一次。1960 年总共举行了 3 次这样的外长会议。戴高乐的欧洲政策并不是超国家主义一体化的政策，他所建立的欧洲政治联盟也不是德国等其他成员国所设想的欧洲政治一体化。他所追求的欧洲政治联盟是双边会晤机制，例如，在 1961 年的前两个月，他分别会晤了英国的麦克米伦和德国的阿登纳，强调要加强政治合作。

1961 年 2 月，欧洲共同体六国首脑齐聚巴黎召开会议，第一次就紧密实现政治合作的可能性进行磋商，阿登纳"对戴高乐要求在北约内扩大民族国家的权力感到不安"④，这不利于欧洲政治一体化的发展。会议决定成立一个由各国政府代表组成的委员会，委员会的主席是法国驻丹麦大使富歇（Christian Fouchet），负责向首脑会议提出建议。5 月，戴高乐在美苏首脑会议的破产后宣称："法国决定必须将西欧建成一个政治、经济和文化联盟……一个统一的西欧曾经是智者的梦想、强者的抱负，现在似乎是世界稳定不可缺少的前提条件。这个庞大的联盟将可以平衡东欧的力量，在将来的某一天能够实现从大西洋到乌拉尔的缓和。"⑤ 法国也申明，建立这个联盟是各国之间的"合作"不是"合并"，引起了比利时与荷兰等国家对法国建立政治联盟的怀疑。他们认为"这个联盟太小了，小到法国可以独自领导，这个联盟又太大

①　Stephen A. Kocs, *Autonomy or Power? The Franco-German Relationship and Europe's Strategic Choices*, 1955 – 1995, Praeger, p. 40.

②　Derek W. Urwin, *The Community of Europe: A History of European Integration since 1945*, Longman London and New York, 1991, p. 105

③　Wolfram F. Hanrieder, *Germany, America, Europe: Forty Years of German Foreign Policy*, Yale University Press, 1989, p. 173.

④　F. Roy Willis, *France, Germany, and the New Europe 1945 – 1963*, Stanford University Press, Stanford California, 1965, p. 296.

⑤　Ibid. p. 294.

了，大到可以领导欧洲。"① 7 月在波恩再次举行首脑会议，发表了"波恩声明"。与会六国一致同意举行定期会晤机制，"来交换彼此的意见和沟通彼此的政策，以求得共同的立场，从而进一步实现欧洲政治联盟，同时也加强大西洋联盟"②。把它们的合作延伸到教育、文化和科学研究等领域，法国也作出让步，认为英国加入欧洲经济共同体是合适的。六国首脑波恩会晤被认为欧洲统一事业即将进入政治一体化的新阶段。

1961 年 11 月，富歇委员会提出了一个建立"国家联盟"条约草案。这个草案包含有四个制度层面上的关键因素：（1）由国家元首或者是外交部长组成的理事会将定期会晤，理事会作出的决定必须是一致通过；（2）在巴黎成立一个常设的秘书处，这个秘书处也是政府间合作性质的，其成员是由成员国的外交部高级官员组成；（3）成立四个常设政府间合作委员会来处理外交、防务、商务和文化等领域的事务；（4）成立一个欧洲议会，其成员由各国立法机构任命。富歇计划完全体现了戴高乐欧洲联合的方式，即要完全抛弃超国家欧洲联合的方式，以政府间合作的方式来取代。戴高乐为了获得支持，积极鼓吹要把"富歇计划"以全民公决的方式进行，但是，"德国以宪法不允许而强烈反对"③。

由于"富歇计划"法国与其他五国分歧较大，遭到欧洲议会和比利时、荷兰等国的强烈反对，欧洲议会明确表示只有当"富歇计划"中的欧洲联盟是向欧洲联盟过渡时才能接受，并建议设立一个独立于各国政府之外，只对欧洲议会负责的联盟秘书长。德国人也说："阿登纳从未说过祖国的欧洲，这是戴高乐强加给他的"。当富歇委员会在 1962 年提出修改草案后，矛盾更加激化了。因为法国用欧洲政治一体化的方式来削弱北约组织和现有的共同体机构的企图在修改案中表现得更为清楚。欧洲联邦主义者斯巴克"越来越直率的反对戴高乐主义的欧洲"④。1962 年 4 月，比利时和荷兰表示在英国加入共同体

---

① F. Roy Willis, *France, Germany, and the New Europe 1945 - 1963*, Stanford University Press, Stanford California, 1965, p. 294.

② Ibid. p. 296.

③ Derek W. Urwin, *The Community of Europe: A History of European Integration since 1945*, Longman London and New York, 1991, p. 106.

④ F. Roy Willis, *France, Germany, and the New Europe 1945 - 1963*, Stanford University Press, Stanford California, 1965, p. 297.

之前，不再进行关于欧洲政治一体化的谈判，"富歇计划"被搁置一边，再也没有恢复。

"富歇计划"建立欧洲政治共同体遭到挫折的原因是多方面的。第一，美国的反对。自1958年戴高乐上台，法国开始挑战美英独掌西方联盟的领导地位，提出改革北约的领导机制，以实现美英法三国共同领导的局面，遭到美英的冷遇。深知自己的实力不够挑战美英，法国积极拉住实力雄厚的德国推进欧洲联合，企图建立以法国为领导的西欧向美英的领导地位发出挑战，自然遭到了美国的反对，1962年5月15日，戴高乐的演讲中就已经"暗示了美国的干涉"①。第二，德国的反对。1960年7月29—30日，阿登纳和戴高乐在朗布依埃市会晤，阐述了建立欧洲政治一体化的基本方针。戴高乐坦率地说：欧洲政治合作只能以政府间的合作方式来进行，遭到了德国联邦主义者的强烈反对。法国的意图是要尽可能削弱欧洲经济共同体理事会日益扩大的权力，也是对欧洲一体化进程的一次巨大的打击。"阿登纳会谈以后还没有返回波恩，就遭到国内其他政党的猛烈抨击。他们指责法国计划减少了超国家色彩，对共同体现有机制构成了威胁，从而使阿登纳处于一种十分尴尬的境地。"② 第三，西欧小国的反对，特别是低地三国害怕在共同体中形成德法合作霸权。厄尔温作了分析："实质上，他们担心戴高乐主义统治欧洲的野心，特别是戴高乐与阿登纳正在建立的亲密关系"③，那样将会影响西欧小国的国家利益。所以矛盾的焦点集中在英国加入共同体的问题上，它们期望英国加入西欧联合对德法在共同体中力量实行牵制，把英国加入西欧一体化进程作为继续进行谈判和准备放弃欧洲政治一体化超国家成分的先决条件。

"富歇计划"建立欧洲政治联盟的各种矛盾不可调和，失败结局不可避免。戴高乐对此很是恼怒，进一步加深了他对英国的猜疑之心，反之，这也加速了戴高乐向德国的靠拢。此时的阿登纳对欧洲政治联合的尝试失败也很失望，"萦绕在阿登纳的心头上的想法是加强欧洲统一反对苏联的威胁，按照他

---

① F. Roy Willis, *France, Germany, and the New Europe 1945–1963*, Stanford University Press, Stanford California, 1965, p. 299.

② 连玉如：《新世界政治与德国外交政策 "新德国问题探索"》，北京：北京大学出版社2003年版，第225页。

③ Derek W. Urwin, *The Community of Europe: A History of European Integration since 1945*, Longman London and New York, 1991, p. 106.

的观点，西欧合作的进步是统一不可缺少的因素，在阿登纳的眼里，欧洲建设
是否发生，在行动上推进统一的进程是唯一的事实，按照超国家方式还是戴高
乐主义的方式就不太重要了"①。为了挽救欧洲一体化步入低潮，阿登纳积极
行动起来加强与法国合作，稳定欧洲一体化的基石。"阿登纳鼓吹德法和解不
仅是因为与戴高乐友谊的原因，而且也是由于与戴高乐达成的一致意见，即没
有德法亲密的工作关系建立一个新欧洲是不可能的。"②

三、德国维系欧洲一体化的策略——签订《爱丽舍条约》

"富歇计划"遭受冷遇，欧洲政治一体化陷入低潮。"柏林墙"的建立使
美苏冷战趋向缓和，德国处于被孤立的地位。摆在德国人面前的是，怎样才能
使欧洲合作的动力持续下去。此时，德国的目标是要拉住法国，不能让它在西
方阵营里大闹独立，更不能让它脱离西欧。因为，德法和解一直是阿登纳外交
工作的重点之一，德法和解也是欧洲早期一体化的基石之一，甚至也可以说，
没有德法和解就没有西欧早期一体化。特别是在第二次柏林危机发生之后，法
国和美英在柏林危机时对德国支持的力度上形成鲜明的对比。德国担心美国同
苏联暗中交易而使德国的外交政策陷入孤立状况，这更使阿登纳期盼德法和
解，以改善德国在欧洲的不利处境。他希望西欧联合起来，认为：一个强大
的、富有活力的欧洲联盟能够成为同美苏对话的一种力量。对德国来说，欧洲
联盟的建立没有德法合作为基础是不现实的。1961 年 8 月 13 日 "柏林墙"建
立，"德国统一渺茫的希望和德苏关系的恶化……加强了阿登纳朝西欧统一道
路前进的决定"③。从法国的立场来分析，戴高乐要想恢复法国的光荣和伟大，
实现与美英平起平坐的大国地位，单凭其一国之力是不可能的。在西欧，法国
还想建立以其为领导的欧洲联盟，没有德国的帮助也是无法实现的。综合以上
的两点分析，这时德法双方的欧洲政策有相似之处，德法和解有其现实的基
础，这也成为德法靠拢的契合点。戴高乐的政府间合作的欧洲政策与阿登纳建

① Stephen A. Kocs, *Autonomy or Power? The Franco-German Relationship and Europe's Strategic Choices*, 1955 – 1995, Praeger, p. 39.

② Frank A. Ninkovich, *Germany and The United States: The Transformation of the German Question since 1945*, New York: Updated Edition, Twayne Publishers, 1995, p. 129.

③ Gisela Hendriks, *Germany and European Integration-The Common Agricultural Policy: an Area of Conflict*, Berg New York/ Oxford, 1991, p. 14.

立欧洲联邦相左，为什么阿登纳支持戴高乐的欧洲政策呢？这是因为，"阿登纳担负不起浪费法国提出的欧洲联合建议的机会，德国一直担心重新引起盟友对其行动的怀疑。阿登纳意识到，他不是站在按照自己的举措来发起加速欧洲一体化的位置上。如果他想推进欧洲一体化的进程，那么他将不得不利用别人提出的一体化的措施。在深化一体化措施的同时也寻求对其作一定程度的修改使这些措施确信与自己的利益相符"①，这就是为什么阿登纳支持戴高乐欧洲政策的根本原因。

从德法两国的具体情况来分析，也可以知道德法合作又是彼此需要的结果，那就是德法双方战后虚弱的国际地位。德国是两次世界大战的挑起者又是失败者，战后德国人在物质上、道德上和精神上都受到了战争沉重的打击和破坏。法国是大战的胜利者，但这种胜利者的角色其实是很虚幻的，战后法国已经沦落为事实上二流国家，这是不可否认的，恢复大国地位一直法国人的梦想之一。"戴高乐眼里的德法关系与其说是为了对抗莫斯科，还不如说是为了增强法国的力量以对抗美国。所以，可以这样说，是共同的不幸命运将戴高乐和阿登纳联合了起来。"② 在德法合作中，戴高乐无意也从未把德国看作是一个平等的伙伴，他想建立的西欧联合是以法国为领导地位的，德国以及德法合作机制是扩大法国影响的一种手段和不可或缺的工具。阿登纳认为，只要不特别危害到欧洲一体化以及大西洋联盟，对戴高乐的行为基本上是容忍的，甚至还作出一定程度上的让步，执行着他的德法和解与合作的既定方针政策。

面对欧洲政治一体化遭受的暂时挫折，阿登纳又积极行动起来继续推进欧洲一体化进程。"对戴高乐来说，因为德国的分量有助于法国实现其增强国际威望的目的，这是相当重要的。对阿登纳而言，首先，与法国和解能阻止巴黎妨碍西方统一或者说是妨碍欧洲一体化进程，这也是很重要的。"③

阿登纳初次会晤戴高乐并没有抱有很大的希望。可是，戴高乐不仅不否定以前法国政府建立的法德友好关系，而且还渴望继续和加深这种关系。"一切

---

① Stephen A. Kocs, *Autonomy or Power? The Franco-German Relationship and Europe's Strategic* Choices, 1955 – 1995, Praeger, p. 39.

② David P. Calleo and Eric R. Staal (eds.), *Europe's Franco-German Engine*, *Washington D. C.*: *Brookings Institution Press*, 1998, p. 104.

③ Gisela Hendriks & Annette Morgan, *The Franco-German Axis in European Integration*, Edward Elgar, 2001, p. 99.

情况都表明，他们第一次在戴高乐的家乡科隆贝教堂（Colombey-les-Deux Eglises）会见时，并不曾料想到如此一见钟情。"[1]鉴于美英在第二次柏林危机时对苏联的软弱表现，阿登纳积极实现德法和解之路以推进欧洲一体化进程，保持西欧团结的局面。在 1962 年 7 月，阿登纳出访法国时，就已经向戴高乐提议两国首脑之间应该就共产主义危险等世界大事建立双边会谈机制的建议，他想以某种方式使法国对德国的支持制度化，想把德法合作机制建议作为克服欧洲政治联盟失败一种建设性的方法。阿登纳建议中的德法双边会晤机制要达到的外交目的有二：第一，欧洲政治联盟暂时受挫致使欧洲一体化陷入低潮，德法协定将有助于保持欧洲统一运动的势头。继续推进德法和解，目的是要保持欧洲一体化的动力。第二，德法双边会晤机制也有助于遏制住苏联利用六国之间暂时不和的机会来分裂西欧。一个分裂的欧洲将成为苏联扩张主义的猎物，更有利于苏联对德国的侵犯。阿登纳始终认为苏联是德国最大的威胁，如果欧洲政治一体化失败，便给了苏联分化西欧的机会。因为"巴黎和波恩之间如果没有一种亲密、合作的关系，就没有欧洲共同体，在欧洲也就没有一个有效的西方军事防务组织。"[2] 阿登纳明白，维持与法国的亲密关系是最为必要的。针对阿登纳的建议，戴高乐则向他表示德法两国间是否可以按照法国人提出的"富歇计划"中建立欧洲政治联盟的条款签订两国双边协定，阿登纳愉快地接受了戴高乐的建议。9 月，戴高乐和阿登纳实现了互访，这次戴高乐更提出了两国应该在柏林、青年交流、文化和东西方关系和军事等领域进行双边合作的问题。双方一致决定由法国政府草拟两国合作协定。他们也认为没有必要把双方合作事宜以国家条约的形式而公布于世，"绅士协定"就已经足够了。

到 1962 年的秋天，德法双方组成部长理事会在法国提出的草案基础上开始谈判，德法关系渐进高潮。"到 1962 年中，他们已经交流 40 多份信件，会晤 15 次之多，面对面直接交谈 100 多小时。"[3] 更让人难以想象的是，1962 年

① Alfred Grosser, *The Western Alliance*: *European-American Relations Since 1945*, The Macmillan Press Ltd, 1980, p. 189.

② Stephen A. Kocs, *Autonomy or Power? The Franco-German Relationship and Europe's Strategic Choices*, 1955 - 1995, Praeger, pp. 46 - 47.

③ Gisela Hendriks & Annette Morgan, *The Franco-German Axis in European Integration*, Edward Elgar, 2001, p. 99.

7 月，戴高乐在巴黎接见阿登纳，在摩默隆营（Mourmelon）举行军事检阅，
"他们并肩站在指挥车上，检阅一个法国的和一个德国的装甲师，和在兰斯
（Rheims）大教堂的宗教仪式，他们共同祈祷，然后，法国总统总结说：……
我们的关系是以同一步伐、同样的热诚向前迈进的。"[①] 历史上被形容为"世
仇冤家"的德法关系似乎再也不存在了。

　　1963 年 1 月 14 日，戴高乐否决了英国加入欧共体的申请，在德国引起了
巨大的反响。在德国国内有一个强大的大西洋派，他们也非常关注双边协定中
的磋商条款。德国外交部从政治和法律的角度考虑对戴高乐否决行为作出高调
的批评，担心德法双边条约会被法国利用来反美排英，为其同西方联盟闹独立
的外交政策服务。两天后，外交部长施罗德（Gerhard Schröder）质疑德法协
定合法性问题。在准备签订协议的前几天，外交部的法律专家告诉阿登纳，德
法双边协定必须以正式条约的形式出现，并接受德国联邦议院的表决批准，否
则违背《基本法》第 59 条的规定。问题的实质是："法国总统否决英国之后，
紧接着与法国签订双边协定将会给德国其他盟友产生这样的印象，即波恩支持
戴高乐的行为。"[②] 从德国外交部反对的态度就知道，虽然德国强烈支持德法
和解并保持友好关系，但不支持法国当前的欧洲政策。在阿登纳的要求下，戴
高乐同意把德法双边协定制定为正式的国家条约。并于 1963 年 1 月 22 日签
订，史称《爱丽舍条约》（或《德法条约》）。条约使两国在外交、防务、教育
等方面建立了进一步的双边合作关系，例如，德法两国领导人一年之内至少要
会晤两次，把"《爱丽舍条约》的条款被看作是戴高乐欧洲政治联盟计划的子
孙"[③] 是比较合理，这是德国努力维系欧洲一体化前进动力的主要措施。

　　德国联邦议院对批准《爱丽舍条约》进行辩论时，争论十分激烈，主要
的矛盾可以分为几种情况：第一，反对法国没有同德国商量，专横地拒绝英国
加入欧洲一体化的申请；第二，签订《爱丽舍条约》决不能意味着德国对欧
洲经济共同体政策有丝毫的改变，也不能削弱德国将把英国和西欧其他国家纳
入欧洲共同体的决定；第三，鼓励德法合作，但决不能把合作范围扩大到接受

---

　　① Alfred Grosser, *The Western Alliance*: *European-American Relations Since 1945*, The Macmillan Press
Ltd, 1980, pp. 189 - 190.

　　② Stephen A. Kocs, *Autonomy or Power? The Franco-German Relationship and Europe's Strategic Choices*,
1955 - 1995, Praeger, p. 41.

　　③ Ibid. p. 42.

德国与欧洲一体化

法国的欧洲政策。对阿登纳来说，"最关注的是德法和解和西欧统一最终导致他支持戴高乐，从政治上考虑德法和解是很有必要的，在外交上避免使德国问题遭到孤立已经成为最关键的考虑因素"①。这种情况已经在第二次柏林危机中出现过。

在大西洋彼岸的美国对《爱丽舍条约》也表达了强烈的反对。美国强烈支持英国加入欧洲经济共同体，美国把法国的否决看作是对肯尼迪"伟大计划"的一次沉重打击。更为重要的是，美国最关心的是德法之间关于防务政策的合作问题。因为德国军事战略是包含在北约的框架之内的，如若德国与法国进行军事合作，那么德国如何处理与法国关系？所以，美国政府一再要求德国对条约内容作出澄清和解释。德国与法国签订的《爱丽舍条约》被美国视为对美国不忠诚的表现。"1963 年 2 月间，美国政府通过多种渠道，用最可能的方式让德国知道：它希望从德国联邦议院获得清楚的声明，即《爱丽舍条约》将不影响德国与美国紧密的防务合作关系。"②

在德国国内主流的氛围和美国对法国不满意的情况下，德国社会民主党建议在《爱丽舍条约》里加入一个前言，重申德国对北约和欧洲经济共同体的责任和义务以此来平息美国的愤怒，社民党的建议得到自由民主党的赞同，甚至也得到基督教民主联盟内部相当程度的支持。尽管阿登纳表示强烈的反对，他坚持《爱丽舍条约》与已经存在的德国义务无论如何是不矛盾的。联邦议院在对《爱丽舍条约》进行表决批准的过程中，德国自由民主党以条约加入前言作为与阿登纳领导的联盟党共同组成联合政府为前提条件，阿登纳不敢冒联合政府垮台的险，只得屈服。在北约问题上，条约前言说明：在北大西洋的框架内，德国将提高共同防务和在该联盟内实现武装力量一体化；在欧洲经济共同体的问题上，德国的目的是：沿着该条道路为创建欧洲共同体而奋斗，包括允许英国和其他国家加入并且还要进一步加强这个共同体。联邦议会于1963 年 5 月 31 日通过了这个条约。随后，法国国民议会也于 6 月 14 日履行了批准手续，条约于 7 月 2 日生效。

---

① Wolfram F. Hanrieder, *Germany*, *America*, *Europe-Forty Years of German Foreign Policy*, Yale University Press, 1989, pp. 256–257.

② Stephen A. Kocs, *Autonomy or Power? The Franco-German Relationship and Europe's Strategic Choices*, *1955–1995*, Praeger, pp. 43–44.

阿登纳知道戴高乐是一个民族主义者，也很清楚其政府间合作的欧洲联合政策，为什么阿登纳一直努力地推行德法和解政策呢？阿登纳认为：因为戴高乐的欧洲政策而给予其以冷遇，那不能使其放弃民族主义理想，不能加速欧洲统一进程，也不能把它重新纳入北约战略。相反，"也许还使其与北约进一步疏远，或者还使其修补与苏联的关系"①。从这层意义上讲，《爱丽舍条约》是德国在欧洲政治联盟受挫的情况下，维系欧洲一体化进程的产物。

条约加上这个序言就失去了原来的意义，戴高乐不无伤感地将条约比喻成为一个"少女的青春消失了！"②条约通过不久，阿登纳退出政治舞台，继任者艾哈德是一个大西洋主义者，戴高乐谴责德国不按照《爱丽舍条约》行事，火热的德法关系趋向冷却。不过，这个条约规定的两国首脑定期会晤机制，在以后在建立德法轴心、推动欧洲一体化建设等方面，一直发挥着重要作用。

第二节　德国与共同农业政策

苏联镇压匈牙利起义引发了德国对其恐惧，苏伊士运河危机使德国深感欧洲的虚弱，"柏林墙"的建立尘封了德国重新统一的梦想，等等，这一切加强了德国对欧洲联合的渴望。虽然《罗马条约》描绘了欧洲一体化的宏伟蓝图，但在制定《罗马条约》时，为了将各成员国的农业利益包含在共同市场计划之中，也为了避免成员国的分歧，故对共同农业政策没有作出具体的规定，在过渡期内成员国主要是作短期的调整，复杂的问题留待以后去解决。所以，各国对共同农业问题矛盾爆发被推迟了。随着共同市场的建立，农业问题逐渐成为各成员国间的主要矛盾，"从制定农业政策一开始就在政治压力之下，一体化努力关键是，农业问题成为西欧政治一体化的重要问题"③。在欧洲一体化陷入低潮的情况下，德国为了欧洲一体化的政治目的，在制定共同农业政策问题上发挥了关键作用，为维系欧洲一体化前进动力作出了重要贡献。甚至可以

---

① Stephen A. Kocs, *Autonomy or Power? The Franco-German Relationship and Europe's Strategic Choices*, *1955 – 1995*, Praeger, p. 47.

② 方连庆等：《战后国际关系史（1945—1995）》（上），北京：北京大学出版社 1999 年版，第353 页。

③ Gisela Hendriks, *Germany and European Integration-The Common Agricultural Policy: an Area of Conflict*, Berg New York/ Oxford, 1991, p. 44.

这样说，没有德国的努力，共同农业政策是不可能建立的。

一、德国的农业形势

《罗马条约》于1958年1月1日正式生效，欧洲煤钢共同体、原子能共同体和经济共同体全部运转起来了，欧洲一体化迈出了坚实的一步。《罗马条约》还明确规定："共同体以关税同盟为基础。"[①] 为什么建立关税同盟在西欧如此迫切？从西欧内部来分析，战后西欧经济的恢复和科学技术的发展，使西欧国家逐渐摆脱战后经济萧条的局面，慢慢地发展成为经济外向型国家，西欧各国的经济往来日益密切，迫切需要消除各国贸易壁垒，扩大各国之间的贸易往来，促进经济的发展。从国际形势来看，战后西欧不再是世界的经济、政治中心，早已被美国取代，美国已是世界上的第一经济强国，"1958年，美国的工业产值占到资本主义世界工业的45.9%，而欧共体仅占19%"[②]。西欧六国只有建立关税同盟才能有效地抵制美国商品的倾销，才能保护和发展西欧经济，恢复欧洲昔日的辉煌。关于关税同盟，《罗马条约》第8条规定：关税同盟从1958年1月1日开始起步，"分为三个阶段，要经过12年的过渡期，每个阶段的过渡期为4年"[③]，到1970年1月1日建成关税同盟。按照《罗马条约》的规定，到1959年1月1日，共同体内部关税要削减10%，当年就取得了良好的效果。在第一阶段，各国要将自己的税率与统一税率的差距缩小30%，在第二阶段再缩小30%。实际执行的计划要比《罗马条约》规定的要快得多。1961年1月1日，各国都把税率削减30%，1963年7月1日，各国削减了60%，到1968年7月1日，各国都完成《罗马条约》规定的削减税率的任务，比原计划提前一年半。在消除共同体内部关税的同时，还建立了共同的对外关税。西欧在建立关税同盟的顺利情况下，为建立共同的农业政策奠定了良好的基础，同时在制定共同农业政策过程中，关税同盟又对其产生很大的牵制作用。

农业在德国具有重要的意义。战后德国农业人口不到总人口的20%，德国面积只有24.8万平方公里（不包括东德），而第三帝国面积是47.2万平方

---

① 《欧洲共同体条约集》，上海：复旦大学出版社1993年版，第75页。
② 郭华榕、徐天新：《欧洲的分与合》，北京：京华出版社1999年版，第363页。
③ David De Giustino, *A Reader in European Integration*, Longman London and New York, 1996, p. 96.

公里，国土面积损失是相当惊人的。农业建筑设施陈旧，经常还有饥馑发生。另外，为了获得更多的就业机会，战后德国有相当一部分农业劳动力流入城市，再加上来自原德国东部 120 万被驱逐的德国人涌入联邦德国城市，这更需要德国提高农业生产能力来满足城市人口对粮食的需求。历史上，德国西部严重依赖奥得—尼斯河（Oder-Neisse）东部的大粮仓，由于德国分裂也已经丧失。"1945 年之前，德国能生产自己所需粮食的 83%，西部的粮食缺口通过从东部调入或从国外进口来弥补"①，战后德国由于领土的变动失去了传统意义上德国东部粮仓，德国西部面临着严重的饥荒，1946—1947 年冬天的饥荒最为严重，一些地区每天人均的食物配给甚至在 1000 卡以下。1948 年 "马歇尔计划" 的援助和德国的币制改革，使经济迅速复苏，食物匮乏的情况得到一定的改善，但战后德国城市人口急剧增加和德国的分裂等诸多原因，使农业问题仍然是德国重要问题之一。战后德国外汇储备的不足，留在德国人心里对饥饿的恐惧记忆犹新，朝鲜战争爆发后，国际市场上粮食价格的飞速飙升等因素使德国政府对农业问题更加关注。鉴于此，1949 年 9 月，德国成立了粮食、农业和牧业部（The Ministry of Food, Agriculture and Forestry）来指导农业生产。1950 年德国又成立了进口和储备局（Import and Storage Boards），其职能是保证粮食价格稳定，指导食物进口和储备。1953 年联邦政府还实行了一系列的农业改革措施。

联邦政府对农业的重视在国内政治层面上也具有相当大的意义，"阿登纳对战后农业的政策不仅是被其社会公正的理念所驱动，而且也是他对（农民）选举的潜力有一种本能的需求"②，这涉及德国政治层面的问题。随着德国经济的复苏，产业工人工资的增长，德国农业产量的提高，世界粮食价格的下滑，引起了农民的不满。1952—1953 年，德国农民联盟（Farmers' Union）用相当大的数据证明德国农业人员的收入低于产业工人的收入，农民联盟此举的目的是争取获得与工业平等地位。在 1953 年的选举大战中，各党代表在联邦议院中承诺支持农民联盟的 "公平法令"（Farity Law），以获得农民的支持，联邦总理阿登纳于 10 月的一次演讲中也重申了对公平法令的支持。在德国政治舞台上还存在着

---

① J. F. Farquharson, *The Western Allies and the Politics of Food*, Leamington Spa, 1985, p. 16.

② Gisela Hendriks, *Germany and European Integration-The Common Agricultural Policy: an Area of Conflict*, Berg New York/ Oxford, 1991, p. 37.

一个强大的农民院外集团（The Deutsche Bauernverband, DBV）。1955 年 9 月，德国政府制定了农业法（Agriculture Act）。德国是一个工业发达国家，虽然政府不承诺保证农民获得固定的收入，但是政府必须每年都向联邦议会提供"绿色报告"（Green Reports），对上一年的农业情况进行最详细的分析，在这些报告的基础上再制定出每年的"绿色计划"（Green Plan），对来年的农业计划作出具体的安排。为何德国政府对农业如此关注？因为"农民院外集团清楚地表明，要想获得选举支持必须依靠令农民满意的农业制度"。[①] 例如，1964 年由于谷物价格矛盾，导致了农民院外集团对联盟党相当不满，新纳粹（Neo-Nazis）势力兴起，在 1966—1968 年地方州选举中，一些农民便把选票投给了新纳粹党。可见，农业和农民问题在德国的影响和发挥的政治作用。

　　通过以上分析，战后德国农民的收入被农业法所保护，政府和农民院外集团的紧密合作确保政府政策维护农民的利益。德国工业发达，农产品的增加不是作为平衡国际收支的手段，自给自足是德国农业政策的主要目的，政府并不奢望德国成为农产品的出口国。1949 年 9 月，阿登纳就说过"农业政策的优势是大幅度提高农业生产，尽可能限制使用外汇购买食物"[②]。再说，农业是国民经济的基础，任何一个国家不能不顾农业片面地发展工业，在工业比较落后的国家（如法国），农业在国民经济中的重要性表现得更为突出。例如，1957 年英国创议建立自由贸易区时，由于各国在农业方面矛盾较多，所以干脆把农业问题排除在外。法国是一个农业大国，农业在其国民经济中占有很重要的分量，把农业排除在自由贸易之外，法国是不能接受的，欧洲人清楚地看出英国一箭双雕的目的，"既通过逐步降低关税来利用欧洲的市场，同时又依然保持同英联邦的特殊经济安排。这一建议如被通过，欧洲与英联邦的冲突，例如对农产品的冲突，可能会造成严重影响"。所以，"英国的全部政策是致力于通过使它面目全非，来破坏已达成的一切，试图把欧洲淹没在大西洋里"[③]，英国的计划遭到夭折是意料之中的事。英国没有加入欧洲经济共同体，

---

① Gisela Hendriks, *Germany and European Integration-The Common Agricultural Policy: an Area of Conflict*, Berg New York/ Oxford, 1991, p. 38.

② K. Adenauer in von Beyme (ed.), *Die grossen Regierungserkl? rungen der deutschen Bundeskanzler von Adenauer bis Schmidt*, München, 1979, s. 61.

③ Derek W. Urwin, *Western Europe since 1945-A short political history*, Longman London and New York, 1981, p. 259.

在共同体内，法国成为抗衡德国的主要力量。可是，法国工业不能与德国相抗衡，很害怕德国的工业优势，法国不愿意开放其工业市场同德国竞争。然而，法国的农业同德国相比较是很具有优势地位的，在未来的农业共同体市场的竞争中可以获得丰厚的利益。其他西欧小国的情况也不尽相同，低地国家有的工业发达，也有的畜牧业发达，在制定共同农业政策时，也与德法等西欧大国的要求差异较大，可以预见在制定共同农业的过程中产生的矛盾冲突是不可避免的。

二、欧共体的农业形势

欧洲经济一体化的一项重要内容是建立关税同盟，另一项重要内容就是制定和实施共同农业政策（Common Agricultural Policy，CAP）。共同农业政策在欧洲一体化中占有重要的地位，"经常被称之为共同体的基石"①。随着阿登纳退出政治舞台，艾哈德取而代之。在 1963 年，莫内表示："法国已经失去了原动力的作用，而现在已由德国来承担了，因为在德国，政权正在慢慢地转到路·艾哈德的手中"②，这就预示着德国将在欧洲一体化中扮演新的角色，特别是在共同农业政策制定的过程中。

战后西欧需要共同农业政策越来越迫切了。首先，农业是国民经济的基础，如果在欧洲经济一体化中没有包含农业的成分，那么任何其他的经济成分的融合是不完整的，农业是与总体经济紧密相连的。再者，六国之中至少有两个国家（法国占28%，意大利占38%）的大量人口从事农业生产，把如此之多的人口排除在一体化进程之外是难以想象的，特别是他们感觉到农业是欧洲经济和文化传统基本的一部分。第三，应该考虑到一些成员国的更大的经济利益，特别是欧共体内的农业大国。它们希望重构被忽视的农业部门，需要扩大农业出口市场。意大利希望它落后的农业地区能够从共同体获得资金补助，荷兰的农业出口占到它对外贸易的30%，这就需要在各成员国中实现贸易平衡。第四，在很多成员国中，特别在德国、意大利、法国和比利时，农业人口对选

① Gisela Hendriks, *Germany and European Integration-The Common Agricultural Policy*: *an Area of Conflict*, Berg New York/ Oxford, 1991, p. 41.
② ［法］让·莫内著，孙慧双译：《欧洲之父：莫内回忆录》，北京：国际文化出版公司1989年版，第314页。

举产生很大的影响，在选举大战中，承诺对农业的支持一直是各国政党的心头大事。最后，战后西欧恶化的外汇交易形势。战后西欧进口食品需要花掉外汇30%，进口农业原料再花去20%，这不利于西欧外汇平衡，"欧洲需要依靠自己的农业贸易，也需要在农业部门采取一致的行动，成为战后农业政策的关键因素"[①]。因此，实现共同农业政策便开始提上欧共体的议事日程。

从国际上看，与先进的农业大国相比较，欧洲农场的规模最小。20 世纪50 年代末，西欧各国每个农民拥有的土地面积不足 10 公顷，只是美国农民的二十分之一；西欧每个农民能养活 10 人，只是美国的五分之一。西欧主要国家工业发达，农业不振。为了维护各国国内农业生产，一般对其农业实行保护性措施，造成了西欧各国的农产品的价格一般都高于世界市场的价格。欧共体仅仅取消内部农产品关税和规定统一对外税率是不够的。西欧需要制定统一的价格政策、补贴政策和其他有关政策，以协调各国的农业政策，保证农业的合理发展和农产品的充分供应，只能走农业一体化道路。一句话，西欧必须要在农业方面更加深入推进一体化，1958 年 1 月 1 日，《罗马条约》正式生效，表明在欧共体中实施共同农业政策已是大势所趋。

与关税同盟不同的是，《罗马条约》规定不仅要求建立农产品共同市场，而且进一步要求制定共同的农业政策。在条约的第 38 条第 1、4 款明确规定："共同市场将扩展到农产品贸易"，"农产品共同市场的操作和发展必须在成员国内与制定共同的农业政策一起进行"。[②] 条约第 39 条规定了共同农业政策要实现的目标；第 44 条为农业市场机构提供了好几种选择模式；第 43 条，通过共同体机构决定措施将为共同农业政策制定指导原则。其中最重要的是条约的第 39 条，第 1 款明确规定了共同农业政策将要取得的五大目标：第一，通过科技进步来提高农业生产率，确保农业生产的合理发展和各种生产要素（特别是劳动力要素）的最佳使用；第二，确保农业共同体有一个良好的生活水平，特别是要增加农业生产人员的收入；第三，稳定市场；第四，保证可靠的供应；第五，确保消费者以合理的价格得到供应。[③] 该条第 2 款还规定了制定

① Gisela Hendriks, *Germany and European Integration-The Common Agricultural Policy: an Area of Conflict*, Berg New York/ Oxford, 1991, p. 43.

② David De Giustino, *A Reader in European Integration*, Longman London and New York, 1996, p. 100.

③ Rosemary Fennell, *The Common Agricultural Policy of the Eruopean Community-Its institutional and administrative organization*, Garnada London Toronto Sydney Bew York, 1979, p. 8.

和实施共同农业政策必须考虑到的三条指导性原则：第一，由于农业的社会结构和在不同的农业地区之间的结构差异与自然环境不同所导致的特殊的农业活动；第二，需要影响逐步调整的必要；第三，在成员国的事实是，农业与整个经济不可分割的联系在一起。[①] 由于制定共同的农业政策的复杂性，条约没有规定共同农业政策实施的步骤和安排具体时间表，其目的也许是认为成员国在一个广阔的共同农业政策框架内达成一致意见比较容易一些。《罗马条约》也规定了一项强硬的指导性原则，也是一项明确的时间表，即成员国在过渡期内将要逐步发展共同农业政策，到过渡期结束时共同农业政策将要生效。

欧共体在制定共同农业政策过程中遇到了比建立关税同盟时多得多的困难。农业受自然条件的影响极大。各地的土壤、气候等条件不一样，造成各国的农业生产率也不相同，这种差异在短期内难以消除。例如，法国是西欧第一农业大国，历届政府高度重视农业问题，谷物和肉类产品有盈余。明显的是，"自20世纪50年代早期以来，为了偿付工业物资进口的费用和获得收支平衡的希望，法国决定扩大其农产品的出口。"[②] 法国对建立共同农业市场最为积极。荷兰畜牧业发达，其对共同农业的态度与法国相似。意大利虽然农业落后，但农业在国民经济所占比重在六国中是最高的，一方面积极开拓国外市场扩大出口，另一方面意大利还想通过共同农业政策获得财政资助推动农业的发展，也对共同农业政策比较热心。比利时、卢森堡和德国农业不很发达，需要进口大量农产品。如果实施共同农业政策，它们将无法从共同市场以外购买廉价的农产品，必须花高价购买共同体国家的农产品，他们对共同农业政策态度相对冷淡。

将农业包含在共同市场从一开始在德国就是一个争议不断的问题。德国比较欣赏各国市场组织之间的合作关系，而不赞成欧洲理事会提出的超国家机构。1953年，德国著名的经济学家对外交部的官员表示，关于农业部门的欧洲制度只能建立在已经存在的各国制度之上。战后德国第一任农业部长威廉·尼克拉斯（Wilhelm Niklas）对欧洲农业部门最终统一也表示怀疑，他认为在短期内建立统一的欧洲农业市场是不可想象的。他的继任者海因里希·吕布克

① David De Giustino, *A Reader in European Integration*, Longman London and New York, 1996, p. 100.
② Rosemary Fennell, *The Common Agricultural Policy of the Eruopean Community-Its institutional and administrative organization*, Garnada London Toronto Sydney Bew York, 1979, p. 7.

（Heinrich Lübke）公开宣称任何农业一体化将是仓促的，倡议首先应该在经济方面合作和政治上一体化。可见，关于制定共同农业政策问题，就是在欧洲一体化坚定的推动者——德国国内也有许多不同的意见。尽管如此，各国还是表达了建立共同农业政策的愿望，采取了必要的行动。

《罗马条约》生效后不久，六国代表于 1958 年 7 月在意大利的斯特雷萨（Stresa）开会专门研究农业问题。在这次会议上，各国保持了高度一致的合作态度，最后达成了一个轮廓性的纲要。会议决定由荷兰前农业大臣、委员会负责农业政策的副主席西科·曼斯霍尔特（Sicco Mansholt）负责在两年内，即1960 年 1 月之前提出一个关于实施共同农业的建议，并于 6 月提交部长理事会讨论。从此，建立共同农业的谈判正式开始了。

三、德国缔造欧洲共同农业政策

建立共同农业政策谈判还未正式进行，纷争就已经爆发。1960 年 2 月，美国要求在关贸总协定（GATT）框架内降低关税举行谈判。面对西欧经济的繁荣景象，也为了与美国竞争，共同体委员会建议加速实现《罗马条约》的目标。在谈判中，荷兰坚决要求农业生产也应该包括在加速的范围之内，坚持降低工业贸易税率与建立共同农业政策应该同步进行。它认为把农业排除在发展共同市场范畴之外与《罗马条约》第 2 条指导原则，即"共同体的任务是建立共同市场和进一步接近成员国的经济政策等"相违背①，德国人对此比较忧虑。在它看来，如果这样，就为共同体打开了德国市场，它将很难以低价购买农业国（如南美）的农业产品，认为共同农业政策对德国传统的贸易关系是一种威胁，"这是德国企图抵制建立共同农业政策的核心"②。当德国提出共同关税制度不应该包括农业时，荷兰坚持如果不包括农业，它将拒绝接受仅针对其他部门的协议。德国联邦内阁于 1960 年 4 月 22 日通过决议支持政府的反对立场。为了避免共同体的危机，各国之间展开了积极的斡旋工作。不料斡旋失败，加速计划被推迟。1960 年 5 月 10—12 日，六国在卢森堡举行会议，德国代表是来自农业部的国务秘书所罗门（Sonnemann），他是一位坚定的反欧

① David De Giustino, *A Reader in European Integration*, Longman London and New York, 1996, p. 94.

② Gisela Hendriks, *Germany and European Integration-The Common Agricultural Policy: an Area of Conflict*, Berg New York/ Oxford, 1991, p. 46.

主义者。部长理事会主要赞同荷兰的观点，决定加速一体化进程，所罗门辞职下台，德国国内反对建立共同农业政策的势力强大。

共同体各国"从第三国的进口和（在过渡期内缺乏共同的价格）共同体内部贸易，关键农产品的供应是建立在不同的税收政策基础之上的"①。德国工业发达但农业不振，为了维护国内的食品供给对农业实施保护政策，因此国内的农产品价格较高。法国是西欧农业大国，农业产品盈余可供出口，荷兰畜牧业发达，法国和荷兰国内农业产品价格较低。要在农业产品价格差异较大的共同体之内创造一个共同价格结构确非易事。1960 年 6 月，按照《罗马条约》第 43 条第 2 款规定，委员会提交了关于实施共同农业政策的报告，即"曼斯霍尔特计划"（Mansholt Plan）。该计划中最根本的一点就是要协调成员国之间的价格水平，这也是欧洲走向一体化的重要标志之一。共同体委员会还对1961—1962 年度的谷物、食糖和牛奶等农业品第一次提出了实现价格调整措施，委员会的建议遭到德国农民联盟（The German Farmers' Union）的强烈反对。如果采纳共同体内共同价格的建议，那么将使德国农产品价格向较低的共同体价格调整，势必会减少德国农民的收入。

《罗马条约》规定，西欧将用 12 年时间分三个阶段建立工业品共同市场，如果"曼斯霍尔特计划"失败，那么对欧洲一体化进程必是一次巨大的挫折，德国陷入了两难境地。它是个工业发达国家，急需世界和欧洲内部市场，而1960 年 5 月 12 日作出的加快建立工业共同市场的决定是要和在 1961 年 1 月 1日开始实行共同农业政策的决定紧密地联系在一起的。德国已经没有拖延的余地，必须在关税同盟和共同农业政策之间作出选择或者妥协。此时政治因素又对德国和欧洲一体化显得更为重要，时值第二次柏林危机，加速欧洲一体化进程促使西欧团结一致，共同对抗苏联的威胁是阿登纳此时最重要的外交目标，在主要农产品同一价格问题上，德国决定作出让步，勉强接受委员会制定的主要农产品的价格条款。1960 年 12 月，部长理事会正式确定了共同农业政策三原则：共同价格、共同体优惠机制和共同财政责任。

不过，"曼斯霍尔特计划"仅仅是一个供讨论的文件。从 1961 年 5 月起，委员会提出一系列具体的实施方案，在共同体各国已达成的原则基础之上草拟

---

① Gisela Hendriks, *Germany and European Integration-The Common Agricultural Policy: an Area of Conflict*, Berg New York/ Oxford, 1991, p. 47.

了关于共同农业政策指导性条例提交给理事会，建立共同农业的形势一下子变得急迫起来。此时，英国也正在进行加入欧共体的努力，它对农业的特殊要求有三：（1）英国明确要求为英联邦国家的农产品进入共同市场获得特别条件，使它从英联邦进口的所有农产品在共同体内部保证有相似的销路；（2）为了保护英国农业，并且继续实行对英国农民的直接的差额补贴（这种差额补贴将使农产品价格比法国维持按照市场标准的农产品价格的做法要低得多），英国希望对决定共同农业政策的进程发挥某些影响，并要求在英国执行共同农业政策之前有一个较长时间的过渡期；（3）为保护欧洲自由贸易联盟的"合法利益"。它提出自由贸易联盟国家自己为它们的参加或协作进行谈判，但它们应该和英国同时加入共同市场。① 英国对农业政策的特殊要求势必会损害法国的利益，激起法国戴高乐将军的恶感，决定在英国加入欧洲之前制定出共同的农业政策，也为法国否决英国加入共同体埋下伏笔。

1961 年底，当关税同盟正要向进入过渡期的第二阶段迈出之时，法国农村形势动荡，对政府的农业政策不满情绪日益高涨，动荡了法国政治局势。法国政府决定取悦农民，戴高乐向共同体发出威胁说，除非开始建立共同农业市场，否则将反对工业共同市场向第二阶段过渡，以此要挟共同体以赢得国内农民对政府的支持。由于共同体实行的是全体成员国一致同意表决机制，如若法国中止关税同盟的过渡期，那建立工业共同市场将遭受沉重的打击，势必会中止欧洲一体化进程。法国的要求得到荷兰的支持。德国本来就是勉强接受《罗马条约》中工业和农业共同市场同时建立的要求。按照德国的考虑，共同农业政策应该与经济一体化和政治一体化同步进行。德国、比利时和卢森堡本想关税同盟过渡到第二阶段不要制定太明确的规定农业政策。意大利此时的立场是中立的。但形势的发展出乎德国预料，如果不想中止欧洲一体化进程，就必须与法国等国家寻求共同的解决办法。于是，"马拉松"式的谈判开始了。1961 年 5 月 20 日，阿登纳在波恩会晤戴高乐，双方除谈论欧洲政治合作问题以外，关键还是农业政策。戴高乐表示："欧洲经济共同体过渡到第二阶段，这一点今年年内就必须决定。如果决定不过渡，那就永远也别想过渡了"。法国"根本不可能只在工业方面而不在农业方面参加共同市场。在这个问题上

---

① 赵怀普：《英国与欧洲一体化》，北京：世界知识出版社 2004 年版，第 128 页。

就面临着一个考验，关键是看德国对事情能起些作用，还是不闻不问。"① 如果法国在农业问题上不能获得一个满意的解决办法，那么建立共同市场将"不会继续进行"。② 从戴高乐的谈话中可以知道，德国在共同农业政策中扮演着最重要的角色，它的妥协与否决定着共同农业政策的成败。

德国正陷入艰难的困境之中。在国内，戴高乐共同市场计划遭到经济部长艾哈德的强烈反对。艾哈德企图利用英国和自由贸易联盟的一切贸易机会，以此阻止法国对制定共同农业政策上的要价和迫使欧洲经济共同体采纳高额的共同外部关税，如果采取共同关税将约束德国与非共同体的贸易往来。外交上，1961 年 8 月 13 日，"柏林墙"建立，德苏矛盾达到高潮，德国分裂局面进一步加深。再加上 9 月德国国内大选，各主要政党都想获得农民院外集团对自己的支持。波恩会晤中法国对共同农业政策的态度给阿登纳在内政外交困境中雪上加霜。于是，德国竭力支持农业政策实行国家价格政策持续到过渡期结束，无论如何也得坚持到选举结束。为了获得法国、荷兰等国的妥协，阿登纳于 12 月 9 日在巴黎与戴高乐再次举行会晤，在荷兰的支持下，法国无视德国的请求。法国重申：除非共同农业政策取得巨大进展，否则它将不同意工业共同体市场过渡到第二阶段，也就是说，它将不在 12 月 31 日之前削减已达成的关税的 10% 。

在戴高乐最后通牒式的威胁面前，共同体各国为避免事态进一步恶化，1961 年 11 月，开始进行紧急磋商共同农业政策问题。法国是来年理事会的轮值主席国，它暗示将"停止钟摆"，也就是将终止对工业共同市场向第二过渡期的谈判，共同体面临着解体的危险。德国意识到，"在欧洲矛盾面前，德国国家部门利益必须为之让步。欧洲统一的利益和德国压倒一切的政治目的为德国部门利益屈服自己的防务力量不足作好了准备"③，德国终于妥协。"阿登纳支持戴高乐反对自己的经济部长"④，接受了共同农业政策并积极行动起来，

① ［联邦德国］康拉德·阿登纳著，上海外国语学院等译：《阿登纳回忆录（1959—1963）》（四），上海：上海人民出版社 1976 年版，第 120 页。

② H. Müller-Roschach, *Die deutsche Europapolitik 1949 – 1977*, Bonn, 1980, s. 105.

③ Gisela Hendriks, *Germany and European Integration-The Common Agricultural Policy: an Area of Conflict*, Berg New York/ Oxford, 1991, p. 49.

④ Wolfram F. Hanrieder, *West German Foreign Policy: 1949 – 1979*, Westview Press/Boulder, Colorado, 1980, p. 101.

使"停止的钟摆"重新摆动。"马拉松"式的谈判一直进行到 1962 年 1 月 14 日清晨，在经历了"总共开了 45 次会议，持续 137 个小时，共达成 582000 页的文件资料"① 的努力下，部长理事会终于通过了第一批农业条例。1 月 15 日，《财经时代》（The Financial Times）发表评论员文章说，"六国政府达成妥协的事实说明：作为最后的手段，他们愿意在各自国内的选举中进行赌博，也不愿被谴责为阻挡欧洲进一步统一的步伐"②，显示了欧洲走向一体化的坚强信心。共同体决定成立欧洲农业指导和保证基金（The European Agricultural Guidance and Guarantee Fund），规定了一项有效期至 1965 年 6 月 30 日的财政结算，也为奶制品、牛肉和食糖制定了一个日程表，并决定采取一些促进共同体内酒类、水果和蔬菜贸易往来的措施。

达成一致的共同体农业政策，也称为"农业法典"（Agricultural Code），这是共同体第一个具有法律效力的共同体政策，它包括以下几条原则：（1）单一市场区；（2）农产品内部自由贸易；（3）统一的外部关税；（4）主要农产品在共同市场内部统一价格；（5）共同体优先支持内部农业贸易；（6）分担共同农业政策的财政负担。③ 六条原则通常被归纳为三大条例：（1）单一市场，是指农产品在成员国之间可以自由流通；（2）共同体优先，是指把本国产品的优先权扩大到整个共同体，共同体的农产品必须维持一个比欧洲市场上的进口产品便宜的价格，以保护共同体内部市场受外部低价进口产品和世界市场价格大幅波动影响；（3）共同财政，是指共同农业政策所引起的财政开支应由成员国共同承担，这也是共同农业政策的基础之一。如前所述，为了使这一原则得以实现，1962 年 4 月建立了"欧洲农业指导和保证基金"（EAGGF）。在共同体"农业法典"中，一些国家权利将不得不放弃，也是德国为了欧洲一体化的推进而不得不牺牲某些部门利益一个很好的例证。例如，在共同农业政策的谈判中，德国政府明确地向德国代表团发出指令：在农业领域尽可能地放弃利益，同时要在经济和政治领域尽可能地获得好处。的确，德

① Lan. R. Bowler, *Agriculture under the Common Agricultural Policy*, Manchester University Press, 1985, p. 49.

② Leon N. Lindberg, *The Political Dynamics of European Economic Integration*, Stanford University Press, 1963, p. 273.

③ Lan. R. Bowler, *Agriculture under the Common Agricultural Policy*, Manchester University Press, 1985, pp. 49－50.

国作为工业发达的国家，工业共同市场以第一阶段向第二阶段过渡意义非常重大。虽然农业利益暂时失去一些，但从工业可以获得更为丰厚的回报。从政治意义上说，欧洲一体化是德国政府主要的外交目标之一，只有欧洲融为一体才能有更强大的力量抗衡苏联的威胁，保护德国安全，德国重新统一才有可能。

从 1962 年 1 月理事会通过条例，建立了谷物共同市场，把共同农业政策向前推进了一大步。到 1963 年底，部长理事会又通过了一批新的规则，建立了牛肉、乳制品等农产品的共同市场组织，使共同农业政策的实施范围不断扩大。还有两个关键问题在共同农业政策实施之前必须解决，这就是将给予支持的价格水平和用于支持的基金来源。德国农业不如法国那样发达，增加农产品的产量不是德国平衡国际收支的手段，完全是满足国内对食品的需要。德国对其农业实行保护性措施，以较高农产品的价格鼓励农民提高农业生产，这就造成德国农产品在共同体之内价格最高。因此"德国人坚持一个保证较高的、受更大保护的灵活价格体系，他们对委员会共同价格的建议非常反感"[1]。而法国和荷兰是西欧的农牧业大国，农产品不仅盈余且还有出口，自然法荷的农产品价格比德国低。

综上所分析，德国希望共同价格体系的农产品的价格定高一些，法荷则正好相反。在不同的农产品中，"小麦价格是关键，它决定着面包的价格，影响着动物饲料、肉类和其他家禽的价格"[2]。如果共同体成员国之间采取德国农产品的高价格，那势必会在西欧造成农业生产的恶性竞争。共同体"采取成员国之间的公平竞争看作是生产的推动力，而不是计划体制的安排生产"[3]。如若德国降低农产品的价格一定会减少农民的收入，如前所述，尽管农业在德国国民经济中所占的份额较小（法国占 23%，德国占 15%），[4] 农民的政治影响力却相当巨大。"从一开始，德国农民院外集团（DBV）对共同农业政策采取最明确的立场：要在欧洲经济共同体享受最高价位，这也是仁慈的德国政府

① Leon N. Lindberg, *The Political Dynamics of European Economic Integration*, Stanford University Press, 1963, pp. 274.

② John Pinder, *European Community：The Building of A Union*, Oxford University Press, 1995, p. 91.

③ Ian R. Bowler, *Agriculture under the Common Agricultural Policy*, Manchester University Press, 1985, p. 50.

④ Juliet Lodge, *The European Community and The Challenge of The Future*, Pinter Publishers London, 1993, p. 112.

所支持的。它坚持保留在六国框架内自己的优势地位。"① 在欧洲，由农业产生的问题是共同体面临的最困难的问题，"各国政府承受着来自农业的巨大压力，这种压力远远超过它们曾经面临的来自商业或者劳动力等方面的压力"②。长期以来德国一直肩负着欧洲统一的重担，接受了共同农业政策的条款，"联邦德国谷物农产品在整个农产品仅仅占10%，但是，生产谷物者的政治影响力是巨大的"③。德国不想马上把这些共同农业政策的条款付诸实施，以免引起农民的强烈反对。此时，共同体各国正忙于英国加入欧洲的谈判工作，正好成为德国拖延共同农业政策的借口。

1962 年 10 月，共同体农业专员曼斯霍尔特对德国外交部和农业部发出一封公开信陈述事实：关税同盟进展迅速而德国和它的共同体贸易伙伴在农业贸易额上却没有增加。德国则继续保持它们在共同农业政策上的立场，那就是继续采取拖延战术，想把共同农业政策实施一直拖延到过渡期结束。在布鲁塞尔（Brussels），德国的代表甚至发出诡秘的暗示说："立即削减德国国内市场价格，后果是德国农村潜在的动荡也许会威胁欧洲的力量平衡。"④ 在德国国内，共同农业价格也引起了尖锐的争论，"德国农民联盟和德国农业部长们希望有一个高的谷物价格，而社会民主党、德国贸易联盟组织（Deutscher Gewerkschaftsbund-DGB）和很多的商业集团坚持降低谷物价格"⑤，矛盾还在发酵之中。

1963 年 4 月 23 日，艾哈德取代阿登纳成为战后德国第二位总理。艾哈德是一位大西洋主义者，他不乐意接受在欧洲共同体内法国的领导地位。更重要的是，艾哈德是一位自由贸易主义者，"作为一个自由经济学家，……他从不同意阿登纳取悦法国，并且特别批评欧洲经济共同体的贸易保护主义政策和反

---

① Leon N. Lindberg, *The Political Dynamics of European Economic Integration*, Stanford University Press, 1963, p. 262.

② Ibid. p. 273.

③ Gisela Hendriks, *Germany and European Integration-The Common Agricultural Policy: an Area of Conflict*, Berg New York/ Oxford, 1991, p. 51.

④ E. Neville-Rolfe, *The Politics of Agriculture in the European Community*, London, 1984, pp. 223 – 4 and 227.

⑤ Werner J. Feld, *West Germany and the European Community: Changing Interest and Competing Policy Objectives*, Praeger, 1981, p. 51.

对把英国排除在共同市场之外"①。可是，严峻的冷战形势使德国的安全遭受到苏联严重的威胁，"像以前的阿登纳政府一样，艾哈德政府强烈的支持德法防务合作"②。因此，艾哈德政府对待法国是在保持友好前提下，只是对阿登纳时期的对法政策作出一定的调整。如前所述，艾哈德对共同农业政策是反对的。1963 年 11 月，曼斯霍尔特提出要在 1964—1965 贸易年中实施谷物共同价格计划，建议给予德国和意大利等农产品价格高的国家补助金以弥补由于削减价格所带来的损失，共同体委员会则要求给予共同谷物价格制定出一个明确的时间表，理事会决定共同农产品问题应该在 1964 年 4 月 15 日之前解决。迄今为止，德国在农民院外集团的压力下已经拒绝共同体的谷物共同低价位的所有企图。1964 年 1 月，德国农业部长施瓦泽（Schwarz）请求共同体冻结目前的谷物价格。更严重的是，1964 年 3 月，德国联合政府和联邦议院一致拒绝曼斯霍尔特的实现共同价格计划。

法国对德国拖延实施共同价格非常恼火，对反对达成共同农产品协议更是愤慨，外交部长顾夫·德姆维尔（Couve de Murville）于 1964 年 11 月在法国国民议会发表演讲宣称，1964 年 12 月 15 日将是达成共同价格的最后期限。这对德国无异又是一次最后通牒，这一最后通牒由法国总统戴高乐于 11 月 22 日又再次重申以示对德国施加压力和法国决不妥协的立场。法国的最后通牒又使德国陷入进退两难的境地。与 1961 年法国的最后通牒相比较，德国国内农民的反对是相同的原因之外，而这一次外部原因却不一样。上一次是 1961 年柏林危机进入高潮，德国为了团结西欧对抗苏联的军事威胁作出妥协，在共同农业政策上达成一致意见，而这次对德国的外部压力则来自美国。

德国总理艾哈德上台时，越南战争正处于酣战之中，消耗了美国大量的财力，"持续增长的财政赤字是华盛顿寻求与莫斯科关于控制武器谈判原因之一"③。这时西欧已经摆脱了战争的阴影，欧洲煤钢共同体、原子能共同体和经济共同体相继建立，到了 20 世纪 60 年代初正为制定共同农业政策建立共同

① Klaus Larres and Panikos Panayi, *The Federal Republic of Germany since* 1949: *Politics*, *Society and Economy before and after Unification*, Longman London and New York, 1996, p. 93.

② Stephen A. Kocs, *Autonomy or Power? The Franco-German Relationship and Europe's Strategic Choices*, 1955 – 1995, Praeger, p. 49.

③ Roger Morgan, *The United States and West Germany* 1945 – 1973: *A Study in Alliance Politics*, Oxford University Press London, 1974, pp. 139 – 140.

市场努力，西欧无论经济上还是政治上的联合进一步加强，西欧逐步走上了繁荣富强的道路，引起了美国的不安，特别是在经济上。早在 1962 年 7 月 4 日，美国肯尼迪总统在费城（Philadelphia）发表了"互相依存宣言"说："我们不把一个强大的统一的欧洲当成对手，而是把它当成我们的伙伴"①，肯尼迪建议欧洲共同体和美国间举行贸易谈判。1962 年 10 月，美国国会又通过了"贸易扩大法"（Trade Expansion Act），"主要目的是为了让共同体削减对外关税"。② 随后，欧洲共同体和美国开始就关税和关贸总协定肯尼迪回合（Kennedy Round）谈判。美国地广人稀土地肥沃、农业科技发达，是农产品出口大国，其要求共同体对农产品作出让步以利美国的农产品进入欧洲市场，而欧共体则反对美国对化工产品采取保护主义，美国要求在削减工业产品的关税之前必须达成有关农业的协定。美国对肯尼迪回合谈判的前提条件对德国影响巨大。因为德国工业发达，是西欧的最主要工业品出口国，它意识到肯尼迪回合谈判成功与否，对德国来说最为关键，只有获得肯尼迪回合谈判成功才能扩大德国的工业品的出口。从另一个角度来说，农业在德国经济中也不占重要的地位。所以，德国决定在共同谷物价格上作出让步，以小失而获大利。再说，欧洲一体化是德国的主要外交目标，就是倾向大西洋主义的艾哈德也没有放弃这一基本目标。如果德国在农业上作出让步，可以团结欧洲以统一的力量共同对付美国，"必须形成一个统一的共同体立场来提高共同体讨价还价的力量"③，这无论从经济上还是政治上都符合德国的利益。

尽管艾哈德总理过去曾承诺保护农民利益，维持既定的现行的农产品价格标准。但面对新的美国因素的介入，艾哈德不得不追求农民对共同体价格的满意。1964 年 11 月，他召见院外集团主席伦温克尔（Rehwinkel）。经过两周的艰难谈判，双方终于达成一致意见：把小麦的价格由每吨 475 马克降低到每吨440 马克（没有达到委员会要求的每吨 425 马克）。伦温克尔则要求政府在财政上对农民作出让步，对由于采取共同体价格导致农民收入减少，政府应该对农民进行补偿。1964 年 12 月，德国经济部长舒麦克（Schmücher）正式向理

---

① John Pinder, *European Community-The Building of A Union*, Oxford University Press, 1995, p. 192.

② 同上。

③ Gisela Hendriks, *Germany and European Integration-The Common Agricultural Policy: an Area of Conflict*, Berg New York/ Oxford, 1991, p. 51.

事会陈述德国政府对共同体价格的立场，"为了欧洲统一的利益考虑，德国政府现在准备降低国内小麦价格"①。他也清楚地说明，"联邦共和国采取的这一举措（例如共同价格）是有强烈的政治上的期望，那就是全方位加速欧洲一体化进程"②。可是，共同体其他各国对德国作出的"牺牲"——小麦价格降到每吨 440 马克却不很满意。他们认为，从"曼斯霍尔特计划"第一次提出已经时过 5 年，德国应该适应了对谷物不同的价格要求。

德国农业部长舒瓦泽不想屈服共同体的压力，竭力劝说艾哈德不要对共同体妥协。但是，德国经济部长舒麦克在参加共同体谈判之前，艾哈德就已经对他发出谈判指令，"为了欧洲的团结，如果在必要的情况下不得不牺牲以前和农民院外集团（DBV）达成的协议"③。经过反复的谈判，在法国的最后通牒规定的时间之前，也就是 1964 年 12 月 15 日，德国终于接受了小麦每吨 425 马克的要求，同意在 1967 年 1 月，欧洲共同谷物市场正式建立，欧洲共同农业政策终于得以建立。"其中最重要的实事之一是：德国是共同体中的经济强国，它加入共同体在世界经济中使共同体更具有潜在的力量。没有德国，共同体经济价值也许会发生改变，将会远离由德国推动的自由主义。共同体深深依赖德国对其预算资助，没有它们，共同体的很多政策将会凋零。如果对共同农业政策没有作出主要的修改，那它也不能继续存在。"④ 这说明，德国在制定共同农产品价格问题上作出了巨大的牺牲，对欧洲一体化产生了深远的影响。

事情还未结束，虽然共同体决定了共同的农业价格，但是决定的价格需要金钱来予以支持，否则共同价格将成为空中楼阁。欧洲经济共同体条约规定共同体应该有自己的"收入"，也就是用通过税收来维持预算。在 1962 年 1 月 14 日通过的共同农业政策决定成立"欧洲农业指导和保证基金（简称'农业基金'，EAGGF）"作为实施共同农业的财政保证，农业基金来源主要由各个成员国按比例分摊，包括用于津贴农产品出口、稳定农产品价格以及农业结构改革的费用。农业基金有利于像法国那样农业大国和出口国家，对农产品进口

---

① Gisela Hendriks, *Germany and European Integration-The Common Agricultural Policy: an Area of Conflict*, Berg New York/ Oxford, 1991, p. 52.

② Ibid. p. 54.

③ Ibid. p. 53.

④ Simon Bulmer and William Paterson, *The Federal Republic of Germany and the European Community*, London Allen & Unwin, 1987, p. 14.

德国与欧洲一体化

国（如德国）不利。"从 1962 年 7 月至 1965 年 7 月这 3 年中，法国从农业基金得到的份额分别为 88%、84%、22%，而法国分摊的基金份额仅为 28%、25%、22%。"①法国要求进一步提高农业基金用于补贴出口，提高成员国征收的农产品进口差价税上交的比例，因为法国将从农业基金中获利更加丰厚，这就提出了建立共同体"自有财源"问题。在哈尔斯坦（Walter Hallstein）领导下的委员会决定利用这个机会加强共同体超国家成分，提高委员会的地位，并在理事会中实行多数票通过的表决机制。例如，"由于这些税收转入共同体后，它的支出情况没有经过成员国议会的仔细审查，根据民主会计制度的要求，共同体的预算不能仅由理事会批准，而必须由欧洲议会联合批准"②。另外，"荷兰支持的欧洲议会希望获得更大的权利"③。在以上三种原因的综合作用下，委员会试图通过各种情况融合在一起，形成一揽子交易的办法找到一条推进欧洲一体化的出路。委员会的如意算盘就是，企图以经济上的让步换取法国在政治上的让步。那就是，如果希望从农业基金中获得较多利益，法国将不得不同意增加欧洲经济共同体的超国家性质。可是，法国是西欧的第一大农业国，农村是主要的选票来源地。再加上戴高乐面临 1965 年的总统选举的压力，为了赢得选举，他不会得罪农民而对哈尔斯坦的"一揽子"方案作出让步。他不仅拒绝了哈尔斯坦的"一揽子"方案，而且强烈反对任何使共同体向超国家方向发展的图谋，同时也对共同体委员会主席哈尔斯坦个人深感不满。他在《希望回忆录》中谈到对哈尔斯坦的看法时说："他热烈拥护超国家的观点"，"我觉得瓦尔特·哈尔斯坦虽然就他的态度来说是一个真诚的欧洲人，但他首先是一个对自己的祖国抱有野心的德国人"。④ 戴高乐的欧洲观念是以法国为中心、以法德合作为支柱、由欧洲各个主权民族国家联合起来的欧洲，反对哈尔斯坦"一揽子"方案中超国家欧洲的主张就不难理解了。颇具讽刺的是，英国申请加入欧洲共同体时已经默许接受法国等西欧国家设计的《罗马条约》的超国家原则，而此时却遭到法国自己的强烈反对。其实，早在

---

① 张锡昌、周剑卿：《战后法国外交史（1944—1992）》，北京：世界知识出版社 1993 年版，第 216—217 页。

② John Pinder, *European Community-The Building of A Union*, Oxford University Press, 1995, p. 93.

③ Derek W. Urwin, *Western Europe since 1945-A short political history*, Longman London and New York, 1981, p. 343.

④ 戴高乐：《希望回忆录》，上海：上海人民出版社 1973 年版，第 198 页。

1963 年共同体委员会和法国之间的矛盾就已经开始。作为委员会主席哈尔斯坦与荷兰，还有其他的成员国的政府一道高调批评法国否决英国加入共同体的申请，"在布鲁塞尔委员会和法国政府之间的紧张关系已经出现，到 1965 年 6 月酿成了严重的冲突"①。

　　法国不能接受哈尔斯坦"一揽子"方案的超国家成分，它提出一个新的解决办法，即"按照《罗马条约》规定如期建立单一市场，法国赞成在 1970 年之前欧洲经济共同体的基金还是由各国分摊"②。法国的反建议遭到意大利和德国等其他国家的反对。对其他五国不妥协的立场，自 5 月以来法国继续对它们施加压力以获得已达成的农业资金上的安排。可是，"戴高乐想获得农业上的解决办法，但他不能以屈服其他五国和委员会对'自有财源'和预算控制为代价而接受它"③。法国与其他五国以及委员会形成了僵持的局面。7 月 1 日凌晨，法国外交部长顾夫·德姆维尔（Couve de Murville）突然宣布，协商失败，会议休会。法国决定暂不参加共同体的会议；预定 7 月 13 日召开的煤钢共同体部长会议和 19 日的共同体财政部长会议，法国也不参加，从此开始了长达半年之久的所谓"空椅子危机"（Empty Chair Crisis）时期。"空椅子危机"的实质"与其说是法国不能在农业政策上为所欲为，倒不如说是法国对委员会计划中加强政治和超国家因素不满的发泄"。④ 戴高乐更不能接受《罗马条约》规定的到 1966 年 1 月后委员会将由一致表决过渡到多数表决机制，所以，委员会"一揽子"计划只是给戴高乐提供了一个阻止欧洲向超国家方向发展的一个绝好的机会。9 月在记者招待会上，戴高乐对委员会的多数表决机制进行了攻击，宣称委员会的这种行为将会夺取国家的民族主权，如果委员会不撤销此决定，法国将不参加部长理事会。

　　"空椅子危机"已超出了共同农业的范畴，涉及共同体发展方向的问题，从经济问题转移到了建设怎样的欧洲的问题，是"邦联制欧洲"还是"联邦制欧洲"，涉及了欧洲一体化的核心。在危机中，共同体虽然依旧存在，但矛

---

　　① Roger Morgan, *West European Politics since 1945-The Shaping of the European Community*, B. T. Batsford Ltd London, 1972, p. 205.

　　② Derek W. Urwin, *The Community of Europe：A History of European Integration since 1945*, Longman London and New York, 1991, p. 110.

　　③ Ibid. p. 111.

　　④ 同上。

盾双方的毫不妥协地对立，如果不寻求解决的办法，共同体不是没有解散的可能。德国对共同体寄予了太多的希望，欧洲一体化是它基本的外交目标之一，德国为打破僵局作出了很大的努力。"德国政府痛苦地接受最终的妥协把法国重新带回到共同体，放弃委员会未来的政治独立。"① 而这时僵局的发展形势已对法国越来越不利。第一，要么回到部长理事会中去，要么冒五国单独干下去的风险，在那种情况下五国可能邀请英国加入共同体。如果这样，法国将会失去领导欧洲的机会，对此法国是绝对不能容忍的。第二，自 1962 年以来，法国农民在共同体共同农业政策中获得了很多实实在在的利益，他们从农业基金中可以获得补贴，通过进口税和出口补贴既可避免了国际市场的竞争，还可以使法国的农产品稳定地进入共同体的其他国家，他们对戴高乐的"空椅子"策略也表示反对。在 1965 年的总统选举中，戴高乐并没有赢得绝对多数，只好进入第二轮投票，这对戴高乐个人的威望是一个不小的打击，无奈之下法国只能回归共同体。戴高乐提出法国留在欧洲经济共同体的三项条件："（1）欧洲经济共同体成员国同意农业补助金；（2）委员会放弃超国家企图；（3）删除《罗马条约》中多数表决机制条款"。② "戴高乐通过'空椅子'政策证明，共同农业政策被看作是补偿法国和意大利利益是一种重新分配的工具，德国工业被广泛地认为起源于共同市场"③，各国最终妥协，共同体渡过了危机。

1966 年 1 月，六国外长达成了"卢森堡协议"（The Luxembourg Compromise）。主要内容是：（1）关于部长理事会的表决机制。由于对"至关重要的利益"的解释权纯属有关各成员国，事实上赋予了各成员国的否决权，等于继续保持一致同意的原则；（2）关于理事会与共同体委员会的关系问题。规定：如若委员会提出重要建议，事先应该和成员国磋商，取得同意后才能提交给理事会，限制了委员会的权力和作用。"卢森堡妥协"以法国胜利而结束纷争，共同体总算渡过了自建立以来最严重的一次危机。此时，欧洲经济共同体比较顺利地实现了关税同盟和共同农业政策，为自己树立了两根可靠的支柱。欧洲联

---

① Wolfram F. Hanrieder, *West German Foreign Policy: 1949－1979*, Westview Press/ Boulder, Colorado, 1980, p. 103.

② Wolfram F. Hanrieder, *Germany, America, Europe- Forty Years of German Foreign Policy*, Yale University Press, 1989, p. 265.

③ William Wallace, *The Dynamics of European Integration*, Pinter Publishers, London and New York for The Royal Institute of International Affairs, London, 1990, p. 33.

合的步伐慢慢地向前推进。可以说，没有德国的支持和牺牲自己的利益，建立共同农业政策是很难得以实现的。同时，欧洲也在德国等支持下开始逐步壮大起来。美国总统尼克松承认："美国遇到了我们做梦也想不到的那种挑战"，"这种变化意味着由美国担任（西欧）保护者的情况宣告结束"。① 德国为维系欧洲一体化前进的动力作出了巨大的努力和付出了沉重的代价。

第三节 德国对英国加入欧共体的态度

扩大共同体，壮大共同体力量，在欧洲统一中实现德国重新统一是德国一贯的外交政策。虽然此时，英国等北欧国家正在申请加入共同体，共同体有了第一次扩大的机会。但是，在坚定的民族主义者戴高乐执政法国的情况下，扩大欧共体已不可能。德国不能冒德法和解失败的风险来扩大欧共体，只能维系欧洲团结的局面。因此，欧洲一体化陷入了低潮。

20 世纪 40—50 年代，英国不仅在战时提出英法结盟的建议，而且战后丘吉尔也吹响了欧洲联合的号角（如发表演讲《欧洲的悲剧》），欧洲联邦主义者把欧洲联合的希望寄托在英国身上。其实，欧洲联邦主义者把欧洲联合的希望寄托于英国完全是一个幻想。在丘吉尔的各种有关欧洲联合的演讲中，他从没有表示英国会参加欧洲的联合，总是小心地把英国和英联邦描述成欧洲联合的"朋友和赞助者"，这是英国所处的战后形势所决定的。

战后英国实力虽衰落，但毕竟还是西欧的第一大强国，对内依靠广大的英联邦，对外依靠特殊的英美关系，依旧做着旧日世界大国的"美梦"，力求在世界事务中发挥作用。在英国看来，如果作为一个成员国加入欧洲联盟，那与英国的世界大国国际地位很不相称。1950 年 6 月 27 日丘吉尔在下院发表的一篇演说对此作了很好地说明，他说："由于我们处于英帝国和英联邦的中心地位，并在英语世界里与美国有兄弟般的关系，因此，我们不能接受欧洲联邦制度中充分成员国的地位"②。就算战后上台的英国工党政府的欧洲政策，仍然是超然于欧洲以外，只希望在世界上建立美苏英三强统治世界的政治格局。在首相艾德礼领导的工党政府中，外交部长贝文把"英联邦、西欧和美国描述

---

① 伍贻康等：《欧洲经济共同体》，北京：人民出版社 1983 年版，第 56 页。
② 赵怀普：《英国与欧洲一体化》，北京：世界知识出版社 2004 年版，第 30 页。

为英国外交政策的'三根主要支柱'"①,这与保守党头目丘吉尔的"三环外交"如出一辙。虽然工党政府对欧洲联合作了一定的努力,但其对欧洲联合的政策是政府间合作的方式,不是超国家的一体化方式。所以,对英国推进超国家的欧洲一体化不能存有任何的幻想。

尽管欧洲一体化在没有英国参与下慢慢地建设起来,但德国从未放弃扩大欧共体的愿望。阿登纳在战后初期就明确地说过:"需要建立一个统一的欧洲,这一工作比以往任何时候都更急需进行","基督教民主联盟创建伊始就深信必须建立欧洲联邦。我们过去和现在都认为,建立欧洲联邦是拯救欧洲生存、传统和影响的唯一途径","我都以自己的毕生精力和全部作用为实现欧洲的统一事业而奋斗"。② 毫无疑问,阿登纳理想中的欧洲联邦是把英国包含在内的。可是在20世纪50年代,欧洲联邦主义者逐渐意识到,如果要想在欧洲实现联邦就必须寻找一条不同的道路,此时德法两国作用开始上升,英国在欧洲一体化中的作用开始边缘化。

联邦德国成立后,德国政府要实现的三大外交目标:(1)取消被占领地位;(2)获得共同体成员国的平等地位,在国际上应该作为一个主权独立国家被承认;(3)解决德国统一问题。这些外交目标的实现要求"德国无条件地重归西方民主社会,事实上这也意味着德国必须支持欧洲一体化进程"③。阿登纳曾向经济部长艾哈德法出一封信,写道:"欧洲一体化对我们从事外交事务是一个必需的跳板","对欧洲对我们自己也是必需的"。④ 欧洲一体化成为战后德国与西方关系正常化的一个平台,特别是可以消除德法矛盾,如果美国撤出欧洲,德国还可以利用欧洲一体化团结西欧,使西欧成为德国可以依靠的伙伴。

1950年5月9日,法国外交部长舒曼提出了建设欧洲煤钢共同体的"舒曼计划",标志着战后欧洲联合向一体化方向迈出了重大而坚实的一步。英国外交大臣贝文尤其怨恨法国事先没有通知他而告诉了美国人艾奇逊。他认为这

---

① 赵怀普:《英国与欧洲一体化》,北京:世界知识出版社2004年版,第31页。

② [联邦德国]康拉德·阿登纳著,上海外国语学院等译:《阿登纳回忆录(1945—1953)》(一),上海:上海人民出版社1976年版,第233—234页。

③ Clemens Wurm, *Western Europe and Germany: The Beginnings of European Integration 1945 - 1960*, Berg Publishers Oxford/Washington, USA, 1995. p. 55.

④ 同上。

是法国人试图依靠美国人而迫使英国就范。为了消除英国对"舒曼计划"的疑虑，1950年5月14日，莫内专程赶到伦敦劝说英国接受该计划一起建设欧洲。"英国政府把莫内一些人的主张看成是'一些欧洲立宪主义理论家的异想天开的举动'，或者是英国不可能参加的'联邦欧洲'。"① 在英国政府内，财政部和贸易部也反对加入"舒曼计划"。因为，当时英国的煤钢工业在欧洲是最发达的，如果将其煤钢工业置于欧洲共管之下自然对英国不具有吸引力。再说，英国也不同意"舒曼计划"中的超国家的联合模式。一直以来英国对欧洲联合的态度是赞成政府间合作方式而不是超国家的一体化形式，"舒曼计划"超国家联合方式是英国所不能接受的。1950年6月2日，英国内阁召开紧急会议，最后决定英国不参加讨论"舒曼计划"的巴黎会议。

对英国冷漠欧洲联合，德国也很失望。阿登纳说过，"强大的联盟政策能够战胜极权主义或者绥靖企图"②，积极推进欧洲一体化进程，加强欧洲团结是德国外交政策的重点之一。阿登纳一再强调英国加入的重要性，"他知道在欧洲联邦德国没有单独实力依靠美国或者是第四共和国。西方三列强有责任保持德国作为一个统一的国家"③。尽管阿登纳一再要求英国加入欧洲联合，但此时没有自己外交部的德国很难在外交活动有所作为。对英国拒绝加入"舒曼计划"，德国除了遗憾别无他法。在20世纪50年代，从德国整体的国家利益考虑，英国远不如美国重要。不过"英德之间在北约框架内合作还是比较满意的，随着德国经济的增长两国间的经济关系也得到了发展"④，但这不能表示欧洲一体化力量的壮大。

1950年朝鲜战争爆发，德国重新武装提上了西方的议事日程。依照欧洲煤钢共同体的模式，法国提出"普利文计划"，重新武装德国的军事计划又使英国陷入两难境地。一方面，重新武装德国加强了西方对付苏联威胁的力量，还可以在欧陆保持一定的实力均衡，这也是英国传统的欧陆政策；另一方面，"普利文计划"所具有的超国家性质是英国难以接受的。贝文表示，英国不可

① John Pinder, *European Community-The Building of A Union*, Oxford University Press, 1995, p. 53.

② Clemens Wurm, *Western Europe and Germany：The Beginnings of European Integration 1945 – 1960*, Berg Publishers Oxford/Washington, USA, 1995. p. 57

③ Ibid. p. 64.

④ Roger Morgan and Caroline Bray, *Partners and Rivals in Western Europe：Britain, France and Germany*, Gower, 1986, p. 11.

德国与欧洲一体化

能参加这种拟议中的"欧洲军",因为英国是个全球性的国家,有着更广泛的考虑,它不参加任何超国家机构的组织,不能明确在欧洲大陆驻军的义务。[①] 对德国而言,如果实施了英国参加的"普利文计划",那么成立的军事共同体就能加快欧洲一体化进程,使它从一开始就朝着政治一体化方向迈出决定性的一步。1952年2月7—8日,德国联邦议院对重新武装建立"欧洲军"问题也进行了讨论。阿登纳主持的政府对此进行了辩护,强调必须保证欧洲防务,建立一个有平等权利和平等义务的联邦,阿登纳政府的主张得到了联邦议院的信任。因为"普利文计划"中的超国家因素引起了法国戴高乐等的反对,1954年8月30日,法国国民议会以319票对264票否决了欧洲防务共同体方案,欧洲一体化的扩大再次遭遇寒流。欧洲防务共同体的失败使欧洲联邦主义者认识到,在目前的条件下,在所谓"高政治"领域建设一体化是十分困难的,建立统一的欧洲只能先从经济入手,再逐渐向政治一体化过渡。不管如何,英国没有加入欧洲政治一体化进程。

1955年6月1日,欧洲煤钢共同体六国外长齐集意大利的墨西拿。会议确定了了建立欧洲共同市场的基本设想和目标,重新启动欧洲一体化进程。面对欧陆重新兴起的一体化浪潮,英国政府开始并不以为然。因为欧洲防务共同体的夭折使英国有理由相信,超国家的一体化方式的欧洲联合注定要失败。扩大共同体、壮大欧洲统一力量,一直是德国及欧洲联邦主义者的追求的目标,所以,六国决定邀请英国以欧洲煤钢共同体联系国和西欧联盟成员国的身份参加建立欧洲共同市场的谈判工作,德国始终希望英国能够加入到欧洲联合的进程中。

欧陆发出的邀请却令英国很为难。一方面,英国不愿意受制于欧洲一体化机构,担心限制自己的行动自由,可是又担心背负"反对欧洲联合"的罪名;另一方面,虽然英国不乐意加入欧洲一体化,可是它又想在欧洲事务中发挥自己的影响,毕竟此时它是西欧的第一大强国,也担心被欧陆国家所抛弃。抱着半心半意的态度,英国参加了斯巴克委员会的讨论工作,英国与共同体六国关于建设欧洲的矛盾顿时出现。共同体六国建立的关税同盟就是要求参加国之间对内逐步取消关税,对外实行统一关税,最终在欧洲实现统一的内部市场。可

---

① 《战后世界历史长篇》编委会:《战后世界历史长篇》,上海:上海人民出版社1980年版,第7、155页。

以预料，六国的建议遭到英国的坚决反对和拒绝。1955 年 12 月 7 日，英国正式退出斯巴克委员会，也就表明它正式退出建设欧洲一体化的工作，再次丧失建设欧洲的机会。

英国不仅从建设欧洲集团中抽身而出，而且还积极从中破坏，干扰欧洲一体化进程，德国成为英国最重要拉拢的对象。"如果我们不想看到共同市场建立，并且如果我们想避免为它的失败而遭受指责的话，劝说德国人转向欧洲经合组织，对我们是很有利的。"① 英国企图拉拢德国遭到阿登纳的拒绝，英国破坏欧洲统一的计划胎死腹中，但是英国还是没有放弃破坏西欧一体化的野心，它还敏锐地感觉到西欧政治联盟的迹象。1956 年 7 月斯巴克报告获得通过后，英国开始正式向共同体六国发起攻击。1956 年 11 月，英国首相麦克米伦提出建立包括欧洲经济合作组织全体成员国在内的"大自由贸易区"计划，以此来挑战即将建立的欧洲经济共同体。对英国建立"大自由贸易区"的创意，"法国的五个伙伴中，大部分都比较殷切地希望英国加入。但是共同体中的联邦主义思想较强的倡导者们却害怕'自由贸易区'将像一块糖一样把共同体融化在'英国的一杯茶水'里"②。德国对英国加入欧洲的真实意图也表示怀疑，没有加入英国提议中的自由贸易区。

1957 年欧洲经济共同体成立在即，欧洲一体化获得质的突破之时，英国首相麦克米伦却坚定地表示："我们决不能被吓唬……我们必须在这一领域采取积极地行动，以确保广阔的自由贸易区比狭窄的六国共同市场更具有吸引力。我们必须在使他们的计划扩大方面起带头作用，或者，如果他们不乐意与我们合作的话，就带头反对他们的计划"③。1957 年 2 月，关于建立自由贸易区的谈判开始在欧洲经济合作组织内进行。有两件事使英国建立自由贸易区计划遭到法国的反对：第一，1957 年爆发的苏伊士运河事件。在苏伊士运河事件之后，"英国首先力求加强同美国的关系。法国则相反，在苏伊士运河事件和阿尔及利亚战争之后，它同美国的关系冷淡，认为欧洲建设是恢复强大和独立、恢复大西洋阵营平衡的手段"④。第二，法国是欧洲的农业大国，建立西

① 赵怀普：《英国与欧洲一体化》，北京：世界知识出版社 2004 年版，第 94、95 页。

② John Pinder, *European Community-The Building of A Union*, Oxford University Press, 1995, p. 55.

③ R. C. Mowat, *Creating the European Community*, London, 1973, p. 148.

④ ［法］皮埃尔·热贝尔著，丁一凡译：《欧洲统一的理想与现实》，北京：中国社会科学出版社 1989 年版，第 185 页。

德国与欧洲一体化

欧共同体市场，为法国农业带来广阔的销售市场，而英国建立的自由贸易区正好将农业排除在自由贸易区的谈判之外，这对法国来说是不能容忍的。

在德国，对自由贸易区的谈判也引起了激烈的争论，例如，经济部长艾哈德根据自由市场规律支持英国的计划，他"特别欢迎扩大欧洲共同体的希望，通过英国加入共同体扩大更自由的大西洋贸易以替代在法国领导下的狭窄的六国集团"①。总理阿登纳对欧洲联合的理念与艾哈德不完全一致，他是始终从政治的角度来考虑欧洲一体化的。开始他也想在英国的建议和法国的立场之间达成妥协，把英国纳入欧洲一体化之中，但最终他转向支持法国。因为"总理的动机是从两个方面考虑的：第一，他想加速德法和解；第二，尽可能地与欧洲合作。必须获得其中一个基本目的。如果经济共同体夭折，那欧洲联盟也许会遭到损害"②。相反，他欢迎英国加入欧洲，但是对英国推进欧洲联合的政策表示怀疑，如果像英国建议那样建立自由贸易区的话，那欧洲还是按照政府间合作的方式进行，不利于欧洲一体化进程。因此，"《罗马条约》的德国谈判代表明显地在阿登纳的指令之下把条约的重要性放在政治上（特别是法国坚持），并且很少谈论自由贸易区问题"③。德国外交部长勃伦塔诺（Heinrich von Brentano）进一步指出，"按照他的想法，如果共同市场遭到失败，关于自由贸易区的谈判就停止"④。在法国强烈的反对下，英国也没有获得西欧其他国家的赞成，1958年11月14日，法国退出谈判委员会，标志着英国谋求欧洲经济共同体与自由贸易区的谈判失败。"自由贸易区谈判夭折的最后结果是……肯定了亲欧派认为英国建议只是披着羊皮的狼这一说法"⑤，更加促使西欧六国加紧进行建立欧洲共同市场的建设工作。1957年3月25日，共同体六国在罗马签署《关于建立欧洲经济共同体的条约》和《关于建立欧洲原子能共同体的条约》，统称《罗马条约》。不过，《罗马条约》的设计者们

① Roger Morgan, *The United States and West Germany 1945 – 1973：A Study in Alliance Politics*, Oxford University Press London, 1974, pp. 152 – 153.

② Werner J. Feld, *West Germany and the European Community：Changing Interests and Competing Policy Objectives*, Praeger, 1981, p. 45.

③ Leon N. Lindberg, *The Political Dynamics of European Economic Integration*, Stanford University Press, 1963, p. 125.

④ 同上。

⑤ Derek W. Urwin, *Western Europe since 1945-A short political history*, Longman London and New York, 1981, p. 260.

从一开始就作好了接受新成员的准备，而且他们特别希望有一天英国加入共同体。《罗马条约》第 237 条特别规定："欧洲任何国家可以提出申请成为共同体的成员国。它将向理事会提交申请，获得委员会一致通过才可以成为共同体的成员国。"① 对于英国而言，符合逻辑的下一步就是同那些没有参加欧洲经济共同体的欧洲经济合作组织的成员国组成一个较小的自由贸易区对抗欧洲经济共同体。1960 年 1 月，英国、奥地利、丹麦、挪威、葡萄牙、瑞典和瑞士等七国在挪威首都斯德哥尔摩签订协议，成立欧洲自由贸易联盟。与欧洲经济共同体不同的是，欧洲自由贸易联盟完全是一个政府间的合作机构，不是超国家的一体化形式。英国丧失了一次加入欧洲推进一体化的机会，欧洲一体化没有扩大。

英国建立以它为首的欧洲自由贸易联盟使欧洲再次失去扩大的机会，同时也标志着英国在欧洲一体化进程中的作用进一步被边缘化，据称阿登纳在1959 年就已经表示："英国应该知道他们不再能够领导欧洲，因为现在德国和法国是领导者了。"② 他为什么会这样看待英国？阿登纳对英国的评介是建立在实力基础之上的，这可以从欧洲经济共同体和欧洲自由贸易联盟实力对比中得到明确："六国的人口几乎是七国的 2 倍，即 1.7 亿对 0.9 亿。以 1960 年为例，六国的工业产量占世界的 21%，七国只占 13%；六国出口总额 300 亿美元，七国为 180 亿美元。其次，七国在地理位置上不像六国那样连成一片，在经济关系上也不像六国那样密切。七国对六国的贸易依赖性，比六国对七国的贸易依赖性大。仅以英国来说，17.3% 的出口贸易是对六国的，而对七国联盟的只占 12.7%；15.4% 的进口来自六国，12.6% 来自七国联盟。另据统计，在欧洲自由贸易联盟成立后的 3 年中，英国对该联盟国家的出口增加了 33%，但同期对 EEC 国家的出口则增加了 55%。"③ 英国以自由贸易联盟来对抗欧洲经济共同体是不现实的，为其以后重新加入欧洲共同体奠定了一个虚弱的根基。

可是，英国作为欧洲大国，很多欧洲人感到没有英国的共同体，建立真正

---

① David De Giustino, *A Reader in European Integration*, Longman London and New York, 1996, p. 118.

② Leon N. Lindberg, *The Political Dynamics of European Economic Integration*, Stanford University Press, 1963, p. 126.

③ 赵怀普：《英国与欧洲一体化》，北京：世界知识出版社 2004 年版，第 107 页。

德国与欧洲一体化

统一的西欧是不现实的。欧洲一体化是德国的基本政策，所以，德国认为，欧洲的"大门应该为英国一直敞开着"[1]，是对英国加入欧洲一体化的立场，"在各种各样的谈判中，联邦政府自始至终都支持把英国作为一个签约国包含在内"[2]。英国在1957年建立的自由贸易区在德国引起了复杂的反应。一些德国人相应地提出德国应该在经济共同体和自由贸易区之间发挥桥梁的作用。例如：德国工商界比较赞同自由贸易区，因为它们可以在更广泛的西欧贸易市场开疆拓土而不仅仅限制在西欧狭小的六国市场，但有以下几点原因使德国的桥梁意图没有实现：（1）经济共同体和自由贸易区追求不同的欧洲统一方式，共同体是要用一体化方式实现欧洲统一，而自由贸易区则是政府间合作的方式。并且双方都固执地按照自己的方式来实现欧洲统一的目标，这与德国的外交政策相违背；（2）瑞士和瑞典等国反对经济共同体条约中详细的规章制度，那样将会破坏他们传统的中立国地位，奥地利则担心与苏联签订中立条约而会约束它在经济共同体中完全成员国的资格；（3）最重要的是，英国不愿意把其国家主权让渡给超国家机构；（4）法国担心英国将会威胁到它在西欧的领导地位；（5）阿登纳认为德法和解是欧洲一体化的基石，他不能为了可能贸易获利和维系更好的德英关系而牺牲德法和解。这只能说扩大欧洲一体化的时机还未成熟。

战后英国"三环外交"政策日益受到质疑。首先，英联邦和英帝国对英国的价值不断削弱。英国是一个老牌资本主义国家，它的经济具有很大的寄生性和掠夺性。战后民族解放运动风起云涌，英国的很多殖民地纷纷独立，英联邦也分崩离析，使得英国力量不断下降。再者，英美特殊关系也遭到削弱。战后英国依靠英美特殊关系得以维系自我标榜的"世界大国"地位，1956年苏伊士运河危机中，美国对英国落井下石的态度击碎了英美特殊关系。"促使英法政府屈服的主要原因并不是工党的强烈反对，更不是布尔加宁（Bulganin）元帅的最后通牒，而是美国政府对英镑的无情压力。联邦储备银行卖出大量英镑，'而且肯定……远远超过保护其储备价值的预防措施

---

① Clemens Wurm, *Western Europe and Germany*: *The Beginnings of European Integration 1945 – 1960*, Berg Publishers Oxford/Washington, USA, 1995. p. 69.

② Werner J. Feld, *West Germany and the European Community*: *Changing Interests and Competing Policy Objectives*, Praeger, 1981, p. 45.

所必需'"①，苏伊士运河危机是英美特殊关系的转折点。对于英国三环外交中已有两环不能作为可以依靠的对象，那么英国只剩下最后的一环了，那就是欧洲。英国转向欧洲寻找依靠是符合逻辑的，也说明英国加入欧洲一体化的时机已经来临。

促成英国转向欧洲可以从以下几个原因来分析：（1）联系日益紧密、强大的西欧六国是一个不争的事实，英国企图加入欧洲经济增长进程，因为通过欧洲自由贸易区不能完全为英国提供成功的机会。欧洲自由贸易联盟比欧洲经济共同体弱得多。它的经济规模大约只有后者的二分之一。经济增长速度也慢于欧洲经济共同体。1959—1961 年间，七国的工业生产增加 14%，而六国为 26%。② 20 世纪 50 年代至 60 年代，西欧经济一直在增长，没有出现过去增长和萧条交替的局面。德国在此期间创造出了所谓的"经济奇迹"，其他国家的经济增长也引人注目。相比之下，虽然英国 50、60 年代经济也在增长，但是增长率是在经济增长国家中最低的。因此，1959 年英国保守党选举的口号是："低迷的经济将降低英国对世界和欧洲的影响力"③。加入欧洲经济共同体被看作是可能改变经济问题的途径。（2）1960 年流产的巴黎会议遭受相当大的耻辱后，英国希望在世界事务中发挥独立的外交作用，例如，首相麦克米伦（Macmillan）1959 年在柏林危机期间访问莫斯科，显示其独立性增强，不再看美国的脸色行事。（3）1961 年 4 月，麦克米伦访问华盛顿后，他很清楚美国新总统肯尼迪不能容忍英国疏远欧洲的行为，远不如前总统艾森豪威尔（Eisenhower）对英国的态度。1960 年，欧洲经济合作组织（OEEC）重构为经济合作和发展组织（Organisation for Economic Cooperation and Development-OECD），美国不想欧洲分裂为六国和七国，以此表示对欧洲一体化的支持。（4）英国外交主要的支柱：一个是英联邦，另一个是非欧洲的英国外交支柱——与华盛顿保持特殊关系都被 1956 年的苏伊士危机中严重动摇。④ 苏伊士

① Alfred Grosser, *The Western Alliance-European-American Relations Since 1945*, Pepermac, 1980, p. 144.
② 复旦大学资本主义国家研究所：《西欧共同市场》，上海：上海人民出版社 1973 年版，第 158 页。
③ Derek W. Urwin, *The Community of Europe：A History of European Integration since 1945*, Longman London and New York, 1991, p. 119.
④ Roger Morgan, *West European Politics since 1945：The Shaping of the European Community*, B. T. Batsford Ltd London, 1972, pp. 201 - 202. Derek W. Urwin, *Western Europe since 1945-A short Political history*, Longman London and New York, 1981, pp. 337 - 338.

运河危机也标志着英国在欧洲之外的影响大大削弱，特别是美国对英美特殊关系的不同解释，甚至否定两国之间存在所谓的"特殊关系"。（5）"欧洲经济共同体发展的本身。很简单欧洲经济共同体一直在前进"①。1960 年，西欧六国宣布加速建立共同市场计划。几个月之后，戴高乐敦促六国考虑建设欧洲政治联盟问题。1961 年，欧洲经济共同体成立了以法国人富歇为首的委员会，专门研究欧洲政治一体化问题。欧洲不仅越来越成为一个经济统一体，而且在政治、教育等方面联系越来越紧密，预示着欧洲一体化将有一个辉煌的前景，共同体的飞速发展引起了英国极大的不安。如果经济共同体获得成功，如果英国还待在欧洲之外，那么英国的政治影响和经济力量将会大大削弱。

综合以上分析，英国自绝于欧洲之外的外交政策正在逐步地发生转变。首相麦克米伦对外交大臣塞尔温·劳埃德说："自从拿破仑时代以来，欧洲大陆国家第一次团结在一个积极的经济集团里，这一集团拥有很大的政治方面的意义，它可能把我们排除在……欧洲政策之外。"② 英国政府于 1961 年 8 月 9 日正式向六国提出了加入欧洲经济共同体的申请，终于打破了欧洲一体化扩大的僵局。并随着英国加入共同体的申请，在欧洲立即产生了"雪球"效应。几乎同时，丹麦和爱尔兰（Ireland）也向共同体提出了申请加入的要求，欧洲自由贸易联盟的其他国家也纷纷转向欧洲经济共同体。造成共同体感觉很难在同时处理与自由贸易联盟国家双边谈判的问题，再说这些国家为英国"马首是瞻"。如果共同体与英国谈判失败，那么与其他国家的谈判成功也不可能，故共同体六国决定首先集中力量与英国谈判。3 个月后，英国加入共同体的谈判正式在布鲁塞尔开始。谈判虽然已开始，可英国加入欧洲一体化并不是它的真实想法而是属无奈之举，超国家性质的欧洲共同体一直是英国攻击的对象，欧洲一体化也不是英国所追求的崇高理想。而此时共同体六国之间也正在为共同农业政策和建立欧洲政治联盟进行艰难的谈判，与英国加入共同体内的困难交织在一起，更增加了矛盾的复杂性，以至于和英国的谈判推迟到 1962 年春才举行。

在谈判的第一阶段，"英国主要集中在与英联邦的关系和保护英联邦的利

---

① Derek W. Urwin, *The Community of Europe: A History of European Integration since 1945*, Longman London and New York, 1991, p. 120.

② Harold Macmillan, *Pointing the Way*, 1959–1961, London, 1972, pp. 54–56.

益上，同时它对形势也没有作很好的预计，强烈地要求共同体在农业上作出让步"①。共同体六国对英国加入的申请也有不同的反应。"欧洲经济共同体的小国特别欢迎英国申请加入，它们把英国的加入作为在共同体内平衡正在出现的德法轴心的力量。"② 在德国，英国申请加入共同体的要求立即成为一件高政治事件，引起各方激烈的争论，如经济部长艾哈德支持英国加入，这样可以为德国工商业扩大贸易市场，也有一些德国人对英国把国家主权让渡给超国家共同体的意图表示怀疑。"1962 年，主要在经济和政治集团的压力下，阿登纳明确地宣布他自己支持英国加入共同体的要求。"③ 但是，法国是一个农业大国，降低谷物价格扩大出口市场不仅政治上会取悦法国农民，而且经济上还为平衡国际收支发挥巨大的作用，法国对英国申请加入共同体的诚意表示怀疑。戴高乐直截了当地对英国首相麦克米伦表示自己的怀疑："从经济上看，你们英国人主要是依靠美国的大规模贸易以及和英联邦的优惠贸易，你们真的能够同意和欧洲大陆国家一起实行统一的关税，不怕严重地损害你们和美国的贸易，并且排斥你们的自治领和从前的殖民地吗？你们一直吃的是廉价的加拿大小麦、新西兰的羊肉、爱尔兰牛肉和马铃薯、澳大利亚的牛油、水果、蔬菜，牙买加的糖，等等，现在你们愿意购买欧洲大陆——特别是法国的——价格比较高的农产品吗？"④ 所以，法国希望在英国加入共同体之前制定出共同农业政策造成既成事实迫使英国就范。英国则要求共同体推迟对共同农业政策采取行动，要等到英国加入共同体之后一起制定共同农业政策。英国的要求是戴高乐无法忍受的，英法在共同农业政策上的矛盾凸现不可调和性。还有，英国宣称自己由于受 1961 年 6 月与自由贸易联盟签订的伦敦协议（London Agreement）的约束，再三强调自己对自由贸易所承担的义务。而自由贸易联盟其他申请加入共同体的国家也表明除非所有自由贸易联盟成员国都得到令人满意的保护，否则它们不接受共同体成员国资格。在谈判中，英国奋力为农业、英联邦和自由贸

---

① Derek W. Urwin, *The Community of Europe: A History of European Integration since 1945*, Longman London and New York, p. 122.

② 同上。

③ Werner J. Feld, *West Germany and the European Community: Changing Interest and Competing Policy Objectives*, Praeger, 1981, p. 50.

④ 戴高乐著，杭州大学等译：《希望回忆录》，第一卷，上海：上海人民出版社 1973 年版第 236 页。

易联盟的利益寻求共同体的让步。而"德国一直支持扩大政策，同时保证不应该阻止欧洲一体化进程"①。但是，英国"谈判纪录揭示英国过分强调艾哈德的重要作用，他支持英国的相当开放贸易制度"②，也是导致其不能加入欧共体的原因之一。殊不知，艾哈德是从经济贸易的角度来看待英国加入共同体申请的，而阿登纳是从政治的角度来看待欧洲一体化的扩大的。在德国掌管大政方针的还是总理阿登纳。1963年1月14日，戴高乐在记者招待会上拒绝英国加入共同市场，在德国引起了巨大的反响，而阿登纳则默认了戴高乐的这一行为。为了维系欧洲团结的局面，他不能冒德法和解失败的风险。

戴高乐否决英国加入共同体也许最重要考虑的是战略上和政治上的，"一旦英国加入共同体可能威胁到法国在欧洲经济共同体内的领导地位，按照他的观点，英国将会扮演美国政府的'特洛伊木马'（Trojan Horse）的角色。一方面，英国的加入将会阻止在法国领导下的一个统一的西欧的出现，另一方面，最终将会导致在美国霸权领导下的大西洋共同体的出现"③。所以，英国首相威尔逊曾说过："只要戴高乐将军还在爱丽舍宫，我们（英法）之间的关系将最难恢复。"④ 这表明英国在戴高乐的坚持下，丧失了加入共同体的信心。

小 结

1958年，德国成为冷战的前沿阵地，柏林成为冷战的焦点，东西方再次较量柏林。1961年8月13日，建立的"柏林墙"是美苏双方较量的最终结果。说明冷战双方势均力敌，只能互相妥协。于是，美苏双方由"冷战"开始走向"对话"。对德国来说，"柏林墙"事实上尘封了德国的统一，也表明阿登纳"实力政策"遭受挫折。更重要的是，对建立的"柏林墙"，

---

① Klaus Larres（ed.），*Uneasy Allies：British-German Relations and European Integration since 1945*，Oxford University Press，2000，p. 49.

② Klaus Larres，*Uneasy Allies：British-German Relations and European Integration since 1945*，Oxford University Press，2000，p. 39.

③ Werner J. Feld，*West Germany and the European Community：Changing Interests and Competing Policy Objectives*，Praeger，1981，p. 8.

④ 编译组编译：《威尔逊及其对外主张》，上海：上海人民出版社1975年版，第267页。

"西方反应是冷淡的……它们什么也没有做"①，这与法国对德国的大力支持形成了鲜明的对比。德国对主要依靠美国来保护国家安全和支持统一的外交政策产生了严重的怀疑，更使德国明白欧洲联合的重要性。阿登纳开始调整他的外交政策，"必须转向法国来消除德国的外交孤立状态"②，决定联合法国加强欧洲建设。

但是，法国戴高乐上台之后，西方阵营内部由原来的"基本一致"开始走向"公开分裂"，以法国退出北约组织为标志。在欧共体内部，戴高乐决意建立"祖国的欧洲"，反对超国家主义一体化欧洲的联合方式。在 20世纪 50 年代末到 60 年代中期，欧洲一体化运动陷入了发展的低潮。德国外交陷入两难境地，一方面，美英在柏林危机时与苏联妥协，出卖德国国家利益是德国加强与法国外交关系的重要原因；另一方面，虽然法国对超国家一体化联合方式进行阻挠，但是它并不反对欧洲联合，希望建立一个联合的欧洲成为抗衡美苏的第三势力。法国提出的欧洲政治合作计划，即"富歇计划"，与德国理想的一体化联合方式相差甚远，但是，德国接受了法国推进欧洲联合进程的计划。因为德国面临外交困境，决定加强德法合作维系欧洲联合的发展势头。在"富歇计划"搁浅后，德法和解也达到了高潮，两国签订《爱丽舍条约》。如前所述，《爱丽舍条约》是戴高乐欧洲政治联盟计划的延续，这就是阿登纳为什么不顾国内怀疑及美国的反对，签订这一条约的主要原因。

另外，在这期间困扰欧共体的就是制定共同农业政策问题。西欧各国的农业具体情况很不相同，因此在制定共同农业政策问题上矛盾比欧共体其他问题更加突出。法国是西欧农业大国，农业关系着法国经济发展和国内政治稳定，对制定共同农业政策、扩大法国农产品贸易市场极为热心。而德国的情况就不一样，德国工业发达、农业不振，发展农业完全是满足国内的需要，根本不是为了出口创汇，它不太关心共同农业政策。但是，德国为了维系欧洲一体化前进的动力，抱着"在必要的情况下，不得不牺牲以前和德国农民院外集团达

---

①　Sabine Lee, *Victory in Europe? Britain and Germany since 1945*, Pearson Education, 2001, p. 89.

②　Wolfram F. Hanrieder, *Germany, America, Europe: Forty Years of German Foreign Policy*, Yale University Press, 1989, p. 173.

成的协议"① 的决心，满足法国在共同谷物价格上的要求。共同体"自由财源"和欧共体在向超国家发展方向的问题引起了法国的强烈地反对，酿成了1965 年的"空椅子危机"，欧共体面临着解体的危险。德国对共同体寄予了太多的希望和梦想，决不允许这种局面持续下去。它迅速行动起来，"痛苦地接受最终的妥协，把法国重新带回共同体，放弃了委员会未来的政治独立地位"②，实现了把法国拴在欧共体内的目的。虽然不满法国两次否决英国加入共同体的申请，但是德国对此只能缄默，维系了欧洲一体化前进的势头。

① Gisela Hendriks, *German and European Integration*, Berg New York/ Oxford, 1991, p. 53.
② Wolfram F. Hanrieder, *West German Foreign Policy*: *1949 – 1979*, 1980, p. 103.

第四章 转机：德国推动欧洲
一体化新进程

　　本章将分析在冷战缓和的局势下，德国在美苏冷战中作用降低，德国统一问题在美苏间日益被边缘化。为了摆脱被孤立的地位，德国需要壮大欧洲联合的力量，在欧洲统一中寻求支持力量，说明德国在欧洲一体化的运动中，开始扮演主要的角色。第一节具体分析东西方实力消长，德国在美苏外交政策中的作用有被边缘化的危险。为了避免这种危险，德国决定依靠欧洲联合的力量，在海牙会议上勾画了欧洲一体化新进程的宏伟蓝图。第二节着重论述德国为了避免外交孤立，推行自己的外交政策，即"新东方政策"，打开通往东方的渠道。可是，"新东方政策"引起了东西方集团怀疑。为了消除西方盟友的顾忌，赢得它们的支持，增加与东方集团谈判的筹码，德国大力推进欧洲一体化。于是，"达维农报告"和"维尔纳报告"相继出台。第三节重点评价德国在落实海牙会议上建立欧洲经济货币联盟的努力。在欧共体建立的"蛇行于洞"联合浮动汇率毁灭后，德国与法国通力合作建立了欧洲货币体系。在国际金融动荡的20世纪70年代，欧洲货币体系对稳定共同体内部汇率起到了积极作用。

第一节　德国发动欧洲一体化的新起点

　　20世纪60年代初，随着苏联实力急剧增强，战后美国对东方集团实施的遏制政策陷入了严重的危机，冷战双方被迫缓和关系。东西方缓和局面，对德国而言，是不利的。政治上，在美苏双方的外交政策中德国的重要性开始降低，甚至还成为彼此达成交易的对象。在欧共体内，法国戴高乐上台之后，在大

德国与欧洲一体化

西洋阵营中大闹独立，退出北约，削弱了西方联盟的力量，引起了德国的警觉。经济上，国际金融危机引发了共同体内部经济货币混乱，贸易保护主义再次甚嚣尘上，更不利于德国商品的出口。德国"担心遭到经济和政治上被孤立"①。为了摆脱这种局面，它需要启动欧洲一体化进程，使其走出停滞阶段。于是，在德国的努力下，共同体召开了海牙会议，启动欧洲联合的步伐。不可否认，海牙会议"为70年代以后及未来构建欧洲的政策和发展模式定下基调"②。

一、冷战缓和——德国外交新孤立

从20世纪50年代中期起，苏联的军事力量有了惊人的发展。1953年，苏联研制的氢弹爆炸成功；1956年，苏联已经拥有远程轰炸机和核武器装备；1957年，苏联比美国早一年成功地试射了第一枚洲际弹道导弹；是年10月和11月，苏联连续发射了两颗人造地球卫星。相比之下，美国军事地位遭到严重的削弱。例如：1962年古巴导弹危机之前，美国的洲际导弹以5比1的优势领先于苏联。到1968年，苏联洲际导弹为900枚，1969年达到1060枚，在数量上赶上美国，美苏战略力量已经接近平衡。就是在常规武器力量方面，美苏的实力也大致处于力量均势。另外，旷日持久的越南战争把美国拖得精疲力竭，反战浪潮席卷全美。肯尼迪上台之后，美国越来越深地卷入了侵越战争，战争规模逐步升级。"1968年是冷战史一个重要的分水岭，标志着对抗时期的高潮和缓和时代的开始。"③

从经济上看，美国也丧失了世界经济霸权地位。1948年，美国工业总产值占资本主义世界的工业总产值的54.6%，1970年则下降为37.8%，在世界出口贸易的比重也由32%下降到15.2%。④在美国经济、军事实力不断下降的同时，苏联、西欧和日本的力量则不断增强，亚、非、拉民族解放运动蓬勃发展，足以说明美国称霸全球的根基已经动摇，美国政府不得不开始审视自己的外交政策，以适应新的形势变化。"华盛顿逐渐认识到：保持核平衡的恐惧，

---

① Gisela Hendriks, *Germany and European Integration*, Berg New York/ Oxford, 1991, p. 20.

② Werner J. Feld, *West Germany and the European Community: Changing Interests and Competing Policy Objectives*, Praeger, 1981, p. 11.

③ Carole Fink（ed.）, *1968: The World Transformed*, Cambridge University Press, 1998, p. 3.

④ 丁建弘等主编：《战后德国的分裂与统一（1945—1990）》，北京：人民出版社1996年版，第250页。

要求美国对苏联实行小心谨慎的外交政策消除欧洲潜在的动乱。所以，诸如武器控制问题应该代替德国统一等复杂问题建设性条款便提上了东西方外交的议事日程。美苏双方在稳定欧洲秩序方面（共存而不是对抗）获得了相同的利益。"① 德国统一问题在美国的外交政策中开始被边缘化。1969 年，共和党人尼克松（Richard Nixon）一上台就表明要"开启一个'对话的时代'，以此来降低冷战紧张的气氛"②。1961 年 8 月 13 日建立的"柏林墙"既是东西方势均力敌的一种表现，更是给德国向西方一边倒的外交政策以沉重的打击，因为"西方国家的谴责没有见诸行动。在 8 月 21 日召开安理会的动议未能掩盖现实的处境—其实无能为力，也没有人想去阻止苏联在其统治的那一部分欧洲为所欲为"③。如果说雅尔塔和波茨坦会议只是确定了大国分治欧洲的大致轮廓和原则，那么在 20 世纪 50 年代末至 60 年代初这段时间内，双方敌对阵营则已经组织起来了，美苏双方只能相互承认现状，谁也不想打破所谓的"两极"格局的均势。

此外，苏联自持实力增长极力向全球扩张势力。在欧洲，加强与法国和德国的往来，企图瓦解大西洋联盟。在中美洲支持古巴从而引发 1962 年的导弹危机。可是，在与美国争霸的过程中耗费了苏联大量的人力物力，它要想在经济上赶上美国，就必须在一定程度上缓和与西方国家的关系。在古巴导弹危机中，"美苏双方都认为它们彼此是相当重要的和本质上是友好的分享世界其他地方"④。于是，肯尼迪和赫鲁晓夫揭开了东西方缓和的序幕。在不太长的时间内，美苏双方签订了一系列的国际条约。如：1963 年 8 月 5 日签订的《关于部分禁止核试验条约》；1967 年 1 月 27 日签订的《太空条约》；1968 年 7 月 1 日签订的《防止核扩散条约》；1969 年 11 月美苏双方在赫尔辛基开始限制战略军备的第一轮预备性会谈。美苏关系中出现缓和趋势，是双方争霸实力彼此消长一种必然的结果。

① Wolfram F. Hanrieder, *Germany, America, Europe: Forty Years of German Foreign Policy*, Yale University Press, 1989, p. 172.

② Frank A. Ninkovich, *Germany and The United States*, New York: Twayne Publishers, 1995, p. 138.

③ Alfred Grosser, *The Western Alliance-European-American Relations Since 1945*, Papermac, 1980, p. 249.

④ Robbin F. Laird (ed.), *Soviet Foreign Policy in A Changing World*, Aldine Publishing Company New York, 1986, p. 424.

德国与欧洲一体化

美国对欧洲推行缓和的外交政策的目的十分明确：一方面，在欧洲与苏联保持缓和的前提下，可以削减驻欧洲的军事力量，还可以削减驻欧军事费用以减轻美国沉重的财政压力；另一方面，减少驻欧的军事力量，可以从欧洲抽出一部分兵力用来解决越南问题，还可以加强美国与苏联在世界其他地方进行争夺的力量。

德国问题是欧洲缓和的关键。美苏只有在德国问题上达成某种妥协，欧洲实现暂时的缓和才有可能。从战后美苏外交政策来分析，美苏双方都并不希望德国重新统一。美国认为德国统一之后会实行中立化，那将会削弱美国在欧洲的影响。可为什么战后美国支持阿登纳政府所坚持的一个德国立场呢？这主要是出于遏制苏联以实现自己全球唯一大国的目的。苏联战后，没有足够的实力与西方阵营相抗衡，也无意于德国的重新统一，1955 年与联邦德国建立外交关系就等于承认了德国分裂的事实。另外，欧洲其他国家也不希望德国重新统一。它们认为一个统一而强大的德国意味着战争威胁的增加，对它们的国家安全是一种潜在威胁。二战后苏联国力迅速得到恢复，开始向全球发出咄咄逼人的攻势，挑战美国全球霸主地位成为苏联主要的外交政策。德国问题一直是美苏矛盾的焦点，柏林便再次成为双方较量的竞技场。较量的结果表明，美苏都没有获得完全胜利，之后默认欧洲现状成为双方共识。正如克莱将军所说的那样："德国人将不得不接受现实"①。柏林危机后美苏从各自争夺全球的利益出发，分别调整彼此的外交政策。对欧洲政策的调整，当然最主要调整双方的对德政策，这是它们调整外交政策的中心。

美国调整欧洲政策及德国政策引起了德国政府的警觉，"德国人觉察到华盛顿对德国新的态度，即减弱美国支持波恩在德国问题上（包括柏林）所承担的义务"，并且"美国人把波恩的固执行为（即德国统一政策——著者注）视为需要更加灵活的美国全球政策的一个恼人绊脚石"②。德国开始对美国修改其欧洲政策表示不满，"美国保护我们的事实是以我们的顺从为代价的。当美国人看到他们自己在世界上的包袱越背越重时，这个代价还会提高"③。就

---

① Frank A. Ninkovich, *Germany and The United States*, New York: Twayne Publishers, 1995, p. 125.

② Wolfram F. Hanrieder, *Germany, America, Europe-Forty Years of German Foreign Policy*, Yale University Press, 1989, p. 175.

③ Alfred Grosser, *The Western Alliance-European-American Relations Since 1945*, Papermac, 1980, p. 238.

在美国对其外交政策进行调整之时，德国亲密的盟友——法国也正在调整自己的对外政策。

早在法苏关系处于僵持状态之际，1958 年 7 月，戴高乐在会见美国国务卿杜勒斯时表示"俄国真正的利益在于和平，看来应该在不忽视防御手段的同时，朝着同克里姆林宫进行接触的方向前进"①。1959 年 10 月，戴高乐邀请苏联领导人赫鲁晓夫访问法国。1960 年 3 月，赫鲁晓夫正式访问法国，尽管宾主双方仍然存在较大的分歧，但两国僵硬的外交关系毕竟得以解冻。柏林危机事件暂时恶化了两国关系，到 1964 年，法苏关系开始回暖。1966 年 6 月，戴高乐对苏联进行正式访问，标志着两国关系已经进入到一个新的阶段。法国在"缓和、谅解和合作"的口号下带头与东方集团搞起了缓和，美英也正在与苏联展开合作。如前所述，德国心目中的利益往往被它的西方盟国视为和苏联集团打交道时的包袱。德国清楚地认识到："没有任何一种力量，也根本谈不上有一种强权政治，愿意帮助我们在指日可待的期限内重新建立国家的统一。"② 种种情况表明，德国在对外政策上的保守已经使其在国际上陷入了十分孤立的境地。"20 世纪 60 年代中期以来，世界政治中正在改变的形势开始导致德国政治领导人对其外交政策作出基本的重新评价。"③ 为了适应变化了的国际形势，德国政府必须进一步在外交政策上作出改变，即加速欧洲一体化进程，在一个联系更加紧密的统一的欧洲中维护德国利益和实现德国重新统一的最终目标。因为，"一个强大的和扩大了的西欧是与东方谈判的基础，如过去一样，这是很有必要的"④。总的说来，"由于在欧洲共同体内更紧密的合作处理外交事务将有更广泛的意义，在国际问题的谈判中联邦德国能够抬高自己的杠杆"⑤。于是，在外交陷入被孤立的状况下，德国需要加强欧洲一体化的

① ［法］戴高乐著，杭州大学等译：《希望回忆录》第一卷，上海：上海人民出版社 1973 年版，第221 页。

② ［联邦德国］维利·勃兰特著，张连根等译：《会见与思考》，北京：商务印书馆 1979 年版，第232 页。

③ Stephen A. Kocs, *Autonomy or Power? The Franco-German Relationship and Europe's Strategic Choices*, 1955 – 1995, Praeger, 1995, p. 93.

④ Edward A. Kolodziej, *French International Policy under De Gaulle and Pompidou-The Politics of Grandeur*, Cornell University Press, 1974, p. 405.

⑤ Carl-Christoph Schweitzer (ed.), *The Federal Republic of Germany and EC Membership Evaluated*, Pinter Publishers London, 1990, p. 127.

建设，在一个联合起来的欧洲中摆脱外交孤立。

二、德国重构欧洲一体化蓝图——海牙会议

欧洲联合在 20 世纪 60 年代中期已经陷入了低潮，一体化新的动力遭遇困境，经济一体化被迫放慢脚步，政治一体化也一事无成。法国总统戴高乐两次否决英国加入欧洲共同体的申请，使欧洲丧失了进一步壮大的机会。1965 年"空椅子危机"后，在欧洲联合中，政府间合作方式占事实上的主导地位，一体化联合方式有所减弱。欧洲共同市场的建成和随着 1970 年 1 月 1 日最后期限来临，共同体的两根支柱——关税同盟和共同农业政策只是得到了进一步的巩固，欧洲共同体的规模没有扩大，超国家的一体化联合方式也没有强化，仅仅巩固和强化了共同体过去所取得的成就。更重要的是，共同体内部矛盾也开始加剧。戴高乐顽固反对英国加入共同体的立场引起其他五国的不满，它们担心德法共同控制共同体的情绪进一步提高。1968 年到 1969 年春的国际货币危机暴露出了共同农业政策的脆弱性，使得货币问题一下子在共同体内突出起来，然而共同体成员国对推进一体化进程又犹豫不决，担心共同体如果采取新的一体化措施会给英国等加入造成更多的困难。1969 年初，欧洲共同体处于一种潜在的危机之中。德国对欧洲一体化发展前景表示出深深的担忧，勃兰特说："欧洲战后最初阶段的那种热情已迅速烟消云散。使共同体机构的齿轮不断保持旋转的布鲁塞尔技术专家不仅制定了合理的规章制度，而且也助长了官僚主义的恶性蔓延，这也是事实。伟大的思想在危险中、在一个无聊的欧洲中沉沦了"[1]。掩饰不了其内心的担忧。

欧洲一体化的机遇和挑战并存，在一体化处于低潮之时，却又在酝酿着新的机遇。首先，此时美苏正卷入世界其他地区的事务中，欧洲国家在 20 世纪 60 年代后期行动越来越自由。再者，"1961 年的柏林危机动摇了德国对美国保护伞的信心"[2]，同时也动摇了西欧各国对美国的信任。"肯定无疑的是，很多欧洲政治家虽然并不支持戴高乐的决定，但是赞同他关于'第三势力'的建

---

① ［联邦德国］维利·勃兰特著，张连根等译：《会见与思考》，北京：商务印书馆 1979 年版，第307 页。

② Derek W. Urwin, *Western Europe since 1945-A short Political history*, Longman London and New York，1981，p. 278.

议，这种'第三势力'主张美欧关系应当是平等的"①。第三，欧洲共同体建立后，促进了成员国经济高速平稳的发展，与经济上实力的增强相对应的是，西欧在政治上表现出更多的自信和独立性。在东西方缓和的情况下，西欧企图加强自己力量已很明显。法国由于退出北约而被削弱，大西洋共同体更加弱化，美国的注意力已经转向到亚洲的越南，"欧洲在美国的全球战略中的作用相应地降低了"②。英国衰落的经济状况也使它在欧洲建设上不能发挥积极的作用，欧洲一体化的动力还是掌握在德法的手中，只是两国推动欧洲一体化目的已经不同而已。

戴高乐执政法国以来，欧洲一体化进程几经周折进步不大，陷入了事实上的停滞状态。4 月 27 日，戴高乐由于公民投票下台，预示着法国对欧洲一体化政策将会发生一定的改变。接替戴高乐担任总统的是自我标榜为"是一个现实主义者"的乔治·蓬皮杜（Georges Pompidou）。他"更加坚信欧洲的必要性，认为共同体对于农业和法国的工业来说都是必不可少的，希望货币、工业、工艺等方面推动它的发展，从而实现真正的经济同盟"③。实质上，蓬皮杜建设的欧洲联盟方法与戴高乐并无二致。他转变前政府对欧洲共同体的顽固立场，是因为德国的东方政策使法国更担心在它身边出现一个强大独立的德国，"如果英国也是共同体成员，则将可以与德国抗衡。与此同时，法国还看到了另一个可能性，即可以促使其他热切希望英国加入的成员国政府接受对法国有利的条件。而更主要的是这将保证共同体的'自有财源'，即它自己征税，以此来补贴共同农业政策，而后者却是法国在共同体内的主要利益所在"④。如果法国再次拒绝英国加入共同体，那么法国就不能使其他五国接受共同农业政策的最终财政安排，这对法国将是致命的打击。此时，欧洲货币的动荡正威胁着欧洲共同农业市场的生存，重启欧洲一体化振兴共同体显得更加必要。于是，蓬皮杜在 7 月 10 日举行首次记者招待会上明确表示继续

① Derek W. Urwin, *Western Europe since 1945-A short Political history*, Longman London and New York, 1981, p. 281.

② Edward A. Kolodziej, *French International Policy under De Gaulle and Pompidou-The Politics of Grandeur*, Cornell University Press, 1974, p. 396.

③ ［法］皮埃尔·热贝尔著，丁一凡译：《欧洲统一的理想与现实》，北京：中国社会科学出版社 1989 年版，第 310 页。

④ John Pinder, *European Community-The Building of A Union*, Oxford University Press, 1995, p. 57.

共同体的建设，不反对英国加入共同体，同时他还建议召开共同体各国元首或政府首脑会议讨论推动欧洲前进等问题。德里克·W.厄尔温（Derek W. Urwin）对蓬皮杜转变前任政府的欧洲政策，重新吹响建设欧洲一体化的号角作了如下精辟的分析："法国认为召开首脑会议把它作为处理紧急事务而设置，不仅因为共同体似乎已经失去了前进的动力和目标，而且还因为担心西德。后者增长的经济力量和增长的政治自信心，它的利益在欧洲共同体中的利益仍然强大，与之日益增加同东欧（当然特别是与东德）达成协议的渴望相等"①。担心德国坐大欧共体是法国加紧推动欧洲一体化前进的主要原因。

德国经济力量的增强和外交政策的转变引起了法国的忧虑，担心一个不受约束的德国重新崛起于中欧，这是法国决定重启欧洲一体化的根本原因。其实，在法国总统选举期间，时任德国外长的勃兰特就已经倡议召开各国首脑会议研究重启欧洲一体化问题，蓬皮杜提议召开共同体首脑会议不过是受到德国的启发而已，但毕竟也表明法国从自己顽固的欧洲政策开始转变。7月21日，共同体六国外长集会布鲁塞尔。在会上，法国正式提出1969年秋在荷兰海牙召开各国元首和政府首脑会议专门研究重启欧洲一体化问题，得到其他五国的一致同意。在正式召开海牙会议之前，共同体各国外长为海牙会议成功举行召开了多次预备会议，仔细研究法国政府召开首脑会议的建议，为消除各国之间的分歧达成妥协奠定了良好的基础。例如，德法之间"就几乎所有的问题都达成了广泛的一致。"② 欧洲共同体各国对"建成、深化和扩大"共同体的三部曲方案表明自己的立场并取得一致意见。

10月21日，勃兰特当选德国新总理，这是战后德国社会民主党人第一次上台执政。勃兰特一改前总理对法国谨小慎微的姿态，明确表明具有强大经济实力的德国要在推进欧洲一体化进程中发挥一种积极政治作用的愿望。也就是说，德国要在推动欧洲一体化中发挥关键的作用。他积极主动的欧洲一体化政

① Derek W. Urwin, *The Community of Europe：A History of European Integration since 1945*, Longman London and New York, 1991, p. 137.

② Haig Simonina, *The Privileged Partnership—Franco-German Relations in the European Community 1969 – 1984*, Clarendon Press · Oxford, 1985, p. 83.

策是因为德国"需要一个强大的共同体和对西欧一项积极主动的德国外交政策来平衡和提高德国目前在东方的行动，……政治上的考虑压倒经济因素"①。改变了以前基督教民主联盟总理们一味顺从法国的历史，德法在欧洲一体化中角色的重要性开始发生改变。重新统一是德国的核心利益，在东西方缓和的趋势下，"维利·勃兰特尤其关心其对东方开放的政策，试图在这方面能获得法国政府的支持。但是，他也希望推动欧洲建设的发展，以加强西方的力量，并在国内避免基督教民主党人的指责和反对"②。在海牙会议上，为了把法国牢牢地拴在共同体之内，与德国一道推进欧洲一体化进程，德国还不得不对法国作出一定的让步。

保持欧共体内部团结，推动一体化进程是德国的主要目标。会议前一天晚上，在荷兰朱丽安娜女王举行的宴会上，蓬皮杜担心扩大共同体会损害法国农业利益而对重启欧洲一体化犹豫不决。为了打消法国总统的顾虑，勃兰特向法国保证共同体农业市场需要加以改变，以阻止多余的投资。德国对共同农业的保证终于打消了法国的顾忌，同意就扩大共同体举行"预备性"会谈，为海牙大会的成功召开立下了良好的前提。

德国实力的增强也加深了法国对未来共同体中德国将要坐大的担心。战后德国战败和分裂等一系列的历史遗产，使它一直推行对法国友好和解的外交政策，例如，"阿登纳默默地接受，小心地从不与法国离得太远的外交政策"③。欧洲各国力量对比正在发生改变，德国经济突飞猛进，政治影响也日益加大，艾哈德和基辛格主政其间，德法之间开始失去了阿登纳时代与法国的和谐，甚至在 1968 年还出现一点紧张气氛。如前所述，蓬皮杜重启欧洲一体化的根本动因就是防止德国势力急剧增强而危害法国利益。对此，勃兰特把法国对德国的担心与欧洲共同体扩大问题联系在一起，借此机会扩大共同体壮大其力量，消除法国对经济和政治强大的德国的担心。他说："谁要是担心德意志联邦共和国的经济力量可能影响到共同体内部经济均衡，谁也就应赞成扩大"，"我们的确要求把共同体进行到底，并加以扩大，如果今天法国对我们这一要求抱

①　Haig Simonina, *The Privileged Partnership——Franco-German Relations in the European Community 1969 - 1984*, Oxford：Clarendon Press , 1985, p. 82.

②　［法］皮埃尔·热贝尔著，丁一凡译：《欧洲统一的理想与现实》，北京：中国社会科学出版社1989 年版，第 313 页。

③　André Szász, *The Road to European Monetary Union*, Macmillan Press LTD, 1999, p.22.

德国与欧洲一体化

着共同体扩大所需要的那种信任而作出答复，我们应该为此感到满意并鼓掌欢迎。"① 法国总统蓬皮杜对德国勃兰特扩大共同体要求的意愿还很怀疑，怀疑英国加入共同体会损害法国的农业利益。"最重要的是，勃兰特直率地表明对海牙会议的支持，并及时证明他的东方政策计划绝不会削弱西德对欧洲共同体所承担的义务"②，获得了法国的信任。于是，在德国尽力解释之下，法国最终同意实现共同体"建成、深化和扩大"三部曲。

1969 年 12 月 1—2 日，欧洲经济共同体的各国领导人集会海牙，商谈重启欧洲一体化进程，德国充分利用这一机会使欧洲一体化车轮重新运转起来。海牙会议的议题就是实现重启欧洲一体化的"建成、深化和扩大"三部曲。第一，如何建成？就是要完成《罗马条约》实施后第一阶段的一体化任务。由于法国农业在其国内的经济和政治意义，对此法国最关心的是解决好共同农业政策中自有财源问题和最终完成共同农业政策的财政安排。第二，怎样深化？就是要在共同体中建立经济货币联盟（Economic and Monetary Union），建立经济货币联盟是发展共同体内部贸易和巩固关税同盟及共同农业政策的需要。欧洲共同市场的建立，消除了共同体内部的关税壁垒，推动了共同体内部相互贸易的迅速发展，从而使成员国之间经济相互依赖性不断加深。但是，一国的贸易顺差就意味着共同体其他成员国的贸易逆差，那么贸易逆差的成员国就会援引《罗马条约》中的保留条款对自己的贸易实行保护主义。如果成员国都实行贸易保护主义的话，共同市场就有遭到失败的危险。共同体成员国逐渐认识到，"建立欧洲储备基金（European Reserve Fund），在欧洲共同体中它将产生共同的经济和货币政策"③。这既巩固了一体化的成果，也为欧洲未来进一步一体化树立了新的目标。第三，怎样扩大？也就是扩大共同体成员国的数量，壮大一体化实力，这是德国加速推进一体化的重要目标。在海牙会议上，勃兰特发表的关于欧洲共同体必须进行机构改革的公开演讲，引起了成员国的广泛关注，他特别强调要直接选举一个强大的欧洲议会（European Parliament），提出了欧洲政治联合的要求。相比之

---

① ［联邦德国］维利·勃兰特著，张连根等译：《会见与思考》，北京：商务印书馆 1979 年版，第310 页。

② Derek W. Urwin, *The Community of Europe: A History of European Integration since 1945*, Longman London and New York, 1991, p. 138.

③ André Szász, *The Road to European Monetary Union*, Macmillan Press LTD, 1999, p. 15.

下，蓬皮杜在海牙会议上的表现则相当逊色，"在国际事务中德国展现出新的更自信的形象初露端倪，暗示德法平衡在发生改变"①，德国逐步成为推动共同体前进的主要力量。

德国为海牙大会树立了两大一体化目标：政治合作与经济货币联盟。在实现共同体建成、深化和扩大三大目标中，尽管共同体其他成员国各有不同的看法，但对德国而言，三大目标是联系在一起的。在西东方缓和的形势下，德国主要的外交目标就是要在国际环境中摆脱孤立的处境前提下加速欧洲一体化进程。德国要实现这一目标，近期而言不外乎要加速实现海牙会议制定的三原则。对法国来说，它是西欧的第一大农业国，农业和农民问题关系着法国整体经济利益，有巨大的政治影响。所以，建成共同农业政策是法国当前一项紧迫的任务。但是，20 世纪 60 年代末的金融危机已经威胁到共同农业政策的存废，法国要想顺利地实施共同农业政策还得要保持共同体内货币政策的稳定。关于欧共体扩大问题，由于戴高乐两次否决，英国未能加入，法国一直遭到其他五国的批评。在海牙会议上，如果法国再次拒绝英国等国家的加入势必会遭到其他国家的反对，将会遭到在共同体中被孤立的危险。正如戴高乐一样，蓬皮杜要求在妥善解决好共同农业之前，欧共体不能扩大，以免由于共同体的扩大而带来新的问题，不利于法国的农业政策。在海牙会议上，法国准备不再否决英国加入共同体的要求，并以此为代价换取其他五国（主要是德国）在农业和货币政策上的让步。

最终，在海牙会议公报中，共同体各国接受法国在年底之前采纳共同农业政策财政条款和自有财源问题。德国同意逐步实现共同的经济政策并在货币政策领域开展合作。另外，海牙大会指令部长理事会起草新的经济和货币政策计划，其他各种加深一体化的措施也在加紧制定之中。在海牙会议上，政治合作也获得突破性进展，各国外长则进一步研究有关政治合作的问题，这还是自1963 年"富歇计划"失败以来共同体六国第一次共同处理政治合作问题。更重要的是，共同体成员国原则上同意共同体扩大问题，规定有关共同体扩大问题最迟要在 1970 年 7 月 1 之前举行会谈，事实上关于共同体扩大的谈判要比规定的日期早。"毫不怀疑，德国总理维利·勃兰特（Willy Brandt）为这次会

① Haig Simonina, *The Privileged Partnership—Franco-German Relations in the European Community 1969 - 1984*, Oxford：Clarendon Press，1985, p. 83.

议成功的举行发挥了主要的作用。"① 海牙会议对德国和勃兰特本人来说是一次很重要的外交行动，"它标志着德国由经济实力向更强大的政治影响力过渡的一次深远的举措"②，预示着德国在欧洲一体化运动中逐渐发挥主导作用。

第二节　德国"新东方政策"与欧洲一体化

在东西方缓和的大前提下，阿登纳时代以来所坚持的"哈尔斯坦主义"已经走入了死胡同。不但尘封了德国重新统一的希望，而且还使德国面临着被孤立的危险。德国要想摆脱目前的外交困境就必须寻求新的适合德国现状的外交政策。勃兰特执政后，"新东方政策"正是这一条件下的产物。有人说："西德对一体化政策本质上不是渴望为统一欧洲，而是仅仅想实现重新统一德国。然而，这种观点遭到强烈的反对，德国对海牙会议成功的举行所作出的努力证明了在西欧统一中存在着联邦德国的真正的利益。"③ 无论怎样，德国必须摆脱被孤立的处境。在东西方缓和之下，德国只能在欧洲联合中寻求依靠和支持。于是，政治上通过"达维农报告"开创了欧洲政治联合的先河，经济上建立"维尔纳报告"打开欧洲经济合作之路。欧洲一体化大门终于再次被打开，为德国推行"新东方政策"找到了一个可以依靠的后盾。

一、德国突破外交困境——"新东方政策"的提出

1945 年波茨坦会议后确定的雅尔塔体系分裂了欧洲和德国。在欧洲，以德国为界分裂为东、西欧，德国也分裂为东、西德。为了保持德国的统一性，阿登纳对东德实施"哈尔斯坦主义"（Hallstein Doctrine），也称为"单独代表权"，即只有联邦德国才能代表全体德国人民，十几年未曾有很大的变化。在外交上，阿登纳又推行向西方一边倒的外交政策，对苏联等东方集团施以极其强硬的外交手段，因此常给人以思想僵化的老顽固的印象。其实，阿登纳向西

① Werner J. Feld, *West Germany and the European Community: Changing Interests and Competing Policy Objectives*, Praeger, 1981, pp. 54 – 55.

② Haig Simonina, *The Privileged Partnership—Franco-German Relations in the European Community 1969 – 1984*, Oxford: Clarendon Press, 1985, p. 85.

③ Werner J. Feld, *West Germany and the European Community: Changing Interests and Competing Policy Objectives*, Praeger, 1981, p. 55.

方一边倒的外交政策蕴涵着重大的战略思想。联邦德国是在美国一手扶持下建立起来的，在苏联扩张主义威胁下，没有美国的保护，德国将面临生存的危机，从这方面来说，德国倒向西方的怀抱是势所必然的。阿登纳意图是在美国的扶持下逐步壮大自己的实力，在西方阵营中站稳脚跟，最终凭借实力把东德最终统一过来，这就是阿登纳的"实力政策"。

可是，随着国际关系的变化，阿登纳对东方僵硬的外交政策越来越被质疑。如果说，1955 年 5 月 5 日，德国加入北约获得国家主权，标志着阿登纳的外交政策成功的顶峰的话，那么 1961 年 8 月 13 日建立"柏林墙"时，西方集团的立场对阿登纳强硬的东方政策则是一次沉重的打击。因为，"经过紧急磋商以后，西方三个盟国认为它们没有什么事情好做了。采取军事行动是不可思议的，因为这将导致对抗，而在这场对抗中西方将不得不实行退却"①。西方盟友在"柏林墙"建立时的不作为就意味着阿登纳的东方政策遭到一定程度的挫折。其实，在他执政后期，对自己奉为金科玉律的"哈尔斯坦主义"也产生了怀疑，已经在考虑改变自己的东方政策，也在探索采取某种新的方式处理德国两部分的关系。1963 年 6 月，他同柏林市长勃兰特谈到如何评价"哈尔斯坦主义"时说："有些东西只要还可以捞回些什么，就应该脱手"②。但是，在德国的东方政策中他有两点是不能突破的：第一，承认德意志民主共和国；第二，承认奥德—尼斯河—线是德国的最终边界。他终究还是不能从自我封闭的东方政策中走出来。在阿登纳政府后期，盖尔哈德·施罗德（Gerhard Schroeder）接替亨利希·冯·勃伦塔诺（Heinrich von Brentano）担任德国外交部长。深受阿登纳信任的勃伦塔诺忠实地执行总理的外交政策，加入冷战阵营全力投入西方怀抱，以实力对抗东方集团。新外长施罗德的外交方针不注重意识形态，更加强调政策的实际效益。他的东方政策"明确地、特别把民主德国排除在外，以此来孤立东德，使莫斯科最终能迫使东柏林对波恩作出重大的让步"③。总之，德国外交政策有变化的迹象，但无实质性的行动。

1963 年 10 月，艾哈德被选为新总理，这位曾创造德国经济奇迹的阿登纳

---

① 陈乐民：《战后西欧国际关系（1945—1984）》，北京：中国社会科学出版社 1987 年版，第 245 页。

② ［联邦德国］维利·勃兰特著，张连根等译：《会见与思考》，北京：商务印书馆 1979 年版，第58 页。

③ William E. Griffith, *The Ostpolitik of the Federal Repubilc of Germany*, The MIT Press, 1978, p. 120.

德国与欧洲一体化

政府时期的经济部长，在德国统一问题上也继承了德国前总理的衣钵，并不打算终止"哈尔斯坦主义"，内政上也未克服经济衰退、失业率上升等困难。最后，他未能削减预算以有力地对付普遍的经济萧条，于1966年12月被迫提出辞职。从20世纪50年代到1966年间，艾哈德总理对外交政策作了一定的调整，德国对其东方政策的调整还有很大的局限性，还是坚持以吞并东德来完成德国的统一，并没有放弃"哈尔斯坦主义"，不能使德国突破外交困境。直到德国社会民主党人勃兰特上台执政后，德国对东方的外交政策才开始发生实质上的变化。

从20世纪60年代初期以来，德国在统一政策作出必要的改变已是势所必然了。美苏两大国这时已经开始从冷战对峙转向竞争性合作。例如"柏林墙"事件和古巴导弹危机中两国明显地表示出承认对方的势力范围，开始奉行一项维持现状的政策，这对德国影响极大。当两个超级大国开始在一定程度上实行缓和政策之时，德国再坚持原来的冷战政策不仅毫无意义，而且也根本不可能。勃兰特东方政策的出发点是对依靠美英法来帮助实现德国统一希望的破灭，但靠德国自己的力量来统一德国更是不可能的事。"柏林墙"建立时，勃兰特是西柏林市长，他说过："后来表明是西方无能的表现使他开始考虑新的德国东方政策"[1]。从柏林危机中，勃兰特也得出自己的结论："目前的重新统一政策已经失败了"[2]，德国重新统一是遥远将来的事情，提不到现在的议事日程上来，重新统一只有同东方关系的改变联系起来才能够有现实意义。"总理和外交部长都相信已经到了在中欧降低东西方紧张关系的时候了"[3]，预示着德国"新东方政策"的出台。"自二战结束以来第一次，就是德国为自己的外交事务担负起责任以来绝对是第一次，德国把与东方的关系放在和西方一体化、欧洲一体化和在北约内的西方安全利益同等重要的位置上。"[4] 自阿登纳政府时期实施的哈尔斯坦主义，由于"柏林墙"

---

[1] Wolfram F. Hanrieder, *Germany, America, Europe: Forty Years of German Foreign Policy*, Yale University Press, 1989, p. 171.

[2] Willy Brandt, *People and Politics: The Years 1960–1975*, trans. J. H. Brownjohn, London: Collins, 1978, p. 41.

[3] Jr. Henry Ashby Turner, *Germany from Partition to Reunification*, Yale University Press, 1992, p. 150.

[4] Sabine Lee, *Victory in Europe? Britain and Germany since 1945*, Pearson Education Limited, 2001, p. 128.

的建立基本上宣判了它的死刑，不但没有发挥孤立东德的效果，相反"它已经威胁到孤立波恩而不是东德。70 年代，阿登纳重新统一德国的政策注定使联邦德国与盟国和非盟国之间产生的矛盾日益突出"①。任何德国政府都向德国人民保证重新统一的目标，但除非苏联垮台，否则这一目标是难以实现的。德国不能等待苏联的垮台，必须采取一些可行的措施来处理德国分裂问题，"新东方政策"正式提出。

　　"新东方政策"主要设计者巴赫（Egon Bahr），"在'柏林墙'建立之时美国无动于衷，像勃兰特一样，巴赫绝对地、最终醒悟过来。双方都不想放弃西方联盟或者说是西欧统一"②，德国重新统一只能靠德国人自己的努力。在目前东西方冷战的前提下，必须实现欧洲的缓和。巴赫有两个著名的观点：一个是"通过接近实现转变"（Change through Contact）；另一个是"小步子"（Little Steps）政策。这两个观点基本上概括了勃兰特"新东方政策"思想的精髓。巴赫认为，"柏林墙"的建立事实已经关闭了德国重新统一的大门。"东德没有被孤立而是与东方集团联系更加紧密了，华沙条约组织（Warsaw Pact）在德国问题上的立场没有被削弱而是更加强硬，提高了处理德国问题的难度而不是降低了。"③ 在当前德国重新统一的僵局下，两个德国以及东西方关系上，只有通过相互接触增进了解，使紧张的关系得到缓和。勃兰特也认为希望通过"小步子"政策能够达到两德关系和东西方关系的"大踏步"前进，终归有一天"为某种形式的（对德）和约铺平道路，从而打开通向德国重新统一的大道"④。勃兰特的"新东方政策"表面上是缓和两德关系和东西方紧张的局势，可鼓点子却是敲在德国重新统一上。这也是前政府对东方实行"实力政策"、"哈尔斯坦主义"等外交政策失败后，德国政府在外交政策方面作出的新的调整。相比较而言，新东方政策要比阿登纳完全倒向西方来达到重新统一德国的外交政策蕴涵着更大的战略思想。

---

① Henry Kissinger, *White House Years*, Boston, 1979, p. 410.

② William E. Griffith, *The Ostpolitik of the Federal Republic of Germany*, The MIT press, 1978, p. 119.

③ Peter Bender, *Neue Ostpolitik, Vom Mauerbau bis zum Moskauer Vertrag*, Munich: Deutscher Taschenbuch-Verlag, 1986, s. 140 – 141.

④ Willy Brandt, *People and Politics: The Years 1960 – 1975*, trans. J. H. Brownjohn, London: Collins, 1978, p. 111.

二、"新东方政策"与欧洲政治合作的"达维农报告"

如前所述,"新东方政策"最主要目标之一就是实现两德和解,为未来德国重新统一奠定基础。在西方,勃兰特的"新东方政策"引起了盟友的忧虑,担心德国也许会通过中立的途径来实现它的重新统一。如果德国中立,脱离西方阵营势必会削弱西方的实力,无论对美国还是对西欧各国政治和经济等都是极其不利的。再者,政治上,"新东方政策"可以为德国提供更广阔的外交空间,经济上通过与东方集团合作,将会更加壮大德国的力量,也会打破共同体内的力量平衡,这引起了共同体成员国的担心,这种担心尤以法国为重。"两个德国和解的可能性重新点燃了对德国强权的恐惧,所以,可以部分地视为法国的行动目的是在欧洲共同体内寻求力量为了把西德锁进一个更紧密的西方义务体系之中。"[1] 对德国来说,如果没有西方盟友的谅解和支持,"新东方政策"既缺少必要的实力基础还给西方阵营留下从中渔利的机会。因此,德国只有坚定地立足西方阵营,加紧推进欧洲一体化进程来消弭盟友对"新东方政策"的疑虑。在"新东方政策"处在酝酿阶段时,勃兰特就已经将自己的东方计划告诉了蓬皮杜,其目的就是防止"新东方政策"也许会使外界认为德国的注意力会偏离欧洲一体化,引发西方阵营的疑虑。勃兰特此举取得了良好的效果。尽管法国对"新东方政策"有点不安,毕竟"蓬皮杜对德国的实施'新东方政策'的态度是中立的"[2]。

勃兰特始终把推进欧洲联合与实施"新东方政策"问题紧紧地联系在一起。1969年的海牙会议上,共同体各国决定加速欧洲一体化进程,德国提议欧洲不但要在经济上一体化,而且还要加强政治合作。于是,各国外长成立了达维农委员会(Davignon Committee)讨论政治一体化问题。正如8年前的富歇委员会一样,各国对欧洲政治联合方式还是纷争不断。大部分成员国强调英国加入共同体的重要性,支持政治合作中采用多数表决机制,创建新的共同体机构,积极推进一体化进程。主要的反对者还是法国。虽然它不再反对共同体

① Derek W. Urwin, *The Community of Europe: A History of European Integration since 1945*, Longman London and New York, 1991, p. 138.

② Haig Simonina, *The Privileged Partnership——Franco-German Relations in the European Community 1969 - 1984*, Oxford: Clarendon Press, 1985, p. 94.

扩大，但继续贬低政治合作的重要性，明确要求以各成员国外长峰会的政府间合作，作为共同体政治合作主要形式，降低共同体理事会的权力，削弱超国家主义。法国对欧洲政治合作的态度"明显地与法国长期以来所坚持反对任何加强超国家主义的政策保持一致"①。

欧洲政治合作对德国有相当重要的政治意义，既对欧洲缓和产生一种潜在作用，又符合德国实现欧洲一体化的理想。更重要的是，1970 年 11 月 19 日将在慕尼黑（Munich）召开第一次政治合作会议，六国将研究欧洲安全会议和与苏联关系问题。由于德国直到 1973 年才加入联合国，欧洲政治合作的成功"对德国'新东方政策'不仅是一种认可和援助，而且它对波恩在欧洲以外推行的外交政策建立了一个潜在的重要平台"②，增加德国对欧洲政治合作的关心。"新东方政策"不但要获得欧洲的认可，而且还迫切需要共同体对其大力支持，否则就会遭到失败。德国作为西欧的经济大国，它对共同体的态度将注定要在欧洲政治合作中发挥主要的作用。

在达维农委员会提出建立欧洲政治一体化的计划中，德国陷入了与法国和共同体其他成员国纷争中。德国要积极推进超国家主义一体化欧洲合作方式，这与法国政府间合作方式观点相左。8 年前流产的"富歇计划"，1965 年的"空椅子危机"所导致的"卢森堡妥协"等都是法国从中作梗，是欧洲一体化进程遭受挫折的主要原因。在达维农委员会的计划中，如果德国赞同超国家一体化联合方式，可以预见不但会遭到法国强烈的反对，还会影响到德国"新东方政策"的成败。这时，外部环境对德国也不利，"美国深陷越南威胁到减少其在欧洲的驻军，引起波恩对美国未来政治和军事支持的有效性表示严重的怀疑，更需要一个统一的西欧来弥补缺少美国政治支持时，（欧洲）能够支持东方政策的"③。而此时德国正与苏联进行关于签订和约的谈判，急需得到法国及欧共体的支持迫使苏联作出让步，从而获得最大利益。德国权衡利弊，经过德法举行双边会晤，德国决定对法国妥协，终于达成共同体政治合作意图。

此时，欧洲也有进一步加强政治合作的需要。美苏两个超级大国也正举行

① Haig Simonina, *The Privileged Partnership—Franco-German Relations in the European Community 1969 - 1984*, Oxford：Clarendon Press, 1985, p. 87.

② Ibid. p. 88.

③ Ibid. p. 82.

德国与欧洲一体化

促进双方关系缓和的谈判，西欧担心在缓和的对话中没有西欧的声音，担心在没有西欧参与谈判的情况下，由两个超级大国来决定西欧人的命运。1970 年 5 月末，委员会提出欧洲政治合作的"达维农报告"（Davignon Report），在报告中甚至还散发出了 20 世纪 60 年代戴高乐主义外交的味道。"达维农报告"中的欧洲政治合作方式主要还是按照法国对欧洲的设想来完成，即政府间合作方式，政治合作体制的某些领域的一体化功能过于软弱遭到了一些联邦主义人士的批评。因为"达维农报告"是成员国之间妥协的产物，有些成员国还认为最好等到英国加入共同体扩大之后再将欧洲政治合作进一步完善，给人留下希望的蓝图。报告建议：在欧洲政治合作中，共同体各国首先应该在外交政策上合作。这"不仅只达到交换政治观点目的，而是要更加公开实现共同体的政治目标，那就是要在有关欧洲外部政策中，共同体达成一致立场，为了向整个世界表明，欧洲现在有一个共同的政治使命"[1]。在欧洲政治合作体制上，报告建议各国外长之间一年要举行两次会晤。从成员抽调专家组建"政治委员会"（Committee of Political Directors），为每月举行一次会议，为外交部长会议作准备，欧洲政治联合取得一定进展。自欧洲防务共同体失败、"富歇计划"胎死腹中，欧洲政治一体化一直未能获得巨大的突破，"达维农报告"毕竟建立了欧洲政治合作的机制，使欧共体政治合作开始走向制度化，欧洲政治一体化终于跨出了一步。

"达维农报告"达成的欧洲政治合作意图意义相当重大。对德国来说，在欧洲联合的氛围下，"短期内'新东方政策'达到了与苏联集团和苏联本身关系的缓和，这也是在德国的西方政策的框架内才获得的成果。如：继续是北约成员国、支持进一步欧洲一体化，包括扩大共同体将英国纳入进来和提出加深货币联盟的建议"[2]。1970 年 8 月 12 日，德苏共同签署了《莫斯科条约》。条约规定，两国一致同意互相放弃使用武力并承担义务，只用和平方式解决争端。承认欧洲现存边界，承认民主德国是主权国家（但不是国际法意义上的承认）。《莫斯科条约》开创了德国和苏联关系新的局面，构成了勃兰特"新

---

[1]　Haig Simonina, *The Privileged Partnership—Franco-German Relations in the European Community 1969 - 1984*, Oxford: Clarendon Press , 1985, p. 87.

[2]　Klaus Larres, *Uneasy Allies: British-German Relations and European Integration since 1945*, Oxford University Press, 2000, p. 29.

东方政策"的基础，为在欧洲实现缓和以及使欧洲局势正常化铺平了道路。10
月，共同体六国外长批准了"达维农报告"，又称"卢森堡报告"，规定合作
的目的是协调成员国之间的外交政策，在可能的情况下，采取共同行动，并在
10 年内建立起"欧洲政治合作"制度。11 月，欧共体首次外长会议在慕尼黑
如期举行。

三、"新东方政策"与欧洲经济合作的"维尔纳报告"

如果说欧洲政治合作是由于德国主动让步才得以建立合作机制，那么建立
欧洲经济货币联盟远比政治合作要复杂得多。20 世纪 60 年代末严峻的国际金
融形势又把建立经济货币联盟问题提到台前。英镑曾经是资本主义世界最主要
的储备货币，伦敦是国际金融中心，直到二战前，40% 左右的国际贸易是用英
镑结算的。英帝国特惠制和英镑区的存在，维护了英镑在世界金融领域的地
位，这严重阻碍了美国的对外经济扩张，美国极力想改变这种状况。二战后，
世界绝大部分黄金储备流入到美国国库。美国凭借它的经济、政治实力，建立
了以美元为中心的西方世界国际货币体系，即"布雷顿森林体系"（Bretton
Woods System），确认了"两个挂钩"原则：第一，美元与黄金挂钩。各国协
助美国政府维持 35 美元等于 1 盎司的黄金官价水平，美国政府承担按黄金官
价用美元向美国兑换黄金的义务。第二，各国货币与美元挂钩，也就是说各国
货币与美元保持固定汇率，故美元成为黄金等价物，各国货币只有通过美元才
能同黄金挂钩。

20 世纪 50 年代末，"布雷顿森林体系"遭遇到第一次严峻的危机，美元
出现支付赤字，导致美元疲软和 1960 年发生的黄金市场危机，人们对国际市
场上货币体系前景忧虑不安。1961 年德国货币重新计价，更引起了共同体成
员国对在共同体内保持内部汇率稳定的忧虑。随着共同市场的建立、成员国之
间的贸易一体化的发展，越来越需要各国经济货币政策的相互合作。因为
"通货膨胀和紧缩的趋势往往会从一个独立集团中的某一成员蔓延到另一成
员，所以共同来控制这些趋势是符合总体利益的"①。1963—1964 年，意大利
发生了支付危机，共同体再次受到货币问题的压力。因此，"1965 年理事会决

---

① John Pinder, *European Community – The Building of A Union*, Oxford University Press, 1995, p. 130.

定把固定汇率作为一个目标来实现"①。1968 年爆发了战后以来最严重的金融货币危机，抛售美元抢购黄金风潮迭起，"黄金双价值"和"特别提款权"的建立，反映"布雷顿森林体系"开始出现崩溃的征兆。世界金融货币危机导致法郎贬值和德国马克升值，引起欧洲共同体金融货币市场一片混乱，使共同体成员国充分认识到稳定货币的重要性。

1969 年在海牙会议上，六国曾经决定制定一个经济货币联盟的计划，以便维护共同市场的成果，保护共同市场不受货币差价和经济危机的干扰。会后不久，各国财政部长纷纷提出了自己的经济货币联盟计划。1970 年 3 月 6 日，针对各国的计划，欧洲理事会委托卢森堡首相兼财政大臣皮埃尔维尔纳（Pierre Werner）主持一个高级官员委员会与各国中央银行行长共同起草一个报告。因为经济和货币政策关系到各国的切身利益，再由于各国自己的经济货币政策的理念不同等原因，在考虑建立经济货币联盟时矛盾就已经开始。德国认为应该优先考虑经济合作，这一观点得到了荷兰的赞同，某种程度上也得到意大利的赞许。法国则强调建立货币联盟，认为货币合作必然会导致经济政策上的协调，得到了比利时和卢森堡的支持。德国更从政治的意义上看待欧洲经济货币合作，它认为，共同体经济货币联盟之所以没有取得进展，是由于共同体有关机构缺乏超国家权力，因此强调把经济政策的决策权由国家过渡到共同体。法国则强调把重点放在固定汇率上，认为只要做到汇率稳定，就能够维持共同农业市场上农产品的共同价格的稳定，就算是实现了货币联盟。

1970 年 10 月，委员会提交"维尔纳报告"（Werner Report）。该报告对以德法为主的共同体成员国不同观点作了妥协，被认为是德国的"经济学派"和法国的"货币学派"的混合体。报告要求在 1980 年前分三个阶段在共同体内实现经济货币联盟，重点在第一阶段和第三阶段，对中间阶段没有作具体的时间规定。第一阶段将于 3 年内完成，中心任务是缩小各国货币对美元的波动幅度和彼此间的波动幅度，建立货币合作基金以帮助各国稳定汇率。第三阶段要求达到经济货币联盟的最终目标，建立共同体中央银行体系，建立一个超国家的共同体经济政策中心。更重要的是，经济货币联盟与改革共同体机构事项牵涉在一起，还要对欧洲经济共同体条约作出必要的修订。显然，这与德国的

---

① John Pinder, *European Community – The Building of A Union*, Oxford University Press, 1995, p. 130.

要求一致。虽然"维尔纳报告"对共同体机构作了主要的修改，赢得了广泛的支持，但是"维尔纳报告"中的超国家倾向遭到了法国戴高乐分子的强烈反对。"法国的主张是同它一贯维护国家主权相一致的，凡是触及削弱国家主权的决定，法国一概不与接受。"① 这时，法国对欧洲经济货币联盟的热情消散了，还引发了共同体内新一轮的争吵。法国建议六国应该延迟对机构改革的详细讨论，集中精力实施经济货币联盟第一阶段安排，但遭到共同体其他五国一致抵制，它们不愿意将第一阶段和最终的目的相分离。

德国一开始就明确说明经济货币联盟的成果必须要实现政治目的，这是实施"维尔纳报告"中第一阶段的前提条件。制度改革对德国承担经济货币联盟义务是相当重要的，那将有利于欧洲一体化进程的大幅度推进。一个强大的共同体中央机构对经济政策合作是非常重要的，既降低德国讨厌的进口膨胀的危险也不会出现花费德国国库钱财的情况，同时还可以加强政治一体化进程。德国经济货币联盟的观点与法国分歧较大，引起法国不满。可是，法国参与经济货币联盟是至关重要的。如果法国拒绝参加经济货币联盟将意味着欧洲一体化进程遭受沉重地打击，这又迫使德国准备对法国作出一定程度的让步。就像勃兰特 1971 年在巴黎记者招待会上所说的那样，德国对建立经济货币联盟真的没有兴趣，只在乎经济货币联盟的政治意义。他说："其实，精确地说是因为'新东方政策'才使我们希望在西方取得进展。"②现实也是如此，虽然"大英帝国支持西德的政策，赞同缓和和'新东方政策'，但是，英国国内经济的衰势削弱了它外交政策"③ 对德国的支持。其他的西欧国家国小力弱，对德国"新东方政策"不能发挥更大的支持作用。美国深陷越南战争降低了它保护欧洲所承担的责任，勃兰特希望通过加深欧洲一体化为其实施的"新东方政策"获得更多的安全保证。

德国与东方集团谈判正处于关键时期。为了加强在谈判中的分量，德国必须维持并加强同西方的团结，理由有三：第一，如果勃兰特政府被视为是西方的一部分来作为谈判的对象，就为获得满意的谈判效果增加了无形的砝码。无

---

① 伍贻康等：《欧洲经济共同体》，北京：人民出版社 1983 年版，第 192 页。

② Willy Brandt, *Begegnungen und Einsichten 1960–1975*, Hamburg, 1976, s. 339.

③ William E. Griffith, *The Ostpolitik of the Federal Republic of Germany*, The MIT Press, 1978, p. 180.

怪乎巴赫发出感慨："在谈判中有北约的支持对联邦德国是多么的重要啊！"①这是德国加速欧洲一体化进程的原因之一。第二，"新东方政策"不能忽视西欧联盟和大西洋联盟对其的疑虑。正如美国国务卿基辛格（Kissinger）所说："在我看来，勃兰特的'新东方政策'……用不很慎重的手段转变为德国古典民族主义的新的形式。从俾斯麦（Bismarck）到拉巴洛，自由驰骋于东西方之间是德国民族主义者外交政策的本质。"② 美国人认为，"新东方政策"与欧洲一体化，对德国来说就像鱼和熊掌两者不可兼得，基辛格对此表示认同。"英法对基辛格的看法也表示赞同。"③ 第三，勃兰特的"新东方政策"在德国国内遭到强烈的反对。反对党承袭阿登纳对东方的实力政策，主张通过实力来吞并东德重获统一。勃兰特政府就算与东方国家的谈判取得成功，要获得国会的批准也是相当艰难的。通过以上的分析，勃兰特政府必须采取新措施来向西方盟友保证德国是作为西方的一分子来实施起"新东方政策"的，"勃兰特希望用西方政策来补充他的东方政策，也就是说加强德国与西方，特别是与法国和共同体的关系"④。他向盟友保证，"新东方政策""决不意味着减弱与西方的关系和所承担的义务"⑤。因此，德国就必须在建立经济货币联盟中发挥主要的作用，既可以使共同体成员国减轻对"新东方政策"的误解，还可以为顺利实施"新东方政策"获得欧共体的支持。

德国和波兰关系在中欧历史上一直十分紧张，在勃兰特的"新东方政策"中，除了改善同苏联的关系是第一位的问题外，与波兰改善关系也是具有重大意义。1970 年 2 月 5 日，德国国务秘书访问华沙，揭开了两国谈判的序幕。德波关系如何，是涉及中欧局势的重大问题。1970 年 12 月 7 日，勃兰特与波兰总理签订了《关于两国关系正常化基础的协定》。双方确认，"两国现有的边界，在现在和将来，都是不可侵犯的，并保证无条件地尊重彼此的领土完整"，宣布"彼此对对方没有任何领土要求，今后也不提这类要求"。⑥ 这就意味着勃兰特突破了阿登纳所不能突破的边界问题。此时，"新东方政策"在德

---

① André Szász, *The Road to European Monetary Union*, Macmillan Press LTD, 1999, p. 26.

② Henry Kissinger, *White House Years*, Boston, 1979, p. 409.

③ André Szász, *The Road to European Monetary Union*, Macmillan Press LTD, 1999, p. 27.

④ John Pinder, *European Community – The Building of A Union*, Oxford University Press, 1995, p. 132.

⑤ Sabine Lee, *Victory in Europe? Britain and Germany since 1945*, Pearson Education Limited, 2001, p. 129.

⑥ 陈乐民：《战后西欧国际关系（1945—1984）》，北京：中国社会科学出版社1987年版，第263页。

国国内遭到反对党的激烈批评，他们批评政府支持"新东方政策"而忽视共同体事务，担心德国在西方联盟中遭到孤立。国内的批评威胁到勃兰特政府的生存，选举中仅以微弱多数得以幸存下来。勃兰特面临着两难选择：一方面，他支持超国家主义的经济货币联盟，可是遭到法国反对；另一方面，实施"新东方政策"承认欧洲的现状，又引起了国内反对党的反对。就连西方盟主——美国对"新东方政策"也表示怀疑，"对此政策既不热心，从长远的角度来看也不相信它是可行的"，甚至还"暗示在波恩突然被拉巴洛（Rapallo）情绪所笼罩。美国国家安全委员会（National Security Council）官员发出他们对（新东方政策）怀疑和失望的声音"。① 德国渴望超国家一体化的观点，能够在建立经济货币联盟中占主导地位，也希望它也需要推行积极的政策来获得西方和法国对"新东方政策"的支持。面临的困境使德国意识到"必须通过新的动力来摆脱西欧一体化的停滞的局面"②。为了使"新东方政策"顺利实施，德国决定对法国妥协。勃兰特知道："没有法国支持，'新东方政策'将不能获得成功。"③

　　德国在中欧的敏感地理位置、国家的分裂状况、臭名昭著的历史等原因使它对东方实施任何主要的政策都会在西方引起误解，德国在东方的外交行为，使它们感到欧洲政治平衡将会处在危险之中，德国不能允许西方盟友对其误解继续下去。再说，德国也没有兴趣破坏欧洲的政治平衡，它主要目的是实现德国的重新统一。于是，1971 年 1 月 25 日，勃兰特作为政治"请愿者"出访巴黎与蓬皮杜举行双边会晤，寻求其对德国东方政策的支持。法国报界却猜测认为，德国将会进一步升级经济货币联盟的讨论，想使讨论久拖不决，这样德国才可以集中精力实施自己的"新东方政策"。事实上，法国对德国的疑虑与勃兰特的意图正好相反。勃兰特表示"我们（指德国——著者注）希望在西方取得进展，这正有利于我们的东方政策"④。他非常清楚，德国没有西方联盟

①　Wolfram F. Hanrieder, *West German Foreign Policy: 1949–1979*, Westview Press/Boulder, Colorado, 1980, pp. 82–83.

②　André Szász, *The Road to European Monetary Union*, Macmillan Press LTD, 1999, p. 27.

③　Klaus Larres (ed.), *Uneasy Allies: Beitish-German Relations and European Integration since 1945*, Oxford University Press, 2000, p. 41.

④　［联邦德国］维利·勃兰特著，张连根等译：《会见与思考》，北京：商务印书馆 1979 年版，第 328 页。

的支持和保护，就没有东西方的均势和自身的安全，更没有同苏联讨价还价的资本和将来重新统一的希望。总之，"新东方政策"没有西方的支持是行不通的。他强调指出，"大西洋联盟和西欧伙伴关系是我们取得同东方和解成果的根本前提"，"我们同东方和解的任何行动都是与我们的西方伙伴密切协商，联邦德国同东方的协定将明确各缔约方现有的条约和协定的义务不受影响"。①在会谈中，蓬皮杜也表示，他丝毫不反对把某些权力交给共同体，可并不是把权力交给共同体理事会。实质上，法国还是坚持共同体政府间的合作方式。最后，勃兰特接受了蓬皮杜关于建立欧洲经济货币联盟严格的政府间合作方式，并向法国总统保证："在创建新的欧洲机制中，波恩不再坚持任何夸大其'完美主义'"，相反，勃兰特"同意对经济货币联盟采用'现实主义'解决办法。"②《经济学家》对此作出评论说："维利为他的东方政策付出了沉重的代价。"③ 不过，在建立经济货币联盟问题上也取得了一定的进展。

勃兰特与蓬皮杜终于达成建立经济货币联盟意见，并提议创建欧洲储备基金（European Reserve Fund）。这样，勃兰特就实现其三大外交目标：（1）既然经济货币联盟把德国捆在西欧，正如蓬皮杜说的那样，"美苏迟早会越过欧洲而彼此达成协议，把欧洲压制在美苏之间。所以，德国应该系在欧洲使之不能摆脱"④。德国建设经济货币联盟，推进欧洲一体化进程，也就消除了西方对新东方政策可能会导致德国脱离西欧和西方阵营的担心。（2）启动经济货币联盟进程，及时地把德国马克融进欧洲货币，表明德国不倾向使用其货币坚挺的力量来获得经济上优势，以便再一次成为欧洲执牛耳者。可以消除欧共体成员国对德国马克力量的恐惧，为"新东方政策"扫除了障碍。（3）随着"布雷顿森林体系"逐步走向瓦解，虽然欧洲各国开始暂停以美元干预汇率，可结果共同体各国货币不但以美元为基准浮动，而且还以各国货币为基准浮动，这给经济联系极为紧密的共同体经济带来了相当大的混乱。如果建立经济货币联盟，将使制定共同欧洲货币政策较为容易，这对德国，对欧洲都有好处。

---

① ［联邦德国］维利·勃兰特著，张连根等译：《会见与思考》，北京：商务印书馆1979年版，第302—303、442—443页。

② Haig Simonina, *The Privileged Partnership—Franco-German Relations in the European Community 1969 - 1984*, Oxford: Clarendon Press, 1985, p. 92.

③ *The Economist*, 30 Jan, 1971.

④ André Szász, *The Road to European Monetary Union*, Macmillan Press LTD, 1999, p. 27.

法国对德国的让步较为满意，为共同体理事会制定经济货币联盟打开了方便之门。经过成员国反复讨论之后，欧共体理事会于 1971 年 3 月 22 日通过一项决议，采纳了经过修订后的"维尔纳报告"。毫无疑问，修改后的"维尔纳报告"淡化了超国家主义色彩，应法国的要求，"维尔纳报告"删去了制度层面上的东西，也没有明确规定应采用何种标准以使第一阶段能在 1974 年 1 月顺利完成，但还是通过了三项决定：（1）增加短期政策的协调工作；（2）改善中央银行之间的合作；（3）发展一个能提供中期财政援助的方案。尽管被某些国内权威人士批评为是德国的失败，可对勃兰特来说，必须防止共同体空转，以此来证明德国在加紧实施"新东方政策"的同时，也存在积极主动的西方政策。这既可以逐渐消除西方盟国对德国"新东方政策"将会产生"拉巴洛阴影"的担心，也可以立足于一个更加强大的共同体对苏联施加一定的压力，还可以减轻国内反对党对勃兰特政府削弱欧洲一体化的批评。

对德国而言，"新东方政策"是最重要的，它只有在西方接受并支持下才能取得成功。在经济层面上，实力雄厚的德国为建立经济货币联盟提供支持也是有必要的。从短期来看，德国为建立经济货币联盟付出了代价。但从长远利益来看，随着"布雷顿森林体系"的瓦解，在共同体内部建立共同的经济政策和固定的汇率对德国经济的发展是大有裨益的。更重要的是，在建立经济货币联盟的过程中德国的让步既消除了盟友的误解，也赢得了它们对"新东方政策"的支持。例如，在德国联邦议院中，反对党——基督教民主党头目巴泽尔（Rainer Barzel）告诉蓬皮杜，基督教民主党准备在联邦议院对"新东方政策"的主要成果《东方条约》的表决中投反对票。法国总统"劝他不要那样做。德国反对党最终放弃了，《东方条约》才得以表决通过"[①]。可见，赢得西方盟友的支持对德国"新东方政策"的成功推行是何等的重要！

"新东方政策"从"柏林墙"建立后开始酝酿，经过十多年的发展，到20世纪 70 年代初终于结出果实，德国同东方的隔绝状态从此宣告结束。70 年代德国推行的"新东方政策"埋葬了二战后僵化的"哈尔斯坦主义"，开辟了德国外交新领域。与东方集团签订的一系列协议意味着德国暂时放弃了一些重要的权利。例如，德国放弃了原有的东方领土；放弃了完整的国家主权；放弃了

① André Szász, *The Road to European Monetary Union*, Macmillan Press LTD, 1999, p. 29.

把西柏林变为德国一个州的可能，四大国共管柏林只是成为德国民族统一的最后的一个标志。虽然德国暂时放弃了一些并不能获得的权利，可是德国却打开了通往东方的大门，获得了在东西方行动自由的机会。政治上，提高了德国在国际社会中的地位，缓和了欧洲冷战局势，降低了对美国的依附程度。经济上，扩大的东西方间贸易，为德国提供了更为广阔的产品销售市场和原料产地。故此有的学者就认为，"勃兰特的'新东方政策'是德国大企业，特别是依赖出口钢铁工业重压之下的产物，他们为了征服和获得东方新市场"①。外交上，摆脱了孤立地位，为德国在东西方开辟出了广阔的政治舞台，也推动了欧洲一体化进程。

四、德国扩大欧共体的努力

从德国政党层面来分析德国对欧洲一体化的立场可以知道，无论是阿登纳还是后来的科尔（Kohl）总理，德国基督教民主联盟都热情地把创建与加深欧洲一体化进程联系在一起。德国社会民主党由于竞选和德国重新统一等原因，开始对欧洲一体化是持否定的立场。但到英国申请加入欧洲共同体的时候，社会民主党对欧洲一体化的立场已经发生了完全的改变，明确支持英国加入共同体。虽然德国主要政党在欧洲一体化政策上有些不同，但总的来说都是支持欧洲一体化的。他们都知道，只有在欧洲统一中，才能实现德国统一以及其他的目标。扩大共同体是欧洲统一一项重要指标，也是欧洲力量壮大的主要标志之一。从目前来说，扩大共同体、壮大欧共体是与东方阵营谈判的资本。

欧洲一体化自阿登纳政府时代起一直是德国既定的主要外交政策，德国积极主张扩大欧洲共同体。法国两次（1963、1967 年）否决英国加入欧共体的申请，粉碎了德国扩大欧共体的希望，使扩大共同体遭到挫折，财政部长艾哈德表示出"难过、震惊、几乎是绝望的。感到欧洲经济共同体活力已经消失了"② 的愤慨。受人尊重的《时代报》进一步批评说："当阿登纳通过与法国签订合作条约，为自己取得德法和解的努力进行表彰时，同时，他没有意识到

---

①　Angela Stent, *From Embargo to Ostpolitik The Political Economy of West German-Soviet Relations*, 1955 - 1980, Cambridge University Press, 1981, p. 173.

②　Werner J. Feld, *West Germany and the European Community: Changing Interests and Competing Policy Objectives*, Praeger, 1981, p. 48.

他正在破坏欧洲统一的基础。"① 弗尔德（Werner J. Feld）也评论说："阿登纳没有顽强地阻止法国否决英国加入共同体的申请，甚至在他自己的党内，对总理的政治支持也逐渐减弱了。"② 德国是热情地支持政府欧洲一体化政策的。

阿登纳的长远目标是支持欧洲共同体的扩大。由于德国地处冷战中心，敏感的地理位置及臭名昭著的历史等原因，使阿登纳实行立足西欧并向西方一边倒的外交政策。如果德国在外交政策上稍有不慎，将会遭到被西方阵营抛弃的命运，其结果将一定会被东方集团碾得粉碎。在阿登纳执政后期，德英关系也遭受了严重的挫折，更使阿登纳亲近法国。一方面，1963 年，英国派往德国的新大使弗朗克·罗勃兹（Frank Roberts）没有与阿登纳建立良好的私人关系；③ 另一方面，在第二次柏林危机时，德国希望得到西方盟友的支持，英国麦克米伦首相却于 1959 年访问苏联寻求妥协。这与法国总统戴高乐将军对德国强有力的支持形成了鲜明对比，造成阿登纳对英国的失望。由此也引发了共同体六国在危机期间加紧进行政治合作的谈判，欧洲合作进一步加强，使得德国外交重点再次转向法国。德法和解是阿登纳毕生所追求的主要外交目标之一，他是从政治意义上来看待德法和解和欧洲一体化政策的。尽管阿登纳希望扩大共同体，但他又不敢冒德法和解失败的危险，"在柏林的利益上，他不准备使德法关系受到威胁"④，柏林危机和"富歇计划"的谈判更强化了德法关系。可以说，《时代报》对阿登纳的批评是不公正的。

从法国来看，否决英国加入共同体也是从自身利益来考虑的。戴高乐一直想通过共同体六国间的经济合作并与一个法德联盟相结合，来确定法国在共同体中的领导地位。法德《爱丽舍条约》签订之后，更加强了戴高乐这一雄心。他担心如果英国加入共同体，将会挑战法国的领导地位，甚至英国很有可能取代法国成为共同体的核心，那么法国将不能执行现行的共同体政策。法国的担心也不是没有理由的，英国外交大臣乔治布朗（George Brown）就曾对勃兰特

---

① Werner J. Feld, *West Germany and the European Community: Changing Interests and Competing Policy Objectives*, Praeger, 1981, p. 48.

② Ibid. p. 50.

③ F. Roberts, *Dealing with Dictators: the Destruction and Revival of Europe*, 1930 – 1970, London: Weidenfeld & Nicolson p. 236.

④ Klaus Larres（ed.）, *Uneasy Allies: Beitish-German Relations and European Integration since 1945*, Oxford University Press, 2000, p. 40.

说："维利，你必须把我们带入共同体，让我们一起来领导它"①。因此，戴高乐"不愿意共同体吸收一个足以同它争夺领导权的国家"②。另外，英国加入共同体遭到法国否决也有其自身的原因。英国依然还拥有广大的英联邦，并与前许多殖民地保持着密切的经贸关系，农业要依赖美洲和前殖民地的廉价进口，英国不希望将农产品纳入共同体范畴，遭到法国的强烈反对。因为"对法国来说，共同农业政策是非常有利的，是法国欧洲政策中不可缺少的部分"③。法国尤其不愿意在农业共同市场建立之前接受英国加入共同体。更主要的原因是，民族的观念是戴高乐全部政治哲学和外交政策的基础。主要表现为维护法国民族独立，反对超级大国的霸权主义和向两极格局发起挑战。他说过："如果英国带着一大群其他国家进入共同体的话，共同体成员国的一致性就抵抗不住了，最终出现的将是个庞大的大西洋共同体，受美国的支配和领导，它很快就会把欧洲共同体吞并掉。这个假设在某些人的眼里完全是有道理的，但这根本不是法国想要和正在做的，法国要的是纯粹的欧洲建设。"④ 戴高乐把英国加入共同体看成是美国在共同体中的"特洛伊木马"，很多欧洲人，"在实现一体化梦想的道路上更多把英国视为共同体光明大道上的绊脚石"⑤。

客观地说，英国申请加入共同体并不是真正抱着欧洲统一目的，这也是它遭到法国否决原因之一。它既想从共同体中得到好处，可又不想为共同体的发展付出代价，还为自己的申请附加了一些条件，完全是从实用主义的角度来实施其对欧洲政策的。例如，英国明确要求为英联邦国家的农产品进入共同市场获得特别条件，使它从英联邦进口的所有农产品在共同体内部有相似的销路。英联邦虽然是一个松散的组织，但英国可以凭借它维持在资本主义世界的大国

---

① Willy Brandt, *My Life in Politics*, London：Hamish Hamilton, 1992, p. 420.

② 事后，一位戴高乐主义的部长曾形象地解释说，"现在，六个成员国的共同体有五只母鸡和一个鸡棚。如果你允许其他国际加入的话，共同体内将很可能会有七只或者八只母鸡和两个鸡棚。这是不能同意的。" Trevor Salmon and William Nicoll（ed.）, *Building European Union：A Documentary History and Analysis*, Manchester and New York：Manchester University, 1997, p. 87.

③ 赵怀普：《英国与欧洲一体化》，北京：世界知识出版社 2004 年版，第 134 页。

④ ［法］皮埃尔·热贝尔著，丁一凡译：《欧洲统一的理想与现实》，北京：中国社会科学出版社 1989 年版，第 273 页。

⑤ Haig Simonian, *The Privileged Partnership：Franco-Germany Relations in the European Community1969 - 1984*, Oxford：Clarendon Press, 1985, p. 359.

地位，英国无论如何要尽一切办法保持它同英联邦各国特殊经济关系，这是共同体所不能容忍的。1962 年 3 月，阿登纳"公开对法国《世界报》记者说，英国要保持同英联邦关系，同时又要参加共同市场是困难的"①。英国希望加入欧洲经济共同体并起到领导作用，影响并控制共同体的发展，经济上可以给英国带来好处，政治上又可借助共同体保持和加强同美国的关系，提高自己在世界中的地位。其"申请加入共同体的决定，只是试图通过获得欧洲的政治领导权，来保持英国作为美国的主要盟国的传统作用的孤注一掷的尝试"②，英国"伟大"计划注定是不能实现。表面上看，是法国否决了英国加入共同体的申请，可英国申请加入共同体本身的行为，也标志着英国自二战后一直坚持"光辉孤立"对欧洲政策的终结，申请加入共同体是其无奈之下的必然选择。与德国主要政党一致支持欧洲一体化相比较，英国主要政党在对待欧洲一体化问题上产生了严重的分歧。例如，英国保守党许多成员，包括后来的保守党头目撒切尔夫人（Margaret Thatcher），最不确信欧洲观念也最怀疑欧洲观念。英国政党间对欧洲一体化政策的分歧，加深了政党之间的分裂，既减弱了英国领导欧洲的能力也恶化了英德间的关系。

阿登纳下台后，艾哈德执政德国。他是一个大西洋主义者，不愿意在共同体中接受戴高乐的领导地位。敦赫夫（Marion Dönhoff）也说过："阿登纳很乐意地接受戴高乐是欧陆领导人的地位，而艾哈德则不承认。"③艾哈德作为自由经济论者，不喜欢共同体中与欧洲其他地区建立的关税壁垒，鼓吹自由贸易。对工业发达的德国而言，自由贸易是对德国极其有利的。为了扩大德国的贸易市场，艾哈德一直支持英国加入共同体，特别是英国首相麦克米伦于 1960 年夏访问波恩后，他更加支持扩大共同体，似乎给英国加入欧共体带来一线曙光。但是，艾哈德又是一个现实主义者，为了实现德国主要的利益也能与法国领导地位达成妥协，例如，在制定共同农业政策出现的"空椅子危机"插曲中，德国最终还是对戴高乐作出了让步。只是"戴高乐否决英国加入欧洲经济共同体不仅带给艾哈德与法国长时间的负面影响，而且还决定性地阻碍

---

① 赵怀普：《英国与欧洲一体化》，北京：世界知识出版社 2004 年版，第 130 页。

② Brian Brivati（ed.），*From Reconstruction to Integration*，Britain and Europe Since 1945，Leicester University Press，1993，p.147.

③ Marion Dönhoff，*Foe into Friend – The Makers of the New Germany from Konrad Adenauer to Helmut Schmidt*，Weidenfeld and Nicolson London，1982，p.105.

了欧洲的发展"①。在外交上，艾哈德想同时保持美国和法国的友好关系，这样既不能得到美国欢心又不能使法国满意，加上国内经济衰退等原因的作用下，艾哈德执政不久就被迫辞职下台。随后，德国组成了大联合政府（The Grand Coalition），基辛格上台。

英国认为"基辛格（Kiesinger）总理更赞成英国加入共同体，更勇敢地对抗法国"②。英国支持德国的"新东方政策"，希望德国对法国施加一定的压力避免再次遭到法国的否决。的确如此，德国对法国不断地施加压力。在1969年2月的德英外交公报中，基辛格公开发出支持"英国加入欧洲经济共同体的呼吁"③，敦促法国扩大共同体，一直与法国举行共同体扩大问题双边会谈。德国认为"应该为共同体扩大问题敞开大门直到申请国能够有效地加入，或者……用另一种方式与它们联系在一起"④。法国对英国第二次申请仍然持保留意见，戴高乐表示不会正式反对英国的申请，但认为给予英国"联系国"的身份更好，事实上法国已经否决了英国的申请。尽管英国已经作了许多的让步，表示不再坚持要修改《罗马条约》和已经通过的共同体的规定，也表示接受共同农业政策，只是在财政分配上持有不同的意见，也表示可以进一步谈判。英国的上述态度赢得了德国的欢迎。可是，在英国加入欧共体问题上，"关键在于法国"⑤。德国只能是支持共同体的扩大，不能决定共同体的扩大。戴高乐担心英国加入共同体将会成为这个集团的核心，威胁到法国在共同体中的领导地位。1967年11月27日，他再次否决了英国加入共同体的申请。事实证明，只要戴高乐是爱丽舍宫的主人，英国就很难加入共同体。这不利于德国的欧洲联合政策，更不利于初露端倪的"新东方政策"的成长。

1969年的欧洲共同体陷入一种潜在的危机之中。共同体"只是存在着一

① Marion Dönhoff, *Foe into Friend – The Makers of the New Germany from Konrad Adenauer to Helmut Schmidt*, Weidenfeld and Nicolson London, 1982, p. 106.

② Klaus Larres（ed.）, *Uneasy Allies: Beitish-German Relations and European Integration since 1945*, Oxford University Press, 2000, p. 42.

③ Edward A. Kolodziej, *French International Policy under De Gaulle and Pompidou-The Politics of Grandeur*, Cornell University Press Ithaca and London, 1974, p. 402.

④ Klaus Larres（ed.）, *Uneasy Allies: Beitish-German Relations and European Integration since 1945*, Oxford University Press, 2000, p. 42.

⑤ Derek W. Urwin, *The Community of Europe: A History of European Integration since 1945*, Longman London and New York, 1991, p. 139.

个关税同盟和一个难以运转的农业共同体"①。戴高乐两次否决英国加入共同体的申请使共同体扩大的希望渺茫，更加恶化了危机的气氛，国际金融危机的不断爆发更使共同体雪上加霜。正在此时欧洲形势出现了新的变化，勃兰特就任德国总理，蓬皮杜取代戴高乐成为法国总统，"维利·勃兰特的上任是欧洲振兴的一个积极因素"②。

20世纪60年代，美苏两个超级大国在欧洲缓和的形势下，在德国问题上也同样达成了某些妥协，双方相互承认西德和东德属于各自控制的势力范围，都不再坚持德国的统一，使德国重新统一陷入僵局。德国社会民主党领导人及时地察觉到国内外发生的变化，努力寻求一种较为灵活的外交政策来突破联盟党僵硬的外交政策。在东方，力求打破德国与东方关系的对抗僵局，缓和冷战局面，增加双方的往来，为德国重新统一奠定基础。在西方，主要是摆脱美国的控制，推进欧洲一体化进程，在欧洲联合中谋求与自己经济实力相适应的政治地位，其中一项重大的外交政策就是扩大欧共体，壮大欧洲团结力量。

法国新总统蓬皮杜是戴高乐密友，政治观点自然是一个戴高乐主义分子。与戴高乐不同的是，蓬皮杜对欧洲持更加积极的态度，更坚信欧洲的必要性，认为共同体对于法国的工农业来说都是必不可少的，也不再反对英国等加入共同体。1968年冬，蓬皮杜就向英国透露，如果他成功当选法国总统，他不会反对共同体接纳英国。

法国赞成英国加入共同体的原因是与德国不一样的。几个月以后，1969年5月14日，他在竞选总统中宣称："让英国留在欧洲之外是可悲的"③，为英国加入共同体提供了希望。法国改变其欧洲政策，理由有四：（1）20世纪60年代，东西方缓和中，德国成为美苏两国极力争夺的对象，法国退出北约却强化了德美之间的关系。美国在政治上、经济和军事上拉拢德国，以图在共同体内部借助德国力量约束法国分离倾向，这加深了德法间的矛盾。（2）苏联为了控制东欧，尽力分化欧洲共同体成员国，力图破坏欧洲联合，苏联以德国统一为幌子拼命地拉拢德国。1969年，德苏之间举行缔结条约的谈判。这

---

① ［法］皮埃尔·热贝尔著，丁一凡译：《欧洲统一的理想与现实》，北京：中国社会科学出版社1989年版，第311页。

② 同上书，第313页。

③ 张锡昌、周剑卿：《战后法国外交史（1944—1992）》，北京：世界知识出版社1993年版，第288页。

德国与欧洲一体化

无疑增加了德国在西欧的发言权和国际地位，使德国本来在政治上和外交上有求于法国的局面发生了改变。（3）德国也不甘心"经济上巨人，政治上侏儒"的国际地位。1969 年勃兰特政府大力推行其"新东方政策"，扩大同东方之间的关系，引起了法国的疑虑，担心德国是否会脱离共同体。（4）蓬皮杜改变戴高乐对英国加入共同体的立场主要原因之一，就是实现法国联英制德战略。1970 年德国国民生产总值已跃居资本主义世界的第三位，出口总额仅次美国居第二位，黄金外汇储备居世界第一位。法国对财大气粗的德国感到不安，"现在在我们看来，也许法国当时更乐于把英国看作是反对西德的一个潜在的联盟"①。因此，法国支持共同体扩大，赞成英国加入共同体，用加强法英关系来制约德国达到共同体内部力量平衡的效果。1972 年 5 月 11 日，蓬皮杜对《泰晤士报》记者谈话中指出，德国"经济和政治作用的继续发展"将"威胁共同体内必要的平衡"。如果不及时接纳英国以调整力量对比，共同体迟早会被它控制。法国尤其担心勃兰特的东方政策早晚会使德国潜在的民族主义抬头，为达到德国统一目的而同苏联接近，在东西方之间奉行独立政策，这将是对欧洲平衡的重大挑战。法国难以驾驭一个经济实力急剧上升和政治上试图自行其是的德国。因此，需要拉住英国以使共同体平衡德国的力量，并把德国牢牢拴在西方，拴在共同体。②

这时英国政坛的变化也有利于欧共体扩大的局面。1970 年 6 月，英国保守党赢得选举，埃德华·希思（Edward Heath）成为首相。他被称为"自二战以来大英帝国第一位（唯一）真正的欧洲首相"③。与二战后英国其他的首相不同的是，希思完全赞成英国加入欧洲的思想，也预示着英国的欧洲政策将会发生改变。在 20 世纪 50 年代初建立欧洲煤钢共同体时，希思就力主英国加入，始终拥护欧洲联合。1956 年，他在英国议会下院发表演说批评贝文对舒曼计划的政策。随着欧洲经济共同体显示出来的强大实力和影响，并与欧洲自由联盟的虚弱形成了鲜明的对比，使希思更加感觉到英国必须加入欧洲。

---

① Derek W. Urwin, *The Community of Europe: A History of European Integration since 1945*, Longman London and New York, 1991, p. 139.

② 张锡昌、周剑卿：《战后法国外交史（1944—1992）》，北京：世界知识出版社 1993 年版，第 291 页。

③ Sabine Lee, *Victory in Europe? Britain and Germany since 1945*, Pearson Education Limited, 2001, p. 124.

1961—1963 年，希思率领英国代表团进行第一次准备叩开欧洲共同体的大门的努力，无奈共同体大门被戴高乐无情地关上。他发誓说："我们身处英国"将不能"拒绝欧洲"。① 况且，英国自绝于欧洲大门之外的外交政策到了 20 世纪 60 年代末期使它的处境更加艰难，更迫使它增加了加入欧洲的决心。60 年代中后期"布雷顿森林体系"危机导致国际金融市场上抛售美元和抢购黄金风潮迫使英镑贬值，给英镑以沉重的打击。英国"必须为这个问题找出一个欧洲解决方案"来加以解决。所谓"'欧洲解决方案'就是同西欧大陆靠得更紧密一些，因此必须加入欧洲经济共同体。但是这样做，英国就需要果断地不以英美特殊关系妨碍英国同西欧大陆的关系；而且要逐步放松帝国特惠制和不再坚持英镑在英镑区的特殊地位，不以英联邦排斥欧洲经济共同体"②。

英国没有加入欧洲共同体带来了严重的后果，也是促使英国加入共同体的原因：（1）"三环外交"使它保持与美国特殊关系，严重地阻碍了英国在欧洲发挥它应有的作用。政治上，共同体内逐步形成了德法轴心的领导模式；经济上，在很长的一段时间内，英国不但没有能扩大同欧陆的贸易，而且在国际贸易中还同共同体互相竞争，英国势单力薄损失惨重。（2）60 年代末，以美元为中心"布雷顿森林体系"崩溃，美元贬值造成了国际金融市场上的混乱，对英镑来说形势更加危急。英国在世界上，特别是在欧洲陷入了被孤立的危险。（3）美国在 70 年代初提出的"世界五极"，即美、日、欧共体、苏联和中国，把英国排除在外也使其感到担心。英国自知大英帝国已经衰落，难以在世界舞台上单独发挥作用的事实，只有加入欧洲共同体，世界才能听到"英国的声音"。（4）60—70 年代，大英帝国已经瓦解。1968 年英国决定从苏伊士运河以东撤退，就已经标志着英国世界大国地位的基础彻底动摇，回归欧洲已经是它唯一的选择。综上所分析，英国加入欧洲共同体的条件已经成熟。此时，共同体六国要求扩大的意愿与英国寻求加入的动机正好结合在一起，欧洲共同体扩大的历史性机遇已经来临。

戴高乐一辞职（因学生运动和法郎危机），包括英国主要政党成员在内欧洲行动委员会（Action Committee）立即行动起来号召英国加入共同体。共同

---

① Miriam Camps, *Britain and the European Community, 1955 – 1963*, Oxford; Oxford University Press, 1964, p. 492.

② 赵怀普：《英国与欧洲一体化》，北京：世界知识出版社 2004 年版，第 153 页。

德国与欧洲一体化

体成员国决心利用欧洲形势变化使共同体建设困境走出死胡同，一致决定于1969 年 12 月在荷兰海牙举行成员国首脑会议，共同商讨推进欧洲一体化进程，共同体扩大问题成为首脑会议的主要议题之一。

在海牙大会上，勃兰特公开地说："在我国，议会和人民期望我带着扩大共同体成员国具体协定从海牙返回德国，"还明确规定了关于共同体扩大问题的谈判时间表，"要求在 1970 年的春天作为开始谈判的日期引起共同体成员国的注意"。[1] 为何勃兰特特别强调共同体的扩大政策？这是因为他不仅希望通过扩大共同体的方式来扩大德国的经济空间，更重要的是以支持英国参加共同体来消除盟国对"新东方政策"的疑虑。"的确，德国认为英国加入共同体在它的欧洲政策中具有较高的优先权。"[2] 德国外长谢尔（Scheel）也认为，"共同体的扩大是'新东方政策'的必要条件"[3]。所以，海牙会议成功与否是勃兰特东方政策的前提条件。在大会上，针对共同体成员国担心德国实力强大将会影响共同体内部平衡问题，勃兰特强调："担心经济力量强大的德国会破坏共同体内部平衡的国家，因为这个原因也应该支持共同体扩大"[4]，迫使法国接受英国加入共同体的申请。虽然"蓬皮杜准备接受英国加入的申请，主要是为了平衡西德日益增长的影响，但是，蓬皮杜对扩大共同体并不着急"[5]。法国认为，英国加入必须使共同体得到进一步的巩固，强化共同体已经奠定的基础，确保法国已经从共同体获得的利益。海牙会议同意了共同体扩大的可能性（实际上是同意英国加入），法国提出了英国加入共同体的前提条件：就是在英国加入之前，共同体成员国必须达成援助共同农业政策和自有财源等问题，法国对扩大欧共体还是不很热心。

在海牙会议前，成员国之间的工业品关税已于 1968 年 7 月 1 日起全部取

---

① Marion Dönhoff, *Foe into Friend – The Makers of the New Germany from Konrad Adenauer to Helmut Schmidt*, Weidenfeld and Nicolson London, 1982, p. 143.

② Herbert Mueller-Roschasch, *Die deutsche Europapolitik 1949 – 1977*, Bonn: Europa Union Verlag, 1980, p. 217.

③ Haig Simonina, *The Privileged Partnership—Franco-German Relations in the European Community 1969 – 1984*, Oxford: Clarendon Press, 1985, p. 83.

④ Willy Brandt, *People and Politics: The Years 1960 – 1975*, trans. J. H. Brownjohn, London: Collins, 1978, p. 246.

⑤ P. M. H. Bell, *France and Britain 1940 – 1994: The Long Separation*, Longman London and New York, 1997, p. 218.

消，共同体关税同盟已经建成，只是共同农业政策尚未全部实现。这使得法国打算与共同体其他成员国做一笔交易。法国要求把主要农产品全部纳入共同体政策，特别是要求把这项政策所需要的经费从主要靠各国按比例分摊转为依靠共同体自有财源的前提下，法国才答应接受共同体扩大政策。为了欧洲一体化的政治目的，为了"新东方政策"的顺利进行，在蓬皮杜对共同农业政策和自有财源问题的要求上，勃兰特向他作了保证，承诺接受法国在年底之前，解决共同体援助问题和通过自有财源补助农业问题，暗示德国准备在经济上作出让步。海牙会议上，各成员国终于达成了"建成、深化和扩大"共同体的纲领，"正是维利·勃兰特在要求共同体扩大问题上起到了带头作用"。① 5 月 11日，英国在布鲁塞尔重新提出加入欧洲经济共同体的申请。同一天，爱尔兰和丹麦也提出了申请，7 月 24 日，北欧的挪威提出了加入共同体的申请。1970年 6 月 30 日，共同体开始正式同申请国进行加入欧洲共同体的谈判。1972 年1 月，欧共体与英国、丹麦、爱尔兰和挪威签订条约，除挪威在全民公决中否决了加入共同体条约外，英国、爱尔兰和丹麦正式加入了欧共体。这样欧共体实现了第一次扩大，在欧洲一体化历史上产生了深远的影响。

尽管德国对法国等其他成员国作出了一定的妥协，受到一定的经济损失。但是，对德国东方政策来说，欧共体第一次扩大的政治意义是深远的，加重了与东方集团谈判天平上德国砝码的分量，也使德国"新东方政策"获得了丰硕的成果。1970 年 12 月 7 日，在苏德签订条约后的三个月，德国和波兰也签订了《关于两国关系正常化基础的协定》。1971 年 9 月 3 日，四大战胜国也达成了关于柏林问题的协定，消除了东西方关系和德—德关系不稳定的主要源头之一。更重要的是，1972 年 12 月 21 日，与东德政府正式签订了《关于德意志联邦共和国和德意志民主共和国的基础条约》。德国通过与东方集团签订的一系列条约，打开了同东方的通道，同时也把欧洲的缓和进程向前大大推进了一大步，减轻了德国作为冷战"抵押品"的压力，加强了欧洲统一的力量，壮大了欧共体的力量。德国和欧洲正慢慢在国际舞台上扮演新的角色。

---

① Derek W. Urwin, *The Community of Europe: A History of European Integration since 1945*, 1991, p. 139.

第三节　德国创建欧洲货币体系

　　1969 年 12 月，共同体六国在海牙举行的首脑会议上，把建立一个完整的经济货币联盟作为共同体的重要目标之一。在国际金融危机沉重地打击下，建立经济货币联盟确非易事。虽然德国竭力建成"蛇行于洞"联合浮动汇率机制，结果是"蛇"走"洞"破，说明是此时共同体缺乏"领导者"造成的后果。德国总理施密特上台之后，在"新东方政策"取得一定成果的基础上，与法国总统德斯坦亲密的私人关系协助下，欧共体中逐步产生了推动欧洲一体化前进的德法轴心，建立欧洲货币体系是他们合作的主要成果之一。

一、德国与"蛇行于洞"联合浮动汇率机制

　　随着共同市场的建立，成员国之间的贸易激增。但是，共同体各国的汇率不稳定，对共同体成员国经济稳定带来严重的影响。例如，1969 年 8 月，法郎贬值使德国农产品的价格飙升 40%。汇率不稳定使共同农业政策几乎成为空中楼阁。1968 年，国际上爆发了战后前所未有的货币金融危机，引起世界性的金融货币混乱，给欧共体经济以沉重的打击。建立经济货币联盟、发展共同体内部贸易和巩固关税同盟、实现共同农业政策成为共同体的迫切需要。在德国的妥协下经过和成员国的艰难协商，1971 年 3 月 22 日，欧洲理事会采纳了经过修改的"维尔纳报告"。报告要求各成员国在第一阶段应采取联合行动，即：（1）缩小欧洲经济共同体各国货币的汇率波动幅度，六国的中央银行为使它们的货币保持在规定的上下限范围内，在货币市场上共同采取干预行动；（2）建立货币合作基金，以便为成员国稳定汇率提供贷款；（3）加强货币和信贷政策的协调；（4）逐步开放共同体内部的资本市场；（5）协调六国的预算政策，主要是协调预算赤字的数额；（6）统一实行增值税和公司税；（7）在国际货币问题上，逐步采取共同立场，并要求最迟于 1972 年 6 月 30 日起草一个建立欧洲货币合作基金的报告，规定它的组织结构、功能和地位等。"维尔纳报告"设想的是货币一体化，主要是通过缩小成员国间汇率波动幅度的途径，达到实现完全的固定汇率，并在此基础上产生欧洲统一货币，达到成员国的货币和资本在共同体内部自由流通目的，可谓目标十分远大。

1971 年春的国际金融货币危机给"维尔纳报告"试验阶段蒙上了阴影。危机的根源是"美国前一年经济政策由降低通货膨胀转向刺激增长和减少失业要求降低利率造成的"[①] 的后果，美国调整其经济政策，导致大量投机资金从美国流出，货币坚挺且不断升值的德国马克成为投机资金的主要流入地，美国听任大量美元流入欧洲目的是想迫使欧洲分担它的经济压力。由于美元投机资金在欧洲主要是流入德国，所以，德国承受的压力最重。对付货币危机在德国国内也有许多不同意见。如谢尔（Scheel）认为，维持好共同体成员国间的良好关系最为重要；厄尔特（Ertl）担心联合浮动汇率将会对共同农业政策和德国农民的收入产生不良影响。面对国际金融危机，德国陷入进退两难的境地。一方面，德国银行主席卡拉森（Klasen）和大部分商业界人士都支持控制经济政策，担心大量流入美元会促使马克升值，这不利于德国贸易出口；另一方面，如果在经济共同体内接受联合浮动汇率，那么这将既不得罪美国，还可以把德国从支持美元的困境中解脱出来。1971 年 5 月 7 日，德国内阁举行会议寻求解决货币危机的办法，经过激烈的辩论后，最后决定：德国争取在共同体内寻求采纳联合浮动汇率。如果成员国不能就联合浮动汇率问题达成一致，马克将单独浮动。德国联合浮动汇率的决定激起共同体成员国，特别是法国的批评。5 月 8 日，共同体成员国举行了紧张的磋商，主要矛盾集中在德法双方。法国认为联合浮动汇率有四点对其不利：（1）经济上，如果把虚弱的法郎与坚挺的德国马克捆绑在一起联合浮动汇率，将会迫使法郎升值，不利于法国商品向非共同体国家出口，认为联合浮动汇率是危险的举措，是"一次反共同体的行动"[②]，其他成员国也是这样认为；（2）政治上，法国也不能接受德国联合浮动汇率的建议，由于德国经济实力雄厚货币坚挺，联合浮动汇率在西欧将导致出现一个"德国马克区"，"德国对参与联合浮动汇率的国家进行财政援助更加保证了马克的领导地位"；[③]（3）对具有强烈的民族主义传统的

---

① Haig Simonina, *The Privileged Partnership—Franco-German Relations in the European Community 1969 – 1984*, Oxford：Clarendon Press，1985, p. 102.

② Quoted in International Herald Tribune, 28 May 1971. See Haig Simonina, *The Privileged Partnership—Franco-German Relations in the European Community 1969 – 1984*, Clarendon Press · Oxford, 1985, p. 107.

③ Haig Simonina, *The Privileged Partnership—Franco-German Relations in the European Community 1969 – 1984*, Oxford：Clarendon Press, 1985, p. 104.

法国，德国援助参与国的行为对它而言是不友好而是侮辱性的行动；（4）联合浮动汇率也会损害共同体政策，共同农业政策是法国不惜冒着欧洲一体化失败的危险所获得的主要收获（如戴高乐制造的"空椅子危机"），如果在共同体实现联合汇率，法郎升值既阻碍法国农产品出口还会导致农产品价格的上升，蓬皮杜谴责联合浮动汇率是宣判了"共同农业市场的死刑"①；（5）更重要的是，法国认为国际金融危机是美国造成的恶果，如果欧洲实行联合汇率将会减弱欧洲对抗美国的力量，相反却使美国受益匪浅。针对德国联合汇率的建议，法国提出了反建议，即欧洲应该联合一致向美国施加压力，要求美国通过黄金升值使美元贬值来缓解国际市场上的金融危机。

法国联合欧洲以图对美国施加压力的建议德国是不能接受的。如前所述，德国建立欧洲经济货币联盟主要是从政治上来考虑的，在推行"新东方政策"的过程中，没有美国的支持是不能实现的。1970年3月，四大国关于柏林问题的谈判正式开始。勃兰特担心"如果不能达成柏林协议，他的外交政策将遭到失败"②。《苏德条约》和《德波协定》的签订推动了四大国关于柏林问题的谈判，如果在柏林问题达不成协议，两个条约就不能在联邦德国的议会上批准，那将意味着德国"新东方政策"遭到毁灭性失败，后果不堪设想。

共同体成员国的经济形势不尽相同，汇率也大不一样等原因，使部长委员会关于联合浮动汇率谈判异常艰难。正如荷兰财政部长维特文（Johannes Witteveen）所说："共同汇率哪怕上升一点点也许会有经济扩张的危险……或者引起失业率上升。"③ 德国为了获得西方盟友对"新东方政策"的支持，决定对联合浮动汇率作出让步。在德国外交部长谢尔（Scheel）的参与下，对德法两国财政部长彼此顽固的立场作了协调。谢尔再一次向共同体成员表达了德国对欧洲联合的信念，这一表态也赢得了部长委员会的信任。最终达成妥协：理事会允许德国马克临时性浮动汇率，但不接受共同体内联合浮动汇率。荷兰盾同德国马克一起浮动，比利时则选择了双重外汇市场，英镑、意大利里拉和法国法郎仍保留同美元过去的比值。

---

① Quoted in The New York Times, 19 May 1971. See Haig Simonina, *The Privileged Partnership—Franco-German Relations in the European Community 1969–1984*, Oxford: Clarendon Press, 1985, p. 104.

② Frank A. Ninkovich, *Germany and The United States*, New York: Twayne Publishers, 1995, p. 141.

③ André Szász, *The Road to European Monetary Union*, Macmillan Press LTD, 1999, p. 39.

8 月 15 日，美国尼克松（Nixon）总统宣布实行"新经济政策"，暂停外国银行按每盎司 35 美元的黄金官价向美国兑换黄金；冻结全国工资和物价；减少对外援助 10%；征 10% 的进口附加费等。美国停止美元与黄金直接挂钩，这既意味着二战后建立的资本主义世界的金融货币体系——"布雷顿森林体系"崩溃，也意味着是美国向其他国家转嫁其经济危机的一次卑鄙的行动。毫无疑问，欧共体是美国新政策的主要受害者。"布雷顿森林体系"的垮台和美国转嫁的经济危机使本身就矛盾不断的欧共体雪上加霜，加剧了欧洲与美国之间的矛盾。在尼克松总统宣布新政策前几天，美国已决定采取措施解决其国内收支平衡问题，那就是让欧洲国家支付美国在欧驻军费用，如果不愿意增加支付美国的驻军费用，美国就相应地减少在欧洲的驻军数量。美国对欧洲施加的压力激起了欧洲（如法国）的强烈反对。由于德国的安全还得需要美国提供军事保护，尽管对美国转嫁经济危机行径心怀不满，但德国的反应还是比较谨慎的。

"布雷顿森林体系"的崩溃意味着欧洲国家被迫放弃固定汇率，但欧共体不同的国家有不同的金融形势和不同利益考虑，外部的压力并没有使共同体成员国联合起来一致对外。8 月 18 日，法国建立类似比利时的双重外汇市场，即对于外贸和官方交易实行固定汇率，对金融市场则采用浮动汇率，欧洲的形势似乎回到 5 月份德国财政部长席勒（Schiller）所支持的联合浮动汇率的立场。虽然德国反对法国的双重汇率机制，但对法国官方管理浮动汇率又很满意，这说明共同体成员国以前表示容忍德国单方面的浮动汇率是一大进步。只是共同体汇率问题的形势比以前更加恶化了，欧洲比以前更加分裂了。欧洲的混乱形势使美国成为最大的受益者，并且共同体成员国间缺乏合作的态势，似乎使美国更加自信将获得更大的利益。

德国对欧洲一体化的发展趋势感到忧虑，与东欧国家谈判正处于关键阶段，勃兰特担心美欧间的分歧"对他的'新东方政策'会产生负面影响以及美继续在欧洲驻扎等相关问题"①。缺少欧洲和美国的支持，德国"新东方政策"面临沉沦的危险，勃兰特积极行动起来避免共同体空转，他马上通知法国驻德大使随时准备与法国举行谈判。随后，德法之间进行了一系列的双边会

① Wolfram F. Hanrieder, *Germnay, America, Europe-Forty Years of German Foreign Policy*, Yale University Press, 1989, p. 294.

谈，虽然存在不少分歧，但双方都有尽快解决货币危机的愿望。在德法之间谈判之时，欧美之间也在举行艰难的会谈，美国要求欧洲货币升值，降低美国产品入欧的门槛，欧洲决定联合，共同对抗美国的压力。

1971 年 12 月，在西方十国集团会议上，各国就"布雷顿森林体系"崩溃后引起西方世界货币混乱问题在华盛顿的斯密森学会举行会谈，最终达成妥协并签署《斯密森协定》（Smithsonian Agreement）。美国同意取消进口 10% 附加费，相对黄金价格美元贬值 8.6%，或者对外国货币贬值 7.9%，[1] 每盎司黄金的价格由 35.2 美元上升到 38.8 美元。"法国法郎和英镑对黄金的比价保持原来的水平不变，荷兰盾和比利时法郎升值 2.8%，马克和瑞士法郎升值 7.7%。所有的货币对美元的比价都提高了，特别是法国法郎、英镑（上升 8.57%）、德国马克（上升 13.58%），从而使法郎对马克的汇率下降"[2]，这有利于法国对德国的出口。西方通过《斯密森协定》暂时恢复了比较稳定的货币汇率制度，只要在比较稳定的货币汇率机制下建立欧洲经济货币联盟才有可能。"布雷顿森林体系"曾规定，各国对美元汇率的波动幅度上下各为 1%。1971 年 6月，共同体规定成员国货币和美元间的波动幅度上下各为 0.6%，即共同体内部两种货币之间的波动幅度上下不超过 1.2%。根据《斯密森协定》规定，汇率波动幅度由上下各为 1% 扩大到 2.25%，总共为 4.5%。共同体于 1972 年进行了第二次试验，"理事会于 3 月同意各成员国的货币与美元官方比价停留在 2.25% 或者 1.125% 两个波幅之间，而其他国际货币基金成员国执行的与美元平价之比是 4.5% 波幅。"[3] 西方把各种货币都与美元挂钩，对美元汇率的波动幅度限定在固定比价上下各 2.25% 之间，称之为"洞"，而把共同体成员国货币在汇率波动上形成更紧密关系，即把它们的波动幅度缩小到 1.125%，称之为"蛇"，这就是"蛇行于洞"联合浮动汇率（The Snake in the Tunnel）的来历。另外，共同体成员国和正在申请加入共同体的国家同意在干预外汇市场时，只用彼此的货币不用美元，以逐步摆脱对美元的依赖和削弱美元在共同体市场上的作用，确保共同体自己的"蛇行于洞"汇率机制得以顺利运行，这

---

① Wolfram F. Hanrieder, *Germnay, America, Europe-Forty Years of German Foreign Policy*, Yale University Press, 1989, p. 294.

② Alfred Grosser, *The Western Alliance: European-American Relations Since 1945*, Papermac, 1978, pp. 258–259.

③ John Pinder, *European Community – The Building of a Union*, Oxford University Press, 1995, p. 135.

一规定从 1972 年 4 月开始施行。但是，"经过欧洲共同体努力加以改进的 1971 年的《斯密森协定》所采用'蛇形于洞'的方式，作为共同体的工具或者说是政策从来就没有发挥过作用"。[①] 英国加入"蛇行于洞"浮动汇率八周之后，于 1972 年 6 月 23 日退出"蛇行于洞"汇率机制，英镑再次浮动，给刚刚开始运作的欧洲经济货币联盟以沉重打击。美元在 1973 年 2 月 12 日再次贬值，再次表明了国际金融制度的混乱，以及美国政府打算自行其是，而并不过多地顾及它的欧洲盟友。

如前所述，1972 年 4 月，共同体成员国开始实行"蛇行于洞"的浮动的汇率机制，说明欧共体朝着建立经济货币联盟的道路上向前迈出了一小步。虽然"布雷顿森林体系"开始崩溃，但美元的余威犹在。"蛇行于洞"的浮动汇率机制基本上还是以美元为中心建立的汇率制度。说明如果美元还将继续浮动的话，势必将会对共同体的"蛇行于洞"浮动机制产生巨大的影响，甚至还决定这一浮动汇率机制的存亡。果然，美元在 1973 年 2 月 13 日再次贬值 10%，《斯密森协定》于 1973 年 3 月就崩溃了，标志着以美元为中心的"布雷顿森林体系"也彻底崩溃。勃兰特表示出深深的担忧："我很关注事态的发展，对我的政府来说，高通货膨胀也许不仅动摇共同体的经济，而且也动摇着共同体社会和政治基础。"[②] 事实上，西欧"蛇行于洞"联合浮动汇率计划"不仅被'布雷顿森林体系'的崩溃和石油危机所击破，而且还被成员国对解决经济危机分歧和不愿意使他们的政策服从同一目标所打败"[③]。之后，各国货币不是单独浮动，就是联合浮动，4.5% 的波动幅度已经没有哪个国家再遵守了。欧洲金融市场的混乱对德国影响最为严重，德法英三国财政部长经过紧急协商后，德国希望英国重新加入联合浮动率体制，并对英国作出承诺，"如果能找到解决欧洲问题的方案，我们准备付出高昂的代价，也就是说就是要对英国进行大规模的援助"[④]。最终，只有德法之间达成协议。1973 年 3 月德国

① Derek W. Urwin, *The Community of Europe: A History of European Integration since 1945*, Longman London and New York, 1991, p. 182.

② *The Times*, 20 Oct. 1972.

③ Gisela Hendriks and Annette Morgan, *The Franco-German Axis in European Integration*, Edward Elgar, 2001, pp. 59 – 60.

④ Willy Brandt, *People and Politics: The Years 1960 – 1975*, trans. J. H. Brownjohn, London: Collins, 1978, p. 251.

德国与欧洲一体化

马克升值 3%，作为对美元及其他货币实行联合自由浮动的前提条件，这说明，在"蛇行于洞"的体制下，西欧内部联合浮动的幅度是固定的，但是也是可以调整的。德国的让步打消了法国被马克压着升值的担心，也减轻了法国法郎升值阻碍其出口的压力。同年 3 月 11 日，共同体决定实行可以调整的蛇形汇率联合浮动制度。英国没有参加，说明在欧洲一体化的过程中，英国将无法扮演与其相称的大国地位。4 月，欧洲货币合作基金（European Monetary Cooperation Fund-EMCF）成立，它的职责是：在共同体成员国发生支付困难时，提供短期货币支持，使共同体内汇率制度顺利进行；在外汇市场上对共同体各国货币进行干预；在成员国的中央银行之间进行调节，使储备逐渐集中。① 不过，它只有 14 亿欧洲计算单位，远远不能满足成员国干预货币市场的需要。

由于高通货膨胀在德国历史上所带来的灾难后果，二战后德国政府对通货膨胀异常警惕，勃兰特也表现出担忧之心："经济和金融平衡发展是我们的'铁律'，在解决通货膨胀的问题所创建的欧洲货币合作基金……我们得小心不能制造新的通货膨胀的源头"②。同年 6 月，为了共同体的统一，德国马克再次对联合浮动的其他货币升值 5.5%，事与愿违，1974 年 1 月 19 日，"重新兴起的投机资金的压力随着石油价格上涨日益恶化"③，为了使工业品在高油价的国际环境中保持的竞争力，法国决定单独浮动汇率，即在英国单独浮动汇率之后，再次使建立欧洲经济货币联盟遭受挫折。为了把法国保持在"蛇行于洞"联合浮动汇率体系之内，也为了保持欧洲统一，德国再次使用强大的经济实力助其实现政治目的。财政部长施密特对法国承诺"提供 30 亿美元的贷款，这绝对是任何一个国家所提供的最大的一笔货币援助"④，但被法国拒绝。理由与 1971 年 5 月拒绝德国的援助几乎一样：第一，为了顾全法国的脸面；第二，在民族主义心理作用下，法国不乐意承担对德国人经济责任；第三，如果法国接受了援助，那就暗示承认德国的经济强权。英法等国退出"蛇行于洞"联合浮动汇率机制，共同体国家成员国只剩下德国等五国联合浮

---

① 伍贻康等：《欧洲经济共同体》，北京：人民出版社 1983 年版，第 199 页。

② Willy Brandt, *People and Politics: The Years 1960 – 1975*, trans. J. H. Brownjohn, London: Collins, 1978, pp. 266 – 267.

③ Haig Simonina, *The Privileged Partnership—Franco-German Relations in the European Community 1969 – 1984*, Oxford: Clarendon Press, 1985, p. 223.

④ 同上。

动，"蛇"还在，只是"大蛇"变成"小蛇"（Mini-Snake），"洞"已破，变成"离洞之蛇"（The Snake leaves the Tunnel），建立经济货币联盟的希望更加渺茫。在 20 世纪 70 年代早期，"共同体似乎陷入了危险的境地，发展没有太多的目的和方向。造成这种局面的主要原因是在共同体中缺少领导者"[①]。欧洲经济货币联盟惨遭毁灭是意料之中的事。不可否认，为了欧洲联合事业，德国在建立"蛇形于洞"联合浮动汇率机制中作出了重大的贡献。随着"新东方政策"成功实施，德国在欧洲一体化进程中将发挥更加重要的作用。

二、德国推动欧洲货币体系的建立

20 世纪 60 年代末 70 年代初的近十年来，美元在西方世界的霸主地位动摇了。到 70 年代初，美国国债高达 4000 多亿美元，创下美国历史新高。仅在西欧金融市场的"欧洲美元"就达到 500 亿以上，随着"布雷顿森林体系"逐渐崩溃，美元更是源源不断地涌入欧洲寻找避风港使欧洲美元拥有量进一步增加，导致欧洲金融市场更加恶化，德国马克面临着升值的巨大压力。尽管《斯密森协定》暂时解决了西方金融货币混乱问题，但这些临时性措施并没有彻底解决金融危机，美元比价继续下跌，国际社会掀起抢购黄金风潮，西方金融体制在无政府的市场规律中充满着更加激烈和错综复杂的矛盾，各国开始了浮动汇率制度。

1974 年 3 月 5 日，哈罗德·威尔逊（Harold Wilson）接替爱德华·希思，新上台的工党政府对欧洲共同体的态度消极，要求对加入欧共体条约"重新谈判"。法国乔治·蓬皮杜 4 月 2 日由于癌症不幸辞世，瓦莱里·吉斯卡尔·德斯坦（Valéry　Giscard d'Estaing）就任法国总统。德国总理维利·勃兰特由于他主要助手的间谍事件而辞职下台，赫尔穆特·施密特（Helmut Schmidt）于 5 月 14 日当上德国总理。英法德三国新的主要领导人纷纷就职，为建立欧洲经济货币联盟提供了新的机遇。更重要的是，德法关系的急剧升温将给欧洲一体化带来新的希望。以下我们从德斯坦的回忆录中看出法美关系与法德关系形成了鲜明的对比。德斯坦竞选总统成功之后，接到的第一个外国元首的祝贺电话是美国总统尼克松在午夜打来的。德斯坦的回忆录这样写的："黑夜中刺

---

① 　Derek W. Urwin, *The Community of Europe*: *A History of European Integration since 1945*, Longman London and New York, 1991, p. 162.

德国与欧洲一体化

耳的铃声对于我，对于很多人说来，往往预示着噩耗的降临。我好不容易找到了床头灯按钮，艰难地摘下电话听筒。……接着一个鼻音很重的人用英语说道"①，很明显接到美国总统尼克松的电话他并不高兴。相反，他对施密特的态度是："我能辨别出他那低沉的嗓音和接近美国腔的英语。我一担任总统就打电话给他，告诉他我很希望他成为我在巴黎接待的第一位客人"。② 如果说在勃兰特时代，领导欧共体前进的力量开始向德国倾斜的话，那么在施密特政府时期在共同体中正式确立了领导共同体的德法轴心，换句话说，就是德国开始在推动欧洲一体化进程中扮演主要的角色，为欧洲一体化，特别是为共同体经济货币合作开辟了新的局面。欧共体中开始形成领导一体化前进的德法轴心关系，为欧洲联合带来了新的动力。

在对美国的态度上，"新东方政策"的成功，导致东西方紧张局面的缓和，减轻了德国对美国的依赖性，与美国关系也慢慢地发生了一些改变。在六国发布对美国贸易和货币政策的抗议中，明确要求美国提高黄金价格，让美元贬值，而在这之前，德国从来都没有要求将美元贬值，可看作是德国在以后很长的一段时间内在对美的货币政策上发生转变的开始。对德美关系的转变，德斯坦在《回忆录》中作了很形象的描述："在过去这些年中，美国人已习惯于他们一吹哨，德国人马上就到。他们知道我们离不了他们。但现在德国变了，德国已重新建设起来，恢复了经济活力，从而也恢复了自己的尊严。应该让美国人不要以为他们只需对我们发号施令，我们就会服从"③。施密特曾自称最初是亲英派，后来转变为亲美的大西洋派，而最终转变成"一个坚决主张把德法友谊以及德法在经济、政治和军事上的合作放在第一位的亲法派"。他对此自我转变解释说："并非由于我们对大西洋美国伙伴的失望，而主要是因为我越来越看清我的国家在地缘政治中的态势。"④ 施密特均势战略思想的外交政策，既不同于阿登纳的一味强硬地向西方一边倒的外交思想，也不同于勃兰特的缓和为主旨的新东方政策思想，或者也可以反过来说，它介于这两种外交思想之间。

---

① ［法］吉斯卡尔·德斯坦著，侯贵信等译：《德斯坦回忆录——政权与人生》，北京：世界知识出版社1991年版，第42页。

② Ibid. 第86页。

③ 同上书，第93页。

④ 陈乐民主编：《西方外交思想史》，北京：中国社会科学出版社1995年版，第366页。

此时，德国国内也困难重重，需要加速欧洲联合的步伐，在欧洲一体化中寻找德国发展的空间。施密特执政初期，"虽然联邦德国的失业情况仍然要比多数西欧国家好得多，但由于德国实际的国内生产总值（GDP）在6个最大的工业国家里是最低的，德国在国际增长速度上开始落后……在70年代后期，德国失业率仍然居高不下，1975年，有超过100万人失业"①。经济继续增长却不能降低失业率，这是由以下三大原因所引起的，也是施密特政府尽力要解决的难题：第一，通货膨胀问题；第二，贸易保护主义的危险；第三，在建立欧洲经济货币联盟受挫的情况下，欧洲经济共同体面临解散的危险。德国所面临"每种困难都说明，失业是结构性矛盾产生的而不是经济衰退造成的"②。结构性矛盾仍然是造成共同体汇率混乱问题，是各种矛盾的根源。如果处理好了共同体货币问题，其他的问题就会迎刃而解了。找到了矛盾的根源，施密特积极通过反对贸易保护主义、维护德国外贸出口利益等经济手段寻求稳定共同体汇率方法，这又与法国传统的经济政策产生了矛盾。"因为传统的原因，法国把联邦德国视为威胁和挑战。出于经济、政治和选举的原因，改变德法经济实力间的不平衡是法国长期追求的一个目标。"③ 在这一政策思想的指导下，法国以刺激经济增长和增加就业机会为法国的主要的经济政策，德法之间的矛盾又回到了建立欧洲经济货币联盟之初的问题，即"经济主义"还是"货币主义"。

国际形势的急剧变化促进了德国更加推动欧洲一体化的决心。1973年10月6日，埃及、叙利亚军队和巴勒斯坦游击队反击以色列侵略的"十月战争"爆发，直接导致国际上所谓的"石油危机"问题。生产石油的阿拉伯国家及其他一些产油国家纷纷以石油为武器，向美国和其他支持以色列的国家施加压力，决定立即把原油价格提高70%，从1974年起再提高128%，国际石油价格上涨4倍之多。这对依赖石油进口的欧共体产生了严重的影响，不仅导致了严重的通货膨胀还导致经济进一步萧条。但不可否认的是，"通货膨胀率在

---

① Sabine Lee, *Victory in Europe? -Brutain and Germany since 1945*, pp. 150 – 151.

② Werner Abelshauser, *Wirtschaftsgeschichte der Bundesrepublik Deutschland 1945 – 1980*, Frankfurt, 1983, s. 118.

③ Haig Simonina, *The Privileged Partnership—Franco-German Relations in the European Community 1969 – 1984*, Oxford：Clarendon Press, 1985, p. 184.

德国与欧洲一体化

1973 年大幅度上涨。其部分原因是由于货币波动和早先的信贷政策"[1]。严峻的通货膨胀形势影响到西欧国家国内的收支平衡问题，有的国家开始重操贸易保护主义（如意大利）限制进口贸易。德国工业发达急需国外市场，对共同体内贸易保护主义尤为关切。另外，德国历史上通货膨胀所造成的灾难使以后的政府都严格控制通货膨胀，也一直保持低通货膨胀率。如："在 1974 年 3月，德国通货膨胀率为 7.2%，法国是 12.2%，英国为 13.5%。"[2] 德国很担心国际货币汇率的稳定和国际经济的健康发展状况，意大利等国在石油危机重压之下实行贸易保护主义自然遭到德国反对，假若西欧各国都仿效意大利实行贸易保护主义的话，德国的出口贸易不仅将遭受重创，而且共同体还会有解体的危险。1974 年 5 月末，施密特紧急与法国总统德斯坦举行第一次会晤，磋商通货膨胀和贸易保护主义问题，德国紧急会晤"政治意图是阻止法国效法意大利"[3]。出乎施密特意外的是，德斯坦完全接受了欧洲经济复兴的观点，即贸易保护主义不能使欧洲经济复兴。对施密特更重要的是，在德法协议中，德斯坦也认为应该采取坚决的行动控制通货膨胀，这与过去法国以通货膨胀刺激出口维持国内收支平衡政策形成了鲜明的对比，"法国经济政策日益与联邦德国一致"[4]。7 月 8—9 日，他们再次会晤，施密特强调为保持共同体内部活力和控制通货膨胀的必要性问题，更获得了德斯坦的衷心地拥护，并且他已经开始对削减内需、限制信贷、控制通货等问题采取行动了。这说明，德法两国间的经济政策进一步接近，为建立欧洲货币体系奠定了良好的前提条件，并且于1975 年 6 月，法国决定重回"蛇行于洞"的共同体联合浮动汇率中。当然，德法关系在施密特和德斯坦时期达到高潮不能说他们之间没有矛盾，法国重新回到"蛇行于洞"联合浮动汇率机制中，目的是要"防止建立马克区"[5]，既可冲淡德国马克的影响，还可向其他成员国显示法国是与德国并驾齐驱的欧洲大国。

对法国的转变，除德斯坦和施密特有着的国家元首间少有的亲密关系外，

---

① Alfred Grosser, *The Western Alliance: European-American Relations Since 1945*, Papermac, 1978, p. 271.

② OECD figures, in the New York Times, 31 May 1974.

③ Haig Simonina, *The Privileged Partnership—Franco-German Relations in the European Community 1969 - 1984*, Oxford: Clarendon Press, 1985, p. 248.

④ Ibid. p. 251.

⑤ David J. Howarth, *The French Road to European Monetary Union*, New York: Palgrave, 2001, p. 39.

更重要的还应该从法国的国家利益上来考虑，这可以从德斯坦与莫内之间一次简单的会见中看出法国转变的原因。1977 年 3 月 22 日，德斯坦总统邀请"欧洲之父"莫内先生共进午餐。莫内告诉他，戴高乐将军在 1962 年访问德国时，阿登纳疏远大西洋同盟亲近顺从法国，但戴高乐没有担负起领导共同体的重任。莫内认为这使法国丧失了领导欧洲的千载难逢的机会，现在国际金融危机和能源危机打击下共同体陷入了混乱之中。莫内走了之后折了回来又沉默片刻才对德斯坦说："我看得出，你已经明白，要想单枪匹马地解决面临的问题，法国已力不从心。"① 莫内暗示德斯坦，德国已经崛起是不争的事实，法国难以单独担任欧共体的领导。所以，德斯坦决定改变前总统蓬皮杜联英制德的策略，与德国重修旧好，强化法德轴心，将法德关系推向战后一个新的高潮，作为促进欧洲一体化的动力。从经济上看，西欧经济持续恶化，通货膨胀率由于石油危机进一步提高，几乎到了失控的边缘，贸易保护主义正在欧洲兴起，德斯坦作为法国前财政部长，现在作为熟知财政经济等知识的总统，他深知只能仿效德国实行紧缩的经济政策来控制膨胀的飙升。正当德法为欧洲经济政策达成一致，加速推进欧洲一体化进程时，离奇的是，1974 年 4 月，英国竟提出重新谈判，就英国在共同体的去留问题举行一次全民公决。如果英国全民公决否决英国加入欧共体的话，那么共同体会遭到分裂的危险。"尽管（希思）首相有很好的打算，英国却已经开始获得'难以对付的伙伴'的称号。"② 这不仅使共同体成员国再次怀疑英国加入共同体的真实用意，而且，留给共同体成员国一下印象，"还是像以前那样，由德国人领导着（欧洲共同体）向前进"③，德国在欧洲联合的过程中发挥着越来越重要的作用。

德美之间的矛盾也开始增长。国际市场上的石油危机加剧了西欧金融市场的混乱，作为世界金融霸主——美国却对由于美元的不稳定造成世界性的货币动荡漠不关心，施密特认为美国不仅要稳定美元的币值，而且还要带领西方国家走出经济衰退的阴霾。德国对美国金融政策的批评，这在战后德国历史上是

① ［法］吉斯卡尔·德斯坦著，侯贵信等译：《德斯坦回忆录——政权与人生》，北京：世界知识出版社 1991 年版，第 83 页。

② Stephen George, *An Awkward Partner: Britain in the European Community*, Oxford University Press, Oxford, 2nd edn, 1994.

③ Haig Simonina, *The Privileged Partnership—Franco-German Relations in the European Community 1969 - 1984*, Oxford: Clarendon Press, 1985, p. 249.

德国与欧洲一体化

未曾有过的，也是德国自信心恢复的标志，它的自信心来自于稳定而强大的经济和不断提高的政治实力。在尼克松和福特（Ford）政府时期，主要是由美国国务卿基辛格（Henry Kissinger）发展了极好的美德关系，这种友好的美德关系几乎快要取代其传统的美英特殊关系。可是，"在卡特（Carter）政府时期，德美之间关系出现了乌云"①。1977 年美国巨大的支付赤字严重伤害了美元的坚挺地位，"从 1977 年 2 月下跌了十分之一，到该年的秋天，又下跌了十分之一"②。美元的疲软就意味着德国马克的升值，对德国的外贸出口极为不利。美国为了把自己的危机转嫁给德国，一再对德国施加压力，要求其实施通货膨胀政策，迫使马克升值以改善美国支付逆差的困境，德国决定联合欧洲力量对美国施加压力。"随着时间的流逝，到了 20 世纪 70 年代后期，德国对美国的金融政策采取更加批评的姿态"，"美元的不稳定和随后卡特总统早期的重新通货膨胀的政策使德国马克升值的压力，更使德国对建立经济货币体系的吸引力"。③ 如前所述，二战后，德国对通货膨胀尤为敏感，再说，欧洲货币的混乱，主要是受以美元为主的国际货币危机所引起的，德国对美国损人利己的行为极为反感。虽然其经济实力强劲，但德国也不愿意在国际货币危机中起带头作用。德国是二战的战败国，身负发动战争的恶名，如果它又在国际上扮演大国的角色，可能会再次激起其他国家的恐惧和警觉，这不利于德国的国家利益。政治上，如果德国屈服美国马克升值，肯定会沉重地打击以出口为导向的德国经济。因此，德国不愿意充当引导世界经济"火车头"的作用。德美间的矛盾"作为联合德法关系的因素 80 年代重新出现"④，加速了施密特联合法国推进欧洲一体化的步骤。

英国此时也是德法关系升温的加速器。英国要求就其加入欧共体的条件重新谈判，遭到法国强烈的反对。它认为英国的要求不但违反了游戏规则，而且对英国企图改革共同农业政策更是反感。法国是西欧第一大农业国，农业和农民问题，不仅事关法国国内的经济收入，而且还对政局的稳定产生巨

---

① Werner J. Feld, *West Germany and the European Community: Changing Interests and Competing Policy Objectives*, Praeger, 1981, p. 130.

② John Pinder, *European Community – The Building of A Union*, Oxford University Press, 1995, p. 138.

③ Haig Simonina, *The Privileged Partnership—Franco-German Relations in the European Community 1969 – 1984*, Oxford: Clarendon Press, 1985, p. 111.

④ Ibid. p. 252.

大的影响，共同农业政策是法国通过艰难的争斗才从共同体获得的最大利益，绝对不会轻易地放弃。欧洲一体化是德国既定的外交政策，维护欧洲统一与团结是德国政府的一贯主张，一个分裂的欧洲，德国是从中得不到任何好处的，既威胁到德国的安全也影响德国商品出口。1975 年在都柏林欧洲理事会上，施密特对调解英法矛盾起到了重要作用，德国作出一定的牺牲，英法最终也达成了妥协。可是，在 1975 年 12 月的欧洲理事会上，英国因为新近发现的石油和天然气储备而处于一种特殊的地位，便要求自己作为石油生产国单独的代表，丝毫没有共同体意识，施密特"对英国极为愤怒"①。英国的这一姿态正是它缺乏欧洲精神的一种外在表现，影响了德英关系的发展却加强了德法关系的升温。1976 年，德斯坦任命巴尔（Barre）为法国新总理，他反通货膨胀的立场赢得了德国和施密特总理由衷的赞许。在德法经济政策趋同的形势下，施密特向外界宣布，年底之前德国为它的欧洲伙伴提出新的欧洲联合办法，暗示德国将为重新建立欧洲经济货币联盟作出努力，加速推进欧洲联合的步伐。

这与来自共同体内部要求建设经济货币联盟的想法不谋而合。"维尔纳报告"要求在 1980 年之前要在欧洲建成经济货币联盟，可是到 20 世纪 70 年代末期却仍然是遥不可及的事。英国和意大利相继退出"蛇行于洞"联合浮动汇率机制，法国也于 1976 年 3 月再次退出，等到筹建欧洲货币体系时，"蛇行于洞"汇率机制中只剩下德国、荷兰、比利时、卢森堡、丹麦和挪威等 6 个国家。所以说，"蛇行于洞"联合浮动机制只是一种国家间自由结合的货币体制，远未达到"维尔纳报告"所规定的目标，算不上是欧洲联合的重大成就，建立共同统一货币问题更是天方夜谭。

1977 年，英国前内阁部长詹金斯（Roy Jenkis）担任共同体委员会主席，欧洲一体化正陷入停滞阶段。10 月 27 日，詹金斯在佛罗伦萨大学作了关于重新启动经济货币联盟的演讲，称他"感到需要'冲出包围'，要不就将'憋死在里面'。他寻求一个'可据以推动欧洲前进'的主题。"② 詹金斯的演讲获得了时任欧洲理事会执行主席国比利时的赞同，要求欧洲理事会重申对建立欧洲经济货币联盟的承诺。按照比利时政府的要求，理事会对这一目标作出了承

---

① *The Economist*, 6 December, 1975.

② John Pinder, *European Community – The Building of A Union*, Oxford University Press, 1995, p. 137.

诺，如果没有西欧经济和货币强国（如德国）对实现经济货币联盟的同意，理事会的承诺也将是一张空头支票。詹金斯的演讲对施密特和德斯坦采取建立欧洲货币体系的行动产生了重大的推动作用，符合两国现实的需要。

法国由于货币汇率混乱而两次退出"蛇行于洞"浮动汇率机制，不仅影响法国经济稳定，而且还给了这个十分"爱面子"的国家以巨大的羞辱。他们意识到：第一，通过使用通货膨胀的方式来刺激经济增长已经不奏效了，法国经济政策必须向德国看齐，以稳定产品价格成为首要目标，严格控制通货膨胀。1976年，德斯坦任命巴尔为法国新总理，巴尔上台后立即实施反通货膨胀政策，经济政策逐步向德国看齐。第二，德斯坦认为，欧洲经济货币联盟应该在欧洲一体化中发挥决定性的作用。政治上也有如此的要求，石油危机表明，西欧需要自己的中东政策。尽管西欧同属西方阵营，但是把任何国际问题都纳入冷战轨道，对西欧来说是极其不利的，西欧需要有自己的外交政策。国际货币危机发生后，美国强迫西欧主要货币升值转嫁其经济危机的做法，使西欧损失惨重，也迫使西欧需要进一步联合起来以对抗美国和来自东方的压力。第三，通过把法国法郎和诸如德国马克等坚挺货币联系在一起，就能牢牢地控制住法国通货膨胀。第四，更重要的是，德国已经是世界一流的经济强国，它将会在国际事务中发挥更大的作用引起了法国的忧虑，"加强与德国的金融联系不仅使法国在两国经济来往中获利，而且还能把德国更紧密地拴在欧洲"①，这是自前总统蓬皮杜执政以来法国推进欧洲一体化的主要原因之一。

由于法国曾两次脱离"蛇行于洞"的联合浮动的汇率机制，法国这条"蛇"是不可能重回"洞中"的。德斯坦说过："同一条蛇不可能复活两次！经验已告诉我们：最疲软的货币总是单独承担维持汇率的重担。只要这种局面不改变，我们就无法使欧洲货币体系运转起来。应该考虑另一种形式。"② 法国建立货币新机制就是要改变弱货币单独维系汇率的重担。

法国的建议遭到德国联邦银行和财政部的反对。他们认为法国的建议会控

---

① Haig Simonina, *The Privileged Partnership—Franco-German Relations in the European Community 1969 - 1984*, Oxford: Clarendon Press, 1985, p. 279.

② ［法］吉斯卡尔·德斯坦著，侯贵信 等译：《德斯坦回忆录——政权与人生》，北京：世界知识出版社1991年版，第98页。

制住币值，后果将是为了共同体内部稳定，限制使用汇率政策来干预经济的能力。对德国人来说，缩小了的"'蛇行于洞'浮动汇率机制对德国人来说却运行良好"①。因为在"蛇行于洞"中剩下的国家基本上都是工业发达国家，各国的条件几乎相等，贸易互补性强，更能维护内部稳定和使彼此的贸易都能获益。而且，加强"小蛇"成员国间货币的联系不仅能保护德国免受进口膨胀之苦，还可以不使用货币贬值的政策也能给经济较弱的国家施加一定的压力。施密特开始对法国的建议也有些"善意的怀疑"，只是没有完全否决法国的建议。可是，在1978年2月，施密特说，"希望对货币联盟采取重大的行动，他脑子里设想的是建立在共同储备金库基础上的欧洲货币集团"②。更令人吃惊的是，1978年4月2日，施密特与德斯坦在朗布依埃市（Rambouillet）会晤时，他提出了一个更为积极的金融方法。几天之后，施密特在哥本哈根（Copenhagen）的欧洲理事会上为了欧洲金融事务提出了一个更雄心勃勃的计划。这些计划完全是施密特个人的行为，是在没有与联邦银行和财政部协商的情况下提出的。施密特突然的转变不是一时冲动，他是从多方面原因综合考虑之后才作出的决定的，（1）在各种原因中，与美国的关系是施密特转变的最主要原因，他是从政治的角度来施展其在经济货币联盟上的宏伟蓝图的。正如德斯坦所说："货币联合主要是我的主意，而防务联合则是施密特总理的倡议。"③"正是因为法郎被迫两次退出蛇形汇率机制所带来的耻辱才使德斯坦下决心改革经济政策，并启用巴尔为政府总理，执行强势法郎政策才导致了欧洲货币体系的建立。"④ 1978年7月，德法首脑在不来梅共同体首脑峰会上正式提出建立欧洲货币体系（European Monetary System-EMS）的建议。是年12月4—5日，在布鲁塞尔欧洲理事会上，决定建立欧洲货币体系。英国强调自己的特殊情况，长期没有加入欧洲货币体系，英镑自由浮动，注定了英国在欧洲一体化进程不能扮演大国角色。

　　20世纪70年代末，在欧共体建立欧洲货币体系过程中，德法两国发挥了

① Haig Simonina, *The Privileged Partnership—Franco-German Relations in the European Community 1969 – 1984*, Oxford: Clarendon Press, 1985, p. 281.

② Roy Jenkins, *European Diary: 1977 – 1981*, London, 1989, pp. 223 – 224.

③ ［法］吉斯卡尔·德斯坦著，侯贵信等译：《德斯坦回忆录——政权与人生》，北京：世界知识出版社1991年版，第93页。

④ David J. Howarth, *The French Road to European Monetary Union*, New York: Palgrave, 2001, p. 40.

主要的作用，"1978 年诞生的欧洲货币体系明显的是德法双边利益的集中体现，确定了两国在共同体中的领导地位"①。德法在制定欧洲货币体系时，充分吸取"蛇行于洞"联合浮动汇率的经验教训，决定创立一个新的参考货币，即欧洲货币单位（European Currency Unit-ECU），简称埃居。以维持对内的可调整的固定汇率和对外汇率联合浮动的制度，并且以欧洲货币单位（ECU）代替欧洲计算单位（EUA）作为中心汇率的计算标准，作为成员国中央银行间的结算手段，也可用作各成员国的外汇储备。另外，共同体还计划扩大欧洲货币合作基金建立欧洲货币基金（European Monetary Fund-EMF），把各国20%的黄金储备和外汇储备集中在一起，以加强共同体干预货币市场的能力，这更保证了共同体内部市场的汇率稳定。

正像德国社会民主党于 1976 年竞选口号所表明的："在欧洲共同体的历史上，欧洲货币体系无可争议地说明是在德国领导下的第一个主要的行动。"②可以说，德国总理"赫尔穆特·施密特在努力稳定国际金融体系方面发挥了积极主动的作用"③。欧洲货币体系的建立，密切了共同体各成员国之间的休戚相关的经济关系，促进了各国货币的稳定，它使欧共体在建立经济货币联盟的道路上迈出了重要的一步，不过，"这是货币联盟和统一货币的胚胎，但是离统一货币还遥远得很"④。无论怎么评价，欧洲货币体系建立的固定汇率与浮动汇率相结合的汇率机制，在国际金融动荡的 20 世纪 70 年代，对稳定共同体内部汇率起到了积极作用。

小　结

"柏林墙"事件和古巴导弹危机中，美苏两国明显地表示出承认彼此的势力范围，并开始奉行一项维持现状的政策，双方从冷战对峙转向竞争性合作，

① Haig Simonina, *The Privileged Partnership—Franco-German Relations in the European Community 1969 – 1984*, Oxford: Clarendon Press, 1985, p. 277.

② Carl F. Lankowski, *Germany and The European Community: Beyond Hegemony and Containment?* Macmillan, 1993, p. 7.

③ Sabine Lee, *Victory in Europe? -Brutain and Germany since 1945*, Pearson Education Limited, 2001, p. 157.

④ 陈乐民：《东欧剧变与欧洲重建》，北京：世界知识出版社 1991 年版，第 83—84 页。

德国重新统一问题在美苏之间已经被边缘化了。其实，美英等国也已经放弃了支持德国重新统一的政策。对德国来说，依靠西方盟友支持其重新统一的外交政策不仅破灭了，而且在外交上陷入了被孤立的境地。为了摆脱外交困境，德国出台了具有深远历史意义的"新东方政策"。这一政策是在立足西方阵营的基础上，打开通往东方集团的大门，突破外交孤立。

但是，"新东方政策"要想获得成功，必须取得西方盟友的支持。对德国来说，只有加速欧洲一体化进程，才能获得西方盟友的支持。一方面，没有西方盟友的支持，在与东方集团的谈判中，德国势单力薄，很难迫使它们作出让步。如果把西欧作为一个整体与之谈判，结果将会大不一样。例如，德国领导人就说发出感慨地说："在谈判中有北约的支持对联邦德国是多么的重要啊！"[1] 另一方面，西方担心德国新的外交政策将会使其走向中立，或许还会有倒向东方集团的可能，"拉巴洛阴影"一直萦绕在西欧国家的脑海中。因此，德国只有通过加速欧洲一体化进程方式，立足欧洲和西方阵营，才能消除它们对"新东方政策"的疑虑。与此同时，戴高乐下台后，德国实力的增长，也引起了以法国为首的欧共体成员国的担忧，担心共同体内部力量将会失衡，它们也有加强欧共体建设的需要。于是，欧洲一体化在 20 世纪 60 年代末期出现转折，逐渐走出了发展的低潮。

德国一直把"新东方政策"和欧洲一体化进程紧紧地联系在一起的。政治上，在德国作出让步的情况下，在经历欧洲防务共同体失败、"富歇计划"胎死腹中等之后，欧洲政治合作终于跨出了一步，即"达维农报告"规定了一些欧共体政治合作机制。经济上，与同政治合作一样，德国还是对法国等作出让步，淡化超国家主义一体化色彩。最终欧共体采纳了修改后的"维尔纳报告"，为建立欧洲经济货币联盟打开了方便之门。在共同体扩大问题上，这时间也取得突破性进展。在海牙大会上，勃兰特就呼吁扩大共同体。他说过："任何担心德国经济力量可能打破共同体内部平衡的国家都应该出于同一理由而支持共同体的扩大"[2]。在德国强烈地支持下，英国、爱尔兰和丹麦等加入欧共体。在欧洲一体化出现转折、取得进展的情况下，"新东方政策"也取得

---

① André Szász, *The Road to European Monetary Union*, Macmillan Press Ltd, 1999, p. 26.
② Willy Brandt, *People and Politics*, *The Years 1960 - 1975*, trans. J. H. Brownjohn, London：Collins, 1978, p. 246.

德国与欧洲一体化

了丰硕的成果，德国与东方集团签订了一系列的条约和协定，缓和了与东方紧张的局面，逐步摆脱了外交被孤立状况，同时也为德国打开了通往东方的贸易市场。

勃兰特突然下台后，为后任施密特留下了丰富的"遗产"。经济上，德国一直是西欧的经济强国；政治上，"新东方政策"既开拓了德国的外交新空间，也逐步摆脱了被孤立的状态，再加上欧洲一体化也有走出低潮的良好势头。德国开始在欧洲一体化进程扮演主要角色，在欧洲联合中逐步摆脱法国温顺的小伙伴的角色。

施密特利用与法国总统德斯坦的亲密关系，加上德国强大的实力，在欧共体中开始出现领导欧洲一体化前进的德法轴心。在应对 20 世纪 70 年代的国际金融危机、建立欧洲货币体系、促进欧共体成员国货币的稳定中，德法轴心发挥了关键的作用。同时，也预示着德国将在欧洲一体化进程发挥越来越重要的作用。

第五章 飞跃：德国加速欧洲一体化进程

本章主要论述自20世纪80年代初期至90年代初期这一段时期内德国在欧洲一体化进程所发挥的作用问题。自70年代中期以来，德国开始在欧洲一体化中扮演领导角色。到了80年代初，又见冷战高潮来临，美国为了一己之私损害西欧盟友的行为引起西欧不满，德国更是遭受损害的最主要对象。为了削弱美国的影响，德国需要找到一个能够平衡美国的方法，这是德国加速欧洲一体化的主要原因。欧洲一体化在70年代出现前进的转折阶段，但仍然是困难重重，已建立的欧洲货币体系不能适应形势变化，建立欧洲内部大市场也是遥遥无期的事。于是，德国决定加速建立欧洲经济货币联盟问题。不想，东欧突然剧变，德国统一问题一下子出现在各国的议事日程之上。为了实现重新统一，德国迅速抓住有利时机，将德国统一问题和建设欧洲政治一体化问题联系一起，欧洲一体化获得飞速发展。第一节主要分析第二次冷战高潮时，德国为了摆脱被动局面，消除共同体内部矛盾。在枫丹白露会议上，为启动欧洲一体化进程谋篇布局。第二节主要论述德国发挥了欧共体中的领导作用，为建立欧洲联盟定下基调，签订《单一欧洲法令》。第三节详细介绍并仔细分析德国重新统一过程和建立欧洲经济货币联盟与政治联盟之间的关系，实现了德国在战后的外交目标，在欧洲统一中实现德国统一。同时，德国重新统一也有利于欧洲统一。

第一节 德国加速欧洲一体化进程——枫丹白露会议

20世纪80年代，美国和日本两国经济得到飞速发展，把欧洲共同体远远地抛在后面。另外，此时美苏冷战再次高涨。美国为了一己之私，要求西欧与之一道制裁苏联。欧共体损失惨重，其中以德国的损失最为严重。德国不满美国在东西方关系缓和时期，抛开西欧单独与苏联往来；在东西方紧张之时，迫使共同体断绝与苏联的联系，这使德国明白共同体虚弱的地位。为了维护共同体和自己的利益，德国积极行动起来，消除共同体内部矛盾，加速欧洲一体化进程并取得了丰硕的成果。

一、第二次冷战高潮——德国外交新困境

20世纪70年代末80年代初，苏联处于冷战进攻态势，日趋紧张的国际形势使德国面临着巨大的压力，国家安全面临着严重的威胁。1979年苏联入侵阿富汗，在东欧部署了大量指向西欧的中程核导弹，"苏联入侵阿富汗……是第二次冷战的开幕式"[1]。1980年，波兰政府实行针对"团结工会"的军事管制，尽管军事管制是在波兰军队镇压下完成的，苏联并没有干涉，但危机更使日益紧张的东西方关系雪上加霜，西方阵营把这些与苏联在1953年镇压东德、1956年镇压匈牙利和1968年镇压捷克斯洛伐克等一系列的军事行为联系在一起，西方大国对苏联的暴力军事行为极力加以谴责，预示着冷战高潮再次到来。

美国对1975年以来东西方缓和的局面深感失望，决定对苏联采取强硬政策，取消与苏联的高科技贸易往来，联合抵制莫斯科奥运会等，准备中止与苏联缓和进程。卡特政府对德国等西方盟友施加压力，要求共同对抗苏联。与西方盟国所不同的是，德国对苏联的冷战进攻反应比较克制。施密特总理避免直接对苏联进行批评，相反，在波兰问题上认为军事管制有利于波兰国内稳定。其实，"德国政府根本不想在波兰问题上触怒俄国人使缓和的成果毁于一旦"[2]。德国实行与美国不同的东方政策主要是从以下几个原因来考虑的：第一，政治上，德国地处冷战前沿，担心东西方紧张对峙会导致冷战失控，使德国再次成为热战的主战场。在新一轮冷战中，德国不仅要承受来自东欧集团的严重威胁，而且还要顶住来自西方——主要是美国的压力，担心美国不顾西欧

① Reinhardt Rummel, *Toward Political Union: Planning a Common Foreign and Security Policy in the European Community*, Westview Press, 1992, p. 140.

② Haig Simonian, *The Privileged Partnership: Franco-Germany Relations in the European Community1969 - 1984*, Oxford: Clarendon Press, 1985, p. 309.

的利益与苏联达成共同领导世界双边协议。例如，1977 年美国就透露出一个
总统备忘录，按照这个备忘录，一旦在欧洲爆发战争，美国政府准备放弃部分
西欧。德国"优越"的地理位置，自然会成为美国计划中最先放弃的国家，
这对德国国家安全构成了严重威胁。为了摆脱冷战抵押品的角色，德国强烈希
望西欧进一步走向联合，特别是在安全和防务领域实现合作，以应付日益复杂
的国际形势。第二，从经济的角度上看，德国也有必要实行对苏联缓和的政
策。自 1973 年起的近十年的时间里，西欧出现了严重的经济危机，染上了经
济停滞和通货膨胀并发的"滞胀"现象。经济复苏缓慢，失业率节节攀升。
德国政府推行的"新东方政策"除政治因素之外，其中一个很重要的原因就
是经济因素，勃兰特对此早已作出说明。他说："一开始，是具体的经济原因
促使我实施'新东方政策'，对此我并不隐瞒。……我们必须保证就业和开拓
新的经济领域机会。"①"新东方政策"为德国打开通往东方的大门，重新找回
战后失去的传统的东方市场，给德国经济发展注入了新的动力。德国不可能由
于美国的利益把通往东方的大门再次关上。第三，从能源的角度来分析，德国
工业的飞速发展对能源需求量增加。1973 年和 1979 年两次爆发的石油危机，
更加增长了对苏联天然气的需求。早在 20 世纪 60 年代末，德国通过补偿贸易
方式就已经开始同苏联进行天然气交易了。到 1980 年，德国每年从苏联获得
107 亿立方米的天然气，占德国天然气消费量的 17%，能源总消耗量的 3%。
随着苏联对共同体国家供应天然气逐年增加，它计划铺设新的输送天然气的管
道干线，以便把整个西欧天然气网连接起来，扩大同西欧天然气贸易。从
1979 年开始，苏联与德国等西欧国家举行谈判，希望得到共同体国家贷款来
购买西方的技术和设备，作为偿还贷款的办法，苏联将从 1984 年起，每年向
西欧输送 400 亿立方米的天然气。1981 年 11 月 20 日，德国和苏联签订了长期
供给天然气的协定。据估计，到 1990 年，德国的天然气将有 30% 来自苏联，
占能源总消耗量的 5.5%。苏联入侵阿富汗后，美国决定采取更为广泛的战略
来对付苏联的扩张。卡特政府确定了对苏冷战的三原则：（1）对苏联进行严
厉的经济制裁；（2）把中亚等地区的安全问题同美国的安全利益结合起来；
（3）加速美国战略军事力量的更新。1981 年，里根上台后，美国政府对苏联

---

① Willy Brandt, *People and Politics: The Years 1960 – 1975*, trans. J. H. Brownjohn, London: Collins, 1978, p. 169.

更加强硬，其中对苏联实行经济制裁最为关键，东西方间贸易既是经济问题也是政治问题。

自1979年伊朗革命后发生第二次石油危机，能源问题对德国来说日益重要。德国已经同苏联签订铺设一条由苏联提供天然气管道的合同，里根政府为了自己的国家利益，强行要求德国中止与苏联签订的有关能源交易的合同，德美间的分歧不断加大。德斯坦在其回忆录中写道："在我任总统的7年中，我目睹了赫尔穆特与美国领导人之间的信任程度逐步降低。"[①] 东西方缓和时期，美国撇开西欧单独与苏联实现往来，现在冷战高涨之时，它却要求西欧与其一道断绝同东欧集团的联系，引起德国强烈的反对。德国经济部长说："西欧人的意见是一致的：实行美国政府决定中的治外法权原则，对我们说来是不能接受的。它损害了我们的主权，所以，我们不能不摒弃它。"[②] 再说，德国政府认为，对苏联经济制裁也不能使之撤出阿富汗，它把进入西柏林安全和保持与东德的联系放在优先地位，把苏联在世界其他地区的行动与其在欧洲的行动严格地区分开来，只要苏联不挑战"新东方政策"所产生的欧洲缓和局面，对苏联在世界其他地区的行动还是持容忍态度。这遭到了美国强烈的批评，法国新闻界对德国也经常冷嘲热讽，西方阵营中许多国家认为德国是对苏联采取"绥靖政策"。"随着时间的流逝，这种（对苏联容忍的）策略日益遭到（西方的）误解，使施密特（在外交上）更加孤立"[③]，德国必须采取行动打破这种被孤立的外交局面。1982年1月13日，施密特亲赴巴黎向法国解释德国立场以期获得法国支持，寻找重新启动欧洲一体化的动力。

此时欧洲一体化进程却陷入了低潮。在经济上，石油危机和"布雷顿森林体系"的崩溃，导致了欧洲经济和金融动荡，共同体各国经济发展速度减慢，经济货币问题再次成为欧共体主要问题。为保持欧洲汇率稳定、促进经济发展、推进欧洲一体化前进的势头，在德国总理施密特的努力下，于1979年建立了欧洲货币体系。这一体系在稳定共同体汇率市场方面起到了积极作用，

---

① ［法］吉斯卡尔·德斯坦著，侯贵信等译：《德斯坦回忆录——政权与人生》，北京：世界知识出版社1991年版，第90页。

② 陈乐民：《战后西欧国际关系》（1945—1984），北京：中国社会科学出版社1987年版，第346页。

③ Haig Simonian, *The Privileged Partnership: Franco-Germany Relations in the European Community1969 – 1984*, Oxford: Clarendon Press, 1985, p. 309.

为共同体成员国经济发展和促进相互贸易奠定一个比较稳定的内部汇率环境，这也是共同体最终走上经济货币联盟的重要的一步。可是，英国和爱尔兰等国没有加入货币体系，同时这一体系也没有制度上的保证，可以说欧洲货币体系既缺乏广度也缺少深度。虽然欧洲货币体系"得到了德斯坦和施密特的大力推动，并且于1979年3月付诸实施，但它在大多数成员国中还是遇到了抵制"①。法国戴高乐主义者担心货币体系的超国家因素导致国家主权旁落，极力抵制。就是在德国也遭到不同程度的反对，例如，德国联邦银行副行长卡尔·奥托·波尔（Karl Otto Pöhl）借口欧洲货币体系可能会引起通货膨胀，对执行欧洲货币体系政策也持保留意见。就政治一体化而言，1972年，在巴黎各国首脑会议上提出建立欧共体峰会制的设想。几经周折之后，1974年在巴黎召开了欧共体峰会，规定各国首脑峰会每年举行三次，协商和决策共同体的大事。虽然建立的欧洲政治合作这一机制，但这一机制却是独立于共同体机构之外，也缺乏一个制度上和法律上的保证。1979年7月，虽然共同体第一次举行了欧洲议会的直接选举，但也仅限于加强欧洲议会的政治地位，增强了欧洲人民的欧洲意识而已。这与海牙会议上规定要在1980年建立欧洲经济货币联盟和欧洲联盟的目标相差甚远。还有，欧洲一体化在20世纪70年代取得的成果是以德国不追求超国家一体化为代价而获得的，正好符合法国欧洲联合的模式，共同体的发展仍被定位为体现民族国家特征的政府间的联合，兴盛于50—60年代，为欧洲一体化大加赞歌的"新功能主义"（New-functionalism）到80年代初几乎被宣告过时，欧洲一体化的前景沉浸在一片悲观情绪之中。

美国强行要求德国等西欧国家断绝与以苏联为首的东欧国家之间的任何联系，使德国深感自己地位的脆弱，也正是在这种内忧外患的情况下，德国再次寻求新的举措来推动欧洲一体化进程。可是，欧共体深受资本主义世界"滞胀"危机的打击，西欧经济危机使共同体成员国间的贸易往来日趋紧张，一些成员国为了保护自己的利益，再次纷纷设立种种贸易壁垒，阻碍共同体内部统一大市场的建立，忽视共同体的整体利益。"70年代至80年代中，英国预算问题占去了委员会太多的时间和政治精力"②，几乎使共同体陷入瘫痪。1979年英国保守党人撒切尔夫人上台后，"她摆出一副她唯一能够接受的姿

① John Pinder, *European Community – The Building of a Union*, Oxford University Press, 1995, p. 141.
② Roy Jenkins, *European Diary: 1977–1981*, London, 1989, passim.

态，一再声称，她要‘索回她的钱’”①。另外，“在促进共同体事业发展问题上，英国政府倾向于在它的预算问题没有得到满足以前，阻止这样的发展”②。无论从政治上还是从经济上考虑，加速欧洲一体化是德国一贯的外交政策，经济的发展需要共同体内部大市场来容纳德国商品。德国政府希望加快欧洲一体化进程，消除成员国间的贸易壁垒，英国对预算不妥协的态度，使德国加快一体化进程的外交政策受阻。“面对美国要求一道对苏联实行制裁的沉重压力，德国政府需要法国比过去更多的支持。”③ 1980 年，施密特会晤德斯坦，关于苏联入侵阿富汗发表十点声明，德法宣称：“只要苏联在阿富汗不再进行军事冒险行动，德法双方将继续坚持既定的缓和政策”④，标志着德国在欧洲寻找更强大的安全伙伴的开始。对德国来说，“德法合作部分的原因是德国从安全的角度来考虑的，1979 年苏联入侵阿富汗播下了种子”⑤。更重要的是，在与美国矛盾日益突出和欧洲一体化面临着不少困难的情况下，德国需要行动起来，摆脱这种被动局面，“希望找到能够平衡美国的办法”⑥。欧洲一体化面临着新的机遇。可是，领导一体化前进的德法轴心，此时正遭遇着失灵的危险。

二、德国联意制法推动欧洲一体化策略“根舍—科隆波计划”

1981 年 5 月 10 日，法国社会党人密特朗出人意料地击败德斯坦，人们有理由怀疑德法间在施密特和德斯坦时期形成的良好合作关系是否能够顺利继续，是否预示着推动欧洲一体化前进的德法轴心的终结。果然，密特朗政府上台之后偏离前总统德斯坦的经济货币政策。他是在西欧政治和经济危机之时登上法国总统宝座的，战后资本主义经济发展的“黄金时代”已被经济危机无情地中断。这表明适应经济繁荣时期而得势一时的欧洲社会民主党福利主义政策已经失灵。但是，密特朗执政初期继续实行“法国式的社会主义”改革，

---

① John Pinder, *European Community – The Building of a Union*, Oxford University Press, 1995, p. 173.
② 同上。
③ Stephen A. Kocs, *Autonomy or Power? The Franco-German Relationship and Europe's Strategic Choices*, 1955 – 1995, Praeger, 1995, p. 130.
④ Ibid. p. 131.
⑤ Hartmut Bühl, ‘Deutsch-Französische Sicherheitspartnerschaft’, Dokumente, Heft 5, 46. Jahrgang, October 1990, s. 372.
⑥ Thomas Pedersen, *Germany, France and the Integration of Europe – A realist interpretation*, Pinter London and New York, 1998, p. 88.

以扩大国有化为中心，为增加就业直接干预经济、增加社会福利开支等。关于法德关系，对共同体内形成"法德轴心"局面持保留意见。他说："法德和解，那很好。……不过，由此而建立巴黎—波恩轴心，可不是一码事。欧洲是九国的欧洲，这就是要求伙伴国之间完全平等。"① 密特朗有意淡化法德间的特殊关系，刻意加强与英国、意大利等成员国的关系。英国实力的衰落，其对欧洲一体化半心半意的态度，预示着在欧洲联合中难以发挥重大作用，而意大利势力较弱、影响有限，注定它在欧洲一体化中也难扮演重要的角色。法国对德国暂时疏远也给欧洲联合进程带来消极影响。历史已经雄辩地说明：欧洲一体化进程只能由德国来推动。

1982 年，德国新总理科尔（Helmut Kohl）上台执政，外交部长是自民党人根舍（Hans-Dietrich Genscher）。科尔是一位坚定的欧洲联邦主义者，他曾说过："推动欧洲统一的力量是德国生存的原因之一"②。科尔—根舍政府宣称：继续追随施密特的欧洲政策，同时也作了相当大的改变：第一，为了推动欧洲一体化继续前进，德国政府从战术上改变了前政府欧洲联合的方式。例如，为了对付英国等对欧洲一体化的反对和阻挠，德国提出"双速欧洲"的意见。换句话说，就是愿意加快欧洲一体化进程的国家可以先行一步，不必要等到共同体成员国一起来推动欧洲一体化进程。这是德国对英国等阻碍欧洲联合前进步伐的国家发出的警告信号，即如果继续阻碍欧洲联合进程就要被欧洲所抛弃。第二，在继续推进欧洲经济一体化的同时，德国政府也加紧欧洲政治一体化进程，经济货币联盟与政治联盟必须同步建立。欧洲政治合作一直独立于共同体之外，德国希望把欧洲经济和政治一体化联合起来，推动欧洲进一步联合。具体办法就是将欧洲政治合作机制并入到共同体的一体化的框架之内，使之真正成为欧洲政治一体化的成果。

1981 年 1 月 6 日，德国外长根舍在斯图加特自由民主党大会发表公开演讲，呼吁"缔结欧洲联盟条约"③。面对日益紧张的东西方关系，德国重新吹

---

① 张锡昌、周剑卿：《战后法国外交史（1944—1992）》，北京：世界知识出版社 1993 年版，第 480 页。

② Klaus Larres（ed.），*Uneasy Allies：British-German Relations and European Integration since 1945*，Oxford University Press，2000，p. 51.

③ Eckart Gaddum，*Die Deutsche Europapolitik in den 80er Jahren*，Munich and Vienna：Ferdinand Schöningh，1994，s. 205.

德国与欧洲一体化

响了进军欧洲一体化的号角。在演讲中，根舍着重强调欧洲政治合作而不是强调经济合作，按照根舍的设想，"欧洲联盟的基本目的是形成共同的外交和安全政策，然后再延伸到经济一体化、紧密的文化合作和法律融合"①。不过，"预示西德经济在 1981 年将会下滑"②，也是根舍推动欧洲联合的重要原因之一。

根舍要想通过谈判签署一项新的共同体条约来扩大共同体机构的权限绝非易事，加强欧洲政治一体化更是困难，要想使欧洲一体化取得巨大突破必须取得共同体成员国的支持，因为欧共体内反一体化力量依然强大。例如，"在很多德国人和法国人中有一个广泛的共识，那就是：英国人几乎没有欧洲精神。"③ 况且此时英国首相撒切尔夫人把从共同体"索回她的钱"视为第一任务，关于继续推进欧洲一体化的其他事情在解决英国预算以前一切免谈。她说过："我抱着这样的观点就是我不会在每件事上争吵，并且这种文件是没有法律效力的。所以，我决定听之任之。"④ 所以，德国要想得到英国对其动议的支持是不可能的。在欧洲一体化进程中，法国是德国传统的合作伙伴。甚至有人认为："法国的政治地位与西德经济实力相结合，仍然是欧共体内起主导作用的因素，没有任何其他力量的组合能代替法德合作成为西欧联合的发动机。"⑤ 可是，法国密特朗左翼政府上台后，奉行一条较为激进的执政路线，实施政府干预的大规模扩张政策，甚至在其欧洲政策中提出要建立"工人的欧洲"。法国在共同体内刻意疏远德国，这使法德关系面临着新的考验。法德关系对欧洲联合尤为重要，密特朗疏远德国的政策，使德国希望加速一体化进程时能得到法国的支持希望渺茫。不过，德国并没有放弃获得法国支持其欧洲一体化政策的希望，只是目前德国把寻求支持者的目光转到共同体内的另一大

① Thomas Pedersen, *Germany, France and the Integration of Europe—A realist interpretation*, Pinter London and New York, 1998, pp. 88 – 89.

② Werner J. Feld, *West Germany and the European Community: Changing Interests and Competing Policy Objectives*, Praeger, 1981, p. 131.

③ David Garnham, *The Politics of European Defense Cooperation-Germany, France, Britain, and America*, Ballinger Publishing Company Cambridge, Massachusetts, 1988, p. 89.

④ Peter M. R. Stirk (ed.), *European Integration—A Reader and Commentary*, Pinter London and New York, 1999, p. 244.

⑤ 张锡昌、周剑卿：《战后法国外交史（1944—1992）》，北京：世界知识出版社 1993 年版，第 481 页。

国——意大利的身上。

如同德国敏感的地理位置一样，意大利也处于冷战前沿，其政治独立自主地位比较脆弱。长期以来，意大利是欧洲一体化坚定的支持者和拥护者。因此，意大利成为德国推动欧洲联合的暂时最佳伙伴。虽然德意都赞成欧洲联合，但不能否认双方也存在分歧。德国希望签订一项正式条约，而意大利更倾向达成不需要国会批准的灵活协议，并借此向德国施加压力，要求提高共同体的预算，遭到了德国坚决的抵制。事实证明，德意间的分歧还是得到了解决。"随后，意大利外交部长科隆波（Emilio Colombi）与德国外交部长根舍进行了合作，并且还让成员国用他的名义进行新的谈判活动。"[①] 1981 年 11 月 4 日，德意双方正式公布推动欧洲一体化进程的"欧洲法案"，即"根舍—科隆波计划"（Genscher-Colombo Plan）。其实，该计划并无新意，例如，要在成员国间实现更相同的政策，特别是在外交政策上，扩大共同体的文化和司法合作，等等，只是重新强调了共同体自20 世纪 70 年代就已经提出，但事实上一直又被搁置在一旁的关于建立"欧洲联盟"的目标。至于采取何种具体的手段来建立欧洲联盟，该计划表现得相当谨慎，只要求回归《罗马条约》中的决策程序。该计划也进一步倡议欧洲理事会应该每年向欧洲议会报告在建立欧洲联盟中所取得的进步，欧洲议会也应该把有关欧洲联盟问题的建议呈交给欧洲委员会，但欧洲委员会不是特别欢迎该计划的建议。

德国为何选择意大利作为取得支持的对象呢？除了意大利是欧洲一体化坚定的支持者等原因外，德国还有一个更深层次的考虑，那就是："德国政府也许希望刺激法国迫使其在欧洲一体化道路上行动起来"[②]。但法国对根舍—科隆波拟议中的计划根本不感兴趣，相反，法国于 1981 年 10 月 8 日也提出了重启欧洲的备忘录，只要求欧洲应该在经济和社会领域进行更加紧密的合作，认为对共同体机构改革没有必要。说到底，法国重启欧洲备忘录仍然是反对超国家色彩的欧洲联合方式，自然遭到德国的反对。"也许为了诱惑法国，'根舍

---

① Derek W. Urwin, *The Community of Europe: A History of European Integration since 1945*, Longman London and New York, 1991, p. 221.

② Thomas Pedersen, *Germany, France and the Integration of Europe—A realist interpretation*, Pinter London and New York, 1998, p. 90.

一科隆波计划'暗示欧洲理事会将掌管更加保持一致的体制。"① 该计划也激起了希腊和丹麦的反对，理由是该计划将会约束掌管自己国家政策的能力。

在共同体成员国讨论德意两国提出的"根舍—科隆波计划"没有取得进展，但在共同体权力中心面前，保持联盟观念和政治合作的建议发挥了重要的作用，它有助于成员国政府之间进行新一轮建立政治联盟的谈判。一年多以后，共同体正式作出了响应。1983 年 6 月，在德国斯图加特召开的欧洲理事会上，正式讨论了"根舍—科隆波计划"，但委员会拒绝了该计划。不过，担任主席国的德国积极促成了加强欧洲一体化的《关于欧洲联盟的庄严宣言》（The Solemn Declaration on European Union）的通过。重申要在"共同体国家中求得广泛和具有凝聚力的共同政治途径，并最终实现建立一个欧洲联盟。宣言明确未来新的努力，仍然将在现有三个共同体加上'欧洲政治合作'的框架内进行"②。《关于欧洲联盟的庄严宣言》是削弱了的"根舍—科隆波计划"，仅仅表明最终将建立一个欧洲联盟，德国对此极为不满又无可奈何，没有西欧大国——法国的支持，德国推动欧洲一体化的梦想难以实现。可见德法关系在欧洲联合中的重要性。为了推动欧洲联合进程，德国决定对法国施加一定的压力，迫使其重回欧洲一体化的轨道。

三、德国致力打造德法新轴心

德国通过抛弃法国与意大利合作来刺激法国在欧洲一体化道路上行动起来设想并没有取得良好的效果。1983 年 11 月，在德法举行第 42 次波恩峰会上，科尔对法国在欧洲联合问题上的冷漠态度提出婉转的批评，遭到法国反对，德法关系受到一定程度的影响，原定于 1984 年 1 月初举行的德法峰会被推迟到 2 月。但是，德国推动欧洲一体化的决心一如既往，决定对法国施加更大的压力使其重新回到一体化道路上来。于是，科尔在德国广播发表演讲："《罗马条约》和墨西拿精神……很明显在今天的欧洲并没有发现"③。这是科尔在挖苦法国缺乏欧洲统一精神，促使它在欧洲一体化进程中行动起来。

---

① Thomas Pedersen, *Germany, France and the Integration of Europe—A realist interpretation*, Pinter London and New York, 1998, p. 89.

② 郭华榕、徐天新:《欧洲的分与合》，北京：京华出版社 1999 年版，第 429—430 页。

③ See "Frankfurter Allgemeine Zeitung, 8 January 1984, p. 2. " in Thomas Pedersen, *Germany, France and the Integration of Europe—A realist interpretation*, Pinter London and New York, 1998, p. 92.

《关于欧洲联盟的庄严宣言》发表之后，激起了欧洲联邦主义者的强烈兴趣，他们积极行动起来，为建立"欧洲合众国"摇旗呐喊，对建立欧洲联盟计划跃跃欲试。1984年2月，欧洲议会提出了在意大利著名的联邦主义者斯皮奈里（Altiero Spinelli）影响下形成的《建立欧洲联盟条约草案》（Draft Treaty Establishing the European Union），这是关于建立"欧洲联盟"的第一个系统的条约框架。

法国承受着德国和外界迫使它走向一体化巨大压力的煎熬，此时又遭遇到国内困境的折磨。密特朗实施的经济扩张和国有化等政策导致外贸逆差加大、黄金外汇储备大量流失、法郎疲软、通货膨胀加剧和失业人数急剧增加等后果。到1982年6月，法国政府被迫回到德斯坦执政时的通货紧缩政策，采取限制社会福利等措施，表明法国建设所谓的"法国式的社会主义"遭到失败。密特朗也自我解嘲说："我不把法国式的社会主义奉为圣经。"[①] 很快他就改变了法国疏远欧洲的政策，于1984年5月在欧洲议会的演讲时宣称，愿意对《罗马条约》作出修改，似乎回到法国既定的欧洲政策上来。"总统寻求签订新的条约把一体化扩展到新的领域，并且，更令人惊奇的是，他要求限制共同体中的一票否决权。"[②] 在内外压力下，密特朗决定重新振兴欧共体。

促使密特朗转变的有以下几个方面原因：（1）在法国所谓的"社会主义"改革的失败，是他回归欧共体的重要原因之一。密特朗上台之后，法国政府扩大国有化，加强对经济生活的干预等措施刺激经济增长，但改革后果却相当糟糕。1981年法国国内生产总值仅增长0.3%，一年之内流失700亿法郎，一年内物价上涨14%。经济改革失败使密特朗在法国名声扫地，也激起了右翼政党的反对。所以，"新的欧洲举措对改善密特朗的形象似乎是有帮助的。有一种感觉是，对总统来说欧洲成为逃避国内经济危机的安全港湾"[③]。（2）更重要的是，在20世纪70年代末80年代初形成的北约"双轨制"，要求苏联立即停止部署，并逐步拆除已经部署的SS-20导弹，在苏联拒绝这一要求的前提

---

① 张锡昌、周剑卿：《战后法国外交史（1944—1992）》，北京：世界知识出版社1993年版，第403页。

② Haig Simonian, *The Privileged Partnership: Franco-Germany Relations in the European Community1969 - 1984*, Oxford: Clarendon Press, 1985, p. 333.

③ Thomas Pedersen, *Germany, France and the Integration of Europe—A realist interpretation*, Pinter London and New York, 1998, p. 90.

下，北约将在西欧部署美国中程导弹和巡航导弹。① 科尔总理执政后，加强了同美国的关系，德美双边关系开始转暖。他明确支持美国在同苏联达不成协议的情况下，在西欧部署美国的中程导弹，但遭到德国人的反对。因为东西方如果爆发热战，那么东西德国之间将会成为一道火墙，受伤最重的自然是德国人。与此同时，一场声势浩大的反核和平运动蓬勃兴起，席卷德国，德国人纷纷走上街头抗议北约的"双轨制"。这使法国担心德国将会走上中立，密特朗感到"把德国拴在西方的必要"②，以加强法国的防御力量。（3）共同体现有九国，葡萄牙和西班牙两国正在积极准备加入共同体的工作。如果两国顺利加入共同体，成员国将会扩大到十二国。共同体的扩大是欧洲联合的主要象征，也是欧洲一体化的重要标志，但随着成员国的增加，也带给共同体造成了管理危机和决策困难。例如：1983 年 12 月，在雅典欧洲委员会上，也由于希腊总统从中作梗，成员国之间第一次不能达成联合公报，几乎使共同体运行瘫痪。对德法等国而言，警钟已经敲响。密特朗："正倾向这种观点，共同体的扩大需要进行体制改革，德国人支持法国的观点，更重要的是，英国人也有如此的念头。"③（4）法国从战略角度考虑也迫使它改变其欧洲政策，重新回到欧洲一体化的道路上来。戴高乐主义基本上成为法国民族主义的传统，反美情绪也是其内容之一。密特朗上台后实施的"法国式的社会主义"改革与美国产生了意识形态上的矛盾，本来密特朗完全可以组织清一色的社会党政府，可是他还是吸收了法国共产党参加政府，更加凸显其政府的左翼色彩。密特朗希望联合欧洲，对抗美国也是他改变欧洲政策的原因之一。（5）密特朗对德国的担心。如前说过，在战后法国历史上，只有戴高乐总统不恐惧德国的强大。总理科尔执政后加强大西洋关系，继续推进"新东方政策"，政治影响不断扩大。他主动写信给苏联和东欧领导人，表示愿意对话推进欧洲缓和。在美苏有关欧洲中程导弹争端最紧张的 1983 年 6 月，科尔访问莫斯科，充当东西方冲突中调停人的角色。相比之下，法国密特朗在世界政治上的影响就要逊色得多。经济上，法国对德国更加恐惧。1983 年 3 月，密特朗回归前总统德斯坦的紧缩

---

① ［联邦德国］赫尔穆特·施密特著，梅兆荣等译：《伟人与大国——施密特回忆录》，北京：世界知识出版社 1989 年版，第 178—179 页。

② Thomas Pedersen, *Germany, France and the Integration of Europe—A realist interpretation*, Pinter London and New York, 1998, p. 90.

③ Ibid. p. 91.

性经济政策，再次向德国经济政策靠拢，宣布法国不会退出欧洲货币体系。"他能承担这次经济试验的失败，以找到实行更为现实的经济政策的借口。"① 综合以上分析，法国迅速地转变其欧洲政策，逐渐形成推动欧洲一体化的德法新轴心，为重启欧洲联合运动产生了巨大的影响。德法双边关系也迅速升温。

　　1984 年 2 月 2 日，科尔与密特朗在德国举行长时间的秘密会谈。双方一致决定，"努力解决共同体目前所面临的实实在在的问题，在《罗马条约》的基础上也采取新的行动使欧共体和双边关系上进一步政治合作"②。据说，他们在秘密会谈中还准备组建联合政府和共同议会的问题，这不免使人想起战后德国第一位总理阿登纳建立德法联盟的设想。会后发表联合声明，重申两国友好关系，并宣称"欧洲是我们共同的文化故乡"，"我们共同的目标是欧洲统一"。③ 德法合作则被人称为是推动欧洲一体化前进的"双缸发动机"。对德国来说，没有法国的支持，就会在超级大国面前孤掌难鸣，也难以进一步推动欧洲一体化前进。英国虽然加入欧洲共同体，但它与西欧总是保持着半心半意、若即若离的姿态。德法英三角不能取代德法轴心，德法两国求同存异，保持合作是推动欧洲联合继续发展的主要动力。

四、消除一体化道路上的绊脚石——德国解决英国预算问题

　　英国预算问题是欧共体久拖不决老大难问题，其农业部门占国民经济比例很小，需要从共同体内外进口大量的农产品。为了维护共同体农业市场的稳定，按照共同农业政策规定，英国从共同体以外进口农产品需要缴纳很重的农业税。另外，英国农业效率很高，就算从共同体内进口农产品也得缴纳农产品的差价税。在英国加入欧共体以前对此所作的调查表明，"英国为共同体农业政策预算分摊的份额（单纯的付出没有收益）将约占其国内生产总值的0.75%"④。当时英国首相希思是抱着 1980 年预算的农业经费比率将会减少，对英国不利的因素将会减轻的想法加入共同体的。共同体建立地区发展基金用来资助共同体内不发达地区的建设。英国原以为可以通过这笔基金，用来援助

①　Stephen George, *Politics and Policy in the European Union*, Oxford University Press, 1996, p. 120.
②　Frankfurter Allgemeine Zeitung, 4 February 1984.
③　凌翔：《科尔传》，东方出版社 1998 年版，第 191 页。
④　John Pinder (ed.), *The Economics of Europe: What the Common Market Means for Britain*, London, 1971, p. 13.

其不发达地区的经济建设，总算找到了解决农业预算不公问题的办法。但地区发展基金数额不大，而且还是主要援助共同体内如希腊、爱尔兰和葡萄牙等经济不发达的国家，英国所得不多。"从 1975 年开始，英国在预算问题上，为索还它为共同体预算多交的退款，在共同体内引起长达十年的冲突。"[1] 英国同欧共体之间在有关机制和经济利益上冲突不断，"主要表现在英国对共同体'净摊派'问题上"[2]。在 1980 年共同体预算中，英国的净摊派款项达到 20 多亿美元，是共同体成员国净摊派最多的国家。

1979 年 5 月，保守党领导人，人称"铁娘子"的撒切尔夫人（Margaret Thatcher）在大选中获胜，担任从 1979 年 5 月到 1990 年底期间的英国首相，她也是战后以来任职时间最长的英国首相。如前所述，撒切尔夫人对欧洲一体化并不热衷，是欧洲统一的怀疑派，她"对欧洲理想最好的表述是不确定的，最坏的表述是怀疑的"[3]，更关心与美国建立良好关系，也可以说她是大西洋主义派。6 月，执政不久的撒切尔夫人在斯特拉斯堡欧洲理事会上，郑重向共同体成员国首脑提出英国预算摊派问题，宣称预算摊派额过高对英国是不公平的，共同体应该找到一个妥善的解决办法，这次撒切尔夫人的姿态还算比较低调。11 月，在都柏林欧洲委员会上，撒切尔夫人采取了完全不同于斯特拉斯堡峰会上的和善态度，而是向共同体发出了"要回我们自己的钱的臭名昭著的要求"[4]。坚持要把确定 1980 年的农业价格与解决英国的预算摊派问题联系起来。换句话说，如果共同体成员国拒绝在预算摊派问题上对英国作出让步的话，英国将会行使它共同体内的一票否决权否决任何有关农业价格的决定。对英国阻碍欧洲联合的行为，德国表示相当地愤怒。英国常驻欧共体代表麦克尔·布托爵士（Sir Michael Butler）注意到："施密特总理和德斯坦总统似乎一致同意，他们将尽其所能挫败英国在这个问题上所施加的压力"[5]。其实上，撒切尔夫人在都柏林峰会上的强硬姿态也是有其国内政治原因的。她的强硬行为在国内赢得一片喝彩，英国人把她看作是为自己信仰而战斗的强有力的战

① John Pinder, *European Community – The Building of a Union*, Oxford University Press, 1995, p. 172.

② Klaus Larres（ed.）, *Uneasy Allies: British-German Relations and European Integration since 1945*, Oxford University Press, 2000, p. 50.

③ Ibid. p. 48.

④ Sean Greenwood, *Britain and European Cooperation Since 1945*, Oxford: Blackwell, 1992, p. 108

⑤ Michael Butler, *More than a Continent*, London, 1986, pp. 95 – 6, and pp. 104 – 9.

士，提高了首相的形象。再加上施密特和德斯坦"把撒切尔夫人看作是无能的新手"①，也激起了她的愤怒之情。总之，在都柏林峰会解决英国净摊派问题无果而终，英国不但没有缓和反而更加强硬，撒切尔夫人表示：如果成员国不能达成解决方案，英国将不会承担共同体对其预算的摊派。

1979 年，苏联入侵阿富汗以及波兰危机加剧，东西方冷战恶化，德国再次面临被孤立的危险。"紧张的国际气氛对施密特立场的改变是一个很重要的原因，像过去一样，德国深深地关注国际局势的稳定，特别是东西方关系，德国人渴望创造出一个统一的共同体形象。"② 德国决定对英国作出某种妥协。这时德斯坦提出了解决英国预算问题的方案，为了更加讨好英国，施密特修改了德斯坦的方案用来满足英国要求。在 1980 年 4 月末的卢森堡峰会上，成员国与英国没有达成净摊派协议。因为英国把净摊派问题与农业价格和建立共同体渔业等共同市场等问题联系在一起，更加大了解决问题的难度，形势变得更加恶化了。有人预言，共同体面临着将要解体的危险。

国际形势的恶化给德国带来最直接的是安全问题，政治因素一直是德国坚持欧洲联合的主要原因之一。在这种情况下，5 月末，德国再次对英国预算问题作出让步，"关于预算问题和与之相关联的农业危机最终达成解决的办法"③。英国可以在 1980 年和 1981 年得到其净摊派款的大约三分之二的回扣。但这只是一个临时性的解决办法，英国预算问题还没有得到最终解决。与英国一样，德国也是共同体预算的主要出资国，临时解决英国的净摊派问题意味着将会提高德国资助共同体基金的份额，德国在解决英国净摊派问题上贡献巨大，"通过这场危机，波恩和巴黎的核心地位发挥了重要作用"④。在 1980 年至 1983 年间，英国经过艰难的讨价还价获得了不菲的回扣收入。可是，英国与成员国之间频繁的争吵，既造成共同体内部的矛盾，也影响欧洲政治一体化的进程，特别是德国对英国喋喋不休的要求相当反感。

---

① Sean Greenwood, *Britain and European Cooperation Since 1945*, Oxford：Blackwell, 1992, p. 108.

② Haig Simonian, *The Privileged Partnership*：*Franco-Germany Relations in the European Community1969 – 1984*, Clarendon Press · Oxford, 1985, p. 293.

③ See Trevor Parfitt, "The Budget and the CAP：A Community crisis averted", *The World Today*, Aug. 1980.

④ Haig Simonian, *The Privileged Partnership*：*Franco-Germany Relations in the European Community1969 – 1984*, Oxford：Clarendon Press, 1985, pp. 293 – 294.

德国与欧洲一体化

　　正在此时，共同体内外的压力，使英国净摊派问题到了非解决不可的地步。我们可以从以下几个原因来分析：（1）20 世纪 80 年代前后，西欧经济不仅落后于日本，而且还落后于美国，引起了共同体各国政府的严重关注。究其原因，成员国之间长期马拉松式的争吵削弱了共同体的力量，内部危机是西欧经济、政治等滞后于美日的重要原因之一，共同体开始寻求解决英国净摊派问题的长期办法。（2）1983 年共同体的钱用光了，面临"破产危机"，必须增加共同体自有财源的征收范围，提高征收的比率，当然这些措施还得要获得成员国的同意才行。但"在英国的预算问题没有解决前，要英国批准是不可能的"①。因此，除非共同体能够找到解决英国预算问题，否则就会解散共同体。（3）第二轮冷战改变了东西方 20 世纪 70 年代中期以来的缓和局面，欧洲再次沦为冷战中心，共同体的和平与安全受到了严重的威胁。德国希望在东西方冷战中加强自身力量谋求新的一体化途径，但不解决英国净摊派问题，欧洲联合则无从谈起，因为"共同体内的其他成员国拒绝英国这一要求后，英国便阻止欧共体作其他任何事情"②。这样，英国的净摊派问题便提上解决的前台上来。（4）从英国自身的角度来看，德国科尔政府上台之后对推动欧洲一体化的努力，再加上联邦主义日渐兴起，给英国造成了巨大的压力。例如：1984 年 2 月，欧洲议会通过了《建立欧洲联盟条约草案》，还有关于欧洲建设中的"双速欧洲"的议题，等等。这表明：如果英国不改变其欧洲政策将会导致边缘化的危险，甚至还会被共同体成员国所抛弃，迫使撒切尔夫人对共同体成员国缓和英国的强硬姿态。（5）20 世纪 80 年代，共同体还面临着第二次、第三次扩大问题。欧洲一体化扩大是德国欧洲联合政策主要内容之一，希腊、葡萄牙和西班牙国家战略位置尤为显著，吸收地中海国家加入共同体显得非常必要。但这些南欧国家经济不很发达，随着它们加入欧共体，将会对共同体原有的成员国的经济利益带来一定的消极影响。"虽然英国问题被视为是狭隘的自私自利的行为和激起争端的方式，但因为欧共体扩大到希腊（1981）、葡萄牙和西班牙（1986）之后，预算共同农业政策也会发生改变，对很多人来说更合适的是必要保持共同体统一。"③ 在英国预算问题纷争还没有解决之时，德

---

　　① John Pinder, *European Community – The Building of a Union*, Oxford University Press, 1995, p. 174.
　　② 徐达深：《密特朗政府的经济政策》，北京：世界知识出版社 1984 年版，第 59 页。
　　③ Sean Greenwood, *Britain and European Cooperation Since 1945*, Oxford：Blackwell, 1992, p. 109.

法等成员国决定在共同体扩大之前解决好英国净摊派问题。

综合以上分析，解决英国预算问题已经到了关键时刻。尽管如此，解决预算摊派问题并不是一帆风顺的。在施密特执政时期，德国对英国预算的态度总的来说还是比较温和的，科尔上台后德英间的矛盾开始出现。1983年6月，在斯图加特峰会上，由于撒切尔夫人继续坚持其顽固立场，解决英国预算问题一无所获。12月在雅典举行的欧洲理事会上，撒切尔夫人再次使大会毫无成果地收场。面对欧洲一体化的困境，德国总理科尔认为这次首脑会议的失败是"对欧洲的一次沉重的打击"①。在1983年冲突最激烈的时候，共同体几乎陷入了瘫痪。这一年12月举行的雅典欧洲理事会上，甚至连一项会议结论也未作出，这无疑又使正深受经济危机困扰之苦的共同体遭受了一种心理上的打击。如果不解决英国的预算问题，欧洲一体化难以向前迈出步伐。德国联合法国积极行动起来共同对付英国的强硬立场。1984年2月7日，密特朗在海牙发表演讲，把"欧洲视为一座被弃置的建筑工地，"呼吁"欧洲一体化要进行新的启动"。在德国的压力下，法国迅速转变其欧洲政策，在共同体内再次形成德法合作，推动欧洲一体化新轴心，欧洲一体化停滞不前面貌也随之发生重大的改变。

不解决英国预算问题，欧洲一体化很难启动新的进程。在枫丹白露欧共体首脑峰会前，德国已经决定在对英国作出一定妥协的前提下，对其施加更大的压力解决预算问题，重新启动欧洲一体化。2月中旬，科尔在图弗穆德（Travemünde）发表演讲说，为了欧洲统一，他将采取行动。这就是"通过紧密的德法合作来建立共同的欧洲安全政策"②。他的演讲抱着一箭双雕的目的："迫使密特朗积极行动起来，而同时向英国发出信号，那就是英国将会冒被排除在成员国间更紧密的合作之外的风险"③。科尔也为即将到来的布鲁塞尔首脑峰会迫使英国在预算问题上作出一定的让步。事实证明，英国预算问题是个老大难问题。1984年3月，布鲁塞尔首脑峰会如期举行。在会议上，英国与其他成员国唇枪舌剑争吵得更加激烈。尽管就提高增值税达成协议，可英国认

---

① 新华社雅典1983年12月6日电。

② *Frankfurter Allgemeine Zeitung*, 16 February 1984, s. 1.

③ Thomas Pedersen, *Germany, France and the Integration of Europe—A realist interpretation*, Pinter London and New York, 1998, p. 93.

德国与欧洲一体化

为协议要想生效首先必须解决英国的预算问题。更有甚者，撒切尔夫人还表示在解决预算问题前，英国将不会支付共同体对其所有摊派款项，摆出一副鱼死网破的姿态。

对英国的威胁，德国也表现出决不妥协的立场。在大会上，科尔向英国代表威胁要离席。会后，密特朗则提出"不同速度的欧洲或者不定的几何学话题，暗示如果英国不与其他成员国合作的话，也许欧洲一体化进程将不会有它"①。毫无疑问，鉴于共同体内分歧较大，布鲁塞尔会议以失败结束。共同体解决预算问题一再遭到英国顽强的阻挠，引起共同体成员国的不满，希腊总统帕潘德里（Papandreo）甚至说："共同体国家会欣慰地看到英国退出共同体"②。一体化停滞不前也引起成员国对共同体前途的担忧，特别是德法两国。密特朗向共同体成员国发出呼吁，数周之内将再次举行首脑峰会谋求办法解决英国的预算问题。

布鲁塞尔会议之后，德法外长根舍和杜马斯（Dumas）会晤，商谈英国预算和共同体扩大等问题。根舍明确说明已经形成了领导欧共体前进的德法轴心，两国应该进一步合作，在欧洲一体化中发挥更大的作用。他对欧洲未来感到担忧，对欧共体现状极为不满。他指出："不是美国而是各式各样的欧洲政府，使欧洲沦落到二流地位"③，暗示英国是欧洲联合道路上的主要绊脚石，决定从外交上对英国施加压力。此外，5 月 20 日，科尔会晤密特朗寻求解决英国预算问题的新策略，暗示德国将会在对英国预算问题上作出一定的让步。科尔对记者表示，共同体内的"团结保证经济强大的国家将会帮助经济弱小的国家。我们考虑到投向共同体未来的每一个马克就是在为未来的自由先期支付的款项"④。可以看出，为了欧洲的联合，德国准备运用其强大的经济实力来资助经济比较落后的共同体国家，也向共同体成员国明示，德国在共同体内正在扮演领导者的角色。5 月 24 日，在斯特拉斯堡的欧洲议会上，法国发出了转变其欧洲政策，建立欧洲联盟的强烈呼声，赢得了德国的赞誉，德法间正

---

① Peter M. R. Stirk （ ed. ）, *The Origins and Development of European Integration—A Reader and Commentary*, Pinter London and New York, p. 245.

② 路透社伦敦 1984 年 3 月 21 日英文电。

③ *Frankfurter Allgemeine Zeitung*, 30 April 1984.

④ See " Agence Europe, 21 May 1984, p. 3. " in Thomas Pedersen, *Germany, France and the Integration of Europe—A realist interpretation*, Pinter London and New York, 1998, p. 95.

逐步形成更紧密的新轴心关系，也标志着德法在欧洲联合政策上日趋一致。5月28日，科尔和密特朗在朗布依埃市（Rambouillet）再次会晤，德国完全赞成法国总理24日在斯特拉斯堡演讲中的建立欧洲联盟的建议，并且，双方一致"决定将不会对英国作出进一步财政上的让步"①，进一步给英国施加压力。

科尔"开始把重点更放在建立与法国的双边关系上面，向外界发出（如果有必要的话）愿意建设双速欧洲的信号"②；密特朗在朗布依埃市演讲时也提出"双速欧洲"的话题；甚至在欧共体成员国中也有人提出："没有英国，共同体境况也许要好些。在建立联盟的双速道路上，把英国放在慢车道内也许符合每个成员国的利益"③。中国学者伍贻康说过："在当今的国际关系力量格局中，像英国这样的国家如果单干的话，无论在经济和政治上都将对它更为不利。因此，英国只能作为一个失望而又不满的伙伴留在共同体内，而这种若即若离的状况必须使共同体内部矛盾更加复杂化。"④ 德法两国建设欧洲取得的共识，给英国以极大的压力，"双速欧洲"意味着德法将要抛弃英国，就像20世纪50年代初两国建立欧洲煤钢共同体时那样，两国单独推动欧洲一体化前进。撒切尔夫人感到相当的震惊。随即，英国外交大臣豪威爵士（Sir Geoffrey Howe）拒绝接受德法"双速欧洲"政策，极力重申英国支持欧洲联合。他说："如果真的要发生'双速欧洲'这样的事情，他希望英国会走在队伍的前面。甚至，他说英国希望看到一个高速发展的欧洲，而不是双速欧洲。"⑤ 面对这样的压力，"撒切尔只好退却，她不得不寻求妥协"⑥。在德国软硬兼施的政策下，英国被迫转变了态度。

1984年6月，共同体成员国首脑齐聚法国枫丹白露（Fontainebleau）行宫，再次谋求解决了英国净摊派这个共同体老大难问题。在会议的前一天，英国放出风声，要求从共同体中获得90%的回扣款。或许是撒切尔夫人感到自

① Haig Simonian, *The Privileged Partnership: Franco-Germany Relations in the European Community1969 – 1984*, Oxford: Clarendon Press, 1985, pp. 333 – 334.

② Thomas Pedersen, *Germany, France and the Integration of Europe—A realist interpretation*, Pinter London and New York, 1998, p. 92.

③ Sean Greenwood, *Britain and European Cooperation Since 1945*, Oxford: Blackwell, 1992, p. 109.

④ 伍贻康：《欧洲经济共同体》，北京：人民出版社1983年版，第64页。

⑤ Stephen George, *An Awkward Partner*, Oxford University Press, 1990, p. 158.

⑥ 郭华榕、徐天新：《欧洲的分与合》，北京：京华出版社1999年版，第435页。

德国与欧洲一体化

已要价太高更不能使共同体同意，说不定还会导致峰会再次失败。如果这样，英国就会遭到被孤立的危险。随后，撒切尔夫人提出要获得高于70%的回扣。在第二天早餐时，科尔与密特朗经过双边磋商，决定最多只能给予英国65%的回扣。在枫丹白露正式会议上，科尔把所谓的"九国的共同立场"的65%回扣最高限额正式提交给委员会讨论。其实，65%回扣款额仅仅提交给英国。经过英国和其他成员国间的讨价还价，双方相互妥协，最后以英国接受66%的回扣额的要求达成一致。协议规定：从1986年起，成员国的摊派款数额从本国的增值税（Value-added tax-VAT）的1%提高到1.4%，共同体九国同意给英国的回扣为10亿欧洲货币单位。从1985年起，回扣数额按照比例制计算，这样英国每年可以从自己上缴的增值税和从共同体受益的差额中拿回66%的回扣款，差额越大回扣就会越多。困扰共同体十多年的难题终于在枫丹白露会议上得到了解决，部分满足了英国的要求，同时也就意味着增加其他成员国的支出负担。"从总的情况看，仍是联邦德国出大头，稍次是法国。"[1] 德国在解决英国预算问题上作出了巨大的牺牲和贡献。对此，密特朗对德国在欧洲一体化中的贡献也作了充分的评价，他一再地表示："德国是欧洲的，没有德国也就没有欧洲，没有欧洲那将什么也没有，也不再有德国的光荣"[2]。

英国为何对德法两国作出妥协？一个很重要的原因是撒切尔夫人认识到，在欧共体政治决策中，已经确立了德法领导地位以及两国推动一体化前进的坚定决心。从德法领导地位来看，正如撒切尔夫人自己说的那样："也许，科尔总理和密特朗总统在第二天早餐时就为预算问题找到了解决方案"[3]。另一方面，撒切尔夫人"不断抬高价码的谈判风格起到了相反的作用，迫使共同体其他的成员国领导人联合起来抵制她"[4]。其他成员国给英国施加了一定的压力，也是英国不得不妥协的原因之一。英国预算摊派问题在枫丹白露会议上得到基本解决后，撒切尔夫人逐渐转变了对欧洲一体化的态度，"有迹象显示，在撒切尔的领导之下，英国有可能正在变得更具合作精神"[5]。不过，这也是对

① 陈乐民：《战后西欧国际关系（1945—1984）》，北京：中国社会科学出版社1987年版，第364页。

② Gisela Hendriks, *The Franco-German Axis in European Integration*, Edward Elgar, 2001, p. 30.

③ Margaret Thatcher, *The Downing Street Years*, London：HarperCollins, 1993, p. 543.

④ John W. Young, *Britain and European Unity*, 1945 –1992, Macmillan, 1993, p. 150.

⑤ Sean Greenwood, *Britain and European Cooperation Since* 1945, Oxford：Blackwell, 1992, p. 11.

英国的一种幻想，在以后的欧洲一体化的进程中，英国继续扮演阻碍欧共体前进的"绊脚石"的角色。

在布鲁塞尔会议上，共同体成员之间已经达成了重新加强欧洲联合，实施一系列新计划和政策的决定。如前所述，撒切尔夫人讲过，如果不解决英国预算问题，欧洲一体化其他问题免谈。因此，布鲁塞尔会议由于英国强硬的立场而没有解决英国的预算问题，也导致了推动欧洲一体化前进的计划和措施难逃厄运。枫丹白露会议不但解决了英国预算问题，清除了阻碍欧洲一体化道路上一个巨大的绊脚石，而且还为未来欧洲联合发展作出了相当多的决定，打开了欧洲一体化的大门。会议规定：（1）截至 9 月 30 日之前，完成西班牙和葡萄牙加入共同体的谈判工作，共同体成员国的扩大也是欧洲联合力量壮大重要指标之一。从战略上看，南欧国家位于西欧的侧翼，如果南欧国家加入欧共体，不但可以阻断苏联南下的通道，还可以扩大共同体在地中海地区的影响。所以，德国积极要求吸纳西班牙、希腊和葡萄牙加入共同体。在枫丹白露会议上明确了共同体扩大的时间表，无疑将会对欧洲一体化进程带来相当大的影响。（2）为了加快欧洲建设，在枫丹白露会议上，共同体委员会任命了两个工作组：一个是道奇（James Dooge）工作组。1984 年 2 月欧洲议会通过了《建立欧洲联盟条约草案》后，欧洲委员会决定成立一个专门委员会研究欧共体有关机制建设问题，使之能最终建立欧洲联盟，这个专门委员会主席是爱尔兰参议员詹姆斯·道奇。共同体要求道奇领导下的工作组在政治合作等领域为共同体提出建议，加快欧洲一体化进程。另一个是意大利人皮埃特罗·阿东尼诺（Pietro Adonnino）担任主席的工作组。在枫丹白露会上，各国政府一致同意建立一个"人民的欧洲"工作组，共同体要求阿东尼诺工作组在"人民的欧洲"名义下，研究共同体内教育、科学研究等涉及欧洲一体化的问题。（3）最重要的是，科尔和密特朗同意任命法国人雅克·德洛尔（Jacques Delors）从 1985 年 1 月 1 日起担任欧洲理事会新主席。"尽管法国抵制过根舍—科隆波计划，但密特朗对欧洲一体化进程最重要的贡献之一，就是在 1984 年的夏天提名任命德洛尔为欧洲理事会主席的候选人。"[①] 事实证明，德洛尔在欧洲一体化走上腾飞的道路发挥了重要作用。另外，还决定制定共同体的旗帜，以蓝色

---

① Colette Mazzucelli, *France and Germany at Maastricht—Politics and Negotiations to Create the European Union*, Garland Publishing, Inc, New York and London, 1997, p. 38.

为底，饰以 12 颗金星用来代表欧共体 12 个国家，把贝多芬的第九交响曲"欢乐颂"作为共同体统一歌曲，犹如"国歌"以显示欧洲联合的象征，欧洲一体化开始走上飞跃的道路。

枫丹白露会议解决了英国预算问题，清除了欧洲一体化进程重新启动的障碍，确定了欧洲一体化下一步的发展目标。可以说，"枫丹白露峰会成为欧共体改革纷争的转折点"①。

第二节 德国加速一体化成果——签订《单一欧洲法令》

到 20 世纪 80 年代中期，共同体机构到了非改革不可的地步。随着国际形势和欧共体内部的变化，《罗马条约》已不能适应形势的发展，弊端日益突出。例如 1965 年法国总统戴高乐制造的"空椅子危机"导致"卢森堡折中方案"，打破了《罗马条约》中关于部长理事会的决定由理事会成员多数通过的表决机制，造成了在共同体内部事实上的一票否决制。这使共同体的决策机制效能极低，共同体的扩大即将会加剧欧共体内部矛盾。为了使欧共体适应形势发展的需要，德国决定改革欧共体，使一体化的车轮重新运转起来。

一、德国支持一体化的新蓝图——"道奇报告"

对德国来说，欧洲一体化的政治含义比经济一体化更加重要。科尔执政之时东西方冷战再次高涨，他"与社会民主党人勃兰特和施密特执政时期的明显区别在于，更加立足和靠拢美国和西方联盟，明显地对苏联和民主德国施加压力，迫使苏联和民主德国作出让步"②。科尔明白，单凭德国一己之力，很难达到迫使苏联和民主德国作出实质性的让步，只能是继续壮大共同体力量，为未来德国重新统一打下坚实的基础。从科尔在 1982 年至 1983 年间发表的政府声明中，明确地表达了关于重新统一德国的主张。他说："德意志民族国家

① Thomas Pedersen, *Germany, France and the Integration of Europe—A realist interpretation*, Pinter London and New York, 1998, p. 96.

② 丁建弘等主编：《战后德国的分裂与统一（1945—1990）》，北京：人民出版社 1996 年版，第 286 页。

已不复存在，但是德意志民族依然存在，并将继续存在下去，德国不能永远分裂。"① 可是，共同体内部纷争不但阻碍了共同体的壮大，也难为德国提供强大的支持。因为近十几年来，美国和日本经济狂飙突进地发展，特别是美日两国重视高科技的研究和应用，把共同体远远地抛在身后。严峻的国际形势和共同体内的危机使德国和其他成员国感到严重的心理压力。因此，"西德政府强烈地支持一体化进一步向前推进，1992 年计划与基督教民主党人科尔的外交目标是一致的，他是维持良好德法关系强烈支持者，也是德国西方政策的复兴者，他把这视为前社会民主党人政府发起的东方政策一种必要的平衡"②。另外，就算德国在法国极力配合下，枫丹白露会议 "暂时解决英国的预算问题，改善了英国与共同体其他伙伴间的关系"③，打开了重启欧洲一体化的大门，可是，要实现会议构想的蓝图远非易事。

　　枫丹白露会议上决定成立道奇委员会，就是为了加速共同体政治改革，以图推进欧洲一体化进程的重大举措。开始科尔对任命爱尔兰议员道奇担任委员会主席是不很满意的，他希望最好任命一位德国人担任这个职位，更好地制定共同体改革计划。出人意料是，道奇委员会高效率的工作使其在枫丹白露会议结束后的几个月内，即 1984 年 12 月的都柏林欧洲委员会上就向共同体理事会提交了一份共同体改革的中期报告。同时，阿东尼诺委员会，在共同体范围内，关于实现人员和商品等自由交流问题也向理事会提交了委员会的中期报告。道奇委员会的中期报告，提出了相当激进的改革建议：（1）在理事会表决机制中空前地限制一致通过，即少数国家可拥有一票否决权的范围；（2）限制某一个成员国在决定委员会主席及委员会其他人选方面的作用；（3）使议会在立法方面与理事会拥有共同的决定权；④（4）更重要的是，报告还要求 "召开政府间会议就建立欧洲联盟条约草案举行谈判"⑤。道奇的中期报告自然遭

　　①　丁建弘等主编：《战后德国的分裂与统一（1945—1990）》，北京：人民出版社 1996 年版，第 286、287 页。

　　②　Peter M. R. Stirk, *The Origins and Development of European Integration—A Reader and Commentary*, Pinter London and New York, 1999, p. 247.

　　③　David Gowland（ed.）, *Britain and European Integration 1945—1998—A documentary history*, Routledeg London and New York, 2000, p. 168.

　　④　郭华榕、徐天新：《欧洲的分与合》，北京：京华出版社 1999 年版，第 441、442 页。

　　⑤　Thomas Pedersen, *Germany, France and the Integration of Europe—A realist interpretation*, Pinter London and New York, 1998, p. 100.

到历来反对超国家一体化的英国的不满，报告中"关于委员会和部长理事会改革的建议，英国、丹麦和希腊持强烈的保留意见"①，以示反对。道奇委员会的中期报告比较激进，成员国中对此分歧也较大，在都柏林欧洲理事会上没有进行过多的讨论。另外，阿东尼诺委员会报告由于制定的时间比较仓促，认为缺陷较多也没有展开讨论。最后决定，对两个委员会的报告的审议工作将在下一届首脑会议上进行。

　　与此同时，法国前财政部长雅克·德洛尔开始正式担任共同体委员会主席，他是一位坚定的欧洲主义者，被人视为一体化进程中的主要动力，为欧洲大市场的最终建立发挥了决定性的作用。"德洛尔非常重视金融一体化，把它作为欧洲一体化的发动机。"② 上台不久，他就宣布支持共同体机构改革计划，增强共同体超国家主义，修改《罗马条约》中过时的且不利于共同体发展的部分内容。为什么德洛尔把经济作为欧洲一体化的推动力呢？枫丹白露会议后，对共同体未来的发展，成员国有两种选择：（1）政治上，通过对共同体的体制及政治改革的方式来实现共同体的振兴；（2）经济上，通过建立共同体内部大市场的途径来振兴欧洲。按照《罗马条约》的规定，在20世纪60年代至70年代就要建成共同体内部市场。可到了80年代中期，在共同体之内到处都是关税壁垒、海关检查等阻碍成员国贸易的往来，事实上，"自70年代中期以来，作为石油价格上涨后果，贸易保护主义（在共同体成员国内）情况更加严重了"③，共同市场成为一句空话。这种状况也是导致成员国经济滞胀和共同体衰落的主要因素之一，引起人们不满。德洛尔在执政共同体委员会之前的秋天，他遍访欧共体成员国，为复兴共同体寻找良方妙药，并仔细与各成员国商谈，征询它们对改革共同体机制的意见，也向它们提出四种关于建设共同体的目标，即制度改革、货币联盟、外交与安全合作和建立内部市场。并请它们选择其中一项作为共同体的优先发展的目标。德洛尔"发现仅仅只最后一个选项获得支持"④。其实，这也符合成员国的发展需要。以德英两国为例，

---

　　① Derek W. Urwin, *The Community of Europe: A History of European Integration since 1945*, Longman London and New York, 1991, p. 226.

　　② André Szász, *The Road to European Monetary Union*, Macmillan Press Ltd, 1999, p. 85.

　　③ Peter M. R. Stirk, *The Origins and Development of European Integration—A Reader and Commentary*, Pinter London and New York, 1999, p. 246.

　　④ Peter M. R. Stirk, *The Origins and Development of European Integration*, 1999, p. 246.

虽然德国主要是从政治意义上来看待欧洲一体化，可是经济原因也是不能忽视的。德国是西欧或者说是在世界上工业非常发达的国家，德国国内市场已经不能容纳经济发展所释放出来的巨大能量，共同体内部市场正是德国最佳的选择。而英国则不一样，它是主权独立的世界大国，它加入欧共体主要目的是从共同体中得到最多的好处，并不赞成欧洲政治一体化，对超国家一体化有损英国国家主权的共同体机构改革更是反感。所以，撒切尔政府对建立单一内部市场最为积极。欧陆成员国也赞成单一大市场的建设。因为，"它们也都同英国一样面临着严峻的经济形势。自80年代初期后，它们几乎在每一次欧洲委员会上都让建立内部市场成为一个重要的议题。"① 因此，德洛尔在通过调查的基础上明确提出："到1992年时，欧洲之内的所有边界都需废除"，鉴于这样的形势，他"果断地把建设单一内部市场当成自己任内的首要目标"。② 德洛尔是提出要到1992年实现单一大市场目标的第一位伟大人物。

对德国而言，既赞成德洛尔"单一欧洲大市场"的建设，也要对欧共体机构进行改革以加强欧洲政治一体化进程，但推进欧洲一体化进程的形势不容乐观。1985年2月，密特朗在会晤意大利总理克拉西（Bettino Craxi）时对此作了很形象的评价。他指出，共同体"有六个国家准备发动前进的启动器，英国、丹麦、爱尔兰和希腊四国却拉上了制动闸"③。德国想要推动欧洲联合，只能向法国和意大利等支持一体化的国家寻求支持。可此时共同体对德国推动欧洲一体化的决心表示怀疑的，主要是美国因素。20世纪70年代末80年代初，在东西方冷战中苏联处于进攻态势。里根政府上台后，认为美国面临的挑战是制止苏联在全球扩张的野心。1983年3月23日，里根提出了美国的战略防御计划，即"星球大战计划"（Strategic Defence Initiative-SDI）。该计划是把战略弹道导弹拦截和摧毁在到达美国国土之前，消除苏联的威胁。但"星球大战计划"是一项耗资巨大的高科技计划，美国想以此来拖垮苏联。虽然美国财力雄厚，但也难以支撑如此巨大的科研项目。例如，"1985—1991年财政年度共拨款213.8亿美元，而里根政府要求305.5亿美元。国会的实际拨款为政府要

① Albert M. Sbragia （ ed. ）, *Ero-Politics: Institutions and Policy-Making in the " New " European Community*, The Brookings Institute, Washington, 1992, pp. 32－35.
② 郭华榕、徐天新：《欧洲的分与合》，北京：京华出版社1999年版，第440、441页。
③ Thomas Pedersen, *Germany, France and the Integration of Europe—A realist interpretation*, Pinter London and New York, 1998, p. 100.

求的70%"。① 为了实现其目的，美国积极要求与盟国合作寻求资金支持，经济力量十分强大的德国自然成为美国首选伙伴。德国处在冷战的前沿，地缘政治尤其敏感，美国及西方盟国对其保护是其国家安全的重要保证，故对美国要求资助"星球大战计划"无法拒绝。而法国只重视欧洲高科技合作项目——"尤里卡计划"（EUREKA），② 德国没有拒绝美国的要求，引起法国的不满和怀疑。为了消除法国对德国推动一体化的怀疑之心，"科尔向密特朗重新保证：德国支持欧洲在高科技领域的研究行动"③，继续维持了欧洲一体化前进的动力。

1985年3月25日，科尔和密特朗会晤，为即将到来的布鲁塞尔首脑峰会作好准备工作，双方决定在道奇报告的基础上起草欧洲联盟条约草案。3月末，布鲁塞尔首脑峰会正式举行。道奇委员会和阿东尼诺委员会也完成了对都柏林会议上提出的中期报告的修改工作。在布鲁塞尔会议上，他们彼此提出了正式改革共同体的报告，即道奇报告（Dooge Report）和阿东尼诺报告（Adonnino Report），两个报告为成员国展开了一幅推进振兴欧共体的伟大蓝图。道奇报告内容是：（1）在单一市场基础上建立欧洲联盟；（2）建立一个旨在提高竞争力的"技术共同体"；（3）在委员会中实行多数表决机制；（4）为了欧洲政治合作，建立一个常设秘书处来处理共同外交政策；（5）加强理事会和欧洲议会的权力；等等。

不难看出，修改后的道奇报告要比它的中期报告在欧洲联合的道路上还要走得更远，其目标就是要建立欧洲联盟，道奇报告在共同体成员国中造成了巨大的反响。德国政府"宣布愿意认可所有的或者说是几乎所有的道奇报告中的内容。科尔也乐意向科技一体化继续前进，包括资本自由流通的规定"④。法国对道奇报告中建立技术共同体极为赞赏，而英国在峰会上一直把建立共同体内部市场放在议事日程中的首要位置，这与上次都柏林会议情况差不多，依然反对共同体在体制上进行改革，避免削弱自己的国家主权。撒切尔夫人也注

---

① 方连庆等主编：《战后国际关系史（1945—1995）》（下），北京：人民出版社1999年版，第629页。

② Simon Bulmer (ed.), *The Federal Republic of Germany and the European Community*, London Allen &Unwin, 1987, p. 229.

③ Thomas Pedersen, *Germany, France and the Integration of Europe—A realist interpretation*, Pinter London and New York, 1998, p. 102.

④ Ibid. p. 101.

意到对共同体的体制改革潮流已经不可逆转。她在日记中写道，英国不能抵制住对欧共体改革的压力。但是，她决定在具体实质性的改革问题发挥主要作用。① 布鲁塞尔会议对道奇报告和阿东尼诺报告争议较大，首脑峰会上还是没有对两个报告得出具体的结论，但却作出了另一项重大的决定："由委员会就关于在 1992 年前完成内部市场建设的目标，即实现一个'单一市场'，制定一项'带有专门时间表的具体日程'"②。这就说明，1992 年是共同体建立单一市场的最后期限。

二、德国支持一体化政策的突破——"科克菲尔德报告"

布鲁塞尔峰会后，欧共体各成员国积极开展工作，希望关于共同体改革的建议在下一次首脑峰会——米兰（Milan）峰会上发挥作用。英国得知有关德法两国正加强合作的消息后，决定抢先一步行动，避免再次受到两国的威胁，从而摆脱被动局面。1985 年 6 月初，共同体成员国外长在意大利的斯特雷萨（Stresa）举行会议，专门讨论对共同体机构改革和召开政府间会议问题。英国为了在外交上变被动为主动，外交大臣豪威在大会上提出了对修改《罗马条约》的反建议，即"豪威计划"（Howe Plan）。该计划建议："可以通过'绅士协定'方式来避免行使否决权，这就足够了"③，英国也建议通过建立一个小型的常设秘书处来加强成员国间在外交和安全领域的合作，甚至还赞成有限地使用否决权。舆论认为："英国终于开始成为一个为建设一个更加联合的欧洲作出创造性贡献和抱着合作态度的国家。"④ 实际上是"英国削弱在多数表决时担心希腊社会主义党政府阻碍自由内部市场的建立。"⑤ 说到底，英国就是巩固共同体已经取得的成就，提高共同体机构效率，而不是进行机构改革，更没有必要签订新的共同体条约，企图引诱德法两国接受它更现实的方案，认为没有必要在程序改革上浪费时间。

---

① Margaret Thatcher, *The Downing Street Years*, London: HarperCollins, 1993, p. 546.

② 郭华榕、徐天新：《欧洲的分与合》，北京：京华出版社 1999 年版，第 441 页。

③ Peter M. R. Stirk, *The Origins and Development of European Integration—A Reader and Commentary*, Pinter London and New York, 1999, p. 248.

④ *Financial Times*, 2 April , 1987.

⑤ Stephen George, *An Awkward Partner: Britain in the European Community*, Oxford University Press, 1994, p. 179.

德国与欧洲一体化

英国的反建议遭到意大利的强烈批评。意大利是斯皮奈里等欧洲联邦主义者的故乡，还是《罗马条约》的诞生地。由于其脆弱的地缘政治等原因，一直是欧洲一体化坚定的支持者。只是由于意大利国小力弱，没有在欧洲一体化中扮演重要的角色。1985 年上半年，意大利是欧共体的轮值主席国，它希望在共同体改革的重要时刻取得欧洲一体化进程的重大突破。意大利成为扩大欧洲议会权力、赞成多数表决机制热心的支持者，这也意味着意大利将会在欧共体机构改革中发挥重大的作用。

为了加快欧洲单一市场的建设，1985 年春，德洛尔指定英国前市场贸易大臣阿瑟·科克菲尔德爵士（Sir Arthur Cockfield）负责主持起草加强欧洲单一市场建设的草案工作。科克菲尔德不但精通财政税收方面的事务，而且还是建立欧洲单一大市场计划的热心支持者。在他领导之下，"单一欧洲市场工作小组"迅速行动起来，短时间内取得了不菲的业绩。1985 年 6 月，他就提出了"完成内部市场白皮书"的报告。该报告综合了英国和欧陆国家的观点，重申了《罗马条约》中所规定的人员、商品、资金和服务自由流通的原则。在此前提下，报告要求提出建立单一欧洲市场计划，并详细勾画了建立完整的单一市场方案，提出了建立"单一市场"必须完成的、不可缺少的 279 条建议，后来又增加到 300 条，并且还为每一条建议都确定了一个具体目标日期，明确提出要在 1992 年年底前在共同体内建立单一市场。6 月 15 日，共同体委员会正式公布了《完善内部市场》的白皮书（White Paper），也被称为"科克菲尔德报告"（Cockfield　Report）。这是为实现一个共同的目标而制定的详细的具体计划表，也是关于共同体大市场最重要的文件。可是，如若实施该报告，还要获得成员国对它的支持。

这时，推动欧洲联合的德法轴心此时却出现波折。欧洲一体化是德国自二战后既定的外交政策，在对待欧共体改革的问题上，德国一直积极推进欧洲政治和经济一体化进程。在欧洲一体化历史上，法国对欧洲联合政策有时会出现彷徨和犹豫，密特朗也不例外。米兰会议前夕，他的这种情绪就有所流露。会议前的一个星期，密特朗对助手说："在会议之前法国要保持低调，对会议要取得的成果不要产生错误的希望"①。究其原因：（1）法国担心科尔加强同美

---

① Thomas Pedersen, *Germany, France and the Integration of Europe—A realist interpretation*, Pinter London and New York, 1998, p. 102.

国的关系，这对欧洲未来外交合作不会产生良好的效果。（2）德国因素。二战后，除戴高乐时代外，法国对德国的恐惧一直是存在的。如果法国过分地对英国施加压力，将会破坏英法关系，这不利于共同体内的力量平衡，密特朗"考虑到迫使欧洲一体化进程，也许担心将会失去英国"①。（3）法国国内也应该是一个重要的原因。"密特朗在法国的个人支持率急剧下降，并且在1986年的选举中，他的社会党将会失去获胜的希望。"② 假若法国此时极力推进欧洲联合进程将会使法国国家主权受到损害，势必会激起戴高乐主义分子的反对，不利于密特朗的社会党选举。面对法国对欧洲联合热情的退却，科尔积极向密特朗伸出橄榄枝，确保德国将会继续与法国保持紧密合作。法国对德国热衷于推行共同体成员政府间（IGC）会议还是不很热心，而且还对加强欧洲议会权力持保留态度，仅仅支持回到《罗马条约》中的条款上来，仅仅放弃法国的否决权而已。

英国洞察到德法之间的分歧，决定利用如此的大好机会来分裂德法新轴心。于是，撒切尔夫人邀请科尔访英。在会晤中，撒切尔夫人与科尔讨论英国准备提交米兰峰会上讨论的报告。会晤后给撒切尔夫人的感觉是，科尔很赞成英国的报告。虽然德法轴心出现的暂时困境，并没有影响双方工作组继续协商。1985年6月，特别是意大利加入德法合作范围后，合作的速度更快了。6月26日，德法联合工作组基本上完成了条约草案的准备工作。德国人认为在外交和安全领域条约草案应该使用"联盟"字样，为了对法国作出妥协，德国也同意"常设秘书处"称呼为"联盟常设秘书处"，以削弱超国家主义色彩。第二天，科尔在德国联邦议院发表演讲，宣布德法已经完成欧洲联盟条约草案。在米兰峰会前夕，撒切尔夫人了解到德法两国已经制定出了改革欧共体的建议，并且建议的内容与英国的报告大致相同。英国对德国的行为相当愤怒，德英关系趋向恶化。德国知道，正如总理勃兰特所说："如果在德国和法国之间有什么不可能的话，那在欧洲没有什么是可能的。"③

1985年6月28日至29日，米兰首脑会议正式召开。会议的重点当然还是

① Thomas Pedersen, *Germany, France and the Integration of Europe—A realist interpretation*, Pinter London and New York, 1998, p. 102.

② Derek W. Urwin, *The Community of Europe: A History of European Integration since 1945*, Longman London and New York, 1991, p. 227.

③ *Quoted in Agence Europe*, 27 February 1984.

涉及两个主要问题，即欧共体机构改革和建立单一欧洲市场问题。在会上，成员国首脑讨论了 6 月 15 日共同体委员会发布的"科克菲尔德报告"，也称为"白皮书"。建立单一市场消除贸易壁垒等措施是英国一直所追求的理想，对此尤为热情，可对于像 1985 年德法等国签订的关于对对方公民互免签证的《申根协定》（Schengen Agreement）等消除边界管制等内容又相当不满。撒切尔夫人要求以英国的"豪威计划"作为谈判的起点，要求共同体加强在共同经济和财政方面的合作。针对英国的"豪威计划"，德法两国也提出了反建议。该建议要求集中精力在安全方面进行合作和加强西欧联盟（WEU）的力量。德法的反建议也许会在其他的条件下被视为德法和解而受到赞赏，但"激起了撒切尔夫人的恼怒而不是欢迎"①。

各成员国对建立单一市场尽管有所分歧，但是不大。一旦讨论到欧共体机构改革问题，气氛突然变得紧张起来，几乎所有成员国之间都有分歧。主要集中在两个方面：第一，德法两国在会议开始后共同发表了一份题为"欧洲统一条约"的文件，建立欧洲联盟是它们的最终目的。德法和意大利等欧陆国家认为，欧共体机构改革应该和建立单一市场同步进行，也就是说，共同体机构改革是建立单一欧洲市场所不可缺少的组成部分。更重要的是，这将为欧洲走向政治和经济一体化打下坚实的基础，甚至可以说，建立单一市场是手段，而欧共体机构改革才是它们的目的。第二，英国和希腊等国认为，建立单一欧洲市场就是完成了 1992 年计划的任务，没有必要对共同体进行机构改革。它们仅仅是从经济上来考虑的。撒切尔夫人把"有关建议欧洲联盟作为'神话'而打发掉了"②。从彼此的分歧来说，隐隐约约地透露出欧共体未来的发展方向问题，牵涉到未来是建立邦联欧洲还是建立联邦欧洲的老话题。德法欧共体机构的主张得到了大多数成员国的支持，德洛尔领导下的欧共体委员会也支持德法的建议，表示要召开成员国政府首脑会议修改《罗马条约》，遭到以英国为首的国家的强烈抵制。撒切尔夫人认为召开政府间会议是多余的，她还认为米兰会议是在"浪费时间"③。米兰会议难逃失败的厄运。

---

① Derek W. Urwin, *The Community of Europe: A History of European Integration since 1945*, Longman London and New York, 1991, p. 227.

② 同上。

③ Ibid. p. 228.

正当双方僵持不下、会议面临再次失败的危险时，欧共体轮值主席国意大利总理克拉西采取了一项出乎所有人意料之外的超乎寻常的举动。他提请会议根据《罗马条约》中的一项特别规定（《建立欧洲经济共同体条约》第236条中的有关条款），即"任何成员国政府或者理事会可以向委员会提请修改条约。在与议会协商之后，如果委员会认为是合适的建议，理事会发布公报支持召集成员国政府代表会议，会议由委员会主席主持以达到对修改条约的共同协定"①。这就是要召开政府间会议举行一次多数表决，在欧洲共同体历史上第一次首脑峰会进行多数表决。显然，"如此举动是在德国支持下的意大利起到了带头作用"②。法国对此还有些担心，密特朗警告"多数表决也许会分裂共同体"③。最终，他还是支持科尔建议实行多数表决。英国、丹麦和希腊领导人甚至表现出相当震惊和愤怒，但是毫无改变的办法。科尔和密特朗早就对它们多次发出"双速欧洲"的警告，如果英国等成员国拒绝意大利多数表决建议，它们在欧洲将面临着被孤立的危险，德法联合提出复兴西欧联盟，加强两国合作的反建议就是一个例证。撒切尔夫人抱着不能改变局面还不如加入进去的态度。她曾说过"空椅子政策"已经不能给英国带来任何好处，力图在政府间会议上施加影响，促使会议朝着英国所希望的方向发展。英国和希腊等国家无奈地接受召开会议实行多数表决。表决结果为：10个成员国中只有英国、丹麦和希腊三国投了反对票，召开政府间会议最终以多数票通过。英国"在米兰欧洲委员会（1985年6月）上遭受到一次巨大的挫折，撒切尔夫人不能阻止导致基本体制的改革和可能对既定的共同体条约进行修改的政府间会议（IGC）的召开"④。德法等支持多数支持修改《罗马条约》的国家也对英国等国作了一定的让步，即修改《建立欧洲经济共同体条约》，但单独制定一项有关共同外交和安全政策的条约，形式上将两者分开，这多少给予反对共同体机构改革的国家一丝安慰。米兰会议最终批准关于建立单一市场计划的"科克菲尔德报告"，决定召开修改《罗马条约》的政府间会议，使欧洲一体化的复兴迈出了决定性的一步。米兰会议在欧洲一体化历史上的地位是如此的重要，

---

① David De Giustino, *A Reader in European Integration*, Longman London and New York, 1996, p. 118.

② Robert Picht（ed.）, *Motor für Europa*? Bonn: Europa Union Verlag, 1990, s. 115.

③ Hans-Dietrich Genscher, *Erinnerungen*, Berlin: Siedler Verlag, 1995, s. 373.

④ David Gowland（ed.）, *Britain and European Integration 1945 – 1998: A documentary history*, Routledge London and New York, 2000, p. 169.

德国与欧洲一体化

正如托马斯·珀德森（Thomas Pesersen）所评价那样："如果说枫丹白露会议是复兴欧共体的一项重大事件，那么米兰会议是决定性的事件"①。

尽管欧共体就建立单一欧洲市场达成一致意见，但德国对欧洲一体化进程还是不很满意。科尔明确表示，即使欧共体成员国之间发生重大的分裂，他也将继续向加强欧共体的政治一体化方向前进，"我们不同意欧洲经济共同体只成为一个庞大的自由贸易区，我们现在必须朝着一体化思想前进"②，以显示德国推动欧洲一体化前进的坚强决心。

1985年9月至12月，关于修改《罗马条约》政府间会议召开，这在共同体的历史上还是第一次。各国外交部长和其他官员一共举行了六次圆桌会谈，大会决定，各国外交部长在单一会议之下共同讨论经济和政治事务。很明显，在谈判中欧洲理事会发挥了很重要的作用，它在环境、科学研究和凝聚（Cohesion）③ 等改革方面提出了一系列建议。德洛尔会议期间表现得相当活跃，估计"《单一欧洲法令》内容有60%至70%是德洛尔和他的同事们完成的"④。也许这个数字有所夸张，这也说明了德洛尔委员会在政府间会议期间所发挥的重要作用。在起草《单一欧洲法令》的过程中，获得欧洲大国德法的支持是德洛尔改革成功的必要前提条件，德洛尔也非常清楚德法两国对欧洲一体化的目的和决心。对他来说，获得德国的支持是最主要的，只有德国才是真正推动欧洲联合的主要力量。所以，德洛尔"一直对德国态度尤其敏感，在机构改革问题上，他更接近德国的意见而不是法国的"⑤。

其实，在政府间会议上主要还是涉及两大老问题：一个是经济问题，即建立单一欧洲市场；另一个问题是政治问题，即共同体机构改革问题。后者是政府间会议上争论的重点，关于理事会的特定多数表决问题是成员国中矛盾的焦点。低地国家代表提出部长理事会以特定多数表决为一般的表决建议，这牵涉

---

① Thomas Pedersen, Germany, *France and the Integration of Europe—A realist interpretation*, Pinter London and New York, 1998, p. 102.

② 1985年7月4日新华社电讯稿。

③ 凝聚是指不断缩小共同体成员国之间，不同地区之间和不同社会集团之间经济、社会等方面的差距。

④ Thomas Pedersen, *Germany*, *France and the Integration of Europe—A realist interpretation*, Pinter London and New York, 1998, p. 107.

⑤ 同上。

到国家主权让渡的问题，不仅遭到英国的反对，就是法国也表示不能接受。英国希望推进单一欧洲市场的建设打通整个共同体市场。但为了保证各国对共同体法令的执行，它并不反对所有的特定多数表决。有人就马上认为："英国终于开始成为一个为建设一个更加联合的欧洲而作出创造性贡献和抱合作态度的国家。"① 其实，英国在多数表决问题上是有保留的，在统一增值税的税率和实现人员自由流动等方面还是反对多数表决，英国陷入了两难选择。德洛尔计划在理事会和欧洲议会间建立新的合作机制，扩大欧洲议会的权力，关于共同体机构改革问题，英国与大多欧陆国家颇有分歧。德国和意大利等国坚决支持共同体机构改革，实现欧洲政治一体化目标，英国则态度消极。在未来共同体签订新条约的问题上，德意等国坚持修改《罗马条约》和对共同体外交与安全合作等方面的新政策合并为一个条约，英国坚持反对将两者合并。成员国间经过反复协商和争论，最终在成员国外长会议上提出了单一欧洲法令草案，提请下一次共同体理事会批准。

　　1985 年 12 月 2—3 日，共同体各国首脑在卢森堡举行关于共同体改革的最后一次谈判。在谈判中需要解决几个主要问题：首先，经济货币联盟问题。自海牙会议以来，建立经济货币一体化一直是欧洲联邦人士的理想和目标，但这一理想和目标并没有被纳入共同体基本条约。施密特和德斯坦合作的成果——欧洲货币体系还是相当脆弱的体系，根本不能产生真正的经济货币一体化。德洛尔和法国密特朗明确要求把货币一体化写进即将签订的条约之中，以法律形式对此作出明确的规定。英国担心货币一体化将会导致欧洲统一货币的产生，这不但影响英国的国家主权，而且还会削弱英镑的地位，因此极力反对将建立经济货币联盟写进条约。货币问题是成员国之间的主要矛盾之一，德国这时的态度也有些犹豫。首先是由于德国联邦银行的相对独立性，它将会反对政府统一货币政策；再者，德国马克属于强势货币，如果建立货币一体化肯定将会影响到德国的宏观经济。英国深知德国对建立经济货币政策的犹豫，企图拉拢德国破坏建立欧洲经济货币联盟的谈判。科尔也对撒切尔夫人表示过，"德国完全反对《罗马条约》中经济条款的改变"② 。像上次一样，这一次英国又失算了。德国代表团马上意识到，如果在经济货币一体化不能达成协议的话，谈判

---

①　*Financial Times*，2 April ，1987.

②　Margaret Thatcher, *The Downing Street Years*, London：HarperCollins, 1993, p. 554.

就会夭折。德国"希望无论如何也要达成协议，决定让步"①。科尔表示愿意
在条约中写进欧洲经济货币一体化条款。理事会又拿起《罗马条约》第236
条这柄尚方宝剑威胁英国，拒绝了英国的要求。法国和意大利等国也对德国进
行了一些补偿，例如，同意开放资本市场。其次，关于内部市场所包含的范围
问题。几乎所有成员国都支持建立单一市场，德国和德洛尔希望把内部市场的
界限定得更加宽泛一些，诸如像《申根协定》一样。英国只希望对内部市场
要有严格的界定，只是从技术上消除成员国之间的关税壁垒而已。理事会对英
国作了让步，明确规定要在1993年1月1日之前建立共同体内部市场。欧洲
议会的权限也是一个讨论的重点，这涉及共同体机构改革问题。多数表决机制
最后以妥协的方式得到解决。规定：部长理事会一致通过的原则，只能适用于
共同体接受新成员国和共同体新政策的总体原则的颁布，其他的情况采用多数
表决机制。关于政治合作条约问题，法国长期以来的目标是建立一个负责安全
和外交的秘书处，不过遇到了支持共同体委员会国家的强烈抵制。德国认为，
欧洲政治一体化是欧洲发展的目标，最终目的就是建立欧洲联盟。欧洲理事会
最后达成的决定是：不设立负责安全和外交的秘书处，在条约中也不提及欧洲
联盟，但是条约却将此前独立于欧洲共同体之外的政治合作纳入到欧洲一体化
的框架之内。

卢森堡首脑会议持续了28个小时，终于以相互妥协的方式达成了协议。
面对英国等国家在谈判时作梗，科尔和密特朗与德洛尔早就达成一致，那就
是：假如12个国家不能一起推动欧洲一体化，那么德法和其他支持一体化的
少数国家继续前进，并决定将修改的《罗马条约》和安全与外交合作的新条
约合二为一，称为《单一欧洲法令》（The Single European Act），"单一欧洲法
令的主要目标是在1992年底前消除在欧洲内人员、商品、资金和服务自由流
通的障碍。它还涉及包括采用更有资格的多数表决机制在内大量的体制改
革"②。换句话说，就是建立一个完全的一体化市场。该法令于1987年7月1
日正式生效。

---

① Thomas Pedersen, *Germany, France and the Integration of Europe—A realist interpretation*, Pinter London and New York, 1998, p. 108.

② David Gowland (ed.), *Britain and European Integration 1945—1998—A documentary history*, Routledge, London and New York, 2000, p. 169

第三节 德国重新统一与欧洲一体化加速发展

20世纪80年代初，冷战再起高潮，德国处在被孤立的境地，此时欧洲一体化也陷入了低潮。为了摆脱这种局面，德国再次推动欧洲一体化进程，寻求欧洲力量支持。于是，建立欧洲联盟的计划"根舍—科隆波计划"出台，为欧洲一体化树立前进的目标。随后，德国联合法国在枫丹白露会议上解决了英国预算摊派问题，消除了欧洲一体化进程中的老大难问题，打开欧洲一体化重启的大门，签订《单一欧洲法令》。在德国让步的情况下，成员国基本上达成了建立欧洲经济货币联盟协议，成员国只是在建立欧洲政治联盟分歧较大。这时东欧剧变，德国重新统一问题突然出现，使建立欧洲政治联盟问题更加复杂。德国为了实现重新统一，迫切需要推进欧洲政治一体化进程。这样，既可消除邻国阻止德国统一，还可以降低它们对德国的疑虑和恐惧心理。在德国重新统一的新情况下，欧洲政治一体化取得很大进展，终于签订了建立经济联盟和政治联盟的《欧洲联盟条约》，欧洲一体化获得飞速前进。

一、德国推动"德洛尔报告"的出台

在1985年12月底召开的卢森堡会议上就签署《单一欧洲法令》达成了妥协之后，实施单一欧洲大市场和执行《单一欧洲法令》成为欧共体活动最重要的议题。1986年下半年，英国成为共同体轮值主席国，明确宣布建立单一市场是共同体当前的首要目标。随着建立单一市场进程展开，共同体内有关"经济货币联盟"的论战再起。因为各成员国拥有各自法定货币、不同的汇率等独立政策，这对《单一欧洲法令》规定的四大要素自由流通造成了严重的阻碍，各成员国不同货币的兑换也会造成巨大的浪费。在这种情况下，要真正建立单一市场是不可能的。德洛尔认为，大市场的真正实现离不开各国货币政策直至货币本身的统一和协调。鉴于此，谋求在共同体一级加强经济货币政策的协调干预，直至拟议确定统一的中央银行和统一货币，已成为必然之事。[1]1988年，欧洲委员会主席德洛尔委托意大利人保罗·奇齐尼（Paolo Cecchini）

---

[1] 陈乐民：《东欧剧变与欧洲重建》，世界知识出版社1991年版，第83页。

德国与欧洲一体化

提供一份对实施单一市场计划的效果进行评估的报告。3月，他便提出"奇齐尼报告"（Cecchini Report）。该报告估计，"金融部门因制度完善而降低的服务价格，从开市时算起其直接节约费用约为220亿埃居，或约为完善统一市场后所取得的经济利益的十分之一；如果把以后其他经济利益的降低一起考虑进去，则预期可带来另一个同样量级的利益，总共约可达共同体国民生产总值的1.5%"①。奇齐尼报告得出结论说：建立真正的单一欧洲市场离不开各国经济货币政策直至货币本身的统一和协调，提出了在共同体内建立经济货币联盟的迫切要求。共同体成员国也从"奇齐尼报告"中看到了单一欧洲市场潜在的巨大经济利益，它们积极支持进一步完善统一市场经济货币政策。

　　经济货币政策对一个主权国家来说是一个很敏感的领域。开始，"德国对此的反应是保守的"②。德国马克一直保持坚挺，施密特和德斯坦共同创立的欧洲货币体系，对德国而言就是要保持欧洲货币汇率的相对稳定，给德国商品出口一个便利的工具。况且，德国马克相对坚挺，故"货币体系内"国家汇率主要是随着马克的变化而上下浮动的，德国联邦银行也可以根据自己的需要确定自己的货币政策。德国有理由相信，没有必要建立经济货币联盟这个庞大的金融体系，如果建立也许还会威胁到德国马克的稳定。所以，对建立单一市场涉及的经济和货币改革不很热心。对英国来说，自加入欧共体以来，对建立欧洲货币联盟一直持反对态度，它从未进入欧洲货币体系的共同汇率机制体系。更重要的是，"英镑是国家主权的象征，建立欧洲经济货币联盟那就意味着要英国放弃它的经济政策，从而放弃它的主权，这是绝对不能接受的"③。在撒切尔夫人看来，建立单一市场就是推行贸易、投资等领域的自由化。如果建立经济货币联盟，甚至还会出现共同货币，这不仅会违反自由主义原则而且还与英国的货币主义政策相左。在共同体大国中只有法国热心推动建立欧洲经济货币联盟。法国认为，20世纪70年代德法合作建立的欧洲货币体系在维持共同体内汇率稳定、促进贸易往来等方面发挥了重要作用。可是严格地说，这一体系主要采取的是德国的通货紧缩政策，是欧洲经济增长率在80年代开始

---

① Paolo Cecchini（ed.），*The European Challenge 1992：The Benefits of a Single Market*，Aldershot，1988，pp. 37 - 42，84，95.

② Delors Charles Grant，*Inside the House that Jacques Built*，London：Nicholas Brealey Publishing，1994，p. 119.

③ Margaret Thatcher，*The Downing Street Years*，London：HarperCollins，1993，p. 691.

下降的原因之一。况且，法国在 1983 年严峻的经济形势下并没有退出该体系，更加强了法国对德国经济货币政策的依赖。然而，"从 1987 年起，法国在这一点上态度正在发生改变"①。法国等体系内国家认为，德国实力强大地位突出，造成在货币体系内制定政策时的"不对称性"，即德国联邦银行相对独立的特殊地位，使其在制定货币政策时不是站在共同体整体角度，而是仅限于德国来考虑，更不会考虑制定的政策将会给其他国家带来政治和经济后果。法国人巴拉杜尔（Balladur）对此评价说："在执行欧洲货币体系政策时，寻求采取更大的对称性。"② 1987 年发生的全球性的经济危机更使法国提出对欧洲货币体系改革的要求。从政治角度来看，历史上短短 70 年内法国曾遭受德国 3 次占领。战后，法国政府希望通过欧洲一体化的方式把德国牢牢地拴在欧洲是其主要外交目标。在戴高乐时代，法国还能以自己的政治影响力来抵消德国的经济实力。随着战后欧洲复兴，德国再次成为欧洲大国、世界强国之一。德国实力的强大是一个不争的事实，强大的德国与一个衰弱的法国形成了鲜明的对比，这更加扩大了德国在国际上的活动空间。对德贸易赤字不断增长也促使法国要求改变欧洲货币体系中德国马克的强势地位，为应对德国联邦银行已成为事实上的"欧洲中央银行"，法国提出了改革欧洲货币体系要求。为此，"法国支持引入单一货币政策以将德国马克民族主义扼杀在萌芽状态"③，希望削弱德国马克强大的经济影响力。

开始，德国对法国等国家提出改革欧洲货币体系的要求不以为然。不久，德国却改变了态度，并倡议有关建立欧洲经济货币联盟的谈判。促使科尔政府转变态度有以下几点原因：（1）来自德国外交部的压力。德国外交部是由自由民主党控制的，外交部长根舍既是一位坚定的欧洲联邦主义者，也是站在外交的角度来看待欧洲一体化的。他认为，建立欧洲经济货币联盟是一项战略行动，有助于增强与东方集团较量中德国的分量。他说："东西方关系正在出现的灵活性在共同体内至少也需要同样的动力。"1988 年 2 月 26 日，他发表了关于《建立欧洲货币空间和欧洲中央银行》的备忘录，警告："在东西方关系

①　André Szász, *The Road to European Monetary Union*, Macmillan Press Ltd, 1999, pp. 98 – 99.

②　Thomas Pedersen, *Germany, France and the Integration of Europe—A realist interpretation*, Pinter London and New York, 1998, p. 122.

③　Gisela Hendriks（ed.）, *The Franco-German Axis in European Integration*, Edward Elgar Cheltenham, UK · Northampton, MA, USA, 2001, pp. 63 – 64.

上呈现的灵活性和欧洲一体化停滞不前之间已经产生了不平衡局面。欧洲内部市场需要货币联盟，并且他要求在这条道路要迈出勇敢的一步。欧洲不应该把东西方关系交给两个超级大国的手里而是欧洲应该从中获利"①。（2）德国马克是强势货币。1987年10月爆发的世界性金融危机对德国改变建立欧洲经济货币联盟的态度产生了影响。如果没有欧洲货币体系中其他国家的合作，德国在世界性的金融危机中将会面临着被孤立的危险。于是，德国力争改善与体系内伙伴的关系，准备对货币体系进行改革。（3）根据《单一欧洲法令》的规定，共同体内要实行资本、人员等四大要素自由流通，资本自由化也是德国同意进行欧洲货币改革的前提条件之一。1988年2月，法国宣布欢迎资本自由流通政策，消除了德国对货币体系改革的前提条件。（4）欧洲委员会主席德洛尔的作用。德洛尔和科尔举行了多次私人会谈，他向科尔建议把欧洲货币体系的改革看作是建立单一欧洲市场计划的必然结果。的确，"德洛尔在科尔和密特朗之间扮演了调停人的角色，他们两人都'听他的'"②。德洛尔的极力劝说也是科尔改变态度的因素之一。

法国敏锐地感觉到德国态度的转变，充分利用这次机会把改革欧洲货币体系计划付诸实施。1988年春天，在科尔和密特朗在多次协商后，终于达成一致意见，重新吹响进军欧洲一体化的号角。科尔更明确宣布在1988年6月德国担任轮值主席国的汉诺维首脑峰会上，将成立一个经济货币联盟委员会来研究欧洲货币体系改革问题。此时，"德国正在为扮演欧共体的领导角色而跃跃欲试，至少它想在货币领域扮演这一角色"③。果然，科尔在汉诺维大会上对建立欧洲货币联盟和态度发生了急剧变化。

1988年6月，汉诺维首脑峰会正式召开，在建立欧洲货币联盟的道路上迈出了第一步。在汉诺维大会上，科尔抛弃资本自由化是改革欧洲货币体系的前提条件的立场，切割开两者间的联系。他"把技术改革与法律体制改变联

---

① André Szász, *The Road to European Monetary Union*, Macmillan Press Ltd, 1999, p. 104.

② Gisela Hendriks（ed.）, *The Franco-German Axis in European Integration*, Edward Elgar Cheltenham, UK·Northampton, MA, USA, 2001, p. 65.

③ Jonathan Story（ed.）, *The New Europe*, *Politics*, *Government and Economy since 1945*, Oxford: Blackwell, 1993, p. 328.

系起来，试图把法国拉入向联邦轨道前进"①。科尔深知欧洲货币体系的脆弱性，德国也只是暂时受益于该体系。如果像法国等退出这一体系，也就等于宣布欧洲货币体系的死刑，势必再次导致共同体内汇率的混乱。这不仅将对德国经济及外贸出口带来沉重的打击，建立单一欧洲市场也是天方夜谭，而建立一个全面的欧洲货币联盟将为德国在货币联盟区内反对竞争性贬值行为提供一个坚如磐石的保证。理事会决定成立以德洛尔为首，由各成员国中央银行行长参加的专家委员会，专门研究实施经济货币联盟计划。该委员会也被称为"德洛尔委员会"。这次会议还决定延长德洛尔和共同体委员会大部分成员的任期，使他们继续工作到1992年。

随后，德法两国对共同体体制改革的工作一直在准备之中。1989年4月，德法双方会晤。此时，在法国看来明显不过的是，科尔不但希望加强德法关系和按照《单一欧洲法令》的规定实现欧洲联合，而且他更想加速欧洲一体化进程。他更"希望在1989年6月马德里峰会上发起关于进一步货币一体化的讨论"②。同时，科尔也希望探讨建立有关欧洲安全合作等问题，科尔准备在欧洲一体化的道路上越走越远，为"德洛尔报告"出台创造了良好的前提条件。

1989年4月，德洛尔委员会公布了"德洛尔报告"（Delors Report）。该报告主张分三个阶段实现经济货币联盟：第一阶段，加强经济货币政策的协调，把欧洲共同体成员国的货币都纳入欧洲货币体系的汇率机制（当时，英国、希腊和葡萄牙还没有参加汇率机制），参加联合浮动。在1990年7月1日前，实现货物、服务和建立单一财政体系。第二阶段，汇率联合浮动的幅度逐渐收缩，尽力做到法定汇率固定不变；建立欧洲中央银行体系（ESCB），各成员国的中央银行仍保留。但欧洲中央银行体系应制定并执行欧洲共同体的货币政策，等于是各国中央银行的"共同体"。在这个阶段，各国货币政策的主权将有很大部分"让渡"给欧洲中央银行体系。第三阶段，将各国汇率最终固定下来，欧洲货币将统一起来，取代各国货币。③ 从"德洛尔报告"中，我们或多或少也能发现有德国的痕迹。正如汉泽克斯（Gisela Hendriks）所说："无

① Thomas Pedersen, *Germany, France and the Integration of Europe—A realist interpretation*, Pinter London and New York, 1998, p. 125.

② Thomas Pedersen, *Germany, France and the Integration of Europe—A realist interpretation*, Pinter London and New York, 1998, p. 127.

③ 陈乐民：《东欧剧变与欧洲重建》，北京：世界知识出版社1991年版，第84—85页。

论真理是什么，然而德国在第一阶段就已掌握了欧洲货币联盟进程的完全领导权，这是很明显的。"① 在拟定"德洛尔报告"时，在成员国承诺对欧洲中央银行担负义务时，它们就已经表明了要对共同体机构进行激进的改革，把民族主权让渡给欧洲中央银行，而德国联邦银行主席一直处于解决争端的中心位置。科尔也承认："被纳入《马斯特利赫特条约》中的欧洲货币联盟中的体制部分与德国联邦银行提出的建议有惊人的相似。"② 因此，"德洛尔报告是……德国立场的一次胜利"③。一个月之后，按照《单一欧洲法令》中建立单一市场的要求，德洛尔掌管的共同体委员会又出台一个重要文件，即《关于工人基本权利的社会宪章》。这是德洛尔本人及共同体委员会在欧陆多数国家支持下在社会政策领域所取得的成果，预示着共同体在建立欧洲经济货币联盟的同时，还准备在推进共同体内其他领域一体化采取行动。

1989 年 6 月，在马德里举行的欧洲理事会上讨论并原则上通过了"德洛尔报告"作为未来的工作基础，并且根据报告中的建议，将经济货币联盟的第一阶段的开始时间定在 1990 年 7 月 1 日。可是，共同体成员国对"德洛尔报告"反应不一。英国国内矛盾突出，经济上，通货膨胀加剧，经济陷入困境；政治上，反对党工党轻而易举地赢得多数议席。在欧洲一体化历史上，英国一直以维护自己的主权作为主要的任务。撒切尔夫人强调，"德洛尔报告"提出的第二和第三阶段涉及大量的国家主权的让渡行为，实际上这就意味着委员会准备建立一个联邦主义的欧洲，因此英国是不能接受的。④ 而法国对建立欧洲货币联盟的态度却相当激进，密特朗要求对德洛尔计划的第二和第三阶段规定实施的最后期限。在德国总理科尔的支持下，撒切尔夫人坚决反对法国的建议。为了取得在意大利、西班牙和委员会的支持下的法国和在丹麦支持下的英国达成妥协，科尔提出了一个双方都能接受的折中方案，即"德洛尔报告"为通向欧洲经济货币联盟

① Gisela Hendriks（ed.），*The Franco-German Axis in European Integration*，Edward Elgar Cheltenham，UK · Northampton，MA，USA，2001，p.65.

② Kohl（1992），Bulletin，7 May.

③ Gisela Hendriks（ed.），*The Franco-German Axis in European Integration*，Edward Elgar Cheltenham，UK · Northampton，MA，USA，2001，p.68.

④ 撒切尔夫人于 1989 年 6 月 29 日在英国下议院汇报马德里欧洲首脑峰会情况时发表的演说。详见《时事概览》，1989 年 7 月，第 271 页。

指明了一个方向，但这个方向并不是唯一的。1990 年 7 月 1 日之后，只有在做好全面的准备工作后才能召开一次政府间会议，得到了全体成员国的同意。科尔也明确表示，德国希望召开一次政府间会议来商谈把国家主权让渡给欧洲中央银行等议题。有人说："在欧洲一体化道路上，科尔要比德洛尔走得更远，德洛尔仅仅表明不能停止货币一体化进程的步伐，德洛尔计划中的三个阶段包含在欧洲一体化的整个进程之中。"① 德国始终是欧洲一体化进程的主要动力。

1989 年 7 月，法国成为欧洲理事会轮值主席国，决定加速建立欧洲货币联盟的准备工作，成立一个在它领导下的经济货币联盟委员会，这个委员会负责准备召开政府间会议并且对过渡到货币联盟第二、第三阶段提交报告，等等。但法国加速欧洲货币联盟的建设，没有受到共同体内成员国的普遍欢迎，英国认为准备得不够充分。德国一直被外界认为是德洛尔计划坚定的支持者，而此次对建立欧洲货币联盟的态度却犹豫不决更引人注目。德国仍然表示推进建立欧洲货币联盟进程，可此时德国政治因素突然变化，科尔担心"迅速召开政府间会议在 1990 年 12 月份议会选举中将会对德国联盟党的选举成绩造成负面的影响"②。德国国内对建立欧洲货币联盟仍然持怀疑的态度，如果科尔政府加速建立欧洲货币联盟将会疏远国内民众，这对联盟党的选举形势是极为不利的。1989 年 11 月 9 日，尘封德国和欧洲几乎半个世纪的柏林墙轰然倒塌，欧洲形势急剧变化，从安全的角度考虑，更加强了法国对建立欧洲经济货币联盟的决心。德国将会重新统一，"德国问题"再次出现在欧洲，欧洲一体化面临着新的形势。

二、德国统一与欧洲经济货币联盟的建立

20 世纪 80 年代末 90 年初，美苏关系再次缓和。美苏争霸不但没有使全球力量对比朝着有利于苏联的方向发展，相反争霸的后果使苏联背上了沉重的经济负担，美国"星球大战计划"已把苏联拖得精疲力竭，苏联不得不向美国伸出橄榄枝。可是，美苏争霸是一把双刃剑，既伤害了苏联也削弱了美国。对美国而言，日益加剧的军备竞赛和巨额的军费开支，给美国经济造成了相当

① *Frankfurter Allgemeine Zeitung*, 27 June 1989, p. 2.
② Hans Dietrich Genscher, *Erinnerungen*, Berlin: Siedler Verlag, 1995, s. 390.

大的压力，例如，"美国对欧共体贸易一直保持入超地位，但从1984年开始转入出超"①。在这种情况下，美国迅速地接过苏联的橄榄枝。1985年苏联领导人戈尔巴乔夫上台执政，特别是戈氏于1987年发表的《改革与新思维》一书，引发东欧国家意识形态的混乱。苏联决定放松对东欧的控制，力促东欧各国进行改革。他曾经批评东德领导人说："谁跟不上形势，谁就被现实生活所惩罚"②，预示着苏联对外政策将会发生一系列重大变化。再加上西方势力长期以来对东欧社会主义国家推行的"和平演变"政策，东欧国家在1989年下半年相继发生政治剧变。

德国是战败国，二战后由于冷战对抗等原因对德和约一直没有签订。从国际法的角度，严格地说苏美英法四大战胜国在德国统一、边界以及柏林地位等问题上仍然具有权利和责任。在德国，无论是联盟党人还是社民党执政，重新统一德国都是联邦政府主要的外交目标之一。科尔说道："我坚持为德国统一作出奉献的义务，即我们将在德国和欧洲问题上取得进展。完成德国内部统一是我在任时期的一项艰巨任务。我觉得能够为这个目标努力是一种幸福。"③虽然从阿登纳时代制定的《基本法》就提出了统一目标，但实际上并未提出什么具体方案，在统一问题上处于守势。④ 在冷战的前提下，德国重新统一的钥匙掌握在冷战盟主美苏手里。

在戈尔巴乔夫的"新思维"政策的影响下，1989年春，波兰和匈牙利等东欧国家首先发生了剧变。短短几个月内，大批民主德国公民通过第三国涌入联邦德国。5月2日，匈牙利拆除160公里的边界线，在一周之内有超过15500的民主德国公民从奥—匈边界逃到联邦德国，这个数字在11月9日"柏林墙"倒塌之日激增至130000人。⑤ 对1989年秋突然出现的两德统一进程加快的新形势，东西方都表示出某种不安和担忧。

---

① Geir Lundestad, *"Empire" by Integration: The United States and European Integration*, 1945–1997, Oxford University Press, 1998, p. 110.

② 吴友法：《冒险、失败与崛起：二十世纪德国史》，武汉：武汉大学出版社1992年版，第431页。

③ 张精华：《为什么偏偏是德国》，北京：世界知识出版社1995年版，第285页。

④ 萧汉森、黄正柏：《德国的分裂、统一与国际关系》，武汉：华中师范大学出版社1998年版，第438页。

⑤ Heins Cornelia, *The Wall Falls: An Oral History of the Reunification of the Two Germanies*, London: Grey Seal, 1994, p. 198.

1989 年 11 月 9 日，"柏林墙"倒塌，德国重新统一问题立即提上欧洲各国的议事日程。"德国问题"再次引起各国的担忧。法国总统密特朗就说过，德国统一"既不合适也不可能"，他强调：德国统一"不但破坏欧洲平衡而且还将影响法国安全与和平局面"①。英国基于其一贯奉行的大陆均势政策，首相撒切尔夫人不愿看到德国统一。1989 年 9 月，她在从东京访问回国的路上曾对科尔说："虽然北约已经发表言论支持德国人民对统一的热情，但是她感到十分焦虑"②。就算在科尔努力下已与其大大改善双边关系的美国政府，对德国重新统一也持有异议，认为"现在还不是提出重新统一问题的时候"③。苏联则一直坚持两个德国立场。戈尔巴乔夫继承了战后苏联领导人在"德国统一"问题上的政策，也就是"苏联的安全利益要求务必使德国的分裂永久化"。他说"我承认，我也接受过这种武断的结论，虽然我曾怀疑过是否可能把某种东西永久封存起来：世界处于永恒的运动中，无视这一客观规律只能导致失败、失利。在我从政之后，两个德意志国家的存在已经是现实，根本就没有产生过重新统一的问题。"④并强调，存在着两个德国是国际条约公认的现实，任何一位现实主义政治家只能尊重它。1987 年 6 月，戈氏会晤德国总统时表示，两个德意志国家是现实，必须从这一点出发。他指出："任何企图破坏这些条约的行为，都应当受到严厉的谴责。苏联尊重战后的现实，尊重联邦德国的人民和民主德国的人民。我们打算在这些现实情况的基础上，构建我们未来的关系，到时候历史会评判我们谁是谁非的。"⑤

可是，随着"柏林墙"的倒塌，德国政界人士认为，此时是德国统一问题"面临着从未有过的有利时机"⑥。科尔"决定抓住这个历史性机会让自己成为'统一的总理'"⑦。11 月 28 日，科尔在既没有同西方盟国商量，也没有同外

---

① Werner J. Feld, *West Germany and the European Community*: *Changing Interests and Competing Policy Objectives*, Praeger, 1981, p. 120.

② Doris G. Wolfgram, *The Kohl Government and Germany reunification*: *Crisis and Foreign Policies*, Lewiston: E. Mellen Press, 1997, pp. 172 – 173.

③ 陈乐民：《东欧剧变与欧洲重建》，北京：世界知识出版社 1991 年版，第 125 页。

④ ［俄］米·谢·戈尔巴乔夫：《真相与自白：戈尔巴乔夫回忆录》，北京：社会科学文献出版社 2002 年版，第 284 页。

⑤ 同上。

⑥ 《人民日报》1989 年 12 月 14 日。

⑦ Frank A. Ninkovich, *Germany and The United States*, Twayen Publishers New York, 1995, p. 165.

德国与欧洲一体化

交部长讨论的情况下，迅速地向德国联邦议院提出了《消除德国和欧洲分裂的十点计划》，正式提出德国统一问题，并将德国统一的主动权掌握在自己的手里。《十点计划》中有三点是："（1）把德国内部关系进程纳入到全欧进程和东西方关系之中；（2）鼓励共同体对一个民主化了的东德和在中欧与东南欧国家敞开大门；（3）加速欧洲安全合作会议（Conference on Security and Co-operation in Europe-CSCE）的谈判工作，也许还包括建立东西方在经济和环境合作新机制。"① 可以看出，科尔把德国统一与欧洲一体化联系在一起。科尔和无数的德国官员一再重复他们的不变的诺言："德国统一将加速欧洲一体化而不是欧洲一体化的制动器。一个统一的德国将被装进一个闪闪发光的欧洲一体化的笼子里面，既可以约束德国的强大力量还可以让邻居们放心，特别是让法国放心。"② 科尔突然提出重新统一的要求，暂时恶化了与西方盟友间的关系，特别是与法国的关系。

对科尔来说，德国怎样才能实现重新统一呢？仅仅法国就对德国统一忧心忡忡，它担心德国统一后要对二战后的"屈辱"进行报复，就像一战后纳粹德国一样，担心德国统一将会使法国丧失目前在欧洲举足轻重的政治地位。于是，它决定采取行动阻挠德国统一进程。在外交上，11 月 22 日，密特朗宣布他将在 12 月 6 日与苏联领导人戈尔巴乔夫举行会晤，企图阻止德国统一进程。在共同体内，采取孤立德国的政策，11 月 18 日，法国在事先没有与德国商量的情况下召开共同体成员国政府首脑会议来讨论欧洲及德国事务。本来荷兰支持放慢建立欧洲货币联盟的速度，法国极力争取荷兰改变对欧洲一体化政策，密特朗终获成功。"由于政治原因，荷兰接受了法国的建议，即加速对欧洲货币联盟的建设。"③ 自欧洲联合以来，德国一直是欧洲一体化坚定的支持者。在欧洲联合的过程中，共同体采纳的政策很多是出自德国之手。甚至可以说，没有德国的参与，欧洲联合将会一事无成。过去西欧小国在技术上和经济上都愿意和德国保持紧密的联系，

---

① W. R. Smyser, *From Yalta to Berlin-The Cold War Struggle over Germany*, St. Martin's Press New York, 1999, p. 359.

② Patrick McCarthy, *France-Germany*, 1983 – 1993—*The Struggle to Cooperation*, St. Martin's Press New York, 1993, p. 28.

③ Thomas Pedersen, *Germany, France and the Integration of Europe—A realist interpretation*, Pinter London and New York, 1998, p. 129.

现在它们对"德国未来在欧洲的作用产生怀疑，决定把依靠对象投向英法"①，这激起了德国的焦虑。

如前所述，科尔担心加快建立欧洲经济货币联盟将会影响1990年12月联盟党在德国议会选举的成绩。在斯特拉斯堡首脑峰会的前三天，科尔给密特朗发出一封私人信件，要求推迟政府间会议的开会时间。他担心："德国选民会把欧洲经济货币联盟看作重新统一进程的一个潜在障碍，或者说是背离了统一的方向。"② 密特朗却认为这是德国阻碍建立欧洲经济货币联盟的一种借口，拒绝了德国延期召开政府间会议的要求。在斯特拉斯堡会议上，密特朗坚持"加深和加强欧共体来建立能够控制得住一个统一德国的欧洲联盟框架"③，以消除法国民众对一个统一的德国的担心。法国"把加强欧共体作为将德国更紧密地拴在未来欧洲的一种手段"④。它认为，长时间以来，德国联邦银行自持坚挺的德国马克为整个共同体制定货币政策，却根本不顾其他成员国的意见。过去德国由于分裂和声名狼藉的历史使它在政治上难以发挥很大的作用，法国也就默认了德国在经济领域的强势地位。欧洲形势在20世纪80年代末发生了急剧的变化——"柏林墙"突然倒塌了，"德国问题"再次成为威胁欧洲安全的因素，并引发了邻国恐德心理。密特朗希望在建立欧洲经济货币联盟中发挥重要的作用，坚持建立欧洲经济货币联盟并用一种单一货币取代各成员国货币，削弱德国马克的影响。甚至可以说，法国提出加快建设欧洲经济货币联盟的建议，德国是没有选择的余地的，此时它的主要外交目标就是重新统一。因为法国是战胜国，战后一直在处理德国问题上充当主要角色。如果法国反对德国重新统一的话，它能够阻挡住德国统一道路或者给德国统一设置科尔不可能达到的条件。科尔知道："德国需要共同体，主要是法国的支持来实现重新统一。"⑤ 为了德国的统一，科尔还是"满意地接受了法国的要求，因为他本

① Interview, Brussels, June 1996.

② Reinhardt Rummel, *Toward Political Union—Planning a Common Foreign and Security in the European Community*, Westview Press, 1992, p. 122.

③ W. R. Smyser, *From Yalta to Berlin-The Cold War Struggle over Germany*, St. Martin's Press New York, 1999, p. 369.

④ Barbara Lippert (ed.), *German Unification and EC Integration—German and British Perspectives*, Pinter Publishers London, 1993, p. 17.

⑤ Gisela Hendriks (ed.), *The Franco-German Axis in European Integration*, Edward Elgar Cheltenham, UK·Northampton, MA, USA, 2001, p. 69.

人信仰欧洲一体化建设"①。"就像阿登纳支持共同农业政策一样，科尔对欧洲货币联盟支持主要也是以政治原因来推动的。"② 为了德国能够重新统一，科尔决定对建立经济货币联盟让步，打消法国阻止德国统一的念头。

在斯特拉斯堡会议上，科尔不但接受了密特朗加速建设欧洲经济货币联盟的建议，而且他还更进一步提出要加强欧洲议会的建设和建立欧洲政治联盟的议案。经过德法两国协商最后达成妥协意见，即德国同意在 1990 年下半年召开一个关于经济货币联盟的政府间会议，法国也作出让步，即这个政府间会议在德国 12 月的大选后才能举行。德国还获得了成员国对欧洲政治一体化的让步，同意在建立经济货币联盟的同时对共同体体制进行改革。更重要的是，德国在斯特拉斯堡会议上还获得了共同体对德国统一的支持。鉴于德国统一的趋势已不可逆转，也作为对德国同意建立欧洲经济货币联盟的让步，密特朗改变了阻止德国统一的最初想法。他曾经把德国统一进程与欧洲联合比喻成在同一马车上并驾齐驱的两匹马，"如果两匹马不以同速前进，事故就会发生"③。既然德国同意建立经济货币联盟，法国也决定对德国统一作出让步。大会期间，关于德国统一问题，撒切尔夫人和密特朗举行了两次双边会晤。撒切尔夫人原以为法国更关注德国问题，更反对科尔提出有关统一的《十点计划》，她希望实现联法制德的目的。出乎撒切尔夫人意料之外的是，密特朗明确地告诉撒切尔夫人，无论什么都不能阻挡住德国重新统一。其实，早在 10 月 18 日，密特朗就非常现实地说过："法国不能阻挡住德国重新统一，我们不能发动一场战争来阻挡它"④。关于德国问题，英法双方没有达成一致。最后会议决定：在 1990 年底召开一次新的有关建立欧洲经济货币联盟的政府间会议。撒切尔夫人在这次会议上对大会决议投了反对票，但是投票的结果是 11：1。

三、德国统一与欧洲政治联盟的建立

在欧洲政治一体化的进程中，虽然取得了一定的成绩，但欧洲大国——

---

① W. R. Smyser, *From Yalta to Berlin-The Cold War Struggle over Germany*, St. Martin's Press New York, 1999, p. 369.

② Gisela Hendriks (ed.), *The Franco-German Axis in European Integration*, Edward Elgar Cheltenham, UK·Northampton, MA, USA, 2001, p. 71.

③ Horst Teltschik, *329Tage*：*Innenansichten der Einigung*, Berlin：Siedler, 1991, s. 86.

④ Julius Weis. Friend, *The linchpin*：*French-German relations*, 1950 - 1990, New York：Praeger, 1991, pp. 81 - 84.

英、法一直是其前进道路上的绊脚石。1954 年，《欧洲防务共同体条约》被法国否决，欧洲在政治领域合作的第一次尝试失败。按照 1958 年正式生效的《罗马条约》规定，成立的部长理事会也只是以政府间合作的方式加以解决。法国民族主义者戴高乐总统上台后，对超国家主义的欧洲一体化联合极为反感，欧洲政治合作因此也止步不前。尽管 1962 年 3 月把欧洲大会改称为欧洲议会，但也因权限过小而名不副实，这也是德国一直要加强其权力的原因。戴高乐下台后，欧洲政治联合取得了一点进展。1972 年 10 月，在共同体成员国的首脑峰会上第一次明确宣布，要在 1980 年建立欧洲联盟的设想。1979 年 6 月，欧洲议会还实现了第一次直接选举。直到 20 世纪 80 年代中期，在欧洲一体化进入了复兴之前，欧洲政治联合进展不大。1986 年 2 月签订《单一欧洲法令》，政治一体化问题才出现重大转折。共同体要"将它们国家间的整个关系转化为一个欧洲联盟"①，从法律上立下了依据。不过，《单一欧洲法令》也只是规定了实现欧洲一体化目标，在共同体成员国建立欧洲经济货币联盟的谈判中，并没有涉及欧洲政治一体化的议题。1989 年 12 月在斯特拉斯堡峰会上，只是就召开一个讨论建立经济货币联盟的政府间会议。欧洲政治一体化止步不前，对德国来说是不能忍受的。科尔决定利用重新统一之际，加速欧洲政治一体化建设。

在 1990 年初，德国发起了对共同体机构改革和建立欧洲政治联盟的计划，希望在建立经济货币一体化进程中也加强欧洲政治合作，以消除共同体成员国对德国统一的忧虑。科尔在德国联邦议院说过："德国与欧洲统一是紧密相连的，并且德国统一对于加速欧洲政治一体化还可以起到'催化剂'的功效。"②英国对德政策依然是其传统的保持欧陆均势政策，从一开始就对德国统一持反对态度。撒切尔夫人根深蒂固地反共同体意识，让她与德法两国矛盾不断，更怀疑德国将会把欧共体建设成"德国的欧洲"，并对科尔亲法远英的态度也极为不满。1 月份，在德、法、英三边会晤中，鉴于英国对德国统一和欧洲冷漠的态度，科尔向法国提出两国间实现共同外交政策的建议，没有获得法国的赞同。可是，各种关于加深一体化机构和实现共同外交和安全合作的要求却提上

---

① 戴炳然译：《欧洲共同体条约》，上海：复旦大学出版社 1993 年版，第 8 页。

② Thomas Pedersen, *Germany, France and the Integration of Europe—A realist interpretation*, Pinter London and New York, 1998, p.131.

德国与欧洲一体化

了共同体的议事日程，在"拓宽政府间会议的讨论范围的压力主要是来自于德国"①。

德国统一进程已经不可逆转。自 1990 年 2 月起，两德政府就缔结货币、经济和社会联盟进行了频繁的接触和谈判。1990 年 5 月 2 日，双方就东西德国马克的比价问题达成一致意见。2 月 10 日，科尔和外交部长根舍历史性地访问苏联且大获成功。关于德国统一问题，苏联领导人戈尔巴乔夫说："德国人民有权决定他们国家的未来"②，暗示苏联同意德国重新统一，这说明德国统一进程如箭在弦不可逆转。2 月 9 日，法国外交部长杜拉斯（Roland Dumas）也说："德国统一就在眼前"③。1990 年 2 月，德法领导人会晤讨论德国统一问题，在形势不可逆转的情况下，双方达成谅解。对法国来说，"将会与一个统一的德国举行关于建立欧洲经济货币联盟谈判感到相当的焦虑。于是，它想在 12 月之前召开政府间会议，但是也对德国国内政治问题表示理解"④。法国"一直建议或者支持提升经济和政治一体化的步伐作为把一个新德国拴在共同体的一种方式"⑤。法国支持欧洲一体化的想法与德国不谋而合，双方最后一致倡议在召开建立欧洲经济货币联盟政府间会议的同时，还召开另一次政府间会议来建立欧洲政治联盟。建立欧洲政治联盟，德法对此内涵的理解不完全一致。德国主要是为了德国的统一、加强欧洲议会的权力和加速一体化进程，而法国仅主张欧共体成员国在外交和安全领域进行合作，用政治一体化方式把德国拴在欧洲。

在德国统一历程中，德国已经赢得了美国的大力支持，消除了法国的疑虑，获得了欧洲其他小国的谅解，科尔还寻求欧洲共同体对其支持。更有甚者，他还利用德国统一时机加快欧洲的建设。1990 年 3 月底，他和共同体委员会主席德洛尔会晤。科尔表示，德国统一正在进行之中，那么欧洲一体化也

---

① Thomas Pedersen, *Germany, France and the Integration of Europe—A realist interpretation*, Pinter London and New York, 1998, p. 130.

② Sabine Lee, *Vitory in Europe? —Britain and Germany since 1945*, Longman Pearson Education Limited, 2001, p. 203.

③ W. R. Smyser, *From Yalta to Berlin – The Cold War Struggle over Germany*, St. Martin's Press New York, 1999, p. 369.

④ *Frankfurter Allgemeine Zeitung*, 17 February 1990, pp. 1 –2.

⑤ Carl F. Lankowski, *Germany and The European Community—Beyond Hegemony and Containment?* Macmillan, 1993, p. 74.

得加速前进，为建立欧洲经济货币联盟和政治联盟会议而召开的政府间会议必须同时举行，赢得了德洛尔的赞赏。科尔对阻碍欧洲一体化和德国统一的英国提出批评，他说："对德国统一心存恐惧的国家应该为共同体机构改革而努力，这样有利于把德国拴在欧洲"①。英国对欧洲联合冷漠的态度是有其历史根源的，欧洲政治一体化更是英国政府最难以接受的。它既不愿意把自己降格为欧陆二流国家，也担心欧共体继续深化一体化建设，有可能使其丧失自己的民族特性和国家主权。"政治一体化是经济一体化更高一级的联合，它是在经济一体化发展到一定程度的基础上的联合，或者说如果不实行政治上的联合，其经济的联合进程便可能受到阻碍。"② 英国对欧洲联合的程序存在认识误区。

欧洲政治一体化的建设也到了关键时刻。我们可以从欧洲及国际关系的角度来分析。从欧洲内部来说：（1）《单一欧洲法令》规定建立欧洲大市场迅速在欧洲展开，为建设欧洲政治一体化创造了必要的前提条件。马克思说过，经济是基础，政治是上层建筑，欧洲政治一体化是欧洲经济一体化发展的必然产物。（2）德国积极推进欧洲联合，欧洲一体化是战后德国主要的外交目标之一。德国人民通过战后深刻的反思，认识到只有立足欧洲，德国才有未来。德国积极推进一体化进程，在一体化中实现德国的强大。法国人也承认："德国人唯一的外交政策就是建立一个统一的欧洲"③。（3）德国统一问题。在历史上，德国曾给欧洲造成了巨大的灾难，未来德国重新统一给其欧洲邻居造成了巨大的心理压力。如何控制住德国，这一问题又是欧洲人民思考的问题。他们认为应把统一后德国纳入欧洲政治联盟之中，利用共同体的各种机制来制约德国，把它牢牢地捆在欧洲，决不能让德国成为欧洲动乱的根源。

从国际环境来看，东欧社会主义国家急剧变化，使西欧面临着复杂的国际政治形势。欧共体深感必须通过加强一体化建设，特别是政治一体化建设来稳定欧洲局势，使欧共体成为欧洲政治、经济力量的中心以便掌握欧洲事务的主导权。④ 鉴于此，在都柏林峰会的前八天，科尔和密特朗向共同体成员国联合发出一封信，要求召开建立欧洲政治联盟的政府间会议。在都柏林会议上，大

---

① *Frankfurter Allgemeine Zeitung*, 24 March 1990, p. 1.

② 陈乐民：《东欧剧变与欧洲重建》，北京：世界知识出版社 1991 年版，第 89 页。

③ Peter H. Merkl, *German Unification in the European Context*, The Pennsylvania State University Press, 1993, p. 385.

④ 赵怀普：《英国与欧洲一体化》，北京：世界知识出版社 2004 年版，第 258 页。

德国与欧洲一体化

部分成员国支持建立政治联盟，英国和葡萄牙对共同体迈向政治一体化道路持保留意见。德国则获得了巨大的收获。大会明确支持德国重新统一，东德不需要经过谈判直接加入共同体，这与斯特拉斯堡会议对支持德国统一的态度明显不同。另外，在德国大力支持下，德国联盟党在东德的"姊妹党"赢得了大选，增加了科尔加速欧洲政治联盟建设的资本。英国对召开两次政府间会议的决议再次提出保留意见，德国看来想争取英国一起推动一体化前进几乎不可能。

1990年6月22日，德法首脑举行会晤，会晤主要议题还是集中在加速欧洲政治联合问题上。最终，双方一致同意在6月末的都柏林首脑峰会上"应该为建立欧洲政治联盟召开政府间会议作出正式决定，还要为这两次政府间会议制定出召开具体时间表"①，明确表明了德国加速欧洲一体化的倾向。

3月18日，东德大选后，东西方阵营都意识到德国统一不再是一种可能，已经成为一种必然，达成了德国统一的"2+4"②方案。1990年5月5日，第一次"2+4"外长会议在波恩举行。如若德国重新统一，那么统一后的德国领土面积为357050平方公里，人口7850万，拥有强大的综合国力，成为西欧第一大强国。虽然密特朗总统与科尔总理达成了有关建立欧洲政治联盟的决定，但是法国的领导阶层对此却有不同的看法。法国追求的是共同体内力量的平衡。如果德国实力过于强大，他们担心将会破坏共同体内部的力量平衡。甚至被称为法国最亲欧的总统德斯坦也在1990年7月也说过这样的话："法国将不会批准这个条约，因为它不能保证德法间的力量平衡"③。德国为了消除法国的恐德心理，获得德法对推进欧洲一体化的共同立场，1990年9月，科尔在德国慕尼黑向密特朗建议，要为建立欧洲政治联盟采取共同行动，不想让成员国认为德国将会把欧共体建设成"德国的欧共体"。客观地说，"德国方面是最积极主动的，因为德国人正迫切需求欧洲政治联盟"④。正是德国的积极

---

① Thomas Pedersen, *Germany, France and the Integration of Europe—A realist interpretation*, Pinter London and New York, 1998, p. 133.

② 所谓"2"是指德意志联邦共和国和德意志民主共和国，所谓"4"是指美国、苏联、英国和法国。

③ *Frankfurter Allgemeine Zeitung*, 31 July 1990, p. 4.

④ Thomas Pedersen, *Germany, France and the Integration of Europe—A realist interpretation*, Pinter London and New York, 1998, p. 134.

姿态赢得了法国的正面的回应，9 月 17—18 日，德法会晤，关于建设欧洲一体化议题获得突破。德国声明，"欧洲联盟进程一直是解决中东欧混乱局面和解决德国统一问题的一个决定性因素，在解决这些问题的同时，也加速欧洲联盟的建立"①。对法国政府来说，现在最关心的是如何在共同体内确保从经济和政治上控制住一个统一的德国。正好建立欧洲联盟可以为法国解除恐惧德国的心理，这将可以把德国纳入一个更大的共同体之内，既可控制住德国还可以削弱德国马克在共同体内的金融霸主地位，法国可谓是要达到"一箭双雕"目的。德国最关心的是统一问题，确保德国重新统一后将以"欧洲的德国"而不是"德国的欧洲"形象出现。所以，"德法两国当前的利益都把德国统一视为启动欧洲一体化的催化剂"②。

四、德国重新统一与欧洲联盟的初创

1990 年下半年，意大利成为共同体的轮值主席国。如前所述，意大利是欧洲一体化坚定的支持者，它想利用这次机会为建立欧洲经济货币联盟和强化欧洲议会的权力而作出努力。1990 年秋天，共同体讨论的中心问题是建立欧洲经济货币联盟问题，落实"德洛尔计划"中的规定，也就是说经济货币联盟如何过渡到第二和第三阶段的问题。此时的德国却面临重重困难，1990 年 5 月 2 日，双方就东西德国马克的比价问题达成一致意见，两德货币的快速结合对德国内部经济和货币稳定造成了困难。因此，它主张延长经济货币联盟的过渡期。法国、意大利和比利时则相反。1990 年 10 月，德国完成了统一大业，科尔要求欧洲经济货币联盟第二阶段过渡期由 1993 年推迟到 1994 年。

1990 年 10 月末，欧共体在罗马召开成员国首脑特别会议。在讨论加快经济货币联盟建设的问题上，英国与其他共同体伙伴发生了激烈的争吵，遭到了空前孤立。轮值主席国意大利再次动用多数票表决机制，表决"结果是 11：1"③，只有英国投了反对票。大会决定加快经济货币联盟的建设，确定于 1994 年起开始过渡到货币联盟的第二阶段，在共同体内发行统一货币逐步取代成员国的法

① *Agence Europe*, 19 September, 1990, p. 4.

② Barbara Lippert（ed.）, *German Unification and EC Integration：German and British Perspectives*, The Royal Institute of Internation Affairs, 1993, p. 41.

③ Stephen George, *An Awkward Partner, Britain in the European Community*, Oxford University Press, 1994, p. 228

定货币。在政治联盟问题上，各成员国就实现共同外交和安全政策的目标达成了一致意见。由于英国在罗马峰会上的不利处境，副首相豪威担心共同体将会抛弃英国独自前进，昔日"多速欧洲"议案再次引起了英国政界的关注。撒切尔夫人却不以为然，她在英国下议院发表声明时说："如果有人要求我们放弃英镑，那我们的回答是：不！不！不！"①英国的强硬立场导致国内矛盾迭起。11月1日，副首相豪威以不赞成英国政府欧洲政策为由辞职下台，给撒切尔政府以沉重的打击。11月22日，她宣布退出保守党竞选活动。事实上，撒切尔夫人当政最后几年转向敌视欧洲的态度是她垮台的主要原因。1990年11月，梅杰接替撒切尔夫人担任英国首相。12月，新首相梅杰在欧共体首脑会议上宣称："我们打算全心全意地投入欧洲建设和发展进程"，使英国"处于欧洲的中心"，②英国的外交政策开始发生转变。与撒切尔夫人的欧洲政策相比较，梅杰政府表现出一定的灵活性，同意英国逐步加入欧洲经济货币联盟，对德国建议实行单一欧洲货币和成立欧洲银行持严重的保留态度。梅杰也认为在共同体中实现统一货币是不现实的。

正在英国外交政策发生转变之际，科尔联合密特朗向共同体委员会提交了建立欧洲政治联盟的联合行动计划，这也是自二战后最重要有关欧洲政治联合具体方案，为建立欧洲政治联盟定下了谈判的基础，在成员国中引起了不同的反响。12月14日，共同体各国首脑在罗马举行政府间会议，史称"第二次罗马欧洲理事会"③，把建立欧洲经济货币联盟和政治联盟一起提上会议的议事日程。大会决定成立两个新的立宪会议，分别研究两个联盟进程问题。15日，关于建立经济货币联盟的政府间会议和关于建立政治联盟的政府间会议在罗马同时开幕。欧洲一体化的大门重新打开。如前所述，共同体热衷于建立欧洲经济货币联盟，这也是建立单一欧洲大市场的必然要求，只是在实现共同货币问题上，在成员国中出现了分歧，特别是英国，因为这将涉及国家主权让渡问题。由于德国统一之后实力大增，它不再仅仅满足于作为经济大国出现在欧洲或者世界舞台上，它极力推行自主的全方位外交，希望在国际和欧洲政治舞台

---

① 路透社都柏林1990年6月25日英文电。
② 唐承运：《梅杰》，长春：长春出版社1994年版，第136—140页。
③ 1990年10月在罗马举行的特别会议被称为"第一次罗马欧洲理事会"，所以，12月在罗马举行的共同体成员国首脑会议被称为"第二次罗马欧洲理事会"。

上也能听到德国的声音，力求摆脱"经济巨人，政治侏儒"的形象。由于其恶劣的历史遗产，统一后的德国又引起了邻居的戒备。德国"越来越借助于欧洲共同体来表现自己的意志，在统一货币上表现得尤为明显"①，积极赞同建立欧洲中央银行，统一共同体各成员国货币，目的就是要消除欧洲各国对德国企图垄断欧洲经济的疑虑，达到消除邻国对它的戒备心理。

共同体成员国政府就未来建立欧洲联盟问题进行了艰苦的谈判。德国等欧陆国家主张把共同体建成具有联邦性质的联合体，而英国等则倾向于政府间合作的性质。被誉为欧洲一体化"发动机"的德法两国，也由于在南斯拉夫问题上意见相左，导致两国关系再次冷淡。为了推进欧洲一体化进程，德国积极寻求其他共同体成员国的支持。1991 年 5 月，科尔与西班牙总统冈萨雷斯（Felipe González）举行会晤并取得良好的成果。冈萨雷斯在新闻发布会上表示，"西班牙衷心地支持德国的立场，认为两个部分（经济和政治联盟——著者注）是不可分离的并且还必须一起前进"②。6 月，轮值主席国卢森堡针对共同体内对建立欧洲联盟的不同意见，提出了折中条约草案。它建议未来欧洲联盟应该由三大部分（Three-Pillared Structure）组成（德国提出共同体内司法和内政事务合作，原来的共同体和共同外交与安全合作），被称为"柱型结构"。在欧陆倾向把共同体建设成具有联邦性质的欧洲联盟的国家对此建议不很满意，德国表示："关于政治联盟的建议相当模糊"③。它认为应当建立一个单一性质的欧洲联盟，共同体委员会主席德洛尔对德国的要求也表示支持。鉴于德法关系的冷却，在卢森堡峰会后不久，德国采取了一项令人惊讶的外交行动，即邀请英国和德法一道为建立欧洲政治联盟一起努力。一方面，德国对梅杰政府新的欧洲新政策表示欢迎；另一方面，德国希望在共同体内以德法英三边关系来平衡法国在共同体中的作用。但在欧洲联合问题上，德英之间注定不会成为同盟关系。

7 月，荷兰取代卢森堡成为欧共体轮值主席国。在德国的支持下，它决定加速建立联邦式欧洲的谈判进程。关于建立经济货币联盟，荷兰提出了"双速欧洲"计划。它的主要内容是：到 1996 年，共同体成员国有 6 个或者更多

---

① 赵怀普：《英国与欧洲一体化》，北京：世界知识出版社 2004 年版，第 272 页。

② Thomas Pedersen, *Germany, France and the Integration of Europe—A realist interpretation*, Pinter London and New York, 1998, p. 138.

③ Ibid. p. 139.

德国与欧洲一体化

国家希望在欧洲联合的道路上继续前进，并且在两年以上的时间里对共同的经济指标比较满意的话，那么可以在这些国家内开始实现共同的货币联盟。假若共同体其他成员国没有达到共同经济指标的话，已经实现货币联盟的主要国家可以否决这些国家加入共同货币联盟。荷兰的建议很符合德国建立经济货币联盟的设想。按照德国意图，在建立经济货币联盟之前，必须协调好成员国的经济政策，这与法国意见相左，特别是遭到意大利的反对，其担心被欧共体边缘化。密特朗早就说过："今天在欧洲最强的货币是西德马克……难道我们只能生活在德国人表达他们自己意见的马克区？我将愿意召开一次会议，由不同国家组成的常务会议，在那儿法国能够对自己的经济政策也有发言权。"① 虽然德法两国在推进欧洲一体化方面的立场基本相似，但法国希望在 1994 年 1 月建立货币联盟之前应该调整成员国间经济政策达到趋同目的。同时，德国不仅是为了建立经济货币联盟，它更关注欧洲政治联盟的建设，"德国总理科尔非常支持政治联盟，不仅认为经济货币联盟是政治联盟的一部分，而且还认为，为了维持与法国的伙伴关系，响应法国坚持单一货币的做法是必要的"②。荷兰的"双速欧洲"提议还遭遇了共同体委员会和南欧国家的冷漠态度，"德洛尔……以违背共同体原则也反对双速计划，共同体原则是所有成员国齐头并进"③。南欧国家更担心荷兰"双速欧洲"计划把它们排除在经济货币联盟之外，故反对该计划。而英国一向视英镑是为国家主权的象征，荷兰建议没有规定建立货币联盟的具体时间表，得到了英国欢迎。尽管德国支持荷兰建议，但是在共同体成员国间没有取得一致意见，所以该计划还得进行修改。

在欧洲一体化进程中，英国继续在扮演"绊脚石"的角色，在建立货币联盟时也是如此。梅杰说过："我在撒切尔夫人的内阁任职一段时间，那时的政策仍然是我们现在的内阁政策"，认为对建立共同货币一事表示"不能操之过急"。④ 鉴于英国难成德国推动一体化的伙伴，德国把推进欧洲联合的目光又投向法国。1991 年 9 月，德法双边会晤一致决定在政府间会议上加强合作，重新发起推动欧洲联合进程。在有关建立欧洲经济货币联盟的谈判中，"德国

---

① André Szász, *The Road to European Monetary Union*, Macmillan Press Ltd, 1999, p. 152.

② John Pinder, *European Community – The Building of a Union*, Oxford University Press, 1995, p. 152.

③ Thomas Pedersen, *Germany, France and the Integration of Europe—A realist interpretation*, Pinter London and New York, 1998, p. 141.

④ 路透社罗马 1990 年 12 月 14 日电。

在建立欧洲经济货币联盟谈判中的影响经常被描述为'霸气十足'"[1]，它坚持三原则：（1）新建立的欧洲中央银行必须是独立的；（2）任何成员国在加入欧洲经济货币联盟之前，必须要达到一系列严格的所谓"经济指标"，这些指标要写进条约；（3）欧洲经济货币联盟应该和已经宣布迈向政治联盟的工作目标联系起来。[2] 法国接受了德国的建议，它"希望在控制住一个比自己经济强大的邻居中获得一些份额"[3]。10月，法国对经济货币联盟过渡到第三阶段提出了自己的建议，即到1996年年底，共同体成员国首脑以多数票方式来决定成员国是否达到了规定的经济指标，再以多数票表决决定其过渡到第三阶段的时间，这样就满足了德国对经济指标的要求，消除了其对建立经济货币联盟的疑虑，这引起英国以撒切尔夫人为代表的保守党对欧洲经济货币联盟强烈的批评，撒切尔夫人甚至要求就英国是否加入欧洲经济货币联盟而举行一次全民公决。这时荷兰于10月28日提交的草案似乎是解决英国问题的方案，"按照草案第109条规定，允许成员国退出（Opt-out）第三阶段。这一条款如果载入正式条约之中也许对未来共同体扩大带来一个危险的先例"[4]，引起了委员会和其他国家的担心，成员国仍然没有就经济货币联盟达成一致意见。

在德洛尔和法国的支持下，11月30日，欧共体召开经济和财政部长理事会就欧洲经济货币联盟达成一致意见，即"如果欧洲理事会不能在1996年底就经济货币联盟过渡到第三阶段达成一致，那么它在1998年通过简单多数表决来决定"[5]。不管怎样，欧洲理事会通过简单多数表决，不论是否多数成员国达到规定的经济指标，欧洲经济货币联盟都将于1999年开始运转，表示欧共体建立经济货币联盟的决心已经不可逆转。关于荷兰提出的"退出"经济货币联盟问题只能作为处理英国个案问题不能列入正式条约，"只能作为协议

[1]　Klaus Larres（ed.），*Uneasy Allies：British-German Relations and European Integration since 1945*，Oxford University Press，2000，p. 283.

[2]　Gisela Hendriks（ed.），*The Franco-German Axis in European Integration*，Edward Elgar Cheltenham，UK·Northampton，MA，USA，2001，p. 72.

[3]　Peter M. R. Stirk，*The Origins and Development of European Integration——A Reader and Commentary*，Pinter London and New York，1999，p. 276.

[4]　Colette Mazzucelli，*France and Germany at Maastricht：Politics and Negotiations to Create the European Union*，Garland Publishing，Inc，New York and London，1997，p. 113.

[5]　Ibid. p. 115.

附加在条约之后"。① 这样，共同体为建立经济货币联盟终于达成妥协。

与建立欧洲经济货币联盟相比较，欧洲政治联盟的核心内容是建立共同外交和安全政策，因为它"包括了有关联盟安全的所有问题"②，这将涉及国家主权问题，欧共体建立政治联盟将会更加艰难。由于德国重新统一，为了保持欧洲制度的稳定，联邦政府非常强调政治联盟的重要性。其实，建立欧洲政治联盟主要是德国发动的。1990 年 4 月 20 日，科尔"就政治联盟问题要求召开政府间会议，与已经同意召开建立经济货币联盟政府间会议齐头并进"③。与德国重新统一之前相比，它要求建立欧洲政治联盟有以下几方面原因：第一，德国统一后将成为西欧第一大国激起了邻国的忧虑。为了能够实现统一，消除邻国对其统一道路的阻碍，德国必须在欧洲的框架内实现德国的重新统一。第二，战后德国是"经济巨人，政治侏儒"的典型代表。德国统一后实力增强，通过建立政治联盟既可以平衡德国经济的影响，还可以在欧洲和世界上提高德国的地位。第三，随着单一欧洲市场的建立，人员、商品等自由往来势必会导致欧洲内部秩序的混乱。德国希望建立政治联盟，通过加强共同体司法和内务合作来维护共同体内部秩序稳定。第四，欧洲一体化是战后德国一贯的外交政策，德国也是坚定的欧洲联邦主义国家。建立共同的外交和安全政策，既可以达到欧洲联合的目的，还可以在国际上提升欧洲的地位。大多数共同体成员国对德国政治联盟的建议怀着一种进退两难的心理："一方面它们乐意看到波恩（柏林）支持其在东欧的利益；另一方面，似乎没有任何人愿意看到德国按照他们自己的主意来对欧共体进行机构改革"④。在建立欧洲联盟的谈判中，德国政府始终把经济货币联盟和政治联盟结合在一起并没有分别对待，更是把两者看作是一个不可分割的整体，就是在野的反对党——德国社民党对建立欧洲政治联盟的态度也如执政党的政策一样坚决，甚至还在建立欧洲政治联盟问题上给执政党施加压力，"总理早就在欧洲经济货币联盟

---

① Thomas Pedersen, *Germany, France and the Integration of Europe—A realist interpretation*, Pinter London and New York, 1998, p. 146.

② Reinhardt Rummel, *Toward Political Union: Planning a Common Foreign and Security Policy in the European Community*, Westview Press, 1992, p. 285.

③ Richard Corbett, *The Treaty of Maastricht*, Harow, 1993, p. 126.

④ Reinhardt Rummel, *Toward Political Union: Planning a Common Foreign and Security Policy in the European Community*, Westview Press, 1992, p. 11.

与政治联盟之间建立了联系，并且反对党——德国社会民主党一直坚持的态度是：在政治一体化上没有取得重大进展的任何条约将不会得到德国联邦议院和议会的批准"[1]。

德国建立欧洲政治联盟的坚决立场，英国是绝不能接受的，主要障碍仍然是其顽固地坚持传统的反对欧洲政治联盟的立场。梅杰代替撒切尔夫人后，英国的欧洲政策稍有改变，但也仅限定在经济层面。在建立欧洲政治联盟问题上，梅杰政府则完全继承了前政府的顽固立场，不作丝毫改变。梅杰说过这样的话，正好可以表明他在政治联盟的立场，他说："我要的是主权国家共同体的欧洲，我不要欧洲合众国。"[2] 虽然法国是欧洲联合的积极推动者，可也不完全赞同德国联邦式的欧洲政治一体化的观点。法国国内戴高乐民族主义者势力强大，他们是国家主权坚定的维护者，决不容忍把民族主权让渡给欧共同体，其赞成欧洲政治联盟也仅仅限制在主权国家政治合作层面，更关心共同体经济货币联盟。对此，德国总理科尔明确表明自己对政治联盟的立场。1991年1月30日，他说："对我们德国人和联邦政府来说，两个政府间会议平行进行是基本重要的。经济货币联盟和政治联盟本质上是一致的，政治意义上也是相当重要的。如果我们同时不能在政治上取得成就，那么无论经济货币联盟取得多么大的成就也只是片面的。在我看来是显而易见的是，对于联邦德国仅仅可能同意二者同时进行，二者密不可分。"[3] 即使密特朗本人支持欧洲政治合作，可他也只是关心经济货币联盟与政治联盟怎样联系问题，对共同体机构改革和加强政治合作问题几乎没有提出过任何建议。德国正好相反，关于欧洲一体化问题上，科尔作了无数次演讲提出了诸如加强欧洲议会权力等方案。德国深知，在欧洲联合问题上，尽管科尔与英国首相梅杰私交甚好，但它不能依靠英国来推动欧洲一体化进程。例如，在荷兰担任欧共体轮值主席国，起草的第二个政治联盟条约草案时，在序言中第一次写上欧洲联盟的目标是建立联邦形式的欧洲时，英国梅杰政府明确说明，如果不去掉联邦欧洲字眼，英国将不能

---

[1] Colette Mazzucelli, *France and Germany at Maastricht: Politics and Negotiations to Create the European Union*, Garland Publishing, Inc, New York and London, 1997, p. 118.

[2] 赵怀普：《英国与欧洲一体化》，北京：世界知识出版社 2004 年版，第 274 页。

[3] Patrick McCarthy, *France-Germany, 1983–1993—The Struggle to Cooperation*, St. Martin's Press New York, 1993, p. 108.

签署条约，① 竭力强调"辅从（Subsidiarity）原则"②。尽管科尔此时与密特朗时有分歧，但法国却是欧洲联合有力的推动者。正当成员国为建立经济货币联盟和政治联盟陷入僵局时，国际形势的突然变化给欧共体施加了外部压力，迫使它们相互妥协重新走上联合之路。

成员国政府间会议召开不久，1991 年 1 月 17 日，美国宣布开始实施代号为"沙漠盾牌"的对伊拉克军事行动，在中东爆发了海湾战争。国际局势变化也是欧共体建立政治联盟的外部因素。面对美国的巨大优势和领导地位，欧洲相形见绌。以德国为代表的多数成员国认为，欧共体对海湾战争无能为力，没有发挥应有的作用，在共同体中引起了巨大的震撼。针对在事件过程中的无能表现，比利时外交部长抱怨说："欧洲是经济巨人，政治侏儒，军事上小虫"③。这更加促使德国认识到加速推进欧洲政治一体化的必要性，提高共同体应对复杂国际形势的能力。2 月，德国联合法国向政府间会议提出了在欧共体内建立共同安全和外交政策草案。为了加强欧洲的军事力量，建议把沉睡已久的西欧联盟纳入政治联盟之中。而英国和荷兰却不以为然，它们认为共同体的实力不能与美国相抗衡，建立共同安全和外交是不现实的。9 月下旬，荷兰国务大臣丹科尔特（Piet Dankert）提出欧洲政治联盟新的方案，即"树型方案"，得到了英国和丹麦等国的支持。它认为欧洲政治一体化进程不宜过快，不能损害成员国国家主权，不能突出共同体超国家主义及其政治功能。荷兰认为政治联盟应当是以松散的树型结构来建立的。如果按照"树型方案"来建立欧洲政治联盟，"势必使欧洲一体化之路与欧洲一体化的设想距离越来越远，使欧洲一体化毁于一旦"④。毫无疑问，"树型方案"遭到德国反对，德国外长根舍对此评论说："荷兰之舟终将沉没水底"⑤。

海湾战争之后，美国出于其全球战略和经济等考虑不断削减在欧洲的驻军，这迫使英国追随、依靠美国保护的外交政策受挫，似乎英国又要回归欧洲。10 月，英国和意大利提出欧洲政治合作方案，主要内容是："给予西欧联

---

① "All eyes turn to Maastricht", The Independent, 1 July 1991.

② "辅从原则"本来指的是欧陆"联邦主义"中的一项原则之一。其观点是：在已经建立的欧洲联邦的结构之下，应当充分保障下以及所属机构的权利，以使这一联邦保持充分的民主。

③ New York Times, 25 January 1991.

④ 李世安、刘丽云：《欧洲一体化史》，石家庄：河北人民出版社 2003 年版，第 177 页。

⑤ Interview, March 1997.

盟双重作用，即作为联盟的防务成分（这是意大利所欣赏的）和在北约内作为一个加强的欧洲支柱（这是英国所喜欢的）"①。英意两国主张在北约的框架内进行改革，再逐步推进欧洲政治合作。英意建议引起了共同体成员国激烈的争论，多数成员国支持在共同外交领域实行多数票表决机制，遭到英国、丹麦和葡萄牙的反对。而"德法期望或者说是希望西欧联盟作为欧洲联盟中共同外交和安全政策的一个不可分割部分，并且还作为一个基本的安全机构来取代北约。"② 德国外交部长根舍更清楚地表明了对欧洲政治合作的立场，并希望在以下几点上取得进步：（1）外交、安全和防务政策；（2）在内务和司法事务中建立共同政策；（3）加强欧洲议会权力问题；（4）他认为在外交和安全领域实现多数票表决。③ 德国把建立欧洲政治联盟的焦点集中在共同外交和防务政策上。面对英国等成员国的反对，德国决定对反对建立欧洲政治联盟的国家施加一定的压力。于是，联合法国等一道，为建立欧洲政治联盟继续前进。德法外长宣布，10 月 11 日举行一次会议来讨论欧洲政治联盟问题。这种撇开共同体其他成员国单独行动的行为，引起了荷兰等国的担心。压力果然产生了一定的效果，西班牙决定参加德法提议中的会议。

巴黎外长会议结束后发表了一份简短的联合公报。公报宣称："西欧联盟和欧洲政治联盟融为一体密不可分。对共同外交和安全政策的义务必须包含在未来的共同防务政策之内。当涉及建立共同外交和安全政策时应该使用多数票表决机制。"④ 更重要的是，西欧联盟"是形成欧洲联盟过程中一个不可分割的组成部分，应被赋予建立防务和安全政策的责任"⑤。联合公报既对反对政治联盟的国家产生了一定的压力，也给未来欧洲政治联合指明了方向，赢得了共同体中多数国家的支持。会后不久，德国更加强了与法国在军事领域的合作。此时，美国也支持欧洲联合。布什宣称："我们认为，欧洲统一和强大就

---

① Thomas Pedersen, *Germany, France and the Integration of Europe—A realist interpretation*, Pinter London and New York, 1998, p. 143.

② Klaus Larres (ed.), *Uneasy Allies: British-German Relations and European Integration since 1945*, Oxford University Press, 2000, pp. 185 – 186.

③ *Agence Europe*, 5 October 1991.

④ Thomas Pedersen, *Germany, France and the Integration of Europe—A realist interpretation*, Pinter London and New York, 1998, p. 145.

⑤ Agence Europe, *Europe Documents*, no. 1737, 17 October 1991.

是意味着美国的强大———一个重新崛起的西欧是一块经济磁石，它把东欧同自由国家共同体吸得更近。"① 它支持欧洲一体化的主要目的就是，不但可以控制住重新统一的德国，而且一个统一的欧洲，还可以更多地分担美国在欧洲驻军的负担。在共同体外部，有美国对欧洲一体化的压力，在内部，有德法等国对欧洲政治联盟矢志不渝追求的压力，英国等国家反对建立政治联盟的立场有所松动，对共同外交和安全政策问题上也达成了一定的共识，但在多数表决机制问题上还存在一定的分歧，留待马斯特利赫特首脑峰会上进一步解决。

1991 年 12 月 9 日，讨论建立欧洲经济货币联盟和政治联盟的共同体首脑峰会在荷兰小城马斯特利赫特举行。马斯特利赫特原意是"跨越马斯河的通道"，地处德国、荷兰和比利时三国交界地，且与三国首都相距不远，因此在共同体国家的地缘政治观念中具有特殊地位，共同体选此地作为谈判并签署条约之地，更具有特殊的政治意义。结果也是如此，在经历一年的两个政府间会议的讨论建立经济货币和政治联盟后，各成员国仍然是矛盾不断，不过也取得了辉煌的成果。

首先，在经济货币联盟问题上。虽然英国对建立经济货币联盟比较热心，但对在共同内实现统一货币、损害国家主权极为反感。如果不能满足英国在共同货币上的要求，它也许会使用其一票否决权，后果是成员国所不能想象的。最后，英国也作了让步，它同意签署实行统一货币的联盟条约，只是在加入货币联盟第三阶段的时间和决定权要由英国人民和议会来决定。其他国家也作了让步，同意了英国的这一要求。根据"德洛尔计划"的规定，首脑峰会一致决定欧洲经济货币联盟分三阶段来实行：第一阶段（1990 年 7 月至 1993 年 12 月），协调成员国经济和货币政策，为下一阶段作好准备。第二阶段（1994 年 1 月至 1996 年 10 月）成立欧洲货币局，监督欧洲货币运行情况。还为成员国经济趋同规定了指标，例如，公共部门总债务控制在国民生产总值的 60%；通货膨胀率不得超过欧洲联盟三个最低通货膨胀律的平均数的 3%，等等。第三阶段（1997 年 1 月或最迟到 1999 年 1 月起），建立欧洲中央银行，发行欧洲统一货币。其次，在欧洲政治联盟问题上，如前所述，在共同外交政策上，成员国多数国家支持多数表决机制，唯独英国反对。在共同安全政策上，英国

---

① Axel Krause, *Inside the New Europe*, Harper Collins, 1991, p. 294.

反对建立一个独立欧洲防务力量，而德国的意见正好相反。这时美国因素又出现在欧洲一体化进程中，它不能容忍其在欧洲地位的削弱。1991 年 11 月，布什警告共同体说："如果你们最终的目标是要建立起自己的独立防务，那么今天就应该告诉我们"①。所以，美国在共同安全政策上态度是有利于英国的。最终，共同体成员国间达成了妥协：如果涉及大政方针问题，由所有成员国各国首脑一致决定，具体由部长理事会多数票表决。这一决定也对《罗马条约》一致表决条款作了重大的修改。在安全政策上，西欧联盟成为联系共同体和北约沟通的桥梁，北约仍然是负责欧共体防务的重要组织，这是美国控制共同体的重要工具之一。第三，在欧洲议会权力和社会政策等方面也取得了辉煌的成果。

1992 年 2 月 7 日，欧共体 12 个成员国在马斯特利赫特签署了《欧洲联盟条约》，标志着欧洲一体化历史上划时代意义立法文件诞生了。1993 年 11 月 1 日，《欧洲联盟条约》正式生效，开始了欧洲一体化的新纪元。

小 结

20 世纪 70 年代末 80 年代初，苏联处于冷战进攻态势，史称"第二次冷战"。美国为了一己之私，要求欧共体一致对抗以苏联为首的东方集团，主要手段是实行贸易制裁。德国是西欧工业最发达的国家，如果实行贸易禁运政策，自然对德国打击最大。它认为，对苏联实行贸易制裁，也不能使其撤出阿富汗，不能使苏联退缩，反而还会影响到与东方的缓和局面，很可能使"新东方政策"的成果毁于一旦。更重要的是，从东西方冷战中，德国看出了欧洲的虚弱，虚弱到不能维护自己的利益。为了维护德国和欧洲的利益，科尔决定加速欧洲一体化进程。

此时，领导欧洲一体化前进的德法轴心已出现问题。密特朗上台后，专注国内所谓的"法国式的社会主义"改革，刻意疏远德国，给欧洲一体化带来消极影响。法国是欧洲政治大国，没有它的支持，欧洲一体化也很难前进。德国积极行动起来，重新打造德法新轴心。于是，它采取联合意大利等一系列的

---

① Beatrice Heuser, *Transatlantic Relations*: *Sharing Ideals and Costs*, London: Royal Institute of International Affairs, 1996, pp. 96－97.

德国与欧洲一体化

策略，提出一体化方案，即"根舍—科隆波计划"，引起了法国的警觉。在德国的努力下，再加上密特朗改革的失败，法国迅速地重新回到一体化轨道，欧洲联合局面很快发生了变化。

在欧洲一体化踏上新的征途之前，必须要解决英国的预算问题。英国首相撒切尔夫人表示，在解决预算问题之前，其他关于一体化事宜一切免谈。因此，如果不妥善解决英国预算问题，共同体就面临着解体的危险。面对英国的强硬立场，德国联合法国采取所谓"胡萝卜加大棒"政策，一方面，德国对英国作出巨大牺牲，满足其在经济上的要求；另一方面，与法国一道拿出"双速欧洲"的武器，迫使英国就范。在枫丹白露会上终于解决了英国的预算问题，消除了挡在一体化进程上的"绊脚石"，德国作出了巨大的贡献和牺牲，再次挽救了欧洲一体化运动。在解决英国预算问题后，欧共体就1992年年底前，建立单一欧洲市场和对《罗马条约》进行修改问题达成一致意见，签订了《单一欧洲法令》。

随着单一欧洲大市场的建立，欧洲经济货币联盟问题又提上议事日程，表明，建立真正的单一欧洲大市场离不开各国经济货币政策，直至货币本身的统一和协调。欧共体成员国也从"奇齐尼报告"中看到单一欧洲大市场蕴藏着丰厚的利益，也积极支持完善欧共体的经济货币政策，这对德国坚挺的马克极为不利。开始，德国对建立欧洲经济货币联盟不很热心。不过，德国迅速地改变了态度，它"正在为扮演欧共体的领导角色而跃跃欲试，至少想在货币领域扮演着一角色"①，再说，欧洲统一是德国自二战后一直所追求的目标。1989年4月，在德国支持下，德洛尔委员会公布了准备分三阶段实现欧洲经济货币联盟的"德洛尔报告"。

1989年11月9日，"柏林墙"突然倒塌给欧洲一体化进程带来巨大的影响，科尔抓住这一历史性机遇，迅速提出实现德国重新统一的"十点计划"，引起西方盟友的恐惧，特别是法国。科尔决定加速欧洲一体化进程，来消除它们对德国统一的阻挠和对德国的恐惧心理，在欧洲统一中实现德国统一。他指出，"对德国统一怀有恐惧心理的人，就应该支持欧共体机构的深化和改革，

---

① Jonathan Story（ed.），*The New Europe Politics. Government and Economy since 1945*，Oxford：Blackwell，1993，p. 328.

因为这将把德国更好地拴在欧洲①"。外交部长根舍也表示，"我们要的是一个欧洲的德国，而不是一个德国的欧洲"②。为了重新统一，德国在建立欧洲经济货币联盟问题上作出让步。同时，科尔更进一步提出要加强欧洲议会的权力、建立欧洲政治联盟的要求。他说："德国和欧洲统一是紧密相连的，并且德国统一对于加速欧洲政治一体化还可以起到'催化剂'的功效。"③ 表明德国利用重新统一时机，使欧洲政治一体化获得突破性进展。这样，既可以消除邻国对其重新统一的恐惧，还可以加速欧洲联合事业的发展。

随着德国统一的步伐不可逆转，欧共体成员国也有深化建设欧共体的迫切需要，因为只有深化和扩大共同体，在一个更严密的多边框架内，才能更好地控制住统一后更强大的德国。例如，法国密特朗曾经把德国统一进程与欧洲联合比喻成在同一马车上并驾齐驱的两匹马，"如果两匹马不以同速前进，事故就会发生"④。法国是一个民族主义盛行的国家，在德国重新统一的历史时刻，密特朗为了把统一后的德国牢牢地拴在欧洲，不惜大幅度让渡国家主权，积极推动1991年两个政府间会议的召开，这种想法与德国加速欧洲一体化的政策不谋而合。于是，德国联合法国再次拿起"胡萝卜加大棒"的武器，消除挡在欧洲一体化道路上的一个个绊脚石，德法轴心在建立欧洲经济货币联盟和政治联盟的关键时候发挥了重要的作用。其实，在欧洲一体化的进程中，德国发挥着越来越重要的作用。最终，1992年2月7日，欧共体成员国签订了《欧洲联盟条约》，欧洲一体化历史翻开了新的一页。

---

① *Frankfurter Allgemeine Zeitung*, 24 March 1990.

② Barbara Lippet（ed.），*German Unification and EC Integration-Baitish Perspectives*，The Royal Institute of International Affairs，Pinter Publishers London，p. 12.

③ Thomas Pedersen, *Germany, France and the Integration of Europe—A realist interpretation*, Pinter London and New York, 1998, p. 131.

④ Horst Teltschik, *329Tage：Innenansichten der Einigung*, Berlin：Siedler, 1991, s. 86.

结　语

二战后，美苏等大国在解决德国问题上的矛盾不可调和，只能以分区占领德国的方式取得暂时妥协，最终没有为解决德国问题达成一致意见。东西方关系更加恶化，冷战也随之高涨，德国被分裂已经不可避免。于是，德国问题再次出现在欧洲，欧洲一体化便从解决德国问题开始了。

欧洲一体化的产生不是偶然的，是与战胜国对德政策紧密相连的，德国是西欧联合的关键因素。德国工业潜力巨大，一直在欧洲经济的发展中发挥着"火车头"作用。没有德国的复兴，西欧的壮大也是空中楼阁。战后西欧极度贫困，只有重新点燃德国经济的火焰，才能使西欧经济发出光辉。德国经济和地缘政治的重要性、冷战和战后西欧经济复兴的需要，使复兴德国对抗苏联已是必然。战后西欧经济困难，如果不走联合发展之路，既不能使自己国家得到复兴，也难以使整个西欧重新强大。西方阵营抛弃过时的、严惩德国的政策，决定复兴德国西占区服务于整个西欧和冷战。美、英、法占领区合并为西占区，为建立德国、复兴西欧奠定了物质基础，就这样西欧开始逐步联合起来。从这层意义上说，冷战是有利于西欧早期一体化，是有利于西欧走上联合道路的。

促进欧洲走上一体化道路，真正原因还是来自欧洲内部，解决德国问题是其主要原因。德国是两次世界大战的挑动者，战后欧洲各国，特别是法国，对其保持着高度的戒备心理。在冷战的大国际背景下，欧陆等国家不能阻止德国的复兴，为了避免再次遭到一个强大德国的威胁，它们决定建立超国家一体化机构来控制住德国。"法国希望像网一样捆住德国，德国也乐意这样。"① 法国

---

① Patrick McCarthy, *France—Germany, 1983 - 1993: The Struggle to Cooperate*, St. Martin's Press, New York, 1993. Px

德国与欧洲一体化

编织的"网"，就是希望利用一体化各种组织机构约束德国，这正符合德国的一体化意图。由于历史原因，战后德国声名狼藉，从欧洲一体化中，它看到了德国的希望和未来。通过欧洲一体化方式，它能逐渐成为一个正常的国家，这也是德国推进欧洲一体化的一个关键的原因。在欧洲一体化的进程中，德国对欧洲产生了一种类似于民族主义的情感。所以，德国乐意接受一体化对它的限制和约束。

其实，在战后德国内部已经为欧洲一体化作好了准备。各主要政治派别为未来的欧洲政策进行了激烈的论战，最终以赞成欧洲一体化，并把它作为德国为主要外交政策的基督教民主联盟获得胜利，为德国实施欧洲联合的外交政策创造了良好的政治前提。在德国成立之初即树立三大外交目标——"在欧洲框架内实现安全、政治和经济复兴、大西洋联盟和重新统一。"① 这三大外交目标都是与欧洲联合联系在一起的，因为只有通过欧洲一体化的方式，才能实现以上三大外交目标。对德国来说，德国问题的解决在于欧洲联合。一方面，过度惩罚德国不仅会造成像一战后德国民族主义高涨的恶果，而且还会影响现在的西欧集体安全，更影响到西欧经济的整体复兴，也不利于德国的安全和复兴。只有在一个联合的欧洲中，才能给德国提供安全和复兴保障，才能获得国家主权和平等；另一方面，重新统一是德国重要的外交目标，欧洲一体化是它实现这一目标的最重要手段。面对以苏联为首的东方集团，德国很难依靠自己的力量来实现统一。它希望通过一体化方式壮大德国和欧洲，达到迫使东方集团在德国统一问题上作出让步，最终实现以"西"统"东"的目的。也就是说，在欧洲统一中实现德国统一。对德国来说，"欧洲一体化被视为摆脱外部控制，重新获得国家主权和得到国际承认的一种方式"②。另外，德国也认为，美苏冷战，欧洲为了摆脱冷战抵押品的角色，也需要联合起来，成为对抗美苏、维护自己利益的第三种力量，欧洲的未来也在于欧洲一体化。于是，战后德国便积极地推动欧洲一体化进程。

但是，西欧大国对欧洲联合的重要性不如德国迫切。英国自诩为世界大

---

① Wolfram F. Hanrieder, *West German Foreign Policy: 1949 - 1979*, Westview Press/ Boulder, Colorado, 1980, p. 15.

② Clemens Wurm, *Western Europe and German - The Beginnings of European Integration 1945 - 1960*, Berg Publishers, Oxford/Washington, USA, p. 5.

国，不愿意与欧陆二、三流国家平起平坐，一直游离于欧洲一体化大门之外。就算法国，也不是欧洲一体化真心实意的伙伴，控制德国、警惕德国才是其欧洲联合政策的主要目的。尽管法国对欧洲一体化态度不如德国坚定，可它是欧陆的政治大国，没有其同意欧洲一体化也难以成功。德国坚定的一体化决心也引起西欧邻国的顾忌，它们担心德国通过欧洲一体化，把欧洲建设成"德国的欧洲"。因此，德国要想推进欧洲一体化，就必须消除邻居的对它欧洲政策的疑虑。没有邻国的支持，凭借一国之力，德国是难以建成"欧洲合众国"的。因此，德国得出结论：德国只能实现德法和解并取信于邻国，获得它们的支持才能实现其欧洲一体化的宏伟蓝图。

"1949 年之后，阿登纳成为欧洲一体化的主要设计者。"① 起初，由于臭名昭著的历史遗产，德国不能对欧洲联合提出具体的一体化方案，只能为欧洲联合呼号奔走、寻求舆论支持。冷战高潮渐起，复兴德国已是必然，这引起法国等恐德心理大爆发，这种恐德心理在很大程度上决定了法国对德和对欧政策。为了消除德国的军事和经济潜力威胁，法国提出了控制德国煤、钢两大战略资源的计划，即"舒曼计划"，建立超国家机构共同管制西欧煤钢资源，希望一劳永逸地消除德国的威胁。这时，法国似乎在扮演着欧洲一体化领头羊的角色。而"舒曼计划"正好符合德国超国家主义的欧洲一体化政策。可是，德法在鲁尔和萨尔问题的矛盾成为建立超国家机构——欧洲煤钢共同体道路上的主要障碍。在这两个问题上，法国坚持决不向德国妥协的顽固立场几乎使欧洲一体化的第一步遭到夭折。为了实现欧洲联合政治目的，德国不惜对法国等作出让步。在鲁尔问题上，德国加入鲁尔国际机构，工业非卡特尔化等让步后，签订了建立欧洲煤钢共同体的《巴黎条约》，解决了鲁尔问题。在萨尔问题上，德国对法国更是作出了几乎要失去萨尔的让步，最终萨尔问题和德国重新武装问题一起在《巴黎协定》谈判时也得到解决。横亘在德法间的两大矛盾得到了解决，德国以实际的行动挽救了欧洲一体化。可以说，没有德国的让步和作出的牺牲，欧洲一体化很难迈出坚实的第一步。德国的积极态度，"为煤钢共同体的最终建成起了极大的推动作用"②。鉴于此，学者评价说："法国的

---

① Simon Bulmer（ed.）, *The Federal Republic of Germany and the European Community*, Allen & Unwin, 1987, p. 125.

② Werner Weidenfeld, *Konrad Adenauer und Europa*, Europa Union Verlag Gmbh, Bonn 1976, s. 325.

德国与欧洲一体化

舒曼是有功绩的，他倡导建立欧洲煤钢联营为西欧联合卓有成效地进一步发展奠定了基础，但从宏观上来看，他的实际作用比阿登纳要逊色得多。"① 为什么会有如此的评价呢？法国主要是从约束德国的目的，才被迫走上欧洲一体化道路的，而德国才是真正的一体化的推动者，它是从欧洲统一的目的，主动积极地走上一体化道路的。

德国在欧洲框架内实现了一定的外交目的。随着欧洲一体化向前推进，德国在政治上逐步获得了国家主权，特别是加入北约之后。1955 年 5 月 5 日，"这一天，德国重新获得了它的自由和主权"②；经济上，艾哈德实施的"社会市场经济"政策，创造了经济奇迹，使德国一跃成为西欧经济强国；军事上，实现了重新武装，在北约和西欧联盟的框架内，维护了国家安全；内政上，国家稳定，人民生活水平日益提高。可是，德国没有实现国家重新统一的目标。更严重的是，苏联实力增强，美英被迫在德国问题上对苏联作出让步。"柏林墙"建立后，"美苏有了共同的利益使欧洲国家体系固定化了"③。美苏双方都不愿意通过热战来实现德国统一，只想维护彼此的势力范围。德国分裂形势更加严重，"德国统一的前景暗淡，德苏关系的恶化……加强了阿登纳将欧洲一体化运动重新运转起来的决心"④。另外，在 1956 年苏伊士运河危机中，美国为了自己的利益出卖欧洲盟友的行为，使德国看到了一个涣散的、软弱的欧洲在国际政治舞台上的悲惨处境。这一切，都增加了德国加速推进欧洲一体化的迫切性。因为只有通过欧洲一体化，才能在一个统一的欧洲中维护德国和欧洲的利益。

1954 年，法国否决了《欧洲防务共同体条约》，欧洲一体化陷入低潮。戴高乐上台后，更使低迷的欧洲一体化运动雪上加霜。戴高乐是一个狂热的民族主义者，极端地维护法国国家主权。他的欧洲政策是建立在"祖国的欧洲"基础之上的，这不利于超国家欧洲一体化进程。这样，德国欧洲一体化政策又

---

① 连玉如：《新世界政治与德国外交政策"新德国问题探索"》，北京：北京大学出版社 2003 年版，第 178 页。

② ［联邦德国］康拉德·阿登纳著，上海外院等译：《阿登纳回忆录（1953—1955）》，（二），上海：上海人民出版社 1976 年版，第 505 页。

③ Wolfram F. Hanrieder, *Germany, America, Europe-Forty Years of German Foreign Policy*, Yale University Press, 1989, p. 272.

④ Gisela Hendriks, *Germany and European Integration*, Berg New York/ Oxford, 1991, p. 14.

面临着困境。

　　德法和解是欧洲一体化的基石，在欧洲一体化转入低潮的情况下，德国不能破坏德法和解来推进欧洲一体化政策。因为法国希望建立的"祖国的欧洲"，只是与德国一体化欧洲联合方式不同，比起英国自绝于欧洲联合之外要好得多，再加上法国在第二次柏林危机时，对德国有力的支持与英国对苏联的妥协形成了鲜明的对照，更促使德国坚定了德法和解的决心。在20世纪50—60年代，德国基本上还是顺从和迁就法国的，力求避免激化共同体内部矛盾。签订《罗马条约》和建立共同农业政策的谈判时，德国对法国再次作出了巨大的牺牲和让步，为建立了共同农业政策，德国付出了巨大的代价。对法国两次否决英国加入共同体也持默认的态度，避免在共同体内与法国产生摩擦，否则共同体会有解体的危险（如1965年的"空椅子危机"）。欧洲一体化的前途决定着德国的命运，如果欧洲联合失败，那么德国通过一体化刚刚获得的政治、经济等地位也会得而复失。在一个对抗和分裂的欧洲中，德国是得不到任何好处的。在欧洲政治联合的"富歇计划"搁浅后，德国把与法国的和解推向高潮，签订了《爱丽舍条约》。对德国来说："与法国和解能阻止巴黎妨碍西方统一或者说是妨碍欧洲一体化进程"[1]，努力维系了欧洲联合继续前进的动力。所以，"戴高乐在1963年以后对欧洲共同体的忽视使欧洲的领导权转到了西德"[2]。

　　随着经济的壮大、政治地位的提高，德国力图摆脱欧洲一体化低潮局面，开始在欧洲一体化中扮演越来越重要的角色。20世纪60年代末70年代初，为了打破外交被孤立的局面，德国推出了具有深远历史意义的"新东方政策"，即在立足西方阵营的前提下，发展与东方集团的关系。但是，"没有西方政策，（新）东方政策也是不能奏效的"[3]。换句话说，德国在与东方集团谈判中，如果没有西方（主要是欧共体）的支持，很难获得东方集团的让步，"新东方政策"难以获得成功。同时，"新东方政策"也使德国的欧共体伙伴担心其将会走向中立或者倒向东方集团甚至还会与苏联结成联盟。这些对德国的顾忌左右了它们的对德和对欧政策。此时，欧共同成员国有了深化建设欧共

① Gisela Hendriks (ed.), *The Franco-German Axis in European Integration*, Edward Elgar, 2001, p. 99.
② A. Edward Kolodziej, *French International Policy under De Gaulle and Pompidou*, p. 258.
③ Carl F. Lankowski, *Germany and the European Community*, Macmillan, 1993, p. 6.

德国与欧洲一体化

体的要求，它们希望通过深化欧洲联合，以便更好地约束德国。德国认为，解决此时的西方政策和东方政策唯一的办法就是加速欧洲一体化进程。一方面，可以消除欧共体其他成员国对德国"新东方政策"可能会导致其中立或者滑向东方的担心；另一方面，加速一体化建设是与东方集团谈判时，迫使东方集团让步的一个重要砝码。

戴高乐下台后，蓬皮杜面对实力日益强大的德国感到担忧，他希望深化共同体机构的建设。他认为，只有在一个多边框架中的欧共体才能更好地约束德国。于是，法国改变了法国在共同体扩大问题上的顽固立场，希望英国加入共同体平衡德国日益崛起的力量。德国正好需要加速欧洲一体化来消除成员国对它的疑虑。1969 年，在海牙大会上，德国发出了"建成、深化和扩大"共同体的呼吁。对法国提出要建立欧洲经济货币联盟的建议给予积极回应，对成员国利用一体化约束德国的行为表示理解。勃兰特说："谁要是担心德意志联邦共和国的经济力量可能影响到共同体内部经济均衡，谁也就应赞成扩大。"[1] 更重要的是，在海牙大会上，德国提出在欧洲经济一体化的同时，必须进行政治一体化的建设，标志着"德国由经济实力向更强大的政治影响力过渡的一次深远的行动"[2]。随着德国实力的恢复，逐步摆脱法国小伙伴的角色，在欧洲一体化中开始扮演领导欧洲一体化前进的主要力量。

到施密特执政时，在"新东方政策"取得一定成就的基础上，加上与法国德斯坦总统国家领导人间少有的亲密关系，共同体中开始形成领导欧共同体的德法轴心。在共同体联合浮动汇率体系，即"蛇行于洞"联合浮动汇率遭受挫折后，在德法轴心的领导下，建立了欧洲货币体系。在国际金融动荡的七八十年代，这一体系为稳定欧共体内部汇率，促进成员国经济发展发挥了关键作用。"20 世纪 70 年代的欧洲货币体系表明，西德已经影响到了欧共体体制发展的轨道。"[3] 其实，德国在其中发挥着主要作用。"德国因为历史的重负和

---

① [联邦德国] 维利·勃兰特著，张连根等译：《会见与思考》，北京：商务印书馆 1979 年版，第 310 页。

② Haig Simonina, *The Privileged Partnership-Franco-German Relations in the European Community 1969 – 1984*, Clarendon Press·Oxford, 1985, p. 85.

③ Carl F. Lankowski, *Germany and the European Community—Beyond Hegemony and Containment*? Macmillan, 1993, p. 10.

国家分裂的限制，可以作为解释'经济巨人'与'政治侏儒'的形象，但是这种形象开始改变，因为联邦德国在20世纪70年代和80年代在欧共体中也发挥了巨大的政治作用。"① 科尔总理上台后，德国在欧洲一体化中发挥着更重要的角色。

20世纪80年代初，欧洲一体化进程出现困难。第一，"第二次冷战"正式开始。美国迫使欧共体国家对苏联实行制裁政策，这损害了德国与东方集团贸易往来的经济利益，也严重影响了"新东方政策"在欧洲所产生的缓和局面。德国清楚欧洲在冷战中的虚弱地位，更希望加速欧洲联合进程，壮大欧洲力量，摆脱冷战抵押品的角色，维护欧洲和德国的利益。第二，法国总统密特朗上台后，冷漠欧洲，专注自己"法国式的社会主义"改革。第三，英国成为阻止欧洲一体化的巨大障碍。它声称，在没有妥善解决英国预算问题之前，关于欧洲一体化任何建议一切免谈。

法国是欧洲的政治大国，它是德国推进欧洲一体化的天然伙伴。没有德法和解与法国的支持，欧洲一体化很难顺利前进。在法国冷漠欧洲的情况下，德国必须采取措施把欧洲一体化的车轮重新运转起来。于是，德国拉拢意大利提出欧洲一体化前进的方案，即"根舍—科隆波计划"。德国抛弃法国，与意大利一道推进欧洲一体化的策略给法国施加了巨大的压力。加上改革的失败，密特朗迅速重新回到欧洲。在欧共体中再次形成领导欧洲一体化前进的德法新轴心，欧洲联合的面貌很快就发生了变化。在德国对英国预算问题再次作出巨大让步的情况下，联合法国终于解决了欧洲一体化前进中的绊脚石。在枫丹白露会议上，就加速欧洲一体化进程达成一致意见。德国越来越运用自己强大的经济实力力求促使欧洲一体化前进，并且它还要求在欧洲政治一体化方面也要取得进展，最终要建立一个统一欧洲。在德国的努力下，共同体签订了《单一欧洲法令》，目的是要在建立单一欧洲大市场的同时，也要对共同体机构进行改革。之后，欧洲经济货币联盟便开始在纷争中建立起来，但是政治一体化还是难以获得重大进展。德国开始在欧洲一体化运动中发挥着主要的领导作用。

此时，德国统一问题突然出现在欧共体议事日程之上。德国决定利用重新

---

① Simon Bulmer& William Paterson, *The Federal Republic of Germany and the European Community*, London Allen & Unwin, p. 1.

德国与欧洲一体化

统一的机遇加速欧洲一体化进程。在共同体中几乎没有国家希望德国重新统一，对它们来说，一个统一强大的德国是一个潜在的巨大威胁。重新统一是战后德国最重要的外交目标之一，为了消除邻国对其统一的阻碍，德国决定加速欧洲一体化进程。科尔指出，"对德国统一怀有恐惧心理的人，他们应该支持欧共体机构的深化改革，因为这能够将德国更好地拴在欧洲"①。他还说过，德国统一与欧洲一体化是"同一硬币的两面"②。也就是说，科尔准备在欧洲统一中实现德国统一，德国统一更能促进欧洲的联合。如果欧洲一体化不能加速前进，那么德国也不能实现统一。科尔不顾国内对建立欧洲经济货币联盟的反对，放弃德国马克的优势地位，为建立经济货币联盟、为建立共同体单一货币作出了巨大让步。更重要的是，科尔利用德国统一的机会，加速了欧洲政治一体化进程。

在国际上，"欧共体已经把德国日益增强的经济力量转变为政治影响力的一种工具"③。如果德国重新统一，它在欧洲以及国际上的作用将会更加突出，法国希望以加速欧洲政治一体化进程来控制德国。为了更好地拴住德国，密特朗决定让渡大幅国家主权来深化共同体机构建设。1991年，法国为建立经济货币联盟和政治联盟，积极推动两个政府间会议召开。这种想法与德国加速欧洲一体化进程的意图不谋而合，它正是利用法国等其他国家对德国重新统一的恐惧心理来推动欧洲一体化进程的。于是，德国联合法国解决了欧洲一体化进程中的一个个障碍，为签订建立经济货币联盟和政治联盟的《欧洲联盟条约》立下了汗马功劳，达到了德国"在欧洲统一中实现德国重新统一，德国重新统一推动欧洲统一"的外交目标。

在一个分裂、虚弱的欧洲中，德国是不能获得任何好处的，已经获得的成就也会随着欧洲的衰落而再次失去。所以，德国始终把"德国统一与欧洲统一"紧紧地联系在一起。二战后，德国历经被占领、分裂到重新统一的过程。通过其欧洲一体化的外交政策，逐步摆脱了被占领地位，建立了德意志联邦共和国，恢复了国家主权，在一个不断壮大的欧洲中实现了重新崛起和国家统

---

① *Frankfurter Allgemeine Zeitung*, 24 March 1990.

② Patrick McCarthy, *France—Germany 1983 – 1993: The Struggle to Cooperate*, London: the Macmillan press Ltd, 1993, p. 102.

③ Gisela Hendriks, *Germany and European Integration*, Berg New York/ Oxford, 1991, p. 23.

一。在此过程中，德国不惜牺牲自己经济和其他利益，积极推动欧洲一体化进程，在一个日益强大的欧共体中实现自己的利益。因此，从建立欧洲煤钢共同体到签订《欧洲联盟条约》，德国发挥着越来越重要的作用。随着重新统一，德国和欧洲一体化的历史都翻开了新的一页。可以预见，统一后的德国在欧洲一体化运动中将会发挥更加重要的作用。

参 考 文 献

主要中文资料

1. ［德］贝亚特·科勒—科赫等著，顾俊礼等译：《欧洲一体化与欧盟治理》，北京：中国社会科学出版社 2004 年版。

2. 陈乐民：《战后西欧国际关系》（1945—1984），北京：中国社会科学出版社 1987 年版。

3. ［法］皮埃尔·热贝尔著，丁一凡译：《欧洲统一的理想与现实》，北京：中国社会科学出版社 1989 年版。

4. ［联邦德国］康拉德·阿登纳著，上海外国语学院等译：《阿登纳回忆录（1945—1953）》（一），上海：上海人民出版社 1976 年版。

5. ［联邦德国］康拉德·阿登纳著，上海外国语学院等译：《阿登纳回忆录》（1953—1955），（二），上海：上海人民出版社 1976 年版。

6. ［联邦德国］康拉德·阿登纳著，上海外国语学院等译：《阿登纳回忆录（1955—1959）》（三），上海：上海人民出版社 1976 年版。

7. ［联邦德国］康拉德·阿登纳著，上海外国语学院等译：《阿登纳回忆录》（1959—1963），（四），上海：上海人民出版社 1976 年版。

8. ［联邦德国］安纳丽丝·波萍迦著，上海外国语学院等译：《回忆阿登纳》，上海：上海人民出版社 1976 年版。

9. 陈乐民：《"欧洲观念"的历史哲学》，北京：东方出版社 1988 年版。

10. 郭华榕、徐天新：《欧洲的分与合》，北京：京华出版社 1999 年版。

11. 胡瑾等：《欧洲早期一体化思想与实践研究（1945—1967）》，山东：山东人民出版社 2000 年版。

12. 李世安、刘丽云：《欧洲一体化史》，石家庄：河北人民出版社 2003

年版。

13. 陈志强、关信平等：《欧洲联盟的政治与社会研究》，天津：天津人民出版社 2002 年版。

14. 洪邮生：《英国对西欧一体化政策的起源和演变》（1945—1960），南京：南京大学出版社 2001 年版。

15. 周琪、王国明：《战后四大国外交》，北京：中国人民公安大学出版社 1992 年版。

16. 萧汉森、黄正柏：《德国的分裂、统一与国际关系》，武汉：华中师范大学出版社 1998 年版。

17. 何春超主编：《国际关系史》（1945—1980），北京：法律出版社 2002 年版。

18. 张锡昌、周剑卿：《战后法国外交史》（1944—1992），北京：世界知识出版社 1993 年版。

19. 吴友法：《冒险、失败与崛起：二十世纪德国史》，武汉：武汉大学出版社 1992 年版。

20. 丁建弘：《德国通史》，上海：上海社会科学出版社 2002 年版。

21. 吴友法等：《当代德国——命运多舛的世界新秀》，贵阳：贵州人民出版社 2001 年版。

22. 丁建弘等主编：《战后德国的分裂与统一（1945—1990）》，北京：人民出版社 1996 年版。

23. 胡瑾等：《欧洲当代一体化思想与实践研究（1968—1999》），山东：山东人民出版社 2002 年版。

24. 严双伍：《第二次世界大战与战后欧洲一体化起源研究》，武汉：武汉大学出版社 2004 年版。

25. ［美］保罗·肯尼迪著，陈景彪等译：《大国的兴衰：1500—2000 年的经济变迁与军事冲突》，北京：国际文化出版公司 2006 年版。

26. ［美］亨利·基辛格，顾淑馨译：《大外交》，海口：海南出版社 1997 年版。

27. ［美］哈里·杜鲁门，李石译：《杜鲁门回忆录》，北京：生活·读书·新知三联书店 1974 年版。

28. 牛军主编：《冷战时期的美苏关系》，北京：北京大学出版社
2006 年版。

29. 连玉如：《新世界政治与德国外交政策"新德国问题探索"》，北京：
北京大学出版社 2003 年版。

30. ［法］法布里斯·拉哈著，彭姝祎等译：《欧洲一体化史》（1945—
2004），北京：中国社会科学出版社 2005 年版。

31. ［联邦德国］维廉·格雷韦著，梅兆荣等译：《西德外交风云纪实》，
北京：世界知识出版社 1984 年版。

32. 潘琪昌：《走出夹缝——联邦德国外交风云》，北京：中国社会科学出
版社 1990 年版。

33. ［匈］卢卡奇著，王玖兴等译：《理性的毁灭》，济南：山东人民出版
社 1997 年版。

34. ［美］埃德温·哈特里奇著，国甫、培根译：《第四帝国》，四川：四
川新华出版社 1987 年版。

35. 倪世雄等：《当代西方国际关系理论》，上海：复旦大学出版社 2001
年版。

36. ［联邦德国］赫尔穆特·施密特著：《均势战略》，上海：上海人民出
版社 1975 年版。

37. 朱忠武等编：《德国现代史》，济南：山东大学出版社 1986 年版。

38. 吴友法、黄正柏主编：《德国资本主义发展史》，武汉：武汉大学出版
社 2000 年版。

39. 世界知识出版社编：《德国统一纵横》，北京：世界知识出版社 1992
年版。

40. 孙炳辉、郑寅达编著：《德国史纲》，上海：华东师范大学出版社 1995
年版。

41. ［联邦德国］维利·勃兰特著，张连根等译：《会见与思考》，北京：
商务印书馆 1979 年版。

42. ［联邦德国］赫尔穆特·施密特著，梅兆荣等译：《伟人与大国：施
密特回忆录》，北京：世界知识出版社 1989 年版。

43. ［民主德国］埃里希·昂纳克著，龚何花等译：《我的经历》，北京：

世界知识出版社 1987 年版。

44. ［法］让·莫内著，孙慧双译：《欧洲之父：莫内回忆录》，北京：国际文化出版公司 1989 年版。

45. ［意］玛丽娅·格拉齐娅·梅吉奥妮著，陈宝顺等译：《欧洲统一 贤哲之梦：欧洲统一思想史》，北京：世界知识出版社 2004 年版。

46. ［美］科佩尔·S. 平森，范德一译：《德国近现代史》（上、下册），北京：商务印书馆 1987 年版。

47. 李巍、王学玉编：《欧洲一体化理论与历史文献选读》，济南：山东人民出版社 2001 年版。

48. 赵怀普：《英国与欧洲一体化》，北京：世界知识出版社 2004 年版。

49. 陈乐民主编：《西方外交思想史》，北京：中国社会科学出版社 1995 年版。

50. 辛蔷：《融入欧洲——二战后德国社会的转向》，上海：上海社会科学院出版社 2005 年版。

51. ［英］温斯顿·丘吉尔著，商务印书馆翻译组译：《欧洲联合起来》，北京：商务印书馆 1977 年版。

52. 沈骥如：《欧洲共同体与世界》，北京：人民出版社 1994 年版。

53. 张精华：《为什么偏偏是德国》，北京：世界知识出版社 1995 年版。

54. 赵昌文、［英］Nigel Swain：《欧盟共同农业政策研究》，四川：西南财经大学出版社 2001 年版。

55. ［法］吉斯卡尔·德斯坦著，侯贵信等译：《德斯坦回忆录——政权与人生》，北京：世界知识出版社 1991 年版。

56. 伍贻康等：《欧洲经济共同体》，北京：人民出版社 1983 年版。

57. 陈乐民：《东欧剧变与欧洲重建》，北京：世界知识出版社 1991 年版。

58. 金安：《欧洲一体化的政治分析》，上海：学林出版社 2004 年版。

59. ［联邦德国］库尔特·比伦巴赫著，潘琪昌等译：《我的特殊使命》，上海：上海译文出版社 1988 年版。

60. 唐承运：《梅杰》，长春：长春出版社 1994 年版。

61. 李伯杰等编著：《德国文化史》，北京：对外经济贸易大学出版社 2002 年版。

62. 丁建弘、李霞：《德国文化：普鲁士精神和文化》，上海：上海社会科学院出版社 2003 年版。

63. 卞谦：《理性与狂迷——二十世纪德国文化》，北京：东方出版社 1999 年版。

63. 方连庆等主编：《战后国际关系史（1945—1995）》（上）（下），北京：北京大学出版社 1999 年版。

64. ［俄］米·谢·戈尔巴乔夫，述弢等译：《真相与自白：戈尔巴乔夫回忆录》，北京：社会科学文献出版社 2002 年版。

主要外文资料

1. . Willis F. Roy, *France, Germany and the New Europe*, 1945 – 1963, California：Stanford University Press, 1965.

2. Van Der Beugel, *Ernst H. From Marshall Aid to Atlantic Partnership：European Integration as a Concern of American Foreign Policy*, Elsevier Publishing Company, 1966.

3. Rummel Reinhardt, *Toward Political Union：Planning a Common Foreign and Security in the European Community*, Westview Press, 1992.

4. Bulmer Simon & Paterson William, *The Federal Republic of Germany and the European Community*, London：Allen & Unwin, 1987.

5. Morgan Roger & Bray Caroline, *Partners and Rivals in Western Europe：Britain, France and Germany*, Gower Publishing Company Limited, 1986.

6. Garnham David, *The Politics of European Defense Cooperation：Germany, France, Britain, and America*, Ballinger Publishing Company, 1988.

7. Laird Robbin F. , *French Security Policy：From Independence to Interdependence*, Westview Press, 1986.

8. Smyser W. R. , *Restive Partners：Washington and Bonn Diverge*, Westview Press, 1990.

9. Lundestad Geir, *"Empire" by Integration：The United States and European Integration*, 1945 – 1997, Oxford University Press, 1998.

10. Wallace William, *The Dynamics of European Integration*, London and New York: Pinter Publishers , 1990.

11. Pfetsch Frank R. , *West Germany Internal Structures and External Relations: Foreign Policy of the Federal Republic of Germany*, New York, 1988.

12. Hendriks Gisela & Morgan Annette, *The Franco-German Axis in European Integration*, Edward Elgar, 2001.

13. Schaad Martin P. C. , *Bullying Bonn: Anglo-German Diplomacy on European Integration*, 1955 – 1966, Macmillan Press LTD, 2000.

14. Young John W. , *Britain, France and the Unity of Europe* 1945 – 1951, Leicester University Press, 1984.

15. Stirk Peter M. R. & Weigall David, *The Origins and Development of European Integration: A Reader and Commentary*, Pinter London and New York, 1999.

16. McCarthy Patrick, *France-Germany in the Twenty-First Century*, Palgrave, 2001.

17. Webber Douglas, *New Europe, New Germany, Old Foreign Policy? German Foreign Policy Since Unification*, Frank Cass, 2001.

18. Merkl Peter H. , *German Foreign Policies, West & East: On the Threshold of a New European Era*, California: Santa Barbara , 1974.

19. Campbell Edwina S. , *Germany's Past and Europe's Future: The Challenges of West German Foreign Policy*, Pergamon-Brassey's In ternational Defense Publishers, Inc, 1989.

20. Hanrieder Wolfram F. , *The Foreign Policies of West Germany, France, and Britain, Perntice-Hall*, New Jersey: INC. Englewood Cliffs , 1980.

21. Lodge Juliet, *The European Community and the Challenge of the Future*, London: Pinter Publishers , 1993.

22. De Giustino David, *A Reader in European Integration*, Longman, 1996.

23. Cox Andrew, *Politics, Policy and The European Recession*, The Macmillan Press LTD, 1982.

24. Mazzucelli, Colette, *France and Germany at Maastricht: Politics and Negotiations to Create the European Union*, Garland Publishing, INC, 1997.

25. Tsoukalis Loukas, *The New European Economy: The Politics and Economics*

of Integration, Oxford University Press, 1992.

26. Gowland David & Turner Arthur, *Britain and European Integration* 1945 – 1998: *A documentary history*, Routledge, Taylor & Francis Group, 2000.

27. Grilli Enzo R. , *The European Community and the Developing Countries*, Cambridge University Press, 1993.

28. Kniazhinsky Vsevolod, *West European Integration: Its Policies and International Relations*, Moscow: Progress Publishers , 1984.

29. Rt. Hon. Roy Jenkins, MP, *Britain and the EEC: Proceedings of Section F (Economics) of the Britain Association for the A dvancement of Science Liverpool* 1982, The Macmillan Press LTD, 1983.

30. Birtle A. J. , *Rearming The Phoenix: U. S. Military to the Federal Republic of Germany*, 1950 – 1960, Garland Publishing, Inc. 1991.

31. Swann Dennis, *The Economics of Europe: From Common Market to European Union*, Penguin Books, 2000.

32. Crawford Beverly & Schulze Peter W. , *European Dilemmas After Maastricht*, Center for German and European Studies University of California at Berkeley, 1993.

33. Barker Elisabeth, *Britain in a divided Europe* 1945 – 1970, Weidenfeld and Nicolson, 1971.

34. Kirchner Emil J. & Sperling, James, *The Federal Republic of Germany and NATO: 40 Years After*, Macmillan, 1992.

35. Stent Angela E. , *Economic Relations with the Soviet Union: American and West German Perspectives*, Westview Press, 1985.

36. Hanrieder Wolfram F. , *Helmut Schmidt: Perspectives on Politics*, Westview Press, 1982.

37. Anderson Jeffrey, *German Unification and the Union of Europe: The Domestic Politics of Integration Policy*, Cambridge University Press, 1999.

38. Urwin Derek W. , *The Community of Europe: A History of European Integration since* 1945, Longman, 1991.

39. Morgan Roger & Bray, Caroline, *Partners and Rivals in Western Europe: Britain, France and Germany*, Gower, 1986.

40. Kolodziej Edward A. , *French International Policy under De Gaulle and Pompidou*: *the Politics of Grandeur*, Cornell University Press, 1974.

41. Laird Robbin F. , *Strangers and Friends*: *The Franco-German Security Relationship*, London: Pinter Publishers , 1989.

42. Brusse Wendy Asbeek, *Tariffs*, *Trade and European Integration*, *1947—1957*: *From Study Group to Common Market*, Macmillan, 1997.

43. Larres Klaus & Meehan Elizabeth, *Uneasy Allies*: *Brutish-German Relations and European Integration since* 1945, Oxford University Press, 2000.

44. Bell P. M. H. , *France and Britain 1940 – 1994*: *The Long Separation*, Longman, 1997.

45. Ninkovich Frank A. , *Germany and The United States*: *the Transformation of the German Question since* 1945, Twayne Publishers, 1995.

46. Menges Constantine C. , *The Future of Germany and the Atlantic Alliance*, The AEI Press, 1991.

47. Rummel Reinhardt, *Toward Political Union*: *Planning a Common Foreign and Security Policy in the European Community*, Westview Press, 1992.

48. Milward Alans S. , *The reconstruction of Western Europe 1945 – 1951*, Methuen & Co. Ltd, 1984.

49. Hoffmann Hilmar & Kramer, *Der Umbau Europas*, *Deutsche Einheit und europ? ische Integration*, Fische Tascher Verlag GmbH, Frankfurt & Main, 1991.

50. Bender Peter , *Neue Ostpolitik*, *Vom Mauerbau bis zum Moskauer Vertrag*, Munich: Deutscher Taschenbuch-Verlag, 1986.

51. Tenbrock Robert Hermann, *Geschichte Deutschlands*, München, 1977.

52. Griffith William E. , *The Ostpolitik of the Federal Republic of Germany*, The MIT Press, 1978.

53. Lankowski Carl F. , *Germany and The European Community*: *Beyond Hegemony and Containment?* Macmillan, 1993.

54. Gray William Glenn, *Germany's Cold War*: *The Global Campaign to Isolate East Germany*, 1949 – 1969, London: The University of North Carolina Press Chapel Hill & , 2003.

55. Reynolds David, *The Origins of the Cold War in Europe: International Perspectives*, *Yale University Press*, 1994.

56. Haas Ernst B. , *The Uniting of Europe: Political, Social and Economical Forces* 1950 – 1957, London, 1958.

57. McCarthy Patrick, *France-Germany, 1983 – 1993: The Struggle to Cooperate*, New York: St. Martin's Press, 1993.

58. Szász Andrē, *The Road to European Monetary Union*, St. Martin's Press, 1999.

59. Merkl Peter H. , *The Origin of the West German Republic*, Oxford University Press, 1963.

60. Lindberg Leon N. , *The Political Dynamics of European Economic Integration*, Stanford University Press, 1963.

61. Beloff Max, *The United States and the Unity of Europe*, London: Faber and Faber 24 Russell Square , 1963.

62. Lippert Barbara, （ed. ）, German Unification and EC Integration: German and Britain Perspectives, London: Pinter Publishers, 1993.

63. Smyser W. R. , *From Yalta to Berlin: The Cold War Struggle over Germany*, St. Martin's Press New York, 1999.

64. Bulmer Simon & Paterson William, *The Federal Republic of Germany and the European Community*, London: Allen & Unwin, 1987.

65. Hanrieder Wolfram F. , *West Germany Foreign Policy*, 1949 – 1979, Colorado : Westview Press / Boulder , 1980.

66. Feld Werner J. , *West Germany and the European Community: Changing Interests and Competing Policy Objectves*, Praeger, 1981.

67. Brinkley Douglas, *Dean Acheson: The Cold War Years* 1953 – 1971, Yale University Press, 1992.

68. Simonian Haig, *The Privileged Partnership: Franco-German Relations in The European Community* 1969 – 1984, Oxford: Clarendon Press, 1985.

69. Pinder John, *European Community: The building of a Union*, Oxford University Press, 1995.

70. Morgan Roger, *West European Politics since* 1945: *The Shaping of the European Community*, London: B. T. Batsford Ltd, 1972.

71. Brinkley Douglas & Hackett Clifford, *Jean Monnet*: *The Path to European Unity*, Nacmillan, 1991.

72. Renata Fritsch-Bournazel, *Confronting the German Question*: *Germans on the East-West Divide*, Berg Publishers Limited, 1988.

73. Turner Henry Ashby, *Geschichte Der Beiden Deutschen Staaten seit* 1945, R. Piper GmBH, MüNCHEN, 1989.

74. Griffith William E. , *Die Ostplitik der Bundesrepublik Deutschland*, Klett-Cotta Verlag, Stuttgart, 1981.

75. Becker Josef & Knipping Franz, *Power in Europe?* —*Great Britain*, *France*, *Italy and Germany in a Postwar World*, 1945 – 1950, Walter de Gruyter & Co, 1986.

76. Laird Robbin F. & Hoffmann Erik P. , *Soviet Foreign Policy in a Changing World*, New York: Aldine Publishing Company , 1986.

77. Wurm Clemens, *Western Europe and Germany*: *The Beginnings of European Integration* 1945 – 1960, USA: Berg Publishers, Oxford/ Washington , 1995.

78. Lee Sabine, *Victory in Europe?* —*Britain and Germany since* 1945, Longman, 2001.

79. Schweigler Gebhard, *West Germany Foreign Policy*: *The Domestic Setting*, Praeger, 1984.

80. Whetten Lawrence L. , *Germany East and West*: *Conflicts*, *Collaboration*, *and Confrontation*, New York University Press, 1980.

81. Fink Carole, (ed.), 1968: *The World Transformed*, Cambridge University Press, 1998.

82. Stent Angela, *From Embargo To Ostpolitik*: *The Political Economy of West German-Soviet Relations*, 1955 – 1980, Cambridge University Press, 1981.

83. Diefendorf Jeffry M. (ed.), *American Policy and the Reconstruction of West Germany*, 1945 – 1955, Cambridge University Press, 1993.

84. Dönhoff Marion, *Foe into Friend*: *The Makers of the New Germany from*

Konrad Adenauer to Helmut Schmidt, London: Weidenfeld and Nicolson , 1982.

85. Hallstein Walter, *United Europe: Challenge and Opportunity*, Oxford University Press, 1962.

86. Morgan Roger, *The United States and West Germany 1945—1973: A Study in Alliance Politics*, Oxford University Press, 1974.

87. Greenwood Sean, *Britain and European Cooperation Since 1945*, USA: Blackwell, Oxford UK & Cambridge , 1992.

88. Larres Klaus & Panayi Panikos, *The Federal Republic of Germany since 1949: Politics, Society and Economy before and after Unification*, Longman, 1996.

89. Winslow Anne, *Carnegie Endowment for International Peace*, Columbia University Press, 1953.

90. Gordon Philip H. , *France, Germany and the Western Alliance*, Westview Press, 1990.

91. Doeker Günther & Brückner Jens A. , *The Federal Republic of Germany and the German Democratic Republic in International Relations (Volume one): Confrontation and co-operation*, Oceana Publications, Dobbs Ferry, NY, 98. 1979.

92. Hanrieder Wolfram F. *Germany, America, Europe: Forty Years of German Foreign Policy*, Yale University Press, 1989.

93. Kocs Stephen A. , *Autonomy or Power? —The Franco-German Relationship and Europe's Strategic Choices*, 1955 – 1995, Praeger, 1995.

94. Merkl Peter H. , *German Unification in the European Context*, The Pennsylvania State University Press, 1993.

95. Weidenfeld Werner, *Konrad Adenauer und Europa*, Bonn : Europa Union Verlag GmbH, 1976.

96. Nipperdey Thomas, *Nachdenken über die deutsche Geschichte*, München, 1986.

97. Hendriks Gisela, *Germany and European Integration-The Common Agricultural Policy: an Area of Conflict*, Berg, 1991.

98. Mackay R. W. G. , *Towards a United States of Europe: An analysis Britain's role in European Union*, Hutchinson of London, 1961.

99. Cowen Regina H. E. , *Defense Procurement in the Federal Republic of*

Germany: *politics and Organization*, Westview Press, 1986.

100. Pedersen Thomas, *Germany*, *France and the Integrationg of Europe*: *A realist interpretation*, Pinter, 1998.

101. Schmitt Hans A. , *The Path to European Union*: *From the Marshall Plan to the Common Market*, Louisiana State University Press, 1962.

102. Young John W. , *Cold War Europe 1945 – 1989*: *A political History*, Edward Arnold, 1991.

103. Hanrieder Wolfram, *The United States and Western Europe*: *Political*, *Economic and Strategic Perspectives*, Winthrop Publishers, Inc, 1974.

104. Horowitz David, *Corporations and the Cold War*, New York and London, 1969.

105. Gilbert Felix, *The End of the European Era 1890 to the Present*, New York : W. W. Nortou & Company, Inc , 1979.

106. Black Cyril E. (ed.), *Rebirth*: *A history of Europe Since World War* II , Westview Press, 1992.

107. Urwin D. W. , *Western Europe Since 1945*: *A Short Political History*, Longman, 1981.

108. Grosser Alfred, *The Western Alliance*: *European-American Relations Since 1945*, Papermac, 1978.

109. Young Tohn W. , *Cold War Europe*, *1945 – 1991*: *a political history* U. S. A. Martins Press, 1996.

110. Woods Ngaire, *Explaining international relational since 1945*, Oxford University Press, 1996.

111. John L. Snell, *Wartime Origins of the-West Dilemma over Germany*, New Orleans, 1959

112. Bowler Lan. R. , *Agriculture under the Common Agricultural Policy*, Manchester University Press, 1985.

113. Fennell Rosemary, *The Common Agricultural Policy of the Eruopean Community-Its institutional and administrative organization*, Garnada London Toronto Sydney Bew York, 1979.

114. Henry P. , *Study of the regional impact of the common agricultural policy*, Studies Collection Regional Policy series No 21 Brussels, 1981.

115. Henry Ashby Turner Jr. , *Germany from to Reunification*, Yale University Press, 1992.

116. Schweitzer Carl-Christoph & Karsten Detlev, *The Federal Republic of Germany and EC Membership Evaluated*, London: Pinter Publishers , 1990.

117. Weidenfeld Werner, *Konrad Adenauer und Europa*, Europa Union Bonn: Verlag GmbH, 1976.

118. Brandt Willy, *People and Politics: The Years* 1960 – 1975, trans. J. H. Brownjohn, London: Collins, 1978.

后　记

　　研究德国、研究区域合作一直是我的兴趣所在。这不仅仅因为德国是全世界无产阶级和被压迫人民的最伟大的思想家马克思、恩格斯的故乡。在后冷战时期，随着新一轮区域化思潮的兴起，特别是亚太区域化的兴起，区域化再一次成为历史学、国际关系学等学科所关注的焦点及研究的重要问题。欧洲联盟的成功实践，对于全球的区域合作，尤其是对亚洲地区相对滞后的区域合作具有特别重要的现实意义。因此，考入武汉大学攻读博士学位为我研究德国、研究欧洲联合提供了一个极好的平台。

　　在武汉大学，我生活在枫园。武大的枫园掩映在美丽静谧的珞珈山麓，浸润在东湖的波光与灵气之中。在那儿，我度过了人生难忘的三年忙碌时光，完成了博士论文的写作。在这一千多个忙碌的日子里，从论文的构思、资料的收集到论文的写作，我不知熬过了多少难眠之夜。三年之中，有忧虑、有困惑、有伤感也有点滴的欣喜，日子来来往往，心中的滋味真是一言难尽。本书稿就是在原博士论文的基础上修改而成的。

　　三年的攻博之路，恩师是我为人与为学的指路明灯。在此，我要真诚地感谢我的博士生导师吴友法先生，我的论文从定题到构思都得到了先生的悉心引导与指点。三年中，先生对我总是谆谆教导，其殷切与厚爱之情令我终生难忘。先生才华横溢、气质高雅，其刻苦与严谨治学的态度是我终生学习的榜样。还要感谢我的硕士生导师、吉林延边大学政治系潘畅和教授。毕业后，虽不曾见面，她还一直关注我的发展，激励我前进。潘老师勤奋务实，对我关爱有加，这使我在求学道路上不敢有半点懈怠。

　　衷心地感谢华中师范大学黄正柏教授、邢来顺教授以及武汉大学胡德坤教授、罗志刚教授、张德明教授、严双伍教授、李荣建教授、胡才珍教授，在我的博士学位课程学习、论文的选题、可行性论证以及论文的答辩阶段，他们都提出许多中肯宝贵的意见。还要感谢华东师范大学郑寅达教授、天津师范大学王亚萍教授以及中国传媒大学何兰教授，他们对我博士论文"优秀"等次的评价，激励我在学术道路上继续前进，他们提出的建议是我论文修改成书的基础。

衷心地感谢师兄湖北咸宁学院陈从阳教授和湖北经济学院叶晓东博士，感谢师姐中南财经政法大学邓红英博士和中国地质大学（武汉）郑丽博士，他们不仅在学术上给予我不少启发，而且在生活上也给了我不少帮助，在此由衷地表示感谢！

最后，还要感谢我的妻子宋燕女士，如果没有她在背后默默支持，我是无法完成论文以及书稿的修改工作的。更要感谢我的父母及兄弟姐妹，虽然不在身边，却时常听到他们的鼓励、安慰与关心，他们是我真心的骄傲和荣耀。女儿张斯钦可爱懂事，她的童言稚语既是我研究的动力，更是我幸福的源泉。

本书出版得到人民出版社总编室副主任王萍博士、编审等老师的认真审阅、修改，谨在此均一并致谢。因本人才疏学浅，文中纰缪肯定不少，恳请专家、学者、读者批评斧正。

张才圣
2011 年 8 月于桂林